国际经济法

宗泊　张惠彦　编著

International
Economic law

武汉大学出版社

图书在版编目(CIP)数据

国际经济法/宗泊,张惠彦编著.—武汉:武汉大学出版社,2022.3
(2024.2 重印)
　　ISBN 978-7-307-22943-3

　　Ⅰ.国…　Ⅱ.①宗…　②张…　Ⅲ.国际经济法—高等学校—教材
Ⅳ.D996

中国版本图书馆 CIP 数据核字(2022)第 033109 号

责任编辑:喻　叶　　　责任校对:李孟潇　　　版式设计:马　佳

出版发行:**武汉大学出版社**　(430072　武昌　珞珈山)
　　　　(电子邮箱:cbs22@whu.edu.cn 网址:www.wdp.com.cn)
印刷:武汉中远印务有限公司
开本:787×1092　1/16　印张:19.75　字数:465 千字　插页:1
版次:2022 年 3 月第 1 版　　2024 年 2 月第 2 次印刷
ISBN 978-7-307-22943-3　　定价:49.00 元

前　言

随着我国全方位对外开放的不断推进和共建"一带一路"倡议的深入实施，中国企业和公民"走出去"步伐加快，对外投资合作领域逐步拓展，对外投资规模不断扩大，海外利益几乎遍布全球所有国家和地区。无论是"走出去"还是"引进来"，都离不开法治的规范和保障作用，离不开完善的涉外法律法规体系支撑，离不开规范有效的涉外行政执法、公正的涉外司法，以及高水平的涉外法律服务和高素质的涉外法治人才队伍。

在中央全面依法治国工作会议上，习近平总书记指出："要坚持统筹推进国内法治和涉外法治"，"要坚持建设德才兼备的高素质法治工作队伍"。党的十八大以来，习近平总书记多次围绕涉外法治和法治人才建设发表重要讲话，指出中国走向世界，以负责任大国参与国际事务，必须善于运用法治，强调要加快推进我国法域外适用的法律体系建设，加强涉外法治专业人才培养。在国际环境日趋复杂、不稳定性不确定性明显增加的时代背景下，我国有效参与国际规则制定，做全球治理变革进程的参与者、推动者、引领者，离不开具有爱国主义情怀、良好政治素养、扎实法学和外语功底、缜密逻辑思维能力和多学科知识，能为国家解决重大复杂涉外法治事务的高素质法治人才。

本书在编写过程中，不忘为党育人、为国育才初心，牢记教育强国使命，将学科内容同学习党史、新中国史、社会主义发展史特别是改革开放史结合起来。通过学习，认识历史、把握现实、辨明方向，落实高校立德树人根本任务，培养德智体美劳全面发展的社会主义合格建设者和可靠接班人。

撰稿人分工如下：

宗泊：第一、二、三、四、七、十二、十三章及全书的课程思政内容

张惠彦：第五、六、八、九、十、十一章

合作开发单位：河北党育律师事务所

国际经济法作为重要的学科，在涉外法治建设中发挥重要作用，为此我们编写了本书。在本书的编写过程中，我们以涉外法治实践需要为出发点，结合国际经济法研究的最近成果，融入编者多年的教学经验与体会，努力使本书在创新性和延续性、丰富性和简练性、学术性和通用性等方面结合得更为完善。

本书为与河北党育律师事务所合作开发的校行合作教材。在教材编写过程中，河北党育律师事务所主任刘伟宗等多名律师提出了很多宝贵意见。河北政法职业学院从事国际贸易理论与实务教学工作的杨军安副教授、王素仙副教授也对教材的编写提供了帮助。这使本教材更具有实务应用特色。

　　本书内容丰富，资料翔实，可作为高职政法院校及成人高等教育教材以及从事涉外法律工作的人员使用。因作者的水平有限，在编写过程中不妥之处在所难免，敬请读者批评斧正。

作　者

2022 年 1 月

目　　录

第一章 导 论

第一节 国际经济法概述

一、国际经济法的概念

国际经济法（International Economic Law）是指调整不同国家的自然人、法人、国家、国际经济组织在国际经济交往中所形成的各种法律关系的国内法规范与国际法规范的总称。

根据对国际经济法所调整的国际经济关系的不同理解，国内外学者对国际经济法存在着两种不同的见解。

（一）狭义说

狭义说认为国际经济法调整的是国家与国际经济组织之间的关系，因而是国际公法的一部分。这种观点将国际经济法称为"经济的国际法"，而认为不同国家的自然人、法人或其他组织之间的经济关系，不属于国际经济法的调整范围。

这种观点固守传统的"公法"与"私法"，"国内法"与"国际法"的分类方法，认为国际经济法属于公法的范畴，自然人与法人不纳入其中，属于国际法的范围，国内法不纳入其中。此学说认为国际经济法是国际公法的分支，它所调整的仅是国家之间、国际组织之间以及国家与国际组织之间的经济关系。传统的国际公法主要调整国家间的政治与外交关系。国际经济交往的发展使得调整国际法主体之间的经济关系的法律规范日益增多，并成为一个分支。而不同国家的自然人与法人之间的经济交往关系不属于其调整范围。

（二）广义说

广义说认为国际经济法调整的对象不仅包括国家、国际组织的经济活动，还包括自然人、法人。因为绝大部分具体的国际经济活动，如国际贸易、国际投资等都是由具体的自然人、法人实施的，如果将这些主体的经济活动排除在国际经济关系之外，不符合国际经济交往的实际情况。因此，国际经济法应当成为一个独立的法律部门，而不能只是国际公法的一个分支。

与前一种观点相比较，这种观点不拘泥于传统的理论和法学分科，注重从实际出发，注重事物之间的联系，认识到了调整跨国经济关系的国内法与国际法规范的相互联系与不可分割性，反映了客观实际。目前，第二种观点已被广泛接受，我国各高等法律院校的国际经济法教学中均采用这一观点，也正是基于这一观点，形成了目前国际经济法的概念。

【课程思政】

党史学习——改革开放史（一）

改革开放，是1978年12月十一届三中全会中国开始实行的对内改革、对外开放的政策。中国的对内改革先从农村开始，1978年11月，安徽省凤阳县小岗村实行"分田到户，自负盈亏"的家庭联产承包责任制（大包干），拉开了中国对内改革的大幕。在城市，国营企业的自主经营权得到了明显改善。

1979年7月15日，中央正式批准广东、福建两省在对外经济活动中实行特殊政策、灵活措施，迈开了改革开放的历史性脚步，对外开放成为中国的一项基本国策和强国之路，是社会主义事业发展的强大动力。改革开放建立了社会主义市场经济体制。1992年南方谈话标志着中国改革进入了新的阶段。改革开放使中国发生了巨大的变化。1992年10月召开的党的十四大宣布新时期最鲜明特点是改革开放，中国改革进入新的改革时期。2013年中国进入全面深化改革新时期。深化改革开放需坚持社会主义方向。

改革开放是中国共产党在社会主义初级阶段基本路线的两个基本点之一。中共十一届三中全会以来进行社会主义现代化建设的总方针、总政策，是强国之路，是党和国家发展进步的活力源泉。改革，即对内改革，就是在坚持社会主义制度的前提下，自觉地调整和改革生产关系同生产力、上层建筑同经济基础之间不相适应的方面和环节，促进生产力的发展和各项事业的全面进步，更好地实现广大人民群众的根本利益。开放，即对外开放，是加快我国现代化建设的必然选择，符合当今时代的特征和世界发展的大势，是必须长期坚持的一项基本国策。

中共中央总书记习近平在十八届中共中央政治局第二次集体学习时强调，改革开放是一项长期的、艰巨的、繁重的事业，必须一代又一代人接力干下去。必须坚持社会主义市场经济的改革方向，坚持对外开放的基本国策，以更大的政治勇气和智慧，不失时机深化重要领域改革，朝着党的十八大指引的改革开放方向奋勇前进。习近平强调，必须认真总结和运用改革开放的成功经验。他就此提出五点意见。

第一，改革开放是一场深刻革命，必须坚持正确方向，沿着正确道路推进。在方向问题上，我们头脑必须十分清醒，不断推动社会主义制度自我完善和发展，坚定不移走中国特色社会主义道路。

第二，改革开放是前无古人的崭新事业，必须坚持正确的方法论，在不断实践探索中推进。摸着石头过河，是富有中国特色、符合中国国情的改革方法。摸着石头过河就是摸规律，从实践中获得真知。摸着石头过河和加强顶层设计是辩证统一的，推进局部的阶段性改革开放要在加强顶层设计的前提下进行，加强顶层设计要在推进局部的阶段性改革开放的基础上来谋划。要加强宏观思考和顶层设计，更加注重改革的系统性、整体性、协同性，同时也要继续鼓励大胆试验、大胆突破，不断把改革开放引向深入。

第三，改革开放是一个系统工程，必须坚持全面改革，在各项改革协同配合中推进。改革开放是一场深刻而全面的社会变革，每一项改革都会对其他改革产生重要影响，每一项改革又都需要其他改革协同配合。要更加注重各项改革的相互促进、良性互动，整体推进，重点突破，形成推进改革开放的强大合力。

第四，稳定是改革发展的前提，必须坚持改革发展稳定的统一。只有社会稳定，改革发展才能不断推进；只有改革发展不断推进，社会稳定才能具有坚实基础。要坚持把改革的力度、发展的速度和社会可承受的程度统一起来，把改善人民生活作为正确处理改革发展稳定关系的结合点。

第五，改革开放是亿万人民自己的事业，必须坚持尊重人民首创精神，坚持在党的领导下推进。改革开放在认识和实践上的每一次突破和发展，改革开放中每一个新生事物的产生和发展，改革开放每一个方面经验的创造和积累，无不来自亿万人民的实践和智慧。改革发展稳定任务越繁重，我们越要加强和改善党的领导，越要保持党同人民群众的血肉联系，善于通过提出和贯彻正确的路线方针政策带领人民前进，善于从人民的实践创造和发展要求中完善政策主张，使改革发展成果更多更公平惠及全体人民，不断为深化改革开放夯实群众基础。

习近平强调，改革开放只有进行时没有完成时。没有改革开放，就没有中国的今天，也就没有中国的明天。改革开放中的矛盾只能用改革开放的办法来解决。我们要全面贯彻党的十八大精神，坚持以邓小平理论、"三个代表"重要思想、科学发展观为指导，积极回应广大人民群众对深化改革开放的强烈呼声和殷切期待，凝聚社会共识，协调推进各领域各环节改革，努力把改革开放推向前进。

二、国际经济法的特征

（一）国际经济法的主体

国际经济法的主体是指国际经济交往中享有权利和承担义务的参加者。包括国家、国际经济组织、法人和自然人。不同的主体在国际经济活动中的地位职能不同，下一节会专门介绍。

（二）国际经济法的调整对象

国际经济法的调整对象是指国际经济法所调整的法律关系。国际经济法调整的法律关系是超越一国范围的自然人、法人、国家和国际经济组织之间的贸易关系、投资关系、金融关系、税收关系等。这些关系可以分为两类：横向的法律关系，如国际货物买卖关系；纵向的法律关系，如国际贸易管制。而在其他部门法中，它们所调整的法律关系要么是横向的（如民商法），要么是纵向的（如行政法、刑法）。

（三）国际经济法的法律规范

国际经济法的法律规范既包括国内法规范也包括国际法规范；既包括强制性规范也包

括任意性规范；既包括实体法规范也包括程序法规范。

三、国际经济法与相邻部门法的关系

1. 国际经济法与国际公法

国际公法也称国际法，是指在国际交往中形成的，用以调整国家、国际组织间关系的有法律约束力的规则和制度的总称。国际公法的主体主要是国家，此外还包括政府间的国际组织。国际公法主要调整国际政治、外交、军事等国际关系。其内容主要有领土法、海洋法、航空法、外交法、条约法、军事冲突法等。

国际经济法与国际公法的区别主要体现在以下几个方面。

第一，主体不同。国际公法的主体限于国家与各类政府间国际组织，国际经济法的主体则包括国家、政府间的国际组织、不同国家的法人和自然人。

第二，调整对象不同。国际公法主要调整国家之间的政治、外交、军事关系。国际经济法主要调整跨国经济活动的法律关系。

第三，法律渊源不同。国际公法的渊源主要是各领域的国际条约和国际惯例；而国际经济法的渊源则除了经济性的国际条约和国际惯例外，同时还包括各国国内的涉外经济立法。

2. 国际经济法与国际私法

国际私法调整在国际交往条件下形成的有涉外因素的自然人、法人的财产关系与人身关系。国际私法的法律规范主要表现为冲突规范。

国际经济法与国际私法的区别主要体现在以下几个方面。

第一，主体不同。国际私法的主体只限于不同国家的自然人、法人。国际经济法的主体则既包括经济领域中具有跨国因素的自然人、法人等私法意义上的主体，也包括经济领域中国际公法关系上的主体，即国家及政府间国际组织。

第二，调整对象不同。国际私法所调整的是有跨国因素的私主体的经济关系与人身关系。国际经济法则只调整经济关系，不调整人身关系。

第三，调整方法不同。国际私法主要是关于民商法的法律适用法，不是实体法。它只是指出应当适用哪一国家的实体法和程序法来解决当事人的权利义务问题，并不直接确认当事人的权利义务或解决有关的讼争，因而是间接调整的方法。反之，在国际经济法各种规范中，除了程序法规范以外，绝大部分本身就是实体法，因而是直接调整的方法。

【总结】

国际公法、国际私法、国际经济法的区别

	国际公法	国际私法	国际经济法
主体			
调整对象			
法律性质			

第二节　国际经济法的主体

国际经济法的主体是指在国际经济交往中享有权利和承担义务的参加者。包括自然人、法人、国家、国际经济组织。

一、自然人

自然人是国际经济关系的参加者，能依有关国家的国内法享有权利和承担义务，是国际经济法的主体之一。自然人是国际经济法中最古老的法律主体。在古希腊、古罗马时代，国与国、城邦与城邦之间的经济交往中自然人就活跃其中。

（一）自然人主体资格的一般问题

自然人作为国际经济法主体，首先必须具有一般的民事权利能力和民事行为能力。自然人的民事权利能力是指其享有权利和承担义务的资格。自然人的民事权利能力同其人身不可分离，始于出生、止于死亡。自然人的民事行为能力是指其通过自己的行为实际取得权利和承担义务的资格。绝大多数国家法律都根据一个自然人是否有正常的认识能力和判断能力以及丧失这些能力的程度，把自然人分为完全民事行为能力人、限制民事行为能力人以及无民事行为能力人。作为国际经济法主体的自然人，必须是完全民事行为能力人。

【法规阅读】

《中华人民共和国民法典》

第十七条　十八周岁以上的自然人为成年人。不满十八周岁的自然人为未成年人。

第十八条　成年人为完全民事行为能力人，可以独立实施民事法律行为。

十六周岁以上的未成年人，以自己的劳动收入为主要生活来源的，视为完全民事行为能力人。

第十九条　八周岁以上的未成年人为限制民事行为能力人，实施民事法律行为由其法定代理人代理或者经其法定代理人同意、追认；但是，可以独立实施纯获利益的民事法律行为或者与其年龄、智力相适应的民事法律行为。

第二十条　不满八周岁的未成年人为无民事行为能力人，由其法定代理人代理实施民事法律行为。

第二十一条　不能辨认自己行为的成年人为无民事行为能力人，由其法定代理人代理实施民事法律行为。

八周岁以上的未成年人不能辨认自己行为的，适用前款规定。

第二十二条　不能完全辨认自己行为的成年人为限制民事行为能力人，实施民事法律行为由其法定代理人代理或者经其法定代理人同意、追认；但是，可以独立实施纯获利益的民事法律行为或者与其智力、精神健康状况相适应的民事法律行为。

（二）国际经济活动中自然人主体资格的确认

通常情况下，自然人主体资格的确认多依其属人法（国籍法、居所地法等）确定。如德国法规定：自然人的权利能力和行为能力依其所属国法律。但是，在国际经济交往中，纯粹依属人法来确定自然人的主体资格将会出现自然人属人法与行为地法的冲突问题。一些国家主张在国际经济交往方面，以行为地法作为确认外国自然人权利能力和行为能力的准据法。

按照我国《涉外民事关系法律适用法》的规定，自然人的民事权利能力，适用经常居所地法律。自然人的民事行为能力，适用经常居所地法律。自然人从事民事活动，依照经常居所地法律为无民事行为能力，依照行为地法律为有民事行为能力的，适用行为地法律，但涉及婚姻家庭、继承的除外。

【法规阅读】

《中华人民共和国涉外民事关系法律适用法》

第十一条 自然人的民事权利能力，适用经常居所地法律。

第十二条 自然人的民事行为能力，适用经常居所地法律。

自然人从事民事活动，依照经常居所地法律为无民事行为能力，依照行为地法律为有民事行为能力的，适用行为地法律，但涉及婚姻家庭、继承的除外。

（三）中国自然人的国际经济活动主体资格的演变

外国自然人的主体资格在我国是得到承认的。但是对于中国自然人即便是完全民事行为能力人，考虑到国际经济活动的复杂性，出于对中国自然人的保护及本国对外经济政策，在较长时间内中国自然人的国际经济活动的主体资格受到了限制。如按照原《中华人民共和对外贸易法》的规定，中国自然人没有从事对外贸易活动的主体资格。按照原《中外合资经营企业法》的规定，中国自然人不能作为中外合资经营企业的中方当事人。

【法规阅读】

《中华人民共和国对外贸易法（1994年）》（已被修改）

第八条 本法所称对外贸易经营者，是指依照本法规定从事对外贸易经营活动的法人和其他组织。

《中华人民共和国中外合资经营企业法》（已失效）

第一条 中华人民共和国为了扩大国际经济合作和技术交流，允许外国公司、企业和其他经济组织或个人（以下简称外国合营者），按照平等互利的原则，经中国政府批准，在中华人民共和国境内，同中国的公司、企业或其他经济组织（以下简称中国合营者）共同举办合营企业。

但是随着中国对外开放程度的加深，我国支持更多的主体参与国际经济活动，并在立法上作出了相应修改，赋予了自然人更多的国际经济活动的主体资格。

【法规阅读】

《中华人民共和国对外贸易法（2016）》

第八条 本法所称对外贸易经营者，是指依法办理工商登记或者其他执业手续，依照本法和其他有关法律、行政法规的规定从事对外贸易经营活动的法人、其他组织或者个人。

《中华人民共和国外商投资法》

第二条 在中华人民共和国境内（以下简称中国境内）的外商投资，适用本法。

本法所称外商投资，是指外国的自然人、企业或者其他组织（以下称外国投资者）直接或者间接在中国境内进行的投资活动，包括下列情形：

（一）外国投资者单独或者与其他投资者共同在中国境内设立外商投资企业；

（二）外国投资者取得中国境内企业的股份、股权、财产份额或者其他类似权益；

（三）外国投资者单独或者与其他投资者共同在中国境内投资新建项目；

（四）法律、行政法规或者国务院规定的其他方式的投资。

本法所称外商投资企业，是指全部或者部分由外国投资者投资，依照中国法律在中国境内经登记注册设立的企业。

《中华人民共和国外商投资法实施条例》

第三条 外商投资法第二条第二款第一项、第三项所称其他投资者，包括中国的自然人在内。

二、法人

（一）法人主体资格的确认原则

法人的权利能力决定了法人能否成为国际经济法律关系主体的资格。各国均赋予本国法人以从事国际经济活动的主体资格。我国法人的主体资格规定在民法典中。

【法规阅读】

《中华人民共和国民法典》

第五十八条　法人应当依法成立。

法人应当有自己的名称、组织机构、住所、财产或者经费。法人成立的具体条件和程序，依照法律、行政法规的规定。

设立法人，法律、行政法规规定须经有关机关批准的，依照其规定。

第五十九条　法人的民事权利能力和民事行为能力，从法人成立时产生，到法人终止时消灭。

第六十三条　法人以其主要办事机构所在地为住所。依法需要办理法人登记的，应当将主要办事机构所在地登记为住所。

（二）国际经济活动中法人主体资格的确认

按照我国《涉外民事关系法律适用法》的规定，在国际经济活动中法人的主体资格适用登记地法律，法人的主营业地与登记地不一致的，可以适用主营业地法律，法人的经常居所地，为其主营业地。

【法规阅读】

《中华人民共和国涉外民事关系法律适用法》

第十四条　法人及其分支机构的民事权利能力、民事行为能力、组织机构、股东权利义务等事项，适用登记地法律。

法人的主营业地与登记地不一致的，可以适用主营业地法律。法人的经常居所地，为其主营业地。

（三）对外国法人资格确认的方式

对外国法人资格的确认，各国通常采取的方式有：

（1）登记制。外国法人向东道国政府提出申请并办理必要的登记或注册手续，而无需东道国政府的特别批准。

（2）许可制。外国法人向东道国政府提出申请后，须经东道国政府主管机构按法定程序批准才能获得承认。

（3）相互承认制。通过缔结双边协定、国际条约，相互承认对方国家的法人资格，无需特别许可，也无需办理有关手续。

（四）跨国公司

国际上对跨国公司的称谓有多种，如多国公司、国际企业、全球公司等，在联合国的正式文件中基本使用"跨国公司"（Transnational Corporation）一词。按照《跨国公司行动守则（草案）》规定：本守则所使用"跨国公司"一词，是指这样的一种企业，该企业由设在两个或两个以上的国家的实体组成，而不论这些实体的法律形式和活动范围如何；这种企业的业务是通过一个或多个决策中心，根据一定的决策体制经营的，可以具有一贯的政策和共同的策略；企业的各个实体由于所有权或别的因素相联系，其中一个或一个以上的实体能对其他实体的活动施加重要影响，尤其是可以同其他实体分享知识、资源以及分担责任。

从以上可以看出，跨国公司具有以下法律特征。

（1）跨国性。跨国公司各实体分布于两个或两个以上的国家，通过在国外设立子公司或分公司的形式，在两个或两个以上国家从事生产经营活动。通常情况下，总公司或母公司所在的国家即为跨国公司的母国。

（2）战略的全球性和管理的集中性。所谓战略的全球性，是指跨国公司从事生产和经营时，不是从某一个实体或某一个地区着眼，而是从整个公司的全球利益出发。为了追求全球利润的最大化，有时可能会以牺牲局部利益或以暂时性亏损为代价。所谓管理的集中性，是指母（总）公司的决策中心对整个公司各实体拥有高度集中的管理权。拥有全部股权或多数股权是母（总）公司对子（分）公司实施有效控制的最简单方式。

（3）关联性。跨国公司是由分布在多个国家的诸多实体所组成，实体间并非简单的组合，而是通过各种复杂的法律关系，使各实体间有机地、紧密地联系在一起。这种关联性使得各实体可以分享知识、资源以及分担责任。

关于跨国公司的法律地位。跨国公司各实体是依各国内法规定设立的法人或经济组织，不是国际法的产物，不是国际法的主体。由于跨国公司的各个实体都是根据所在国（母国或东道国）的法律设立的，所以具有法人资格的也只能成为内国法人，其权利能力和行为能力只能取决于有关国家国内法的规定，并应接受所在国家的管辖权。

关于母公司对子公司的债务责任。从事国际经济活动的法人大多是有限责任公司，按照公司法的理论，有限责任公司以其全部资产对公司债务承担责任。但是对于跨国公司，基于母子公司之间的关联性，母公司对子公司拥有控制权，当出现由于母公司责任造成子公司丧失对外偿付能力或履行义务的能力时，为了保护债权人的利益，有些国家的法律纳入"揭开公司面纱"理论，要求母公司为子公司的债务承担直接责任。

【法规阅读】

《中华人民共和国公司法》

第三条　公司是企业法人，有独立的法人财产，享有法人财产权。公司以其全部财产对公司的债务承担责任。

有限责任公司的股东以其认缴的出资额为限对公司承担责任；股份有限公司的股东以其认购的股份为限对公司承担责任。

第二十条　公司股东应当遵守法律、行政法规和公司章程，依法行使股东权利，不得滥用股东权利损害公司或者其他股东的利益；不得滥用公司法人独立地位和股东有限责任损害公司债权人的利益。

公司股东滥用股东权利给公司或者其他股东造成损失的，应当依法承担赔偿责任。

公司股东滥用公司法人独立地位和股东有限责任，逃避债务，严重损害公司债权人利益的，应当对公司债务承担连带责任。

三、国家

国家作为国际经济法主体具有特殊性。一方面，国家是国际法上的主体，拥有国家主权，具有独立参加国际政治、经济活动的能力，直接享有国际法权利和承担国际法义务。另一方面，国家有权直接参与国际经济活动，成为国际经济合同的当事人，如政府采购行为、东道国与外国私人投资者签订特许协议以开发本国资源的行为。但是鉴于国家的独特地位，由国家主权原则派生出国家管辖及其财产豁免。

四、国际经济组织

广义的国际经济组织是指两个或两个以上的国家政府或民间团体为了实现共同的经济目标，通过协议建立的、具有常设组织机构和经济职能的组织。狭义的国际经济组织限于政府间组织，不包括非政府间组织。

国际经济组织具备相应的法律人格，能够作为国际经济法的主体行使权利并承担义务，从而有效地进行国际经济交往活动。国际经济组织包括世界性的、区域性的以及专业性的国际经济组织。这些国际经济组织以通过制定条约或协定来协调各国立法，同时其也以与国家、私人间签订经济合同等活动形式参加国际经济活动。

（一）世界性的国际经济组织：世界银行

世界银行（The World Bank）是世界银行集团的简称，是联合国的一个专门机构。世界银行于 1945 年 12 月 27 日在布雷顿森林会议后正式宣告成立，1946 年 6 月开始营业。1947 年 11 月成为联合国的专门机构。

世界银行的重要事项都需会员国投票决定，投票权的大小与会员国认购的股本成正比，采用加权投票制。世界银行每一会员国拥有 250 票基本投票权，每认购 10 万美元的股本即增加一票。

世界银行的最高决策机构是理事会。理事会由每个成员国任命的一名理事和副理事组成。该职位通常由该国财政部部长、中央银行行长或级别相当的一名高级官员担任。理事和副理事任期 5 年，可以连任。同时理事会将一部分权力下放给执行董事会。执行董事会成员包括世界银行行长和 25 名执行董事。所以世界银行所有重大决策均由理事会和执董会作出。世界银行行政管理机构由行长、若干副行长、局长、处长、工作人员组成。行长由执行董事会选举产生，是银行行政管理机构的首脑，他在执行董事会的有关方针政策指导下，负责银行的日常行政管理工作，任免银行高级职员和工作人员，行长同时兼任执行董事会主席，但没有投票权。只有在执行董事会表决中双方的票数相等时，可以投关键性的一票。

世界银行的业务部门由国际复兴开发银行、国际开发协会、国际金融公司、多边投资担保机构和国际投资争端解决中心五个成员机构组成，并开展相应的业务。

国际复兴开发银行（IBRD），1945 年成立，188 个成员国。其职能是向中等收入国家政府和信誉良好的低收入国家政府提供贷款；国际金融公司（IFC），1956 年成立，184 个成员国。其职能是通过投融资、动员国际金融市场资金以及为企业和政府提供咨询服务，帮助发展中国家实现可持续增长；国际开发协会（IDA），1960 年成立，172 个成员国。其职能是向最贫困国家的政府提供无息贷款和赠款；多边投资担保机构（MIGA），1988 年成立，181 个成员国。其职能是通过向投资者和贷款方提供政治风险担保，来达到促进向发展中国家的外国直接投资，以支持经济增长、减少贫困和改善人民生活；国际投资争端解决中心（ICSID），1966 年成立，150 个成员国。其职能是提供针对国际投资争端的调解和仲裁机制。

中国是世界银行的创始国之一，但是中华人民共和国成立后中国在世界银行的席位长期为台湾当局所占据。1980 年 5 月 15 日，中国在世界银行和所属国际开发协会及国际金融公司的合法席位得到恢复。

自 1945 年成立以来，世界银行已从一个单一的机构发展成为一个由五个联系紧密的发展机构组成的集团。世界银行的使命已从通过国际复兴开发银行促进战后重建和发展演变成为通过与其下属机构国际开发协会和其他成员机构密切协调推进世界各国的减贫事业。

（二）区域性的国际经济组织：亚太经济合作组织

亚太经济合作组织（Asia-Pacific Economic Cooperation，英文简称 APEC，中文简称亚太经合组织）是亚太地区重要的经济合作论坛，也是亚太地区最高级别的政府间经济合作机制。

亚太经济合作组织诞生于全球冷战结束的年代。20 世纪 80 年代末，随着冷战的结束，国际形势日趋缓和，经济全球化、贸易投资自由化和区域集团化的趋势逐渐成为潮流。同时，亚洲地区在世界经济中的比重也明显上升。1989 年 11 月 5 日至 7 日，举行亚太经济合作会议首届部长级会议，标志着亚太经济合作组织的成立。该组织在为推动区域贸易投资自由化，加强成员间经济技术合作等方面发挥了不可替代的作用。它是亚太区内各地区之间促进经济成长、合作、贸易、投资的论坛。1993 年 6 月改名为亚太经济合作组织。1991 年 11 月中国以主权国家身份，中国台北和中国香港以地区经济体名义正式加入亚太经合组织。截至 2014 年 9 月，亚太经合组织共有 21 个正式成员（澳大利亚、文莱、加拿大、智利、中国、中国香港、印度尼西亚、日本、韩国、墨西哥、马来西亚、新西兰、巴布亚新几内亚、秘鲁、菲律宾、俄罗斯、新加坡、中国台北、泰国、美国和越南）和三个观察员（东盟秘书处、太平洋经济合作理事会和太平洋岛国论坛秘书处）。

亚太经合组织采取自主自愿、协商一致的合作原则。所作决定须经各成员一致同意。会议成果文件不具法律约束力，但各成员在政治上和道义上有责任尽力予以实施。亚太经合组织主要讨论与全球和区域经济有关的议题，如贸易和投资自由化便利化、区域经济一体化、互联互通、经济结构改革和创新发展、全球多边贸易体系、经济技术合作和能力建设等。

亚太经合组织共有 5 个层次的运作机制：领导人非正式会议、部长级会议、高官会、委员会和工作组、秘书处。其中，领导人非正式会议是亚太经合组织最高级别的会议。

（三）专业性的国际经济组织：石油输出国组织

石油输出国组织（Organization of the Petroleum Exporting Countries，英文简称 OPEC，中文简称欧佩克）。1960 年 9 月，由伊朗、伊拉克、科威特、沙特阿拉伯和委内瑞拉的代表在巴格达开会，决定联合起来共同对付西方石油公司，维护石油收入，五国宣告成立石油输出国组织。石油输出国组织是亚、非、拉第三世界石油生产国为协调成员国石油政策、反对西方石油垄断资本的剥削和控制而建立的最早、影响最大的原料生产国和输出组织。其宗旨是：协调和统一成员国石油政策，维持国际石油市场价格稳定，确保石油生产国获得稳定收入。

卡塔尔于 2019 年 1 月退出欧佩克，2020 年 1 月 1 日，厄瓜多尔退出。现有 13 个成员国是：阿尔及利亚、安哥拉、刚果、赤道几内亚、加蓬、伊朗、伊拉克、科威特、利比亚、尼日利亚、沙特阿拉伯、阿拉伯联合酋长国、委内瑞拉。

欧佩克大会是该组织的最高权力机构，各成员国向大会派出以石油、矿产和能源部长（大臣）为首的代表团。大会每年召开两次，如有需要还可召开特别会议。大会奉行全体成员国一致原则，每个成员国均为一票，负责制定该组织的大政方针，并决定以何种适当方式加以执行。欧佩克理事会负责执行大会决议。秘书处是理事会的领导下负责行使该组织的行政性职能部门。总部设在奥地利维也纳。

第三节　国际经济法的基本原则

国际经济法基本原则具有普遍意义，适用于国际经济法的所有领域，并且构成国际经济法的基础，对国际经济法具体法律制度的建立和适用具有重要的指导作用。一般认为，国际经济法的基本原则包括以下内容。

一、经济主权和国家对自然资源的永久主权原则

经济主权和国家对自然资源的永久主权是国家主权不可分割的一部分，是国家主权在经济权利上的具体体现。因此，经济主权和国家对自然资源永久主权原则是国际经济法最重要的原则之一。其具体体现为：

1. 尊重各国对本国自然财富和资源的永久主权

各国境内的自然财富和资源是该民族生存和发展的物质基础，因此尊重各国对本国自然财富和资源的意义就显得非常重要。1962 年联合国通过了《关于自然资源永久主权的决议》，正式确立了各国对本国境内的自然资源享有永久主权的基本原则。该决议序言中指出：承认各国享有根据本国国家利益自由处置本国自然财富和自然资源的权利，并且尊重各国的经济独立；建立和加强各国对本国自然财富和自然资源的不可剥夺的主权，能

够增进各国的经济独立。

在勘探、开发和处置自然资源方面，要尊重各国对本国自然财富和资源的永久主权，不仅要求对东道国的陆地资源，而且要求对东道国的海洋资源的主权予以尊重。这要求各国应切实遵守东道国针对上述投资活动而制订的法律、法规以及各种规章准则。为此，侵犯各民族和各部族对本族对自然财富和自然资源的各种自主权利，就是完全违背联合国宪章的精神和原则。

2. 对外国投资进行监管的权力

在国际经济法上确认东道国对外国投资有权进行监管，是维护本国经济主权，维护对本国自然资源永久主权的重要法律保障。每个国家有权依据其国家目标按照其法律规定，对其国家管辖范围内的外国投资加以管理。各国有权依据本国情况，制订本国外资法，有权对外资给以管理、限制。这实质上也是东道国经济主权的表现形式。

【法规阅读】

《中华人民共和国外商投资法》

第六条　在中国境内进行投资活动的外国投资者、外商投资企业，应当遵守中国法律法规，不得危害中国国家安全、损害社会公共利益。

3. 管理和监督跨国公司的权力

各国有权根据本国法律规定，对境内的跨国公司进行管理，有权采取各种措施，以确保跨国公司的经营活动遵守本国的法律、法规和各项规章制度。国际社会应遵守跨国公司行为准则，以防止跨国公司干涉东道国内政。

4. 征收和国有化的权力

每个国家都有权把外国资产收归国有、征用或者转移其所有权。在这种场合，采取上述措施的国家应当考虑本国有关的法律以及本国认为有关的一切情况，给予适当的补偿。国有化同样体现了经济主权原则。

【法规阅读】

《中华人民共和国外商投资法》

第二十条　国家对外国投资者的投资不实行征收。

在特殊情况下，国家为了公共利益的需要，可以依照法律规定对外国投资者的投资实行征收或者征用。征收、征用应当依照法定程序进行，并及时给予公平、合理的补偿。

二、公平互利原则

各国在经济交往中应遵循公平互利原则。公平互利原则实际上包含两个方面：一是公平原则，二是互利原则。公平原则是传统国际法上主权平等原则在国际经济交往中的体现。它指的是在国际经济交往中国家不分大小强弱，都具有平等的国际法律人格，享有平等的法律地位，没有高低贵贱之分，也不存在统治与被统治的关系，任何国家都不享有超越其他国家之上的特权。互利原则指在国际经济交往中，应做到对有关各方都有利。反对利己损人，反对民族利己主义以及由此派生的霸权主义。

国际经济新秩序中公平互利原则，强调实质上的公平互利，普遍优惠制即是其重要表现。普遍优惠制（Generalized System of Preference，简写为 GSP，简称普惠制）是指发达国家对发展中国家或地区出口的制成品和半制成品给予普遍的、非歧视的、非互惠的关税制度。1968 年第二届联合国贸易与发展会议上通过了建立普惠制的决议，这是发展中国家经过长期的斗争获得的胜利成果。普惠制实质上为了加速发展中国家的经济增长，消除发达国家与发展中国家的经济鸿沟，发达国家应当尽可能在国际经济合作的领域内给予发展中国家不要求互惠的待遇。

三、发展权原则

发展权是各国的一项独立权利，是不容剥夺的权利。每个国家都有权利和责任来选择本国发展的道路和目标，充分动员和利用本国资源，实行进步的经济改革和社会改革，并且切实保证本国人民充分参加发展的过程，充分分享发展的权利。发展权原则包括改善全体居民的福利、获得发展援助权、分享科学技术进步的权利。发展权原则首要的是保护发展中国家的发展权。

四、国际合作原则

各国在经济、社会、文化、科学与技术等领域中应相互合作，以促进全球经济的发展和社会进步。特别是发达国家的利益与发展中国家的利益不能再相互分开，整个国际大家庭的繁荣取决于它的组成部分的繁荣。因此，必须通过整个国际社会的合作才能促进发展中国家与发达国家共同发展、共同繁荣的美好前景。

【课程思政】

国际合作的典范："一带一路"（习近平总书记重要讲话）

2013 年 9 月 7 日，习近平在出访中亚国家期间，在哈萨克斯坦纳扎尔巴耶夫大学作题为《弘扬人民友谊 共创美好未来》的演讲，首次提出共同建设"丝绸之路经济带"。2013 年 10 月 3 日，习近平主席在印度尼西亚国会发表题为《携手建设中国-东盟命运共同体》的演讲，提出共同建设"21 世纪海上丝绸之路"。"丝绸之路经济带"和"21 世纪海上丝绸之路"简称"一带一路"倡议。

习近平要求："以钉钉子精神抓下去，一步一步把'一带一路'建设推向前进，让一带一路建设造福沿线各国人民。"

我国是"一带一路"的倡导者和推动者，但建设"一带一路"不是我们一家的事。"一带一路"建设不应仅仅着眼于我国自身发展，而是要以我国发展为契机，让更多国家搭上我国发展快车，帮助他们实现发展目标。我们要在发展自身利益的同时，更多考虑和照顾其他国家利益。要坚持正确义利观，以义为先、义利并举，不急功近利，不搞短期行为。

——2016 年 4 月 29 日，中共中央政治局第三十一次集体学习

3 年多前，我提出了"一带一路"倡议。3 年多来，已经有 100 多个国家和国际组织积极响应支持，40 多个国家和国际组织同中国签署合作协议，"一带一路"的"朋友圈"正在不断扩大。中国企业对沿线国家投资达到 500 多亿美元，一系列重大项目落地开花，带动了各国经济发展，创造了大量就业机会。可以说，"一带一路"倡议来自中国，但成效惠及世界。

——2017 年 1 月 17 日，在达沃斯国际会议中心出席世界经济论坛 2017 年年会开幕式上的主旨演讲

中国开放的大门永远不会关上，欢迎各国搭乘中国发展的"顺风车"。中国愿意同各方一道，推动亚投行早日投入运营、发挥作用，为发展中国家经济增长和民生改善贡献力量。我们将继续欢迎包括亚投行在内的新老国际金融机构共同参与"一带一路"建设。

——2016 年 1 月 16 日，在亚洲基础设施投资银行开业仪式上的致辞

"一带一路"倡议提出来后，一石激起千层浪，外界反响很大，各方都在响应。各方之所以反映强烈，主要是因为这个倡议顺应了时代要求和各国加快发展的愿望，具有深厚历史渊源和人文基础。从我们自己的情况来看，这个倡议符合我国经济发展内生性要求，也有助于带动我国边疆民族地区发展。

——2016 年 4 月 29 日，中共中央政治局第三十一次集体学习

中国的发展得益于国际社会，也愿为国际社会提供更多公共产品。我提出"一带一路"倡议，旨在同沿线各国分享中国发展机遇，实现共同繁荣。丝绸之路经济带一系列重点项目和经济走廊建设已经取得重要进展，21 世纪海上丝绸之路建设正在同步推进。

——2016 年 9 月 3 日，在二十国集团工商峰会开幕式上的主旨演讲

第四节　国际经济法的法律渊源

国际经济法的法律渊源是指国际经济法规范的表现形式，包括国内法渊源和国际法渊源两个部分。

一、国内法渊源

国际经济活动，从某一国家的角度来看就是涉外经济活动。因此，各国调整涉外经济活动的国内法律制度成为国际经济法的重要渊源。成文法国家的国内法渊源主要表现为成文的制定法，而在判例法国家其涉外经济法规范主要存在于判例中。

经各国制定的国内法有的既适用于国内经济活动，也适用于涉外经济活动，而有的国家为涉外经济活动制定专门的法律制度。例如，我国在 1999 年之前有专门的《涉外经济合同法》来调整我国具有涉外因素的各种合同关系，随着 1999 年《合同法》的实施，我国在合同领域实现了对内对外适用同样的法律规则。

我国国内法中属于国际经济法重要渊源的包括但不限于《民法典》《对外贸易法》《出口管制法》《外商投资法》《反倾销条例》《反补贴条例》《保障措施条例》等。

二、国际法渊源

（一）国际条约

按《维也纳条约法公约》的规定：称条约者，谓国家间所缔结而以国际法为准之国际书面协定，不论其载于一项单独文书或两项以上相互有关之文书内，亦不论其特定名称如何。所以一般认为国际条约是国际法主体依据国际法，确定彼此权利与义务的书面协议。

正式缔结的条约对缔约国创设约束性的义务。如同合同必须遵守，条约也必须遵守，所以"条约必守"是国际法的一项基本原则。国际条约一旦生效即对缔约者产生约束力，除对该条约个别条款声明保留的以外。另外，国际条约虽然对非缔约国没有直接的约束力，但它可能会被非缔约国吸收为其国内法，从而产生相应的法律效力。

条约依据缔结方数量的不同可以分为双边条约与多边条约，其中占主要地位的是多边条约，其内容涉及国际经济法的各个领域。如调整国际货物买卖的《联合国国际货物买卖合同公约》；调整国际海上货物运输的《海牙规则》《维斯比规则》《汉堡规则》；WTO的各项协议；知识产权保护的《伯尔尼公约》《巴黎公约》；国际投资领域的《多边投资担保机构公约》《华盛顿公约》；国际金融领域的《国际货币基金协定》；调整仲裁的《纽约公约》；等等。

【法规阅读】

《国际法院规约》

第三十八条

一、法院对于陈诉各项争端，应依国际法裁判之，裁判时应适用：

（子）不论普通或特别国际协约，确立诉讼当事国明白承认之规条者。

（丑）国际习惯，作为通例之证明而经接受为法律者。

（寅）一般法律原则为文明各国所承认者。

（卯）在第五十九条规定之下，司法判例及各国权威最高之公法学家学说，作为确定法律原则之补助资料者。

二、前项规定不妨碍法院经当事国同意本"公允及善良"原则裁判案件之权。

（二）国际惯例

国际惯例也称为国际习惯。依据《国际法院规约》规定：国际习惯，作为通例之证明而经接受为法律者。所以，国际惯例是指在国际交往中由各国前后一致地不断重复所形成并被广泛接受为有法律拘束力的行为规则或制度。

据此作为国际惯例，必须具备两个要件：一是客观要件，即各国一致长期重复从事某种行为的实践，也被称为物质因素；二是主观要件，即各国一致长期重复从事某种行为的实践被各国确认具有法律约束力，也被称为心理因素。

国际惯例是取得了法律效力的习惯，是实践的产物，具有不成文的特点。目前有国际组织或民间商业组织对国际惯例进行整理编纂而成文。如国际商会编纂制定的《国际贸易术语解释通则》《跟单信用证统一惯例》《托收统一规则》。

国际惯例是在长期的商业交往中自发形成的习惯性法律规范。它一般只具有任意法的效力，只有在当事人同意选择适用时，才对当事人产生法律效力。

（三）重要国际组织的决议

重要国际组织的决议是指普遍性的国际组织所作出的有关经济性的规范性决议。如联合国的《建立国际经济新秩序宣言》《各国经济权利和义务宪章》等。国际组织所作出的决议一般来说并不对其成员国具有强制力，仅具有建议的效力。但是随着国际实践的发展，已倾向于肯定一些重要国际组织的决议，特别是联合国大会旨在宣告国际法原则和规范的决议，应具有法律效力，且有的决议在国际实践中已逐渐被接受，成为各国在国际经济交往中遵守的准则。

【法规阅读】

《建立国际经济新秩序宣言》（节选）

四、新的国际经济秩序应当建立在充分尊重下列原则和基础上：

（1）各国主权平等，一切民族实行自决，不得用武力夺取领土，维护领土完整，不干涉他国内政。

（2）国际大家庭的一切成员国在公平的基础上进行最广泛的合作，由此有可能消除世界上目前存在的差距，并保证大家享受繁荣。

（3）一切国家在平等的基础上充分和有效地参加为了一切国家的共同利益而解决世界经济问题的工作，在这样做时，铭记有必要保证所有发展中国家的加速发展，并特别注意采取有利于最不发达的、内陆的和岛屿的发展中国家以及那些受到经济危机和自然灾害最严重影响的发展中国家，同时也不忽视其他发展中国家的利益的特别措施。

（4）每一个国家都有权实行自己认为对自己的发展最合适的经济和社会制度，而不因此遭受任何歧视。

（5）每一个国家对自己的自然资源和一切经济活动拥有充分的永久主权。为了保卫这些资源，每一个国家都有权采取适合于自己情况的手段，对本国资源开发及其开发实行有效控制，包括有权实行国有化或把所有权转移给自己的国民，这种权利是国家充分的永久主权的一种表现。任何一国都不应遭受经济、政治或其他任何形式的胁迫，以致不能自由地和充分地行使这一不容剥夺的权利。

（6）所有遭受外国占领、外国和殖民统治或种族隔离的国家、领地和民族，对于其自然资源和所有其他资源受到的剥削、消耗和损害有权要求偿还和充分赔偿。

（7）根据跨国公司所在国的充分主权，采取有利于这些国家的国民经济的措施来限制和监督这些跨国公司的活动。

（8）发展中国家以及处于殖民和种族统治和外国占领下的地区内的各民族有权取得解放和恢复对它们自然资源和经济活动的有效控制。

……

（11）整个国际大家庭向发展中国家提供积极援助，不附加任何政治或军事条件。

（12）保证经过改革的国际货币制度的主要目标之一应当是促进发展中国家的发展和有足够的实际资金流入这些国家。

（13）改善天然原料在面临合成代用品竞争的情况下的竞争地位。

（14）在可行时，在国际经济合作的各个领域在可能的情况下对发展中国家给予特惠的和非互惠的待遇。

（15）为把财政资金转移到发展中国家创造有利的条件。

（16）使发展中国家具有获得现代科学和技术成就的途径，促进有利于发展中国家的技术转让和建立本国技术，并按照适合于它们经济的方式和程序进行。

（17）一切国家都有必要制止浪费包括食品在内的自然资源的现象。

（18）发展中国家有必要集中一切资源从事发展事业。

（19）通过单独的和集体的行动加强发展中国家之间主要在优惠基础上进行的经济、贸易、财政和技术方面的相互合作。

（20）促进生产国联合组织在国际合作的范围内所能起的作用，以实现它们的目标，特别是协助促进世界经济的持久增长和发展中国家的加速发展。

【自我检测】

一、单选题

1. 下列不属于调整国际经济关系法律的是（　　）。
   A. 调整私人国际经济交往的民商法规范
   B. 国家政府管理对外经济交往的法律规范
   C. 调整国家间经济关系的国际法规范
   D. 调整国内私人间经济关系的法律规范

2. （自学考试真题）下列属于国际经济条约的是（　　）。

  A.《联合国国际货物买卖合同公约》 B.《华沙—牛津规则》

  C.《托收统一规则》 D.《国际贸易术语解释通则》

 3. 下列属于国际惯例的是（　　）。

  A.《关税及贸易总协定》 B.《国际货币基金协定》

  C.《托收统一规则》 D.《国际复兴开发银行协定》

 4. 下列不属于国家经济主权原则的是（　　）。

  A. 国家对其自然资源享有永久主权

  B. 对发展中国家给予非互惠的普惠待遇

  C. 国家有权对其境内的外国投资以及跨国公司的活动进行管理和监督

  D. 国家有权将外国财产收归国有或征收

 5.（自学考试真题）公平互利原则的初步实践之一是（　　）。

  A. 互惠待遇 B. 最惠国待遇

  C. 国民待遇 D. 非互惠的普遍优惠待遇

 6.（法律职业资格考试真题）某国公民杰克逊 18 岁，在上海某商店购买一款手机，价值 4000 元人民币。三天之后，杰克逊在另一商店发现该款手机的价格便宜许多，便到前一商店要求退货，被拒绝。杰克逊遂向上海某法院起诉，理由是根据其本国法，男子满 20 岁为成年人，自己未届成年，购买手机行为应属无效。对此，下列哪一种说法是正确的？

  A. 认定杰克逊的行为无效，手机可以退货

  B. 认定杰克逊的行为有效，手机不能退货

  C. 认定杰克逊为限制行为能力人，但因本案所涉金额不大，判购买行为有效

  D. 法院应根据 1980 年《联合国国际货物买卖合同公约》处理该案

 二、多选题

 7. 下列属于国际经济关系内容的是（　　）。

  A. 国际贸易关系 B. 国际投资关系

  C. 国际融资关系 D. 国际税收关系

  E. 国际刑法关系

 8. 跨国公司的特征为（　　）。

  A. 差异性 B. 跨国性

  C. 战略的全球性 D. 管理的集中性

  E. 公司内部的相互联系性

 9.（法律职业资格考试真题）根据我国 2004 年修订的《对外贸易法》的规定，关于对外贸易经营者，下列哪些选项是错误的？

  A. 个人须委托具有资格的法人企业才能办理对外贸易业务

  B. 对外贸易经营者未依规定办理备案登记的，海关不予办理报关验放手续

  C. 有足够的资金即可自动取得对外贸易经营的资格

  D. 对外贸易经营者向国务院主管部门办妥审批手续后方能取得对外贸易经营的资格

 10.（法律职业资格考试真题）甲国公民汤姆 19 岁，1989 年在我国境内购买了一件

民间工艺品，价值 1500 元，现汤姆以其本国法上 20 岁为成年才具有行为能力为由，要求解除合同。我国法院在审理此案时应如何处理？

    A. 汤姆的行为无效，可以解除合同，买卖不成立

    B. 汤姆的行为有效

    C. 法院可以适用 1980 年《国际货物买卖合同公约》处理该案

    D. 合同成立

【参考答案】

第二章　国际货物买卖法

国际货物买卖指货物所有权跨越国境的有偿转让，是国际贸易中的重要组成部分。本部分主要介绍调整国际货物买卖的一部公约——《联合国国际货物买卖合同公约》和一个国际惯例——《国际贸易术语解释通则》。

【课程思政】

党史学习——改革开放史（二）

习近平在庆祝改革开放40周年大会上发表重要讲话，阐述改革开放40年积累的宝贵经验，强调必须倍加珍惜、长期坚持，在实践中不断丰富和发展。他说，必须坚持党对一切工作的领导，不断加强和改善党的领导；必须坚持以人民为中心，不断实现人民对美好生活的向往；必须坚持马克思主义指导地位，不断推进实践基础上的理论创新；必须坚持走中国特色社会主义道路，不断坚持和发展中国特色社会主义；必须坚持完善和发展中国特色社会主义制度，不断发挥和增强我国制度优势；必须坚持以发展为第一要务，不断增强我国综合国力；必须坚持扩大开放，不断推动共建人类命运共同体；必须坚持全面从严治党，不断提高党的创造力、凝聚力、战斗力；必须坚持辩证唯物主义和历史唯物主义世界观和方法论，正确处理改革发展稳定关系。

改革开放是当代中国命运的关键抉择，是发展中国特色社会主义和中华民族伟大复兴的必经之路，只有改革开放，才能发展中国，才能发展社会主义，才能发展马克思主义。这两段话，高度概括了我们为什么要改革，我们应当深刻的领会十一届三中全会提出的这种高度的理论概括。

改革有两个明显的特点。第一，在党领导下的改革，改革是为了完善社会主义。每次重大改革的决策，都是中央通过决定做出的决策，说明党是主动的推进改革。第二，我们的改革是渐进式的，而不是像有的国家那样一步到位的。

改革开放的实质是：解放和发展社会生产力，提高综合国力，进一步解放人民思想，建设有中国特色的社会主义。改革开放是邓小平理论的重要组成部分，中国社会主义建设的一项根本方针。改革，包括经济体制改革，即把高度集中的计划经济体制改革成为社会主义市场经济体制；政治体制改革，包括发展民主，加强法制，实现政企分开、精简机构，完善民主监督制度，维护安定团结。开放，主要指对外开放，在广泛意义上还包括对内开放。改革开放是中国共产党在社会主义初级阶段基本路线的基本点之一，是中国走向富强的必经之路。对中国的经济发展有着巨大影响。

十一届三中全会以来，在邓小平同志建设有中国特色社会主义理论的指导下，中国共产党和人民锐意改革，努力奋斗，整个国家焕发出了勃勃生机，中华大地发生了历史性的伟大变化。社会生产力获得新的解放。安定团结的政治局面不断巩固。11亿人民的温饱问题基本解决，正在向小康迈进。中国经济建设上了一个大台阶，人民生活上了一个大台阶，综合国力上了一个大台阶。在世界风云急剧变幻的情况下，中国的社会主义制度经受住严峻的考验，显示了强大的生命力。

中国改革开放成就斐然，通过这个大改革、大开放，实现了三个伟大的转折：第一个伟大转折就是从高度集中的计划经济体制向充满生机和活力的社会主义市场经济体制转变；第二个伟大转折是从封闭半封闭的社会向全面开放的社会转变；第三个伟大转折是人民的生活从温饱转向基本小康的社会转变。如果没有改革开放就不可能实现三个伟大转变。所以，十一届三中全会提出来改革开放是当代中国命运的关键抉择。

当我国的发展站在新的历史起点之时，我们必须顺应经济体制深刻变革、社会结构深刻变动、利益格局深刻调整、思想观念深刻变化，以及党面临的机遇前所未有、面对的挑战也前所未有的新形势新情况，进一步凝聚改革共识，坚定改革方向，完善改革举措。历史证明，改革开放是解放和发展社会生产力、不断创新充满活力的体制机制的必然要求和根本动力，是发展中国特色社会主义、实现中华民族伟大复兴的必由之路。只有社会主义才能救中国，只有改革开放才能发展中国、发展社会主义、发展马克思主义。

党的十七大报告指出，改革开放是党在新的时代条件下带领人民进行的新的伟大革命，目的就是要解放和发展社会生产力，实现国家现代化，让中国人民富裕起来，振兴伟大的中华民族；就是要推动中国社会主义制度自我完善和发展，赋予社会主义新的生机活力，建设和发展中国特色社会主义；就是要在引领当代中国发展进步中加强和改进党的建设，保持和发展党的先进性，确保党始终走在时代前列，使党和国家得到了快速的发展。

习近平在庆祝改革开放40周年大会上说，改革开放是我们党的一次伟大觉醒，正是这个伟大觉醒孕育了我们党从理论到实践的伟大创造。改革开放是中国人民和中华民族发展史上一次伟大革命，正是这个伟大革命推动了中国特色社会主义事业的伟大飞跃！

第一节　《联合国国际货物买卖合同公约》

《联合国国际货物买卖合同公约》（The United Nations Convention on Contracts for the International Sale of Goods，简写为 CISG，以下简称《公约》）由联合国国际贸易法委员

会主持制定，1980 年在维也纳举行的由 62 个国家的代表出席的外交会议上获得通过。根据《公约》第 99 条规定：在第十件批准书、接受书、核准书或加入书、包括载有根据第九十二条规定做出的声明的文书交存之日起十二月后的第一个月第一天生效。《公约》于 1988 年 1 月 1 日达到法定批准国家数额后正式生效。目前主要的贸易大国几乎都是《公约》的缔约国。① 中国于 1981 年 9 月 30 日在《公约》上签字并于 1986 年 12 月 11 日批准该《公约》。《公约》共有 101 条，四个部分分别为：适用范围与总则、合同的成立、货物买卖、最后条款。

一、适用范围

（一）适用条件

按照《公约》第 1 条第（1）款的规定：本公约适用于营业地在不同国家的当事人之间所订立的货物买卖合同，且当事人营业地所在国都是公约的缔约国或国际私法规则导致该合同适用某一缔约国的法律。因此，《公约》从当事人的营业地、缔约国两个方面规定了《公约》适用的范围。

【法规阅读】

《联合国国际货物买卖合同公约》

Article 1

（1）This Convention applies to contracts of sale of goods between parties whose places of business are in different States：

（a）when the States are Contracting States；or

（b）when the rules of private international law lead to the application of the law of a Contracting State.

---

① 《公约》的缔约国有：阿尔巴尼亚、阿根廷、亚美尼亚、澳大利亚、奥地利、阿塞拜疆、巴林、白俄罗斯、比利时、贝宁、波斯尼亚和黑塞哥维那、巴西、保加利亚、布隆迪、喀麦隆、加拿大、智利中国、哥伦比亚、刚果、哥斯达黎加、克罗地亚、古巴、塞浦路斯、捷克、朝鲜民主主义人民共和国、丹麦、多米尼加、厄瓜多尔、埃及、萨尔瓦多、爱沙尼亚、斐济、芬兰、法国、加蓬、格鲁吉亚、德国、加纳、希腊、危地马拉、几内亚、圭亚那、洪都拉斯、匈牙利、冰岛、伊拉克、以色列、意大利、日本、吉尔吉斯斯坦、拉脱维亚、老挝人民民主共和国、黎巴嫩、莱索托、利比里亚、列支敦士登、立陶宛、卢森堡、马达加斯加、毛里塔尼亚、墨西哥、蒙古、黑山、荷兰、葡萄牙、新西兰、北马其顿共和国、挪威、巴拉圭、秘鲁、波兰、大韩民国、摩尔多瓦共和国、罗马尼亚、俄罗斯联邦、圣文森特和格林纳丁斯、圣马力诺、塞尔维亚、新加坡、斯洛伐克、斯洛文尼亚、西班牙、巴勒斯坦国、瑞典、瑞士、阿拉伯叙利亚共和国、前南斯拉夫的马其顿共和国、土耳其、乌干达、乌克兰、美利坚合众国、乌拉圭、乌兹别克斯坦、委内瑞拉（玻利瓦尔共和国）、越南、赞比亚。

【总结】

《公约》的适用条件

条件一：

条件二：（1）

　　　　　或

　　　　　（2）

（二）《公约》不适用的买卖

《公约》采取了排除法的立法体例来确定适用的交易范围。依据《公约》第2条的规定，公约不适用于下列买卖：（1）购买供私人、家人或家庭使用的货物的买卖；（2）经由拍卖的买卖；（3）根据法律执行令状或其他令状的买卖；（4）公债、股票、投资证券、流通票据或货币的买卖；（5）船舶、船只、气垫船或飞机的买卖；（6）电力的买卖。上述各种买卖主要是由于其买卖的性质、买卖的方式或买卖的标的物具有某种特殊性，因而被排除在《公约》的适用范围之外。

此外，依据《公约》第3条规定，《公约》不适用于下列非买卖交易：一为供应货物一方的绝大部分义务在于供应劳动力或其他服务的合同；一为由订购方保证供应尚待生产或制造的货物的合同所需的大部分重要材料。依此规定，来件装配合同、来料加工合同、咨询服务合同，都不适用《公约》。

【法规阅读】

《联合国国际货物买卖合同公约》

Article 2

This Convention does not apply to sales:

（a）of goods bought for personal, family or household use, unless the seller, at any time before or at the conclusion of the contract, neither knew nor ought to have known that the goods were bought for any such use;

（b）by auction;

（c）on execution or otherwise by authority of law;

（d）of stocks, shares, investment securities, negotiable instruments or money;

（e）of ships, vessels, hovercraft or aircraft;

（f）of electricity.

Article 3

（1）Contracts for the supply of goods to be manufactured or produced are to be considered sales unless the party who orders the goods undertakes to supply a substantial part of the materials necessary for such manufacture or production.

(2) This Convention does not apply to contracts in which the preponderant part of the obligations of the party who furnishes the goods consists in the supply of labour or other services.

(三)《公约》不涉及的问题

1. 合同、任何条款以及惯例的效力

这是因为各国在国内法中对于合同的有效性问题都有一些具体规定，如合同无效、可撤销等，而对这些问题各国分歧较大，难以统一，因此《公约》明文规定它不涉及这方面的问题。

2. 合同对所售货物所有权可能产生的影响

关于货物所有权由卖方转移于买方的时间与条件问题，各国规定颇为不同。为此，《公约》只规定了卖方有义务将货物所有权移转于买方，但不涉及移转所有权的具体问题。

关于买卖合同能否切断第三人对已售出货物本来享有的权益问题，《公约》亦不涉及。《公约》只规定卖方必须交付第三人不能提出任何权利或者请求的货物，并以此作为卖方的一项重要义务。但《公约》对于当卖方把本来属于他人所有或享有担保物权的货物出售给买方后，该第三人能否对买方主张权利的问题则没做任何规定。因为在这一问题上，各国立法分歧颇大，难以统一。

3. 卖方的产品责任

即卖方对销售的货物造成他人的人身伤害或财产损失应负的责任。由于各国在产品责任问题上意见不一致，目前难以统一，故此《公约》没有涉及这个问题。

(四) 中国的保留

条约的保留是指一国于签署、批准、接受、赞同或加入条约时所作之片面声明，不论措辞或名称为何，其目的在于摒除或更改条约中若干规定对该国适用时之法律效果。我国在核准该公约时，根据《公约》第95条和第96条的规定，对该公约提出了两项保留。

(1) 对第1条第1款 (b) 项的保留：即依据国际私法规则导致《公约》扩大适用的保留。

依《公约》第1条第1款第 (b) 项的规定，当事人双方的营业地处于不同的国家，即使他们所在的国家不是《公约》的缔约国，但如果按国际私法的规则导致适用某一缔约国的法律，则该公约也将适用于他们之间订立的国际货物买卖合同。此项规定的目的在于扩大《公约》的适用范围，使《公约》不仅适用于缔约国的当事人之间，而且也可能适用于非缔约国的当事人之间订立的买卖合同。对于这一点，我国在核准该公约时提出了保留，即我国仅同意对双方的营业地所在国均为缔约国的当事人之间订立的货物买卖合同，才适用该公约，而不允许《公约》的扩大适用。

（2）对第 11 条的保留：即对合同形式不受限制的保留。

《公约》第 11 条规定：买卖合同无须以书面订立或书面证明，在形式方面也不受其他条件的限制。买卖合同可以用包括人证在内的任何方法证明。即国际货物买卖合同的订立，无论采取口头方式或书面方式，都是有效的。我国对此提出了保留。因为按照我国当时的《涉外经济合同法》的规定，国际货物买卖合同必须采取书面的方式。

【法规阅读】

《涉外经济合同法》（已废止）

第七条　当事人就合同条款以书面形式达成协议并签字，即为合同成立。通过信件、电报、电传达成协议，一方当事人要求签订确认书的，签订确认书时，方为合同成立。

但 1999 年 10 月 1 日《合同法》正式生效，对合同的形式作出了与原《涉外经济合同法》完全不同的规定。中国政府于 2013 年初向联合国秘书长正式交存有关撤销其在《公约》项下"书面形式"声明的申请。至此，中国也与绝大多数《公约》缔约国一样不再要求国际货物买卖合同必须采用书面形式。

（五）《公约》适用不具有强制性

《公约》第 6 条规定：双方当事人可以不适用本公约，或在第 12 条的条件下，减损本公约的任何规定或改变其效力。此表明，《公约》的适用不具有强制性。如果他们在合同中约定不适用该公约，而选择《公约》以外的其他法律作为该合同的准据法，这就可以完全排除《公约》的适用。但是如果他们没有在合同中排除《公约》的适用，则该公约就当然适用于他们订立的买卖合同。

当事人可以在买卖合同中部分地排除《公约》的适用，或改变《公约》中任一条款的效力而代之以合同中所作的规定。但是，当事人的这项权利必须受一定的限制。如果任何一方当事人营业地所在国家在批准或参加该公约时，提出了书面形式的保留，则当事人必须遵守该缔约国所作的保留，而不得予以排除。

二、合同的订立

国际货物买卖合同与其他合同一样，是双方意思达成一致的结果。它是通过一方提出要约，另一方对要约表示承诺而成立的。

（一）要约（offer）

1. 要约的构成条件

要约是一方向另一方提出的愿意按一定条件同对方订立合同的建议。提出建议的一方为要约人（offeror），其相对方为受要约人（offeree）。依据《公约》，要约的构成条件为：

第一，要约应向一个或一个以上特定的人提出。非向特定的人提出的缔约建议仅应视为要约邀请，除非提出建议的一方明确地表示相反的意向。

第二，要约的内容必须确定。内容确定即要约至少包含货物的名称、数量和价格这三个要素。依《公约》的规定，一项要约，如包含了以上三个内容，便应认定其为"十分确定"，就是一项有效的要约，如果它被对方承诺，买卖合同即告成立。至于要约中所没规定的其他事项，可按有关惯例或《公约》的相关规定来处理。

第三，要约人表明在得到承诺时，承受其约束的意思表示。这种订立合同的意愿必须是在受要约人全部接受要约时，就能按该要约条件订立合同。

2. 要约的生效

《公约》第 15 条（1）规定：要约于送达受要约人时生效。对于要约的生效时间，各国法律规定相同。因此，在收到要约前向对方发出"承诺"，此"承诺"实为要约，不能认为订了合同。即使此项"承诺"的内容与对方提出的要约的内容完全巧合，这种情况在法律上只能被看作是两个交互的要约。

3. 要约的撤回（withdrawal）

要约的撤回是指要约人发出要约之后，在其尚未送达受要约人之前，即在要约尚未生效前将该项要约取消，使其失去效力。

《公约》第 15 条（2）的规定：一项要约，即使是不可撤销的，得予撤回，如果撤回通知于要约送达受要约人之前或同时送达受要约人。在要约的撤回问题上，各国的法律规定与《公约》的上述规定基本上是一致的。

4. 要约的撤销（revocation）

要约的撤销指要约人在要约已送达受要约人之后，即在要约生效之后，将该项要约取消，使其效力归于消灭。《公约》第 16 条规定：一项已经生效的要约，可由要约人在受要约人发出承诺通知以前予以撤销，其方法是将撤销通知于受要约人发出承诺通知之前送达受要约人。对要约的撤销，各国存在分歧。

《公约》在允许撤销的基础上，又规定了两种不得撤销的情形：一为要约写明承诺期限或以其他方式表示要约是不可撤销的；二为受要约人有理由信赖该项要约是不可撤销的，而且已本着对其信赖行事。

5. 要约的终止

出现下列几种情形之一，要约即失去效力：要约的有效期限届满或合理期限已过；要约人撤销要约；受要约人拒绝接受或发出反要约。

【法规阅读】

《联合国国际货物买卖合同公约》

Article 14

（1）A proposal for concluding a contract addressed to one or more specific persons constitutes an offer if it is sufficiently definite and indicates the intention of the offeror to be bound in case of acceptance. A proposal is sufficiently definite if it indicates the goods and expressly or implicitly fixes or makes provision for determining the quantity and the price.

(2) A proposal other than one addressed to one or more specificpersons is to be considered merely as an invitation to make offers, unless the contrary is clearly indicated by the person making the proposal.

Article 15

(1) An offer becomes effective when it reaches the offeree.

(2) An offer, even if it is irrevocable, may be withdrawn if thewithdrawal reaches the offeree before or at the same time as the offer.

Article 16

(1) Until a contract is concluded an offer may be revoked if therevocation reaches the offeree before he has dispatched an acceptance.

(2) However, an offer cannot be revoked:

(a) if it indicates, whether by stating a fixed time for acceptance or otherwise, that it is irrevocable; or

(b) if it was reasonable for the offeree to rely on the offer as being irrevocable and the offeree has acted in reliance on the offer.

Article 17

An offer, even if it is irrevocable, is terminated when a rejection reaches the offeror.

《中华人民共和国民法典》

第二章　合同的订立

第四百六十九条　当事人订立合同，可以采用书面形式、口头形式或者其他形式。

书面形式是合同书、信件、电报、电传、传真等可以有形地表现所载内容的形式。

以电子数据交换、电子邮件等方式能够有形地表现所载内容，并可以随时调取查用的数据电文，视为书面形式。

第四百七十条　合同的内容由当事人约定，一般包括下列条款：

（一）当事人的姓名或者名称和住所；

（二）标的；

（三）数量；

（四）质量；

（五）价款或者报酬；

（六）履行期限、地点和方式；

（七）违约责任；

（八）解决争议的方法。

当事人可以参照各类合同的示范文本订立合同。

第四百七十一条　当事人订立合同，可以采取要约、承诺方式或者其他方式。

第四百七十二条　要约是希望与他人订立合同的意思表示，该意思表示应当符合下列条件：

（一）内容具体确定；

（二）表明经受要约人承诺，要约人即受该意思表示约束。

第四百七十三条　要约邀请是希望他人向自己发出要约的表示。拍卖公告、招标公告、招股说明书、债券募集办法、基金招募说明书、商业广告和宣传、寄送的价目表等为要约邀请。

商业广告和宣传的内容符合要约条件的，构成要约。

第四百七十四条　要约生效的时间适用本法第一百三十七条的规定。

第四百七十五条　要约可以撤回。要约的撤回适用本法第一百四十一条的规定。

第四百七十六条　要约可以撤销，但是有下列情形之一的除外：

（一）要约人以确定承诺期限或者其他形式明示要约不可撤销；

（二）受要约人有理由认为要约是不可撤销的，并已经为履行合同做了合理准备工作。

第四百七十七条　撤销要约的意思表示以对话方式作出的，该意思表示的内容应当在受要约人作出承诺之前为受要约人所知道；撤销要约的意思表示以非对话方式作出的，应当在受要约人作出承诺之前到达受要约人。

第四百七十八条　有下列情形之一的，要约失效：

（一）要约被拒绝；

（二）要约被依法撤销；

（三）承诺期限届满，受要约人未作出承诺；

（四）受要约人对要约的内容作出实质性变更。

（二）承诺（acceptance）

1. 承诺的构成条件

承诺是指受要约人以声明或做出其他行为对要约所提出的缔约条件表示同意。

一项有效的承诺，必须具备如下条件：

第一，承诺必须由受要约人作出。由于要约是向特定人提出的，因此除了受要约人或其授权的代理人以外，任何第三人不能作出"承诺"。

第二，承诺必须与要约的条件保持一致。依传统的合同法理论，承诺要像镜子一样反射要约的条件。为适应现代商业发展的需要，《公约》第 19 条规定，承诺如未对要约进行实质性修改，则仍会构成有效承诺。

第三，承诺必须在要约的有效期限内作出。对于规定了有效期限的要约，应在规定的期限内作出承诺，对于未规定有效期限的要约，应在合理的期限内作出，否则会因逾期而导致承诺的无效。

第四，以适当的方式做出承诺。依《公约》第 18 条规定，承诺的方式包括两种：一为声明（即通知），二为按要约的规定或依当事人之间确立的习惯做法或惯例（即以行为表示承诺）。不行为本身不等于承诺。

2. 承诺的生效

承诺何时生效是合同法中一个极为重要的问题。依各国法律规定，承诺一旦生效，合同即告成立，双方当事人就须受合同约束，承担由合同而生的权利和义务。承诺生效的时间，英美法系和大陆法系存在着立法分歧。

第一，英美法系的观点。英美法系采用"投邮生效"原则。认为凡以信件、电报作出承诺的，承诺的函电一旦投邮、拍发，承诺就立即生效，合同即告成立。

第二，大陆法系的观点。大陆法系多采用"到达生效"原则，即承诺于到达要约人时生效。

对此，《公约》第18条（2）规定：承诺于表示同意的通知送达要约人时生效。由此可见，《公约》采取了到达生效的原则。

3. 逾期承诺

逾期承诺是指受要约人的承诺通知在要约的有效期限届满或一段合理时间过后才送达要约人。对于逾期承诺，各国普遍认为不是一项有效承诺，而应视作一项新要约。《公约》也认为逾期承诺原则上是无效的，但《公约》又作出了更为灵活的规定，不再绝对否定逾期承诺的效力。

《公约》第21条规定：（1）逾期的承诺仍有承诺的效力，如果要约人毫不迟延地用口头或书面将此种意见通知受要约人；（2）如果载有逾期承诺的信件或其它书面文件表明，它是在传递正常、能及时送达要约人的情况下寄发的，则该项逾期承诺具有承诺效力，除非要约人毫不迟延地用口头或书面通知受要约人：他认为他的要约已经失效。

4. 变更要约内容的承诺

按照各国传统的法律原则，承诺的内容必须与要约的内容相同。如果二者之间存在差异，则该承诺无效，而属于新要约或反要约。对此基本原则，《公约》依旧秉承，第19条（1）规定：对要约表示接受但载有添加、限制或其他更改的答复，即为拒绝要约并构成反要约。因此，如受要约人在对要约所作的承诺答复中有添加、限制或更改，就不构成承诺，而构成反要约。

而如对承诺作过于严格的要求将不利于国际商业交往，为此《公约》作了灵活的例外规定。《公约》第19条（2）规定：对要约表示接受但载有添加或不同条件的答复，如果所载的添加或不同条件在实质上并不变更该项要约的条件，除要约人在不过分迟延的时间内以口头或书面通知反对其差异外，仍构成承诺。如果要约人不作出这种反对，合同的条件就以该项要约的条件以及接受通知内所载的更改内容为准。第19条（3）具体规定了实质上变更要约内容的事项，分别是有关货物价格、付款，货物数量和质量，交货的地点和时间，一方当事人对另一方当事人的赔偿责任范围或解决争端。凡在答复中载有以上内容的变更、添加、补充等，均被视为实质性地变更了原要约的内容，不是有效承诺，构成新要约或反要约。

5. 承诺的撤回

在承诺采用到达生效的前提下，撤回承诺的通知在承诺送达要约人之前（即生效之前）或同时送达是可以发生撤回承诺的法律后果。但依照英美法系的规定，承诺通知在其发出时即生效，因而承诺不涉及撤回的问题。

【法规阅读】

《联合国国际货物买卖合同公约》

Article 18

（1）A statement made by or other conduct of the offeree indicating assent to an offer is an acceptance. Silence or inactivity does not in itself amount to acceptance.

（2）An acceptance of an offer becomes effective at the moment the indication of assent reaches the offeror. An acceptance is not effective if the indication of assent does not reach the offeror within the time he has fixed or, if no time is fixed, within a reasonable time, due account being taken of the circumstances of the transaction, including the rapidity of the means of communication employed by the offeror. An oral offer must be accepted immediately unless the circumstances indicate otherwise.

（3）However, if, by virtue of the offer or as a result of practices which the parties have established between themselves or of usage, the offeree may indicate assent by performing an act, such as one relating to the dispatch of the goods or payment of the price, without notice to the offeror, the acceptance is effective at the moment the act is performed, provided that the act is performed within the period of time laid down in the preceding paragraph.

Article 19

（1）A reply to an offer which purports to be an acceptance but contains additions, limitations or other modifications is a rejection of the offer and constitutes a counteroffer.

（2）However, a reply to an offer which purports to be an acceptance but contains additional or different terms which do not materially alter the terms of the offer constitutes an acceptance, unless the offeror, without undue delay, objects orally to the discrepancy or dispatches a notice to that effect. If he does not so object, the terms of the contract are the terms of the offer with the modifications contained in the acceptance.

（3）Additional or different terms relating, among other things, to the price, payment, quality and quantity of the goods, place and time of delivery, extent of one party's liability to the other or the settlement of disputes are considered to alter the terms of the offer materially.

Article 20

（1）A period of time of acceptance fixed by the offeror in a telegram or a letter begins to run from the moment the telegram is handed in for dispatch or from the date shown on the letter or, if no such date is shown, from the date shown on the envelope. A period of time for acceptance fixed by the offeror by telephone, telex or other means of instantaneous communication, begins to run from the moment that the offer reaches the offeree.

（2）Official holidays or non-business days occurring during the period for acceptance are included in calculating the period. However, if a notice of acceptance cannot be delivered at the address of the offeror on the last day of the period because that day falls on an official holiday or a non-business day at the place of business of the offeror, the period is extended until the first business day which follows.

Article 21

(1) A late acceptance is nevertheless effective as an acceptance if without delay the offeror orally so informs the offeree or dispatches a notice to that effect.

(2) If a letter or other writing containing a late acceptance shows that it has been sent in such circumstances that if its transmission had been normal it would have reached the offeror in due time, the late acceptance is effective as an acceptance unless, without delay, the offeror orally informs the offeree that he considers his offer as having lapsed or dispatches a notice to that effect.

Article 22

An acceptance may be withdrawn if the withdrawal reaches the offeror before or at the same time as the acceptance would have become effective.

Article 23

A contract is concluded at the moment when an acceptance of an offer becomes effective in accordance with the provisions of this Convention.

《中华人民共和国民法典》

第四百七十九条 承诺是受要约人同意要约的意思表示。

第四百八十条 承诺应当以通知的方式作出；但是，根据交易习惯或者要约表明可以通过行为作出承诺的除外。

第四百八十一条 承诺应当在要约确定的期限内到达要约人。

要约没有确定承诺期限的，承诺应当依照下列规定到达：

（一）要约以对话方式作出的，应当即时作出承诺；

（二）要约以非对话方式作出的，承诺应当在合理期限内到达。

第四百八十二条 要约以信件或者电报作出的，承诺期限自信件载明的日期或者电报交发之日开始计算。信件未载明日期的，自投寄该信件的邮戳日期开始计算。要约以电话、传真、电子邮件等快速通讯方式作出的，承诺期限自要约到达受要约人时开始计算。

第四百八十三条 承诺生效时合同成立，但是法律另有规定或者当事人另有约定的除外。

第四百八十四条 以通知方式作出的承诺，生效的时间适用本法第一百三十七条的规定。

承诺不需要通知的，根据交易习惯或者要约的要求作出承诺的行为时生效。

第四百八十五条 承诺可以撤回。承诺的撤回适用本法第一百四十一条的规定。

第四百八十六条 受要约人超过承诺期限发出承诺，或者在承诺期限内发出承诺，按照通常情形不能及时到达要约人的，为新要约；但是，要约人及时通知受要约人该承诺有效的除外。

第四百八十七条　受要约人在承诺期限内发出承诺，按照通常情形能够及时到达要约人，但是因其他原因致使承诺到达要约人时超过承诺期限的，除要约人及时通知受要约人因承诺超过期限不接受该承诺外，该承诺有效。

第四百八十八条　承诺的内容应当与要约的内容一致。受要约人对要约的内容作出实质性变更的，为新要约。有关合同标的、数量、质量、价款或者报酬、履行期限、履行地点和方式、违约责任和解决争议方法等的变更，是对要约内容的实质性变更。

第四百八十九条　承诺对要约的内容作出非实质性变更的，除要约人及时表示反对或者要约表明承诺不得对要约的内容作出任何变更外，该承诺有效，合同的内容以承诺的内容为准。

三、买卖双方的义务

（一）卖方的义务

在国际贸易中，卖方的义务主要包括以下内容：交货；交付与货物有关的单据；货物相符；权利担保。这四项义务的具体内容如下。

1. 交货

卖方的交货义务是卖方最主要、最基础的义务。按照《公约》的规定，卖方应按照合同约定的时间和地点交付货物。如果合同没有明确规定，则：

第一，关于交货地点。依《公约》第 31 条规定，如果买卖合同涉及货物的运输，卖方将货物交给第一承运人，以运交给买方；如果出售的货物是特定物，则在特定物所在地交货；在其他情况下，交货的地点为订立合同时的卖方营业地。

【法规阅读】

《联合国国际货物买卖合同公约》

Article 31

If the seller is not bound to deliver the goods at any other particular place, his obligation to deliver consists:

（a）if the contract of sale involves carriage of the goods—in handing the goods over to the first carrier for transmission to the buyer;

（b）if, in cases not within the preceding subparagraph, the contract relates to specific goods, or unidentified goods to be drawn from a specific stock or to be manufactured or produced, and at the time of the conclusion of the contract the parties knew that the goods were at, or were to be manufactured or produced at, a particular place—in placing the goods at the buyer's disposal at that place;

（c）in other cases—in placing the goods at the buyer's disposal at the place where the seller had his place of business at the time of the conclusion of the contract.

第二，关于交货时间。《公约》第 33 条规定，卖方应在合同规定的时间交货；如果合同规定了一个交货期限，则除买方有权选择一个具体日期外，卖方有权决定在这段时间内的任何一天交货；在其他情况下，卖方应在订立合同后的一段合理时间内交付货物。需要注意的是，"合理时间"是事实问题，应根据具体情况来确定。如果卖方在规定的日期前交付货物，买方可以收取货物，也可以拒绝收取货物。

【法规阅读】

《联合国国际货物买卖合同公约》

Article 33

The seller must deliver the goods：

（a）if a date is fixed by or determinable from the contract，on that date；

（b）if a period of time is fixed by or determinable from the contract，at any time within that period unless circumstances indicate that the buyer is to choose a date；or

（c）in any other case，within a reasonable time after the conclusion of the contract.

2. 交付与货物有关的单据

在国际货物买卖中，由于交易环节较多，每个环节几乎都会产生与货物有关的单据。主要包括提单、保险单、商业发票、原产地证书、商检证书等，它们是买方提取货物、办理报关手续、转售货物以及向承运人或保险人请求赔偿的必备文件。所以，卖方有义务向买方提交有关货物的各种单据。而且，买卖合同也往往规定，以卖方移交单据作为买方或银行付款的条件。

【法规阅读】

《联合国国际货物买卖合同公约》

Article 34

If the seller is bound to hand over documents relating to the goods，he must hand them over at the time and place and in the form required by the contract. If the seller has handed over documents before that time，he may，up to that time，cure any lack of conformity in the documents，if the exercise of this right does not cause the buyer unreasonable inconvenience or unreasonable expense. However，the buyer retains any right to claim damages as provided for in this Convention.

3. 货物相符

（1）品质担保。品质担保指卖方对其所出售货物的质量、特性或适用性承担责任。《公约》第 35 条规定，卖方提交的货物除了应符合合同规定外，还应符合如下要求：（a）货物适用于同一规格货物通常使用的目的；（b）货物适用于订立合同时曾明示或默示地通知卖方的任何特定目的，除非情况表明买方并不依赖卖方的技能和判断力或者这种依赖对卖方是不合理的；（c）货物的质量与卖方向买方提供的货物样品或式样相同；（d）货物按同类货物通用的方式装箱或包装，如果没有通用的方式，则按照足以保全和保护货物的方式装箱或包装。

【法规阅读】

《联合国国际货物买卖合同公约》

Article 35

（1）The seller must deliver goods which are of the quantity, quality and description required by the contract and which are contained or packaged in the manner required by the contract.

（2）Except where the parties have agreed otherwise, the goods do not conform with the contract unless they:

（a）are fit for the purposes for which goods of the same description would ordinarily be used;

（b）are fit for any particular purpose expressly or impliedly made known to the seller at the time of the conclusion of the contract, except where the circumstances show that the buyer did not rely, or that it was unreasonable for him to rely, on the seller's skill and judgement;

（c）possess the qualities of goods which the seller has held out to the buyer as a sample or model;

（d）are contained or packaged in the manner usual for such goods or, where there is no such manner, in a manner adequate to preserve and protect the goods.

（3）The seller is not liable under subparagraphs（a）to（d）of the preceding paragraph for any lack of conformity of the goods if at the time of the conclusion of the contract the buyer knew or could not have been unaware of such lack of conformity.

（2）数量相符。卖方应按照合同约定的数量交付货物，多交货或少交货在理论上都是不符合合同的。少交货固然不可以，对于卖方交付的货物数量大于合同规定的数量，《公约》第52条（2）规定，买方可以收取也可以拒绝收取多交部分的货物，如果买方收取多交部分货物的全部或一部分，则必须按合同价格付款。

【法规阅读】

《联合国国际货物买卖合同公约》

Article 52

（1）If the seller delivers the goods before the date fixed, the buyer may take delivery or refuse to take delivery.

(2) If the seller delivers a quantity of goods greater than that provided for in the contract, the buyer may take delivery or refuse to take delivery of the excess quantity. If the buyer takes delivery of all or part of the excess quantity, he must pay for it at the contract rate.

4. 权利担保

权利担保是指卖方应保证对其所出售的货物享有合法的权利，其出售行为没有侵犯第三方的权利。该项义务具体包括物权保证和知识产权保证两方面的内容。

（1）物权保证

《公约》第41条规定，卖方所交付的货物，必须是第三方不能提出任何权利（right）或请求（claim）的货物，除非买方同意在这种权利或要求的条件下收取货物。据此，在货物买卖中，卖方应保证对其出售的货物享有合法的权利，并且保证在其出售的货物上不存在任何未曾向买方透露的担保物权。否则，如果有第三方提出（获得支持的）权利或者（最终未获得支持的）请求，卖方均违反了此项担保义务。此规定主要是为了维护善意买方订立合同的良好愿望与目的。

（2）知识产权保证

根据《公约》第42条规定，卖方所交付的货物，必须是第三方不能根据工业产权或其他知识产权主张任何权利或要求的货物。

知识产权具有地域性的特点，各国授予知识产权的标准与程序是相互独立的。在国际交易中，侵犯知识产权多涉及卖方国家以外的其他国家，如进口国或转售国，卖方所售货物可能未在本国侵犯他人的知识产权，但可能在买方国家或第三国侵犯他人的知识产权。所以，如果绝对地要求卖方必须保证他所出售的货物不得侵犯所有国家的任何第三人的知识产权，显然对卖方过于苛责，是不合理的。为此，《公约》规定卖方承担知识产权的担保不是绝对的，有些情形侵权他人的知识产权由卖方负责，有些情形侵犯他人的知识产权则卖方免责，而由买方负责。具体表现为：

第一，第三人的知识产权是依据买方营业地所在国家的法律取得的，卖方负责。在此情况下，不管货物销往哪个国家或地区，也不论卖方是否知晓，卖方均要为侵犯第三人依买方营业地所在国家的法律取得的知识产权对买方承担责任。

第二，第三人的知识产权是依据买卖合同预期货物将要销往或使用的国家或地区的法律取得的，卖方负责。在这种情况下，货物在第三国进行转售或使用，卖方对此是事先知情的、是有预期的，所以如果侵权，卖方要向买方承担责任。

第三，依据《公约》的规定，卖方的知识产权担保责任在下列情况中可以免除：买方在订立合同时已知道或不可能不知道此项权利或请求；权利或请求的发生，是由于卖方要遵照买方所提供的技术图样、图纸、规格；在卖方不知晓的情况下，货物被销往目的地以外的其他国家，而第三方依据此转售国的法律提出权利或请求。

（二）买方的义务

买方的义务主要有两项：一是支付货款的义务；二是接收货物的义务。《公约》第三章对买方的义务作了详细的规定。其中第一节规定了买方支付货款的义务，第二节规定了买方接收货物的义务。

1. 支付货款

《公约》关于支付货款的义务规定于第53条至第59条之中，具体包括：

（1）履行必要的付款手续。按一般国际贸易实践，该义务主要依合同的规定。如申请银行开出信用证、在实行外汇管制的国家还必须根据有关法律或规章的规定向政府申请取得支付货款所必需的外汇等。如果买方没办理上述各种必要的手续使货款得以支付，依《公约》的规定即构成违反合同义务。

（2）确定货物的价格。如果合同已经对货物的价格作出规定，则买方应按合同价格支付货款。如果合同没有对此作出规定，为了使合同不至于因没有规定价格或作价方法而不能履行，《公约》规定，此种情况下应当认为双方当事人已默示引用订立合同时这种货物在有关贸易中在类似的情况下出售的通常价格。此外，《公约》规定，货物若按重量来计价时，如果有疑问，则按净重来确定。

（3）支付货款的地点。买方支付货款时，在合同规定的地点支付；如果合同无规定，则在卖方的营业地付款；此时如卖方有数个营业地，则在与本合同最密切联系的营业地付款；如果凭移交货物或单据支付货款，买方则应在移交货物或单据的地点支付货款。

（4）支付货款的时间。买方应在合同规定的时间付款；如果合同没对付款时间作出规定，则买方应在交货或支付装运单据时付款；买方在未有机会检验货物前，无义务支付货款，除非这种机会与双方当事人议定的交货或支付程序相抵触。

2. 接收货物

《公约》第60条规定了买方接收货物的义务，该义务包括两项内容：（1）采取一切理应采取的行动，以期卖方能交付货物。如及时指定交货地点、申请进口许可证等。（2）接收货物。买方应及时接收提货，否则因买方没有及时接收货物产生的费用，应由买方来承担。一般情形下，买方在下列情节下可以拒收货物，一种是卖方提前交货物，另一种是卖方多交货物。《公约》第38条规定了检验货物的三种情况：（1）买方必须在按情况实际可行的最短时间内检验货物或由他人检验货物；（2）如果合同涉及货物的运输，检验可推迟到货物到达目的地后进行；（3）如果货物在运输途中改运或买方须再发运货物，没有合理机会加以检验，而卖方在订立合同时已知道或理应知道这种改运或再发运的可能性，检验可推迟到货物到达新目的地后进行。

【法规阅读】

《联合国国际货物买卖合同公约》

第三十八条

（1）买方必须在按情况实际可行的最短时间内检验货物或由他人检验货物。

（2）如果合同涉及货物的运输，检验可推迟到货物到达目的地后进行。

（3）如果货物在运输途中改运或买方须再发运货物，没有合理机会加以检验，而卖方在订立合同时已知道或理应知道这种改运或再发运的可能性，检验可推迟到货物到达新目的地后进行。

第三十九条

（1）买方对货物不符合同，必须在发现或理应发现不符情形后一段合理时间内通知卖方，说明不符合同情形的性质，否则就丧失声称货物不符合同的权利。

（2）无论如何，如果买方不在实际收到货物之日起两年内将货物不符合同情形通知卖方，他就丧失声称货物不符合同的权利，除非这一时限与合同规定的保证期限不符。

第五十二条

（1）如果卖方在规定的日期前交付货物，买方可以收取货物，也可以拒绝收取货物。

（2）如果卖方交付的货物数量大于合同规定的数量，买方可以收取也可以拒绝收取多交部分的货物。如果买方收取多交部分货物的全部或一部分，他必须按合同价格付款。

买方接收货物伴随着买方检验权的行使。

四、违约与救济

（一）违约

违约指合同当事人不履行或不完全履行合同义务的行为。除了一般违约外，《公约》主要规定了三种比较特殊的违约：根本违约、预期违约和分批交货合同的违约。

1. 根本违约

根据《公约》第 25 条的规定：一方当事人违反合同的结果，如果使另一方当事人蒙受损失，以致于实际上剥夺了他根据合同规定有权期待得到的东西，即为根本违反合同，除非违反合同一方并不预知而且一个同等资格、通情达理的人处于相同情况中也没有理由预知会发生这种结果。

由此可见，《公约》对根本违约所采取的一个重要衡量标准是违约后果的严重程度，即违反合同的结果是否会使对方蒙受重大的损害（订立合同的预期目的落空）。至于损害是否重大，应根据每个案件的具体情况来确定。一方根本违约，对方当事人可以采取的救济措施是宣告合同无效，并要求损害赔偿。

2. 预期违约

预期违约指在合同规定的履行期到来之前，有情况表明即使合同履行到来，一方当事人也将不会履行其合同义务。根据《公约》第 71 条的规定，预期违约的表现为：（1）一方履行义务的能力或信用有严重缺陷；（2）在准备履行合同或履行合同中的行为显示将不履行主要义务。

一方当事人由于上述原因显然将预期违约的，对方当事人可以中止自己的履行义务。

中止履行义务的一方当事人须立即通知违约当事人，如违约当事人对履行义务提供充分担保，则其必须继续履行义务。

3. 分批交货合同的违约

分批交货合同指一个合同项下的货物分成若干批交货的合同。在分批交货合同中，违约情形分为三种情况：

第一，一方当事人不履行对其中任何一批货物的义务，通常只构成对该批货物的根本违约，合同仅对该批货物无效。

第二，一方当事人不履行对其中任何一批货物的义务，对方有充分的理由断定今后各批货物亦将会发生同样的后果，则构成今后各批交货的根本违约，合同对今后各批货物无效。

第三，如果合同项下的各批货物是相互依存不可分割的，不能将任何其中的一批货物单独用于双方当事人在订立合同时所设想的目的，如成套设备的买卖，则只要其中有一批货物的交货不符合合同，构成根本违约，则合同对各批货物均无效。

（二）违约的救济方法

一方违约，针对不同的违约情节，对方可以采取不同的救济措施。《公约》规定了卖方违反合同时买方的救济方法及买方违反合同时卖方的救济方法。双方均可以采取的救济方式有：

1. 要求对方实际履行

要求对方实际履行指被违约方要求违约方按合同的规定履行其义务的行为。如买方要求卖方交付符合合同规定的货物，对不符合合同规定的货物进行修理、更换、交付替代物等，卖方要求买方付款等。

《公约》第28条规定：如果按照本公约的规定，一方当事人有权要求另一方当事人履行某一义务，法院没有义务作出判决，要求具体履行此一义务，除非法院依照其本身的法律对不属于本公约范围的类似销售合同愿意这样做。

《公约》之所以这样规定，是因为大陆法系和英美法系在实际履行方面存在不同规定，所以《公约》只好让各个法律体系的国家、地区按其自身的法律规定来处理这个问题。

《公约》第46条第1款规定：买方可以要求卖方履行义务，除非买方已采取与此要求相抵触的某种补救办法。第62条规定：卖方可以要求买方支付价款，收取货物或履行他的其他义务，除非卖方已采取了与此一要求相抵触的某种补救方法。由此可见，依据《公约》适用实际履行权时，被违约方可以同时选择与此项权利不相矛盾的权利，如他可以同时选择损害赔偿，而不能选择宣告合同无效。

2. 宣告合同无效

依据《公约》的规定，宣告合同无效仅存在于对方根本违约的情况下。当对方根本违约，或对方的预期违约转化为根本违约的情况下，被违约方有选择宣告合同无效，是解除自身合同义务的自救权。如果对方只是一般违约，如所交货物略有瑕疵、支付货款数额略有出入等，被违约方不能解除自己的合同义务。

此种救济方式可以与不相矛盾的救济措施同时并用。如即使被违约方选择了宣告合同无效，解除合同义务，但其损失仍可能存在，仅靠解除合同仍无法弥补。因此《公约》

规定了采用宣告合同无效时仍可采取与此不相矛盾的其他救济措施，如损害赔偿。

3. 损害赔偿

损害赔偿指违约的一方用金钱补偿因违约而给对方造成的损失。它是一种以支付赔偿金为主的救济方法。《公约》第74条规定：一方当事人违反合同应负的损害赔偿额，应与另一方当事人因他违反合同而遭受的包括利润在内的损失额相等。可见，《公约》确定的损害赔偿范围既包括直接损失也包括利润。

但《公约》同时对损害赔偿的范围作了限制性规定。第74条规定：这种损害赔偿不得超过违反合同一方在订立合同时，依照他当时已知道或理应知道的事实和情况，对违反合同预料到或理应预料到的可能损失。即超预期的损失不在赔偿范围之内，这样将损害赔偿限制在一个合理的范围。

损害赔偿的适用范围最为广泛，不因行使其他补救措施而丧失。即损害赔偿可以与其他任何救济方法并用。另外，在适用损害赔偿这种救济方式时，要求损害赔偿的一方负有减少损失的责任，即声称另一方违约的当事人，必须采取合理措施，以减轻由于另一方违约而引起的损失，如果他不采取这种措施，违约的一方可以要求从损害赔偿中扣除原可以减轻的损失数额。

五、风险转移

货物风险转移是指在买卖合同中货物如果因出现意外而灭失或损害，损失由谁承担。按照《公约》第66条规定，风险转移的法律后果在于：如果货物的风险已由卖方转移于买方，则货物即使遭受毁损，买方仍有义务按合同规定支付价款；如果风险尚未转移，不仅买方没有支付价款的义务，而且卖方还要承担不交货的责任。因此，划分风险转移的界限是一个相当重要的问题。

1. 允许当事人在合同中约定风险转移的规则

根据《公约》的规定，双方当事人可以在合同中使用某种国际贸易术语（如FOB、CFR等）或以其他办法来规定风险转移的时间和条件。如果当事人在合同中对此作了具体约定，将优先适用当事人的约定。

2. 涉及运输时的风险转移

《公约》第67条规定，如果买卖合同涉及货物运输，但卖方没有义务在某一特定地点交付货物，自货物按照买卖合同交付给第一承运人以转交给买方时起，风险移转到买方承担。如果卖方有义务在某一特定地点把货物交付给承运人，在货物于该地点交付给承运人以前，风险不移转到买方承担。卖方有权保留控制货物处置权的单据，并不影响风险的转移。可见，涉及运输时，货物的风险在货交第一承运人时即由卖方移转于买方。

3. 在途货物的风险移转

《公约》第68条规定，对于在运输途中销售的货物，从订立合同时起风险就移转到买方承担。但是，如果情况表明有需要，从货物交付给签发载有运输合同单据的承运人时起，风险就由买方承担。尽管如此，如果卖方在订立合同时已经知道或理应知道货物已经遗失或损坏，而他又不将这一事实告知买方，则这种遗失或损坏由卖方负责。可见，《公约》对在途货物的风险转移的规定是：

第一，原则上对在途货物的出售，风险从订立买卖合同时起就移转于买方。

第二，如果情况表明有需要，则从货物交付给签发载有运输单据的承运人时起，风险就由买方承担。此规定意在把风险转移的时间提前到订立合同之前，提前到将货物交付给承运人的时候转移。

4. 其他情况下的风险转移

其他情形从买方接收货物时起风险转移。如果买方不在合同约定或合理的时间内接收货物，风险则从货物交他处置，而他不收取货物从而违反合同时起风险转移。

适用以上规定，应注意两个问题：第一，《公约》第 69 条（3）规定，如果合同指的是当时未加识别的货物，则这些货物在未清楚注明有关合同以前，不得视为已交给买方处置。可见，在将合同项下的货物特定化以前风险不转移。第二，以上规则是因风险造成的货物损失责任承担的分配原则。如果货物损失是卖方或买方一方的原因（或过错）造成的，则由有过错的一方承担，而不适用风险转移的规则。

【课程思政】

中国对外贸易保持强劲势头①

中国海关总署日前发布的统计数据显示，2021 年前 5 个月，我国贸易货物进出口总值 14.76 万亿元，同比增长 28.2%，比 2019 年同期增长 21.6%。从单月数据看，截至 5 月，进出口已连续 12 个月呈增长态势。国际社会认为，中国对外贸易保持强劲势头，将持续带动世界经济恢复。

6 月 7 日，从意大利米兰出发的中国南方航空 CZ8054 航班降落海口美兰国际机场，米兰—海口货运航线正式开通。原产于意大利和瑞士等地的美妆、服饰、箱包等时尚精品得以深入开拓更大的中国市场。

安永会计师事务所日前发布报告显示，受益于中国新车市场的增长，德国三大汽车制造商大众、宝马和戴姆勒今年第一季度在中国乘用车销量同比增长 66%。大众、宝马和戴姆勒每销售 10 辆新车中就有 4 辆交给了中国客户。安永高级咨询合伙人彼得·富斯表示，对华经贸合作成为很多国家疫后经济复苏的重要支柱。

作为德国最重要的贸易伙伴，中国强劲的内需令德国企业获益明显。德国机械设备制造协会数据显示，今年第一季度，德国在机械制造领域对中国的出口额为 49 亿欧元，同比增长 20.3%。中国成为德国机械制造业第一大出口市场。最新数据显示，德国 5 月对华出口额同比增长 47%。德新社表示："德国从中国对外贸易持续增长中受益匪浅。"

"中国是世界最大的出口贸易国，是国际货物贸易的主力军。后疫情时代，中国是全球经济增长的重要动力。"塞尔维亚国际政治经济研究院"一带一路"地区研究中心主任伊沃娜·拉杰瓦茨表示，中国进出口贸易强劲增长归因于中国政府正确的政策引导，这鼓舞了全球经济复苏的士气，不仅稳定了世界市场，也给未来更大的全球

---

① 《中国对外贸易保持强劲势头》，载《人民日报》，2021 年 6 月 17 日。

合作奠定基石，对全球经济复苏和抗疫来说都有着积极影响。

彭博社援引英富曼环球市场公司高级市场策略师乔纳森·卡夫纳的话说，中国的进出口数据非常健康。"全球需求仍在复苏，随着主要发达经济体对外开放，这一趋势很可能会从第二季度末一直持续到第三季度。"

"中国成功控制疫情，不断推进深化改革，激发内需，注重创新和高技术产品制造，在全球经济合作中具有独特优势。"希腊学者、中国问题专家佩拉·卡尔帕索塔基表示，"中国加快构建新发展格局，庞大的内需市场和外部市场相互结合、互相促进，将为世界经济增长提供稳定动力。"

第二节　《国际贸易术语解释通则》

国际贸易术语是指按交货地点和方式不同，划分买卖双方风险、责任和费用负担的专门用语。一般用三个英文字母表示买卖双方在交货方面所应承担的责任和义务。使用贸易术语，可以简化交易洽商的内容、缩短合同双方磋商时间、加速贸易进程，是当事人订立国际货物买卖合同时经常使用的术语。国际贸易术语的内容主要涉及以下反映买卖特点的有共性的基本合同义务：进出口清关手续的责任和费用承担、安排货物运输的责任和费用承担、安排货物运输保险的责任和费用承担、风险转移、适用的运输方式等。

国际贸易术语自19世纪产生，经历了从少到多的逐步发展历程。一些国际性民间组织、学术团体或国内商业团体对常见贸易术语进行编纂，供订立合同的当事人选择。国际贸易术语是国际惯例的一种，具有任意性的特点，由当事人选择予以适用。有关贸易术语的国际惯例主要有三个：《1932年华沙—牛津规则》《美国对外贸易定义修订本》《国际贸易术语解释通则》。

《1932年华沙—牛津规则》是国际法协会在1928年华沙会议上制定的关于CIF买卖合同的统一规则。后又经1930年纽约会议、1931年巴黎会议和1932年牛津会议多次修订，定名为《1932年华沙—牛津规则》。

《美国对外贸易定义修订本》起源于1919年美国几个商业团共同制定的有关对外贸易定义的统一解释，供从事对外贸易的人员参考使用。后鉴于贸易做法的演变，在1940年第27届全国对外贸易会议上要求对原有定议进行修改。1941年7月30日，美国商会、美国进口商会理事会和全世界对外贸易理事会所组成的联合委员正式通过并采用了此项定义，定名为《1941年美国对外贸易定义修订本》。至1990年又对该惯例进行修订，改称为《1990年美国对外贸易定义修订本》。该惯例解释了EXW、FAS、FOB、CFR、CIF和DEQ六种贸易术语。

《国际贸易术语解释通则》（International Rules for the Interpretation of Trade Terms，简称INCOTERMS® 或 Incoterms® ①）最初由国际商会（International Chamber of Commerce，简写为ICC）制订于1936年，后经1953年、1967年、1976年、1980年、1990年、2000

---

① 2010年国际商会将Incoterms注册为商标，因此右上角标注商标注册符号®。

年、2010 年、2020 年多次修订形成相应版本。该通则在有关贸易术语的国际惯例中应用最广、影响最大。目前最新版本为《2020 年国际贸易术语解释通则》（以下简称 Incoterms 2020）。

Incoterms 2020 共有 11 个贸易术语，按运输方式不同可以分为两组。

运输方式	贸易术语
适用于各种运输方式	EXW、FCA、CPT、CIP、DAP、DPU、DDP
只适用于海运或内河运输	FAS、FOB、CFR、CIF

如果按照第一个大写字母不同，可以编排成 E、F、C、D 四组。

一、E 组

E 组术语是启运地实际交货术语，仅有 EXW 一个术语。

EXW：Exchange Works（… named place）

工厂交货（指定地点）。按此术语，卖方在其所在地（工厂、仓库等）将货物交给买方即履行了交货义务，卖方承担交货前的风险和费用。买方自备运输工具将货物运走并办理出口手续。因此，该术语是卖方负担最少义务的术语。在买方不能直接或间接办理出口手续的情况下，不应使用此术语。本术语可适用于任何运输方式。

二、F 组

F 组是买方负责运输的装运术语，共有 FCA、FAS、FOB 三个术语。

1. FCA：Free Carrier（…named place）

货交承运人（指定地点）。按此术语，卖方在指定地点将已办完出口报关手续的货物交付买方指定的承运人即履行其交货义务。买方则要自费办理货物运输和保险手续并支付相关费用，自费办理进口手续等。FCA 可适用于任何运输方式。

Incoterms 2020 首次提供了一种可选择机制，买卖双方可以约定是否提交已装船提单。

2. FAS：Free Alongside Ship（…named port of shipment）

船边交货（指定装运港）。按此术语，卖方在指定的装运港将货物交至买方指定的船边后即履行其交货义务。本术语仅适用于海运或内河运输。该术语要求卖方办理货物出口清关手续，买方办理货物进口清关手续。

3. FOB：Free On Board（…named port of shipment）

船上交货（指定装运港）。按此术语，卖方在指定装运港将货物装上买方指定的船即完成其交货义务。货物自装运港装上船时，风险转移。本术语只适用于海运或内河运输。该术语要求卖方办理货物出口清关手续，买方办理货物进口清关手续。

FOB 术语涉及两个充分通知的义务：一是买方通知卖方的义务。买方租船后，应将船名、装货时间、地点给予卖方充分通知。二是卖方通知买方的义务。卖方在货物装上船后应及时通知买方。

三、C 组

C 组是卖方负责运输的装运术语，共有 CFR、CIF、CPT、CIP 四个术语。

1. CFR：Cost and Freight（…named port of destination）

成本加运费（指定目的港）。按此术语，卖方必须支付将货物运至指定的目的港所必需的运费。货物自装运港装上船时，风险转移。在 CFR 术语中，货物运输合同由卖方与承运人签订，由买方自行负担费用与保险人签订海上货物运输保险合同。由于买方要自行投保，因此卖方要给买方货物装船的充分通知，否则因为买方漏保货物运输保险引起的损失由卖方承担。此术语只适用于海运或内河运输。该术语要求卖方办理货物出口清关手续，买方办理货物进口清关手续。

2. CIF：Cost，Insurance and Freight（…named port of destination）

成本、保险费加运费（指定目的港）。按此术语，卖方必须支付将货物运至指定目的港所必需的运费以及海运保险所需的费用。货物自装运港装上船时，风险转移。在 CIF 术语中，替买方投保并支付保险费是卖方的一项义务。但是，卖方只负责投保海上货物运输的最低险别。买方如果要投保其他险别或附加险，应在买卖合同中说明并且自付该项保费。最低保险金额应为合同规定的价款加 10%，即 CIF 发票金额的 110%，并以合同货币投保。此术语只适用于海运或内河运输。该术语要求卖方办理货物出口清关手续，买方办理货物进口清关手续。

3. CPT：Carriage Paid to（…named place of destination）

运费付至（指定目的地）。按此术语，卖方支付将货物运至指定目的地的运费。风险于货物交付给承运人时转移。该术语适用于各种运输方式。该术语要求卖方办理货物出口清关手续，买方办理货物进口清关手续。

4. CIP：Carriage and Insurance Paid to（…named place of destination）

运费、保险费付至（指定目的地）。按此术语，卖方支付将货物运至指定目的地的运费以及保险费。风险于货物交付给承运人时转移。该术语适用于各种运输方式。该术语要求卖方办理货物出口清关手续，买方办理货物进口清关手续。Incoterms 2020 提高了 CIP 项下卖方保险的投保险别，如果没有特别约定，需投保最高险别。

四、D 组

D 组是到达术语（即到货合同），共有三个术语。

1. DAP：Delivered At Place（…named place of destination）

目的地交货（指定目的地）。按此术语，卖方在约定目的地的地点，将装在抵达运输工具上并做好卸货准备的货物交由买方即履行了交货义务。卖方承担货物运到目的地的一切风险和费用。该术语适用于各种运输方式。该术语要求卖方办理货物出口清关手续，买方办理货物进口清关手续。

2. DPU：Delivered at Place Unloaded（…named place of destination）

目的地卸货交货（指定目的地）。按此术语，卖方在约定目的地的地点将货物从抵达的运输工具上卸下交由买方即履行了交货义务。卖方承担货物运到目的地约定地点并卸下的一切风险和费用。该术语适用于各种运输方式。该术语要求卖方办理货物出口清关手续，买方办理货物进口清关手续。

DPU 取代了 Incoterms 2010 中的 DAT（Delivered At Terminal，运输终端交货），所以交货地点可以是任何地方而不再强调必须是运输终点。

3. DDP：Delivered Duty Paid（…named place of destination）

完税交货（指定目的地）。按此术语，卖方在进口国指定地点交付货物。卖方必须承担交货前的风险及费用（包括进出口关税、交付货物的其他费用），并办理进口结关手续。EXW 术语中卖方承担最小的义务，而 DDP 术语中卖方须承担最大的义务。本术语可适用于各种运输方式。

【总结】

比较 FOB、CFR、CIF 三个贸易术语的异同点

	FOB	CFR	CIF
相同点			
不同点			

【总结】

一、进出口手续

二、适用的运输方式

三、签订运输合同，支付运费

四、签订保险合同，支付保费

五、风险转移

【自我检测】

一、单选题

1. （自学考试真题）适用《联合国国际货物买卖合同公约》的情况是(　　)。

    A. 买方提供生产所需大部分重要材料的买卖合同

    B. 营业地在《公约》缔约国的当事人之间订立的一般货物买卖合同

    C. 购供私人、家人或家庭使用的货物买卖合同

    D. 圆明园兽首拍卖

2. （自学考试真题）根据《联合国国际货物买卖合同公约》，判断买卖合同具有国际性的唯一标准是(　　)。

    A. 合同当事人的营业地处于不同的国家

    B. 合同项下的货物运输跨越了国境

    C. 当事人的国籍不同

    D. 卖方要约或买方承诺的地点非在同一国家

3. 《联合国国际货物买卖合同公约》规定的要约生效时间是(　　)。

    A. 要约拟好时　　　　　　　　　　　　B. 要约发出时

    C. 要约到达受要约人时　　　　　　　　D. 承诺作出时

4. 《联合国国际货物买卖合同公约》规定的承诺方式不包括(　　)。

    A. 书面　　　　　　B. 口头　　　　　　C. 行动　　　　　　D. 思想

5. 根据《联合国国际货物买卖合同公约》，下列关于逾期承诺的说法错误的是(　　)。

    A. 逾期承诺原则上有效

    B. 如要约人毫不迟延地用口头或书面通知受要约人他接受受要约人的迟延承诺，则该承诺有效

    C. 逾期承诺原则上无效

    D. 如因传递原因导致承诺遭逾期，除非要约人毫不迟延地向受要约人表示拒绝，否则该接受有效

6. 根据《联合国国际货物买卖合同公约》，承诺(　　)。

    A. 可以撤回，也可以撤销　　　　　　　B. 不可以撤回，但可以撤销

    C. 可以撤回，不可以撤销　　　　　　　D. 不可以撤回，也不可以撤销

7. （法律职业资格考试真题）中国甲公司与德国乙公司签订了进口设备合同，分三批运输。两批顺利履约后乙公司得知甲公司履约能力出现严重问题，便中止了第三批的发运。依《国际货物销售合同公约》，下列哪一选项是正确的？

    A. 如已履约的进口设备在使用中引起人身伤亡，则应依《公约》的规定进行处理

    B. 乙公司中止发运第三批设备必须通知甲公司

    C. 乙公司在任何情况下均不应中止发运第三批设备

    D. 如甲公司向乙公司提供了充分的履约担保，乙公司可依情况决定是否继续发运第三批设备

8. （自学考试真题）按照《联合国国际货物买卖合同公约》，一方当事人违反合同的

结果，如使另一方当事人蒙受损害，以至于实际上剥夺了他根据合同规定有权期待得到的东西，即为（　　）。

  A. 单方违反合同   B. 根本违反合同

  C. 严重违反合同   D. 实际违反合同

9. 根据《联合国国际货物买卖合同公约》，卖方可以采取的救济方法是（　　）。

  A. 要求交付替代物   B. 请求损害赔偿

  C. 要求对货物进行修理   D. 要求减少价金

10. 部分货物不符时，买方不可以（　　）。

  A. 修理   B. 退货   C. 降价   D. 宣布合同无效

11. 根据《联合国国际货物买卖合同公约》规定，如果卖方在规定的日期前交付货物，买方可以（　　）。

  A. 拒绝收取货物   B. 解除合同

  C. 请求赔偿损失   D. 要求减价

12. 根据《联合国国际货物买卖合同公约》，下列关于损害赔偿的说法错误的是（　　）。

  A. 损害赔偿的范围包括违约受害方所造成的实际损失和所失利益

  B. 损害赔偿的范围要受到可预见性规则的限制

  C. 合同被宣告无效后，要求损害赔偿的一方请求损害赔偿的权利丧失

  D. 声称另一方违反合同的一方如未采取合理措施避免损失扩大，可以减轻违反合同的一方的损害赔偿数额

13. （自学考试真题）根据《联合国国际货物买卖合同公约》，确定风险转移时间的依据是（　　）。

  A. 货物所有权转移时间   B. 合同订立时间

  C. 卖方交付单据时间   D. 交货时间

14. 《联合国国际货物买卖合同公约》规定了涉及货物运输时风险转移的基本规则，即在卖方（　　）。

  A. 与买方订立合同时   B. 将货物交给第一承运人时

  C. 将货物交给第二承运人时   D. 将货物交到特定地点时

15. （自学考试真题）根据《联合国国际货物买卖合同公约》的规定，对于在运输途中销售的货物，货物风险转移时间一般是（　　）。

  A. 买方收取货物时   B. 合同订立时

  C. 货物到达目的地时   D. 卖方交付货物时

16. （根据法律职业资格考试真题改编）某国甲公司向中国乙公司出售一批设备，约定贸易术语为"FOB（Incoterms 2020）"，后设备运至中国。依《国际贸易术语解释通则》和《联合国国际货物买卖合同公约》，下列哪一选项是正确的？

  A. 甲公司负责签订货物运输合同并支付运费

  B. 甲、乙公司的风险承担以货物在装运港越过船舷为界

  C. 如该批设备因未按照同类货物通用方式包装造成损失，应由甲公司承担责任

　　D. 如该批设备侵犯了第三方在中国的专利权,甲公司对乙公司不承担责任

17. 《国际贸易术语解释通则》的最新文本是( )。

　　A. 1990 年文本　　　B. 2000 年文本　　　C. 2010 年文本　　　D. 2020 年文本

18. (自学考试真题)使用 FOB 术语时,应在术语后加注( )。

　　A. 装运港　　　B. 卖方营业地　　　C. 目的港　　　D. 买方营业地

19. 在国际货物买卖中,若当事人不想以装上轮船为交货点,可以选择的术语为
( )。

　　A. CIF　　　B. CFR　　　C. CIP　　　D. FOB

20. CIF 术语下,卖方的义务有( )。

　　A. 办理进口清关手续　　　　　　B. 支付出口关税和费用

　　C. 支付合同约定的价金　　　　　　D. 支付卸货费

21. (自学考试真题)卖方必须支付将货物运至指定目的港所需的运费和保险费的国
际贸易术语是( )。

　　A. FCA　　　B. CFR　　　C. FOB　　　D. CIF

22. (自学考试真题)贸易术语 FOB 适用于( )。

　　A. 铁路运输　　　B. 航空运输　　　C. 海上运输　　　D. 公路运输

23. 关于 CIF,根据《2020 年国际贸易术语解释通则》,下列说法错误的是( )。

　　A. CIF 后面一般加注装运港

　　B. 卖方需办理运输和保险

　　C. CIF 只用于海运和内河运输

　　D. 卖方最低投保金额一般为合同价款的 110%

24. (根据自学考试真题改编)根据《2020 年国际贸易术语解释通则》,CIF 术语风
险转移的时间是( )。

　　A. 货物装上船时　　　　　　B. 货物越过船舷时

　　C. 货交承运人时　　　　　　D. 买方付款时

25. FCA 术语下买方的主要义务有( )。

　　A. 办理出口手续　　　　　　B. 办理进口清关手续

　　C. 在指定地点交货　　　　　　D. 支付出口关税和费用

26. CPT 和 CFR 的主要差别在于( )。

　　A. 价格构成　　　B. 运输方式　　　C. 目的地　　　D. 保险

二、多选题

27. (自学考试真题)关于《联合国国际货物买卖合同公约》的适用,下列表述正确
的有( )。

　　A.《公约》适用于住所地在不同国家的当事人之间的货物销售合同

　　B.《公约》适用于履行地在两个国家的货物销售合同

　　C.《公约》仅适用于不同缔约国的当事人之间的货物销售合同

　　D.《公约》适用于营业地在不同缔约国家的当事人之间的货物销售合同

　　E.《公约》适用于销售合同的订立和买卖双方因合同而产生的权利义务

28. 当事人可以选择对《联合国国际货物买卖合同公约》(　　)。
    A. 不适用　　　　　　　　　　B. 减损公约的规定
    C. 改变其效力　　　　　　　　D. 仅适用一部分
    E. 全部适用

29. 下列选项中，与《联合国国际货物买卖合同公约》无关的有(　　)。
    A. 违约救济
    B. 合同的效力或其任何条款、惯例的效力
    C. 卖方的义务
    D. 合同对所售货物所有权可能产生的影响
    E. 买方的义务

30. (法律职业资格考试真题) 甲公司从国外进口一批货物，根据《联合国国际货物买卖合同公约》，关于货物检验和交货不符合同约定的问题，下列说法正确的是(　　)。
    A. 甲公司有权依自己习惯的时间安排货物的检验
    B. 如甲公司须再发运货物，没有合理机会在货到后加以检验，而卖方在订立合同时已知道再发运的安排，则检验可推迟到货物到达新目的地后进行
    C. 甲公司在任何时间发现货物不符合同均可要求卖方赔偿
    D. 货物不符合同情形在风险转移时已经存在，在风险转移后才显现的，卖方应当承担责任

31. (法律职业资格考试真题) 甲公司的营业所在甲国，乙公司的营业所在中国，甲国和中国均为《联合国国际货物买卖合同公约》的当事国。甲公司将一批货物卖给乙公司，该批货物通过海运运输。货物运输途中，乙公司将货物转卖给了中国丙公司。根据该公约，下列哪些选项是正确的?
    A. 甲公司出售的货物，必须是第三方依中国知识产权不能主张任何权利的货物
    B. 甲公司出售的货物，必须是第三方依中国或者甲国知识产权均不能主张任何权利的货物
    C. 乙公司转售的货物，自双方合同成立时风险转移
    D. 乙公司转售的货物，自乙公司向丙公司交付时风险转移

32. (自学考试真题) "FOB上海"与"CIF上海"的区别在于(　　)。
    A. 运输方式不同　　　　　　　B. 目的港不同
    C. 装运港不同　　　　　　　　D. 保险义务不同
    E. 租船义务不同

33. 依照《2020年国际贸易术语解释通则》，卖方需办理保险的贸易术语有(　　)。
    A. CIF　　　　B. CFR　　　　C. CPT　　　　D. CIP
    E. DDP

34. (自学考试真题) 关于风险转移规定相同的国际贸易术语包括(　　)。
    A. EXW　　　B. FCA　　　　C. CIF　　　　D. CFR
    E. FOB

35. FCA术语中的承运人的承运方式有(　　)。

A. 铁路 　　　 B. 公路 　　　 C. 海上航空 　　　 D. 多式联运

E. 内河

36. （自学考试真题）根据《联合国国际货物买卖合同公约》，下列关于要约的表述正确的有（　　）。

A. 要约必须由卖方发出 　　　 B. 要约必须向特定的人提出

C. 要约内容必须十分确定 　　　 D. 要约一经发出即生效

E. 受要约人必须明确表示接受或拒绝

37. （自学考试真题）依《联合国国际货物买卖合同公约》规定，卖方的义务主要包括（　　）。

A. 交付货物 　　　 B. 办理出口手续

C. 品质担保义务 　　　 D. 卖方对货物的权利担保义务

E. 提交有关货物的单据

38. （自学考试真题）在中国丙公司不知情的情况下，美国乙公司将其已抵押给中国甲公司的货物出售给丙公司，根据《联合国国际货物买卖合同公约》，下列说法正确的有（　　）。

A. 乙公司对甲公司违反了权利担保义务

B. 乙公司对丙公司违反了权利担保义务

C. 甲公司无权主张抵押物权

D. 丙公司应将货物无偿移交给甲公司

E. 如丙公司事先知情，则乙公司不违反权利担保义务

39. 根据《联合国国际货物买卖合同公约》，买方可以采取的救济方式主要有（　　）。

A. 要求卖方实际履行 　　　 B. 解除合同

C. 接受卖方的主动补救 　　　 D. 要求卖方减价

E. 要求卖方给予损害赔偿

三、实务分析题

40. （由自学考试题目改编）甲乙两国都是《联合国国际货物买卖合同公约》缔约国。2021年2月20日甲国A公司向乙国B公司发出一份要约："欲出售推土机10台，每台10000美元，2021年8月20日至30日交货。"2021年2月23日B公司回复A公司："接受你要约，每台可否售价改为9500美元。"2021年2月26日B公司收到A公司回复："同意按贵公司所提价格成交。"2021年8月A公司因故未能如期交货。后B公司同意将交货期延至2021年9月10日前。但2021年9月5日A公司通知B公司其2021年9月10日前无法交货，请求再次延期，遭到B公司拒绝。

请回答：（1）A公司与B公司之间合同成立的时间？为什么？

（2）B公司可否拒绝A公司再次延期交付的请求？为什么？

（3）B公司能否向A公司提出损害赔偿的请求？为什么？

41. （由自学考试题目改编）中国进口公司与美国出口公司订立了买卖水泥的国际货物买卖合同。合同约定采用CIF术语（Incoterms 2020），纽约为装运港，上海为目的港，

信用证付款。卖方按合同约定日期将货物装船，并提供了质量合格证书。货物卸离目的港时，经合同约定的商检机构检验，水泥因浸水结块，失去预期用途。

请回答：（1）卖方在哪里交货？

（2）设卖方交付的货物不合格，买方可以采取哪些救济措施？为什么？

（3）买方以货物不符为由，要求开证行拒付，开证行应否接受这一要求？为什么？

42.（由自学考试题目改编）A 国甲公司 2020 年 8 月 20 日致电 B 国乙公司："长期求购儿童玩具，请按本公司提供的样品生产 10000 件，每件 FCA60 美元。该批货物请于 2020 年 9 月 20 日至 30 日交货。"2020 年 8 月 25 日甲公司收乙公司电："接受你方来电，因生产计划安排，2020 年 10 月 10 日至 20 日方能交货。"2020 年 8 月 28 日，乙公司收甲公司电："请贵公司按你方所述日期交货为盼。"乙公司未能按时交货，甲公司为此给予其 20 天宽限期。2020 年 11 月 2 日，乙公司将货物交给承运人，2020 年 12 月 30 日甲公司收到该批货物。甲公司将该批玩具上市销售后，2021 年 1 月 A 国丙公司起诉控告甲公司所售玩具侵犯其专利权，并要求赔偿，甲公司认为该玩具系 B 国乙公司生产，自己不应承担责任，应由乙公司承担责任。上述 A、B 两国均为《联合国国际货物买卖合同公约》成员国。

请回答：（1）甲公司与乙公司之间的合同是什么时候成立的，为什么？

（2）乙公司不按时交货，甲公司能否立即宣告合同无效，为什么？甲公司还能采取什么补救办法？

（3）丙公司提出侵犯专利权的诉讼请求，甲公司和乙公司谁应承担责任？为什么？

【参考答案】

第三章　国际货物运输法

国际货物运输法是调整货物跨越国境运输的法律规范。国际货物运输法按照不同的运输方式分为国际海上货物运输法、国际航空运输法、国际铁路运输法以及国际多式联运法等。其中海上货物运输是国际贸易中使用最早也最广泛的一种运输方式，形成的法律制度对之后产生的航空运输、铁路运输也有深远影响，因此构成国际货物运输法律制度中最重要的内容。

第一节　国际海上货物运输方式

国际海上货物运输是由承运人收取运费，经由海上将货物从一国港口运往另一国港口的运输方式。国际海上货物运输量大、价格便宜，故在国际货物运输中处于重要地位。国际海上货物运输分为班轮运输和租船运输两大类。

一、班轮运输

班轮又称定期船，是指在固定的航线上，按照固定的港口顺序和固定的船期表，收取相对固定的运费进行经常往返运输的船舶。班轮运输具有"四固定"的特点，即固定的航线、固定的港口、固定的船期和固定的运费。班轮一般运输的是件杂货。班轮运输通常用承运人签发的提单，提单适用于有关海上货物运输的国际公约和国内法（在我国调整海上货物运输的为《海商法》）。

二、租船运输

租船运输是船舶出租人按一定条件将船舶全部或部分出租给承租人进行货物运输的合同。租船运输又可以分为航次租船运输、定期租船运输和光船租赁。

1. 航次租船合同

航次租船合同是指船舶出租人向承租人提供船舶的全部或部分舱位，按约定的航程将货物从一港运至另一港，由承租人支付约定运费的合同。

航次租船合同的特点为：（1）合同的标的是预定航次的运输服务，出租方保留船舶的所有权、占有权，为承租方提供航程运输服务，承租方支付运费。（2）出租方雇佣船长、船员，由出租人经营管理船舶。（3）航次运营成本如船长、船员的工资、燃料费、港口费等由出租人承担，承租人以支付运费作为对价。（4）有关装卸时间、滞期费、速遣费是航次租船合同的主要内容。承租人在合同规定的装卸时间内未能完成货物装卸作业，应支付一定数额的滞期费。反之，如果承租人在合同规定的装卸时间内提前完成了装卸作业，出租人应支付一定的速遣费。（5）实践中航次租船合同往往是格式合同。在国际上常见的是波罗的海国际航运公司制定的航次租船标准合同。

2. 定期租船合同

定期租船合同是指出租人向承租人提供约定的船舶，在约定的期限内承租人按照约定的用途使用，由承租人支付运费的合同。

定期租船合同的特点为：（1）船舶由出租人和承租人共同管理。出租人主要负责提供船舶及船舶本身的营运，包括船长船员的配备和船舶的航行。承租人主要负责船舶的商业使用，包括货物运输地点的指定、货物的提供、装卸、保管、处理等。（2）出租人和承租人双方共同承担相关费用。出租人负责船舶的运营费成本，包括船长、船员的工资、船舶的维修保养费用、船舶保险费用等；承租人负责航程费用，如船舶经营产生的燃料费、港口费、装卸费等。（3）承租人按约定的租期向出租人支付租金。租金按租用船舶时间长短计算，而不是按货物重量或船舶的载重吨计算，不论是否使用了船舶，承租人都必须向出租人支付租金。（4）定期租船合同有标准合同格式。在国际上常见的是波罗的海国际航运公司制定的定期租船标准合同。

3. 光船租赁合同

光船租赁合同是船舶所有人向承租人出租不配备船员的船舶，在约定的期限内由承租人占有、使用和营运，并向出租人支付租金的合同。从法律性质上看，光船租赁合同是财产租赁关系，而不是货物运输合同。

光船租赁合同具有如下特点：（1）船舶的所有权与船舶的经营、使用权相分离。在光船租赁期间，承租人享有对船舶的占有权、使用权，船舶在营运中发生的风险责任完全由承租人承担，船舶的出租人只保留对船舶的处分权和收取租金的权利。（2）在租期内，船舶营运的一切开支由承租人承担。光船租约签订后，出租人仅提供适航的船舶和船舶有关文件证书，不再承担其他义务。由承租人雇用船长和船员。（3）光船租赁合同有标准合同格式。在国际上常见的是波罗的海国际航运公司制定的光船租赁标准合同。

【课程思政】

世界海洋日，感受习近平建设海洋强国的"蓝色信念"（节选）①

　　21世纪是海洋的世纪。历史的经验告诉我们，向海则兴、背海则衰。中共中央总书记、国家主席、中央军委主席习近平这样道出他深深的海洋情结："建设海洋强国，我一直有这样一个信念"。

　　十八大以来，习近平立足历史方位，科学研判我国海洋事业发展形势，围绕建设海洋强国发表了一系列重要讲话、作出一系列重大部署，形成逻辑严密、系统完整的海洋强国建设思想，为我们在新时代发展海洋事业、建设海洋强国提供了思想罗盘和

①《世界海洋日，感受习近平建设海洋强国的"蓝色信念"》，载人民网，https：//baijiahao.baidu.com/s？id＝1668847321641389776&wft＝spider&for＝pc，访问时间：2021年8月12日。

行动指南。2020年6月8日，时逢第十二个"世界海洋日"，让我们共同领略习近平建设海洋强国的"蓝色信念"。

明确目标：一定要向海洋进军　加快建设海洋强国

2012年，党的十八大报告首提"建设海洋强国"，为我国海洋事业发展确定了战略目标。中国是海洋大国，拥有漫长的海岸线、广袤的管辖海域和丰富的海洋资源，这些年来，以习近平同志为核心的党中央高度重视海洋事业发展，高屋建瓴，把建设海洋强国融入"两个一百年"奋斗目标，融入实现中华民族伟大复兴"中国梦"的征程之中，并多次作出重要指示。

2013年7月30日，中共中央政治局就建设海洋强国进行第八次集体学习。习近平在主持学习时强调："建设海洋强国是中国特色社会主义事业的重要组成部分。"这次会议，习近平对建设海洋强国作了系统论述。

——阐释建设海洋强国的重要意义。"对推动经济持续健康发展，对维护国家主权、安全、发展利益，对实现全面建成小康社会目标、进而实现中华民族伟大复兴都具有重大而深远的意义。"

——明确海洋强国建设的方向。"我们要着眼于中国特色社会主义事业发展全局，统筹国内国际两个大局，坚持陆海统筹，坚持走依海富国、以海强国、人海和谐、合作共赢的发展道路，通过和平、发展、合作、共赢方式，扎实推进海洋强国建设。"

——确定建设海洋强国的具体路径。"要提高海洋资源开发能力，着力推动海洋经济向质量效益型转变。要保护海洋生态环境，着力推动海洋开发方式向循环利用型转变。要发展海洋科学技术，着力推动海洋科技向创新引领型转变。要维护国家海洋权益，着力推动海洋维权向统筹兼顾型转变。"

推进海洋强国建设是习近平一直以来牵挂在心的大事。他多次在不同场合为建设海洋强国吹响号角。

2017年10月，习近平在党的十九大报告中明确要求"坚持陆海统筹，加快建设海洋强国"。

2018年3月8日，在参加十三届全国人大一次会议山东代表团审议时，习近平指出，海洋是高质量发展战略要地。要加快建设世界一流的海洋港口、完善的现代海洋产业体系、绿色可持续的海洋生态环境，为海洋强国建设作出贡献。

2018年4月12日，习近平在海南考察时再度强调，我国是一个海洋大国，海域面积十分辽阔。一定要向海洋进军，加快建设海洋强国。

2018年6月12日，习近平来到青岛海洋科学与技术试点国家实验室，跟科研人员一起深入交流。他说："建设海洋强国，我一直有这样一个信念。"

从党的十九大报告提出的"加快建设海洋强国"到"蓝色信念"，无不体现出总书记的"海洋情怀"，为海洋强国建设指引了方向。

"海洋是我们的生命，是人类的生命，生存之基。中国要成为海洋强国，在新时代建设海洋强国要有新的方法、新的要求、新的标准。"中国社科院学部委员张蕴岭在接受记者专访时建议，中国应树立新观念，要做真正海洋生态的维护者。

"我们要清醒地认识到我们是海洋大国，还不是海洋强国。"国家海洋信息中心主任何广顺在接受媒体采访时坦言，习近平关于海洋强国建设的重要论述，已经成为习近平新时代中国特色社会主义思想的重要组成部分。坚持走依海富国、以海强国、人海和谐、合作共赢的发展道路，把我国建设成为海洋经济发达、科技先进、生态健康、安全稳定、管控有力的新型海洋强国等重要思想，成为建设海洋强国的根本遵循。

深刻洞察：推动海洋经济向质量效益型转变

海洋是一个远未完全开发的"聚宝盆"，蕴含着丰富的资源。海洋经济已经成为我国经济的重要组成部分，其增长极作用愈发显著。做好开发海洋、经略海洋这篇大文章不仅是建设海洋强国的重要支撑，更是助推我国经济社会发展、实现中华民族伟大复兴的强大动力。

2013 年 7 月，习近平在主持中共中央政治局集体学习时因应形势，对我国发展海洋事业提出了"四个转变"。其中一项特别提到"要提高海洋资源开发能力，着力推动海洋经济向质量效益型转变"，这"四个转变"之一，深刻阐明我国发展海洋经济的主要任务。

"提高利用海洋的效率和质量，建立新型的海洋经济十分必要。推动海洋经济向质量效益型转变，这是有助于实现可持续性发展，也是促进海洋经济实现高质量发展，把环保型新发展理念融合其中。"张蕴岭解释说。

继提出"四个转变"后，习近平在考察调研中不断强调和深化着全面经略海洋的部署。

2013 年 8 月 28 日，习近平在考察大连船舶重工集团海洋工程有限公司时指出，"要顺应建设海洋强国的需要，加快培育海洋工程制造业这一战略性新兴产业，不断提高海洋开发能力，使海洋经济成为新的增长点。"

2015 年 5 月 25 日，习近平来到浙江舟山，前往舟山群岛新区城市展示馆、长宏国际船舶修造有限公司、岙山国家战略石油储备基地等地实地考察。舟山是中国首个以海洋经济为主题的国家级新区，海洋经济是舟山最靓丽的名片。与习近平在浙江任内五次前往舟山调研的主题一样，这一次舟山行他仍旧关注海洋经济。

2018 年 6 月 12 日，习近平在考察青岛海洋科学与技术试点国家实验室时强调，"发展海洋经济、海洋科研是推动我们强国战略很重要的一个方面，一定要抓好。关键的技术要靠我们自主来研发，海洋经济的发展前途无量。"

第二节 提单的基本问题

一、提单的概念

提单（bill of lading，简写作 B/L）是用以证明海上货物运输合同已经订立，货物已经由承运人接收或装船以及承运人保证据以交付货物的书面凭证。

【法规阅读】

《中华人民共和国海商法》

　　第七十一条　提单，是指用以证明海上货物运输合同和货物已经由承运人接收或者装船，以及承运人保证据以交付货物的单证。提单中载明的向记名人交付货物，或者按照指示人的指示交付货物，或者向提单持有人交付货物的条款，构成承运人据以交付货物的保证。

　　第七十二条　货物由承运人接收或者装船后，应托运人的要求，承运人应当签发提单。

　　提单可以由承运人授权的人签发，提单由载货船船舶的船长签发的，视为代表承运人签发。

　　提单通常由船公司自行制定，内容格式不完全一样。通常情况下，提单分为正反两面。提单正面一般包括：承运人名称、托运人名称、收货人名称、船名和船舶国籍、装运港、目的港、货物名称、标志、包装、件数、重量或体积、运费和支付方式、提单签发的时间、地点及份数。上述内容分别由托运人和承运人填写。提单背面的条款，主要规定承运人和托运人的权利义务，各船公司规定不一。为了统一提单背面条款的内容，国际上先后制定了《海牙规则》《维斯比规则》《汉堡规则》三个国际公约。

【法规阅读】

《中华人民共和国海商法》

　　第七十三条　提单内容，包括下列各项：

　　（一）货物的品名、标志、包数或者件数、重量或者体积，以及运输危险货物时对危险性质的说明；

　　（二）承运人的名称和主营业所；

　　（三）船舶名称；

　　（四）托运人的名称；

　　（五）收货人的名称；

　　（六）装货港和在装货港接收货物的日期；

　　（七）卸货港；

　　（八）多式联运提单增列接收货物地点和交付货物地点；

　　（九）提单的签发日期、地点和份数；

　　（十）运费的支付；

　　（十一）承运人或者其代表的签字。

　　提单缺少前款规定的一项或者几项的，不影响提单的性质；但是，提单应当符合本法第七十一条的规定。

【课程思政】

<h3 style="text-align:center">建设海洋强国，共创航运新未来①</h3>

7月11日是第17个中国航海日。今年航海日活动的主题为"开启航海新征程，共创航运新未来"。习近平总书记指出，建设海洋强国是中国特色社会主义事业的重要组成部分。我国是海洋大国，拥有广泛的海洋战略利益。党的十八大以来，我国海洋强国建设不断取得新成就。加速建设世界一流强港，更好地服务国家建设，是新时期建设航运强国的重要命题。习近平总书记多次强调建设世界一流强港的重要性。2018年11月，习近平在上海考察期间，视频连线洋山港四期自动化码头，听取码头建设和运营情况介绍。他指出，经济强国必定是海洋强国、航运强国。习近平勉励洋山港建设者，要有勇创世界一流的志气和勇气，要做就做最好的，努力创造更多世界第一。如今，我国已经成为世界上具有影响力的航运大国，正在稳步开启建设航运强国的新征程。

二、提单的法律特征

1. 提单是承运人对收到货物出具的收据

承运人签发提单后，证明承运人按提单所列的内容收取了货物，并将按提单所载内容向收货人交付货物。

2. 提单是海上货物运输合同的证据

提单不是运输合同本身，只是运输合同的证明。因为在班轮运输中，托运人与承运人往往在交付货物前，先就货物运输签订运输合同，提单签发之时实为运输合同已经开始履行。因此，提单仅是双方运输合同的证明。当提单的内容与货物运输合同不一致时，调整托运人与承运人之间的法律关系，应以货物运输合同为准。当然，如果在签发提单前没有签订运输合同，则提单就成为托运人和承运人之间的运输合同。当托运人将提单转让给第三人（即提单受让人，多为收货人）时，提单就成为承运人和提单受让人之间的运输合同，二者的法律关系以提单为准。

【法规阅读】

<h3 style="text-align:center">《中华人民共和国海商法》</h3>

第七十七条　除依照本法第七十五条的规定作出保留外，承运人或者代其签发提单的人签发的提单，是承运人已经按照提单所载状况收到货物或者货物已经装船的初

---

① 《建设海洋强国，共创航运新未来》，载新华网，https://news.china.com/zw/news/13000776/20210711/39738922.html，访问时间：2021年7月11日。

步证据；承运人向善意受让提单的包括收货人在内的第三人提出的与提单所载状况不同的证据，不予承认。

第七十八条　承运人同收货人、提单持有人之间的权利、义务关系，依据提单的规定确定。

收货人、提单持有人不承担在装货港发生的滞期费、亏舱费和其他与装货有关的费用，但是提单中明确载明上述费用由收货人、提单持有人承担的除外。

3. 提单是代表货物所有权的物权凭证

承运人在收到货物并签发提单之后，有义务在目的地只向提单持有人交付货物。谁持有提单，谁就有权提取货物，处分提单的行为即为处分货物的行为。提单作为物权凭证，一般可以进行转让和买卖。

三、提单的种类

依不同的标准，提单可以作不同分类。

1. 按货物是否已装船将提单分为已装船提单和收货待运提单

已装船提单（on board B/L 或 shipped B/L），是在货物装船以后，承运人签发的载明装货船舶名称及装船日期的提单。

收货待运提单（received for shipment B/L），也称备运提单，是承运人在收取货物后装船之前签发的提单。当承运人将货物装上船后，在收货待运提单上加注"已装船"字样和装货船名与日期并签名后，收货待运提单就变成已装船提单。

【法规阅读】

《中华人民共和国海商法》

第七十四条　货物装船前，承运人已经应托运人的要求签发收货待运提单或者其他单证的，货物装船完毕，托运人可以将收货待运提单或者其他单证退还承运人，以换取已装船提单；承运人也可以在收货待运提单上加注承运船舶的船名和装船日期，加注后的收货待运提单视为已装船提单。

2. 按提单上收货人抬头的不同写法可以分为记名提单、不记名提单、指示提单

记名提单（straight B/L），是托运人指定特定人作为收货人的提单。在这种提单上收货人只能是提单收货人处指定的特定人，不能转让，因此也称作不可转让的提单。此类提单可以避免流通环节中遗失、被盗等风险，但由于其不可转让，在国际货物买卖中较少使用。这种提单多用于贵重货物、展览品以及援外物资的运输。

不记名提单（open B/L），是托运人不具体指定收货人，在收货人一栏只填写"交与持有人"（to bearer）字样，所以又称作空白提单。这种提单不经背书即可转让，凡持单人均可提取货物，故因风险较大在国际货物买卖中而较少使用。

指示提单（order B/L），是在提单的收货人一栏内填有"凭某人指示"（to order of …）或仅填有"凭指示"（to order）字样的提单。指示提单通过背书可转让。这种提单在国际贸易中普遍使用。

【法规阅读】

《中华人民共和国海商法》

第七十九条　提单的转让，依照下列规定执行：

（1）记名提单：不得转让；

（2）指示提单：经过记名背书或者空白背书转让；

（3）不记名提单：无需背书，即可转让。

3. 按承运人在提单上对货物外表状况有无不良批注可分为清洁提单和不清洁提单

清洁提单（clean B/L），指承运人在提单上未加货物有瑕疵等不良评价或批注的提单。反之，加有不良批注的即为不清洁提单（unclean B/L 或 foul B/L）。不良批注如"数量短装""有污损"。

承运人签发不清洁提单说明货物是在外表状况有瑕疵的情况下交付的。这种提单难以作为物权凭证自由转让，所以在国际贸易实践中买方（或提单的受让人）和银行一般都只接受清洁提单。

【法规阅读】

《中华人民共和国海商法》

第七十五条　承运人或者代其签发提单的人，知道或者有合理的根据怀疑提单记载的货物的品名、标志、包数或者件数、重量或者体积与实际接收的货物不符，在签发已装船提单的情况下怀疑与已装船的货物不符，或者没有适当的方法核对提单记载的，可以在提单上批注，说明不符之处、怀疑的根据或者说明无法核对。

第七十六条　承运人或者代其签发提单的人未在提单上批注货物表面状况的，视为货物的表面状况良好。

4. 根据提单使用效力可分为正本提单和副本提单

正本提单（original B/L）是指提单上有承运人、船长或其代理人签名盖章并注明签发日期的提单。这种提单在法律上是有效的单据。正本提单上必须要标明"正本"（original）字样。正本提单一般签发一式两份或三份（个别也有只签发一份的），凭其中的任何一份提货后，其余的即作废。为防止他人冒领货物，买方与银行通常要求卖方提供船公司签发的全部正本提单，即所谓"全套"（full set）提单。

副本提单（copy B/L）是指提单上没有承运人、船长或其代理人签字盖章，而仅供参考之用的提单。副本提单一般都标明"副本"（copy）或"不可转让"（non negotiable）

字样，副本提单不得标明"正本"字样。

5. 按运输方式的不同分为直达提单、转船提单和联运提单

直达提单（direct B/L）是货物在装运港装上船后中途不再换船而直接驶往目的港卸货的提单。

转船提单（transhipment B/L）指货物从装运港装运后，在航运的中途港要将货物卸入另一船舶再驶往目的港卸货的情况下所签发的包括运输全程的提单。转船提单上一般注有"在某港"转船字样，有的还注明二程船的船名。

联运提单（through B/L）是指经过海运和其他运输方式的联合运输（如海陆、海空联运）时，由第一程承运人（船公司）所签发的，包括全程运输并能在目的港或目的地凭以提货的提单。

6. 按提单内容的简繁程度分为全式提单和简式提单

全式提单（long form B/L），又称繁式提单，指不仅具有提单正面内容，而且在提单背面详细列明承运人和托运人权利和义务条款的提单。

简式提单（short form B/L），又称略式提单，指只在提单正面列入必要项目，而略去提单背面一般条款的提单。这种提单内一般都印有"本提单货物的收受、保管、运输和运费等事宜，均按本公司全式提单上的条款办理"的字样。

7. 两种特殊的提单：倒签提单和预借提单

倒签提单（inverted B/L）指货物装船后，承运人签发的一种早于货物实际装船日期的提单。预借提单（advanced，B/L）指货物尚未全部装完船或货物已由承运人接管但尚未装船的情况下签发的已装船提单。

出现这两种提单是因为托运人（通常是卖方）实际交货装船日期超过了合同或信用证规定的交货时间，或者因信用证的装船日期和交单结汇日期将届满而托运人尚未交货，承运人应托运人的要求将提单签发到合同或信用证规定的期限内。托运人在向承运人提出请求时，往往会作出如承运人签发此种提单造成的后果由托运人承担的书面担保承诺，此即保函。关于保函的效力，后面会详细讨论。

这两种提单风险很大，通常会威胁或损害到善意收货方的利益，一旦发生纠纷，承运人和托运人将会因合谋欺诈而被追究法律责任。

第三节　有关提单的国际公约

调整国际海上货物运输的国际公约有三个：1924 年的《海牙规则》、1968 年的《维斯比规则》和 1978 年的《汉堡规则》。这三个公约反映了承运人责任制度的变化。

一、《海牙规则》（The Hague Rules）

《海牙规则》全称是《统一提单的若干法律规定的国际公约》。该规则在国际法协会协助下最初于 1921 年在海牙草拟，于 1931 年 6 月 2 日生效。《海牙规则》共有 16 条，主要内容包括：

（一）承运人的义务

《海牙规则》规定了承运人两项最低限度的义务：适航的义务和管货的义务。这两项义务是强制性的，在提单中对这两项义务的减损均属无效。

1. 适航的义务

承运人必须在开航前和开航时恪尽职责、谨慎处理使船舶适航。第一，使船舶适航。包括船体强度、结构、设备以及性能都能满足在预定航线上安全航行的需要。第二，船员与设备的配备。船员在资质、人数上满足特定航行的要求。同时需备齐海上航行所需的必需品。第三，船舶要适货。即货舱、冷藏舱以及其他载货处所能适宜、安全地运送和保管货物。

如果船舶不适航是承运人经过谨慎处理后仍不能发现的潜在缺陷造成时，承运人不负责任。

2. 管货的义务

《海牙规则》要求承运人尽心尽力从装载、搬运、配载、运送、保管、照料和卸载七个工作环节适当和谨慎的处理货物。

【法规阅读】

《中华人民共和国海商法》

第四十七条 承运人在船舶开航前和开航当时，应当谨慎处理，使船舶处于适航状态，妥善配备船员、装备船舶和配备供应品，并使货舱、冷藏舱、冷气舱和其他载货处所适于并能安全收受、载运和保管货物。

第四十八条 承运人应当妥善地、谨慎地装载、搬移、积载、运输、保管、照料和卸载所运货物。

（二）承运人的免责

《海牙规则》实行的是承运人不完全过失责任，共列举了 17 项承运人的免责事由。船长、船员、引水员或承运人的雇佣人员，在航行或管理船舶中的行为、疏忽或不履行义务；火灾，但由于承运人的实际过失或私谋所引起的除外；海上或其他能航水域的灾难、危险和意外事故；天灾；战争行为；公敌行为；君主、当权者或人民的扣留或管制，或依法扣押；检疫限制；托运人或货主、其代理人或代表的行为或不行为；不论由于任何原因所引起的局部或全面罢工、关厂停止或限制工作；暴动和骚乱；救助或企图救助海上人命或财产；由于货物的固有缺点、性质或缺陷引起的体积或重量亏损，或任何其他灭失或损坏；包装不善；唛头不清或不当；虽克尽职责亦不能发现的潜在缺点；非由于承运人的实际过失或私谋，或者承运人的代理人，或雇佣人员的过失或疏忽所引起的其他任何原因。

这 17 项免责事由可以分为两类：一是过失免责；二是无过失免责。其中前两项即是《海牙规则》规定的承运人两种过失免责的情形：即承运人的航行过失免责和火灾过失免责。

【法规阅读】

《海牙规则》

第4条 2. 不论承运人或船舶，对由于下列原因引起或造成的灭失或损坏，都不负责：

（a）船长、船员、引水员或承运人的雇佣人员，在航行或管理船舶中的行为、疏忽或不履行义务。

（b）火灾，但由于承运人的实际过失或私谋所引起的除外。

（c）海上或其他能航水域的灾难、危险和意外事故。

（d）天灾。

（e）战争行为。

（f）公敌行为。

（g）君主、当权者或人民的扣留或管制，或依法扣押。

（h）检疫限制。

（i）托运人或货主、其代理人或代表的行为或不行为。

（j）不论由于任何原因所引起的局部或全面罢工、关厂停止或限制工作。

（k）暴动和骚乱。

（l）救助或企图救助海上人命或财产。

（m）由于货物的固有缺点、性质或缺陷引起的体积或重量亏损，或任何其他灭失或损坏。

（n）包装不善。

（o）唛头不清或不当。

（p）虽克尽职责亦不能发现的潜在缺点。

（q）非由于承运人的实际过失或私谋，或者承运人的代理人，或雇佣人员的过失或疏忽所引起的其他任何原因；但是要求引用这条免责利益的人应负责举证，证明有关的灭失或损坏既非由于承运人的实际过失或私谋，亦非承运人的代理人或雇佣人员的过失或疏忽所造成。

《中华人民共和国海商法》

第五十一条 【承运人免责事由】在责任期间货物发生的灭失或者损坏是由于下列原因之一造成的，承运人不负赔偿责任：

（一）船长、船员、引航员或者承运人的其他受雇人在驾驶船舶或者管理船舶中的过失；

（二）火灾，但是由于承运人本人的过失所造成的除外；

（三）天灾，海上或者其他可航水域的危险或者意外事故；

（四）战争或者武装冲突；

（五）政府或者主管部门的行为、检疫限制或者司法扣押；

（六）罢工、停工或者劳动受到限制；

（七）在海上救助或者企图救助人命或者财产；

（八）托运人、货物所有人或者他们的代理人的行为；

（九）货物的自然特性或者固有缺陷；

（十）货物包装不良或者标志欠缺、不清；

（十一）经谨慎处理仍未发现的船舶潜在缺陷；

（十二）非由于承运人或者承运人的受雇人、代理人的过失造成的其他原因。

承运人依照前款规定免除赔偿责任的，除第（二）项规定的原因外，应当负举证责任。

（三）承运人的责任期间

按照《海牙规则》第 1 条规定，货物运输是指自货物装上船时起，至卸下船时止的一段期间。这表明《海牙规则》有关承运人的责任和义务适用于这一期间。所谓"装上船起至卸下船止"，一般可理解为：当使用船上吊杆装卸货物时，从装货时吊钩受力时起到货物卸下船脱离吊钩为止的整个期间，即"钩到钩原则"；当使用岸上吊杆或起重机装卸时，则货物从装运港越过船舷起到卸货港越过船舷为止的整个期间，即"舷到舷原则"。

（四）承运人的赔偿责任限额

按《海牙规则》第 4 条的规定，承运人对每件货物或每一计费单位的货物的损害或灭失，其最高赔偿限额为 100 英镑，但托运人在装船前就货价提出申明并列入提单的不受此限。

（五）托运人的义务

《海牙规则》规定托运人最主要的义务是应向承运人如实申报。即保证向承运人提供的货物的标志、件数、重量等正确无误。托运人托运危险货物，应按照有关海上危险货物运输的规定妥善包装，作出危险品标志的标签，并将其正式名称、性质及应当采取的预防措施通知承运人。

（六）索赔与诉讼时效

依《海牙规则》第 3 条的规定，收货人在提货时发现货物灭失或损害，应立即向承运人提出索赔通知。如果损失不显著，则在三天之内提出索赔通知。对于货物灭失或损害的诉讼时效为一年，从货物交付之日或应交付之日起算。

二、《维斯比规则》

《海牙规则》过多地照顾承运人的利益，一直受到航运业发展较慢的第三世界国家的反对，自生效以来不少国家呼吁对《海牙规则》作出修改。1968 年一些海运国家在国际海事委员会的协助下，在布鲁塞尔召开了外交会议，对《海牙规则》作出修改，出台了

《修改统一提单的若干法律规定的国际公约议定书》。由于该议定书在瑞典古城维斯比完成，所以又被称作《维斯比规则》。

相对于《海牙规则》，《维纳比规则》修改的主要内容有：

1. 提单的证据力

对《海牙规则》第3条第4款提单作为收到该提单所载货物的初步证据之后增加了："当该提单被转与善意行为的第三方时，便不能接受与此相反的证据。"此表明，对于托运人与承运人而言，提单为承运人收到该提单中所载货物的初步证据，承运人有权提出反证，否定提单所载内容的真实性。这对托运人而言，是公平的。因为货物是托运人提交的，提单所载内容是托运人填写的。但这对于提单的善意受让人而言则可能是不公平的。为此，《维斯比规则》规定，对于提单的善意受让人而言，承运人不得提出与提单所载内容不同的反证，亦即在承运人和提单的善意受让人之间，提单所载是最终证据。

2. 诉讼时效

《维纳比规则》除维持《海牙规则》的一年时效外，规定"在诉讼事由发生后，得经当事方同意，将这一期限延长"。可见，《维纳比规则》明确规定了可经双方协商延长诉讼时效。此外，即使一年期满后，承运人仍有不少于三个月的时间向第三者追偿。

3. 责任限额

《维斯比规则》提高了赔偿限额，并制订了双重限额。将每件或每单位的赔偿责任限额提高为10000金法郎①或每公斤30金法郎，以二者中较高者为准。还规定了丧失赔偿责任限额权利的条件为：如经证明，损害是由于承运人故意造成，或是知道很可能会造成这一损害而毫不在意地作为或不作为所引起，则承运人就无权享受责任限制的权利。

4. 扩大了承运人享受责任限制的范围

根据《维斯比规则》第3条的规定，凡是承运人可以享受的免责权利和责任限制，承运人的雇员和代理人也可以享有。

5. 增了集装箱条款

《维斯比规则》第2条规定："如果货物是以集装箱、托盘或类似的运输工具集装，则提单中所载明的装在这种运输工具中的包数和单位数，便应作为本款所有包数或单位数。除上述情况外，此种运输工具应视为包件和单位。"

《维斯比规则》对《海牙规则》的修改，并没有解决《海牙规则》中船货双方权益失衡这一本质问题。关于承运人的责任及其免责、责任起讫、托运人义务等均未作实质性改变，只在赔偿数额等方面作了修改。因此《维斯比规则》与《海牙规则》实为同一体系，所以又被称为海牙-维斯比体系。

我国没有加入《海牙规则》《维斯比规则》，其不能直接对我国国际海上货物运输产生法律效力。但是我国《海商法》吸收了《海牙规则》中关于承运人基本义务的规定以及承运人责任免除的规定。同时吸收了《维斯比规则》中提单被转让与善意第三人时，提单对于善意受让人来说，成为最终证据的规定；承运人的责任限制适用于其代理人和雇员的规定；关于集装箱条款的规定等。

---

① 当时1金法郎=0.04英镑。

三、《汉堡规则》（The Hamburg Rules）

《汉堡规则》全称是《1978 年联合国海上货物运输公约》（United Nations Convention on the Carriage of Goods by Sea，1978）。为了彻底纠正运输关系中船方、货方权益失衡的问题，1968 年 3 月联合国贸易和发展会议决定设立国际航运立法工作组。该工作组于 1976 年完成草拟公约工作，并于 1978 年在汉堡召开的联合国海上运输代表大会上通过该公约。该公约自 1992 年 11 月 1 日起生效。《汉堡规则》共 34 个条文，其主要内容包括：

（一）承运人的责任基础

《汉堡规则》在承运人的责任基础上采用了完全过失责任制，即除非承运人证明他本人以及他的代理人或所雇佣人员为避免事故的发生及其后果已采取了一切合理的措施，否则承运人对在其掌管货物期间因货物灭失、损坏及延迟交货所造成的损失负赔偿责任。《汉堡规则》不但废除了《海牙规则》的航行过失免责和火灾过失免责，而且在货损发生后，一般先推定承运人有过失，如承运人主张自己无过失，则必须承担举证责任。因此，《汉堡规则》对承运人原则上采用了推定过失责任制。

（二）增加的内容

增加了实际承运人的概念。实际承运人（Actual Carrier）是指接受承运人委托执行货物运输或部分运输的当事人。

增加了舱面货和活动物。《汉堡规则》规定，承运人应根据与托运人订立的协议或者符合国际贸易的惯例装载舱面货和活动物。反之，如果承运人违反了协议或法律的规定，对由此造成的货物的毁损以及延迟交货，应负赔偿责任。

增加了对延迟交货的规定。《汉堡规则》规定了承运人延迟交货的赔偿以相当于该延迟货物应付运费的 2.5 倍为限，但不超过海上运输合同中规定的应付运费总额。《汉堡规则》还规定，如果货物未在协议明确约定的时间内或虽无此项协议，但未能在对一个勤勉的承运人所能合理要求的时间内交货，即为延迟交货。如果延迟交货达 60 天，即可视为货物已经灭失，可以向承运人提出索赔。

（三）承运人的责任期间

《汉堡规则》第 4 条对承运人责任期间采用"接到交"原则，即承运人的责任期间从托运人把货物交给承运人掌管之时起，至承运人将货物交给收货人为止。

（四）承运人的赔偿限额

《汉堡规则》将承运人的最低赔偿限额规定为每件或每货运单位 835 个特别提款权，或每公斤 2.5 个特别提款权，以二者较高者为准。

（五）保函的问题

《汉堡规则》第 17 条规定，托运人为了换取清洁提单可以向承运人出具承担赔偿责任的保函。该保函在托运人与承运人之间有效，而对包括受让提单的收货人在内的第三方一概无效。

（六）索赔和诉讼时效

《汉堡规则》第 20 条规定的诉讼时效为两年。收货人应当在收到货物后的第一个工作日，将损失书面通知承运人；如货物损失非显而易见的，则在收货后连续 15 日内送交书面通知；延迟交货应在收货后 60 天内将书面通知送交承运人，否则丧失向承运人索赔的权利。

我国不是《汉堡规则》的缔约国，《汉堡规则》对我国不能直接产生法律效力。但我国法律吸收了《汉堡规则》的一些规定，如对关于货物、实际承运人、清洁提单、延迟交货、责任期间等予以采纳。

【总结】

	海牙规则	汉堡规则
责任基础		
免责事由		
责任期间		
关于延迟责任		
关于实际承运人		
关于舱面货和活动物		
关于保函		
诉讼时效		

第四节　海上货物运输中的保函

如前所述，国际公约和各国海商法均明确赋予提单物权凭证的功能，承认提单直接代表货物，认为交付提单与交付货物具有同等效力。承运人签发提单有两个法律后果：一是表明承运人在装运港已经按照提单所载状况收到货物；二是承运人在目的港要按照提单所载状况将货物交给正本提单持有人。因此从理论上看，为了保护自己的利益，承运人应该拒绝签发与货物实际情况不符的提单，并应坚持在卸货港凭货方提交的正本提单放货。

但是在实务中，托运人交货时间延迟或所交的货物外表有瑕疵，如其修改信用证或换货、等货的话，会导致船舶的延误或增加仓储费等使交易受阻。同理，当货物已到目的港而收货人尚未收到提单时，会造成提货延迟而可能会增加相关的费用。在这样的情形下，托运人或收货人就会请求承运人放弃按上述传统的提单规则行事，以便使船货双方摆脱僵持的困境,此时就会出现海运保函。

海运保函是海运保函提供人(托运人或收货人)和承运人之间达成的一项由海运保函提供人附条件,在一定范围内向承运人承担保证责任的书面文件。

海运保函的出现改变了传统提单的操作规则,其有积极的一面,但也会面临善意提单受让人的索赔。下面分别按托运人出具的保函和收货人出具的保函进行说明。

一、托运人出具的保函

托运人出具的保函是指在装运港托运人向承运人担保,由于承运人签发提单(此提单记载内容与实际情况不符)所引起的一切法律后果由托运人承担的书面担保文件。

这种保函的产生主要有两种情况:一是托运人向承运人交付货物时,货物表面有瑕疵,如外包装玷污、破损、锈蚀或数量短少,用保函来换取承运人签发清洁提单;二是托运人迟延交货或未交货,为了符合信用证的规定,用保函来换取承运人签发倒签提单或预借提单。这种海运保函的效力应区别对待:

(一)承运人与善意提单受让人之间的关系

根据我国《海商法》第 76 条、第 77 条及第 78 条的规定,如果承运人或其代理人未能在已签发的提单上批注则视为货物的表面状况良好,而且该提单也成为承运人与善意提单受让人包括收货人的最终证据,承运人不得提出相反的证据否定提单所载的状况(《海牙规则》第 3 条 4 款和《汉堡规则》第 16 条 3 款 2 项也有类似的规定)。海运保函独立于提单之外,其对货物状况的记载,当然也无法对抗善意提单受让人。因此保函对包括收货人在内的善意提单受让人一概无效,无论海运保函如何约定都不能影响善意提单受让人对承运人的索赔。

(二)承运人与托运人之间的关系

《海牙规则》《维斯比规则》及我国的《海商法》并没有关于海运保函效力的规定。但《汉堡规则》首次在一定范围内承认了保函的效力:托运人为了换取清洁提单可向承运人出具保函,但保函只在托运人与承运人之间有效。如保函具有欺诈意图,则保函无效。

实践中,如果托承双方对货物的重量、数量等有分歧又不方便查验时,或者承运人认为货物的包装不适合长途运输,而托运人此时已不可能另换包装时,承运人会要求托运人提供保函,以保护自己的利益,否则承运人就会在提单上加注批注。可见这种情况下托运人出具保函是为了使货物及时出口,避免船舶延误而采取的变通做法,对善意提单受让人不存在隐瞒事实和欺诈的问题,相反通过出具保函换取清洁提单可以免去很多麻烦,这几乎形成一种习惯的商业做法。为了肯定此种实践做法,同时也为了抑制保函在提单运输中的泛滥,《汉堡规则》做了上述规定。《汉堡规则》的规定仅承认了托运人善意的用保函换取清洁提单的效力,如果以隐瞒交货瑕疵为目的出具保函,由于具有欺骗性,该保函仍然是无效的。

对于为换取倒签提单和预借提单而出具的保函,由于两者均掩盖了货物的实际装船日期，以逃避承担迟延交货的责任，构成了对收货人的欺诈，故为了预借提单和倒签提单出具保函在多数国家的司法实践中都被认定为恶意的无效保函。在实际装船时间和信用证要求的装船时间不能一致的情况下，正确的处理方法应该是要求修改信用证。

二、收货人出具的保函

在目的港，承运人应当依正本提单向收货人交货。但是在近港运输的情况下，往往货物比提单先到目的港，结果出现了大量副本提单加收货人出具的保函提货的情况。如果提货人不是真正的收货人，则真正的正本提单持有人就会向承运人索赔。或者虽然提货人是真正的收货人，但凭保函提货后其没有去银行付款赎单，此时押在开证行的提单就失去了质押的意义，开证行往往会以正本提单持有人的身份向承运人索赔。因此这种情况下出具的保函就会带来海上货物运中无单放货的法律问题。我国最高人民法院于 2009 年 2 月 26 日公布了《关于审理无正本提单交付货物案件适用法律若干问题的规定》（以下简称"《无单放货的司法解释》"），该规定自 2009 年 3 月 5 日实施，为承运人无正本提单交付货物引发的争议解决提供了法律依据。该司法解释的主要内容包括：

（一）承运人无正本提单交付货物的法律责任

由于提单具有物权凭证的法律效力，所以无正本提单交货和无正本提单取货都构成对正本提单持有人物权的侵犯。因此《无单放货的司法解释》第 11 条规定："正本提单持有人可以要求无正本提单交付货物的承运人与无正本提单提取货物的人承担连带赔偿责任。"

尽管在无正本提单交付货物的情况下，正本提单持有人既可以诉承运人，也可以诉无单取货的人，但在实践中更多情况下是承运人成为被诉的对象。因此对承运人无单放货的法律责任，《无单放货的司法解释》作出了非常详尽的规定。

（1）承运人因无正本提单交付货物造成正本提单持有人损失的，正本提单持有人可以要求承运人承担违约责任，或者承担侵权责任。

（2）承运人因无正本提单交付货物承担民事责任的，不适用《海商法》第 56 条关于限制赔偿责任的规定。

（3）承运人因无正本提单交付货物造成正本提单持有人损失的赔偿额，按照货物装船时的价值加运费和保险费计算。

（二）承运人无正本提单交付货物的免责

《无单放货的司法解释》明确规定：

（1）承运人依照提单载明的卸货港所在地法律规定，必须将承运到港的货物交付给当地海关或者港口当局的；

（2）承运到港的货物超过法律规定期限无人向海关申报，被海关提取并依法变卖处理，或者法院依法裁定拍卖承运人留置的货物的；

（3）承运人按照记名提单托运人的要求中止运输、返还货物、变更到达地或者将货物交给其他收货人的；

（4）承运人签发一式数份正本提单，向最先提交正本提单的人交付货物后，其他持有相同正本提单的人要求承运人承担无正本提单交付货物民事责任的。

承运人无正本提单交付货物可以免除赔偿责任。

（三）诉讼时效和准据法的确定

《无单放货的司法解释》第 14 条规定："正本提单持有人以承运人无正本提单交付货物为由提起的诉讼，适用海商法第二百五十七条的规定，时效期间为一年，自承运人应当交付货物之日起计算。正本提单持有人以承运人与无正本提单提取货物的人共同实施无正本提单交付货物行为为由提起的侵权诉讼，诉讼时效适用本条前款规定。"在我国法院处理无正本提单交付货物案件的法律适用上，《无单放货的司法解释》第 3 条第 2 款规定：正本提单持有人要求承运人承担无正本提单交付货物民事责任的，适用海商法规定；海商法没有规定的，适用其他法律规定。

第五节　其他国际货物运输方式

一、国际铁路货物运输法

国际铁路运输是指使用统一的国际铁路联运单据，由铁路部门经过两个或两个以上国家的铁路进行的运输。铁路运输很少受气候影响，载货量比空运大，速度比海运快，风险比海运小。国际铁路运输主要适用于内陆接壤国家间的货物运输。目前关于国际铁路货物运输的公约主要有两个，即 1961 年《关于铁路货物运输的国际公约》（以下简称《国际货约》）和 1951 年《国际铁路货物联运协定》（以下简称《国际货协》）。中国是《国际货协》的参加国。

《国际货约》于 1961 年在瑞士伯尔尼签订，最近一次修订是 1999 年 6 月 3 日，修订后的版本于 2006 年 7 月 1 日生效。原来其参加国主要是欧洲国家，但近年来伊朗、巴基斯坦、俄罗斯等国也加入了该公约。

《国际货协》于 1951 年签订，中国于 1954 年 1 月加入该协定，包括苏联、阿尔巴尼亚、朝鲜、越南、保加利亚、捷克斯洛伐克、蒙古、匈牙利、德意志民主共和国、波兰、罗马尼亚等 12 个国家和地区。该公约最新修订的版本是《国际货协》2020 年 7 月 1 日版。

（一）铁路运单

发货人在托运货物的同时，应对每批货物按规定的格式填写运单和运单副本，签字后向发站提出。运单应随同货物从发站至到站按运送全程附送，在运送合同缔结后，运单副本退还发货人。运单副本不具有运单的效力。在发货人提交运单中所列的全部货物和按发送路国内规章付清所负担的费用后，应立即加盖戳记。运单在加盖戳记后，即是缔结运输合同的凭证。运单随货物从发站附送至到站，最后交给收货人。运单是铁路承运货物的凭证，也是铁路在终点向收货人核收有关费用和交付货物的依据。铁路运单不具有物权凭证的作用，不能流通。

（二）承运人的责任及责任期间

依《国际货协》的规定，承运人从承运货物时起，到到站交付货物时止，对于货物运到逾期以及因货物全部或部分灭失或毁损所发生的损失负责。按运单承运货物的铁路部门应对货物负连带责任。

（三）承运人的免责

依《国际货协》第 39 条第 2 项规定，如承运的货物由于下列原因发生灭失、短少、毁损（腐坏），则承运人不予负责：（1）由于铁路不能预防和不能消除的情况；（2）由于货物、容器、包装质量不符合要求或由于货物、容器、包装的自然和物理特性，以致引起其毁损（腐坏）；（3）由于发货人或收货人的过失或由于其要求，而不能归咎于承运人；（4）由于发货人或收货人装车或卸车的原因所造成；（5）由于货物没有运送该货物所需的容器或包装；（6）由于发货人在托运货物时，使用不正确、不确切或不完全的名称，或未遵守本协定的条件；（7）由于发货人将货物装入不适于运送该货物的车辆或集装箱；（8）由于发货人错误地选择了易腐货物运送方法或车辆（集装箱）种类；（9）由于发货人、收货人未执行或未适当执行海关或其他行政手续；（10）由于与承运人无关的原因国家机关检查、扣留、没收货物。这些免责均属于无过失免责，因此《国际货协》确立的是承运人完全过失责任制。

（四）承运人的赔偿责任

《国际货协》在货损的赔偿上基本采用了足额赔偿的方法。《国际货协》规定，铁路对货物损失的赔偿金额在任何情况下，不得超过货物全部灭失时的金额。在货物受损时，铁路的赔偿应与货价减损金额相当。在逾期交付的情况下，铁路应按逾期长短，以运费为基础向收货人支付规定的逾期罚金。

（五）发货人和收货人的义务

1. 支付运费的义务

依《国际货协》的规定，发送国的运送费用在发站向发货人核收；到达国的运送费用在到站向收货人核收；过境路的运送费用在发站向发货人核收或在到站向收货人核收。通过几个过境铁路运送时，准许由发货人支付一个或几个过境铁路的运送费用，而其余铁路的运送费用，由收货人支付。

2. 提供正确文件的义务

发货人应对其在运单中所记载的和所声明的事项的正确性负责。由于记载和声明事项的不正确、不确切或不完备，以及由于未将上述事项记入运单相应栏内而发生的一切后果，均由发货人负责。此外，发货人必须将在货物运送全程为履行海关和其他规章所需要的添附文件附在运单上，必要时还须附有证明书和明细书。发货人如未在运单上添附准许货物出口的文件时，则应在运单"发货人的特别声明"栏内记载文件的名称、号码和填发日期以及该文件所寄往的海关。

3. 收取货物的义务

货物到达到站，在收货人付清运单所载的一切应付的运送费用后，铁路必须将货物连同运单一起交给收货人，收货人应领取货物。收货人只在货物因毁损或腐坏而使质量发生变化，以致部分货物或全部货物不能按原用途使用时，才可以拒绝领取货物。在货物运到期期限满后 30 日内，如未将货物交付收货人或未交由收货人处理时，收货人可不提出证据，即认为货物已经灭失。但货物如在上述期限期满后到达到站时，则到站应将此事通知收货人。如货物在运到期限期满后 6 个月内到达，则收货人应予领取，并将承运人已付的货物灭失赔款、运送费用退款和有关货物运送的其他费用退还承运人。如货物灭失赔偿已付给发货人，则发货人必须将该赔款退还承运人。

（六）索赔期限和诉讼时效

《国际货协》第 47 条、第 48 条规定：只有提出相应赔偿请求后，才可提起诉讼，且只可对受理赔偿请求的承运人提起诉讼。凡有权向承运人提出赔偿请求的人，即有权根据本协定提起诉讼。当事人依运输合同向铁路提出的赔偿请求和诉讼，以及铁路对发货人和收货人有关支付运费、罚款和赔偿损失的要求和诉讼应在 9 个月内提出；有关货物运到逾期的赔偿请求和诉讼应在 2 个月内提出。

2013 年我国提出"一带一路"倡议以来，中欧铁路运输通道建设速度加快。我国充分利用多边机制，推动与沿线国家铁路、海关、检验检疫、国际运输过境手续等方面的合作，已与"一带一路"沿线国家签署了《上海合作组织成员国政府间国际道路运输便利化协定》《中哈俄国际道路临时过境货物运输协议》等双边和区域运输协定。

【课程思政】

中 欧 班 列

中欧班列（英文名称 China-Europe Railway Express）是由国家铁路集团组织，按照固定车次、线路、班期和全程运行时刻开行，运行于中国与欧洲以及"一带一路"沿线国家间的集装箱等铁路国际联运列车，是深化我国与沿线国家经贸合作的重要载体和推进"一带一路"建设的重要抓手。

2020 年初至 2020 年 11 月 5 日，中欧班列开行达 10180 列，已超过上年全年开行量，运送货物 92.7 万标箱，同比增长 54%，往返综合重箱率达到 98.3%，再次创造新纪录。近年来，在国际客运航线停飞、公路受阻、水运停滞等情况下，中欧班列成为中外企业进出口的主要运输通道。

二、国际航空货物运输

国际航空货物运输是一种现代化运输方式，具有快捷、破损率低、不受地面条件限制以及运送安全性能高等特点。这种运输方式适用于运输贵而轻、量少而急需、易破损的商品以及鲜活易腐、季节性强的商品。

调整国际航空货物运输的国际法律制度包括华沙公约体系和《蒙特利尔公约》（如表
3-1 所示）。

表 3-1

	名称	签订时间	生效时间	中国
华沙公约体系	华沙公约	1929 年	1933 年	1958 年加入
	海牙议定书	1955 年	1963 年	1975 年加入
	瓜达拉哈拉公约	1961 年	1964 年	未加入
蒙特利尔公约		1999 年	2003 年	创始成员国

《华沙公约》（Warsaw Convention）全称是《关于统一国际航空运输某些规则的公
约》，该公约 1929 年在华沙签订，共分为 5 章 41 条，为调整国际间的航空货物运输合同
关系创立了基本制度，其后虽经多次修改，但仍然是调整国际航空货物运输的重要公约。
该公约在 1933 年 2 月 13 日生效，我国在 1958 年正式加入该公约。

《海牙议定书》（Hague Protocol）全称是《修改 1929 年 10 月 12 日在华沙签订的统一
国际航空运输某些规则的公约的议定书》，又称《华沙公约修订书》。该议定书共分 3 章
27 条，主要在航行过失免责、责任限制，以及提出索赔期限等问题上，对《华沙公约》
作了比较重要的修改。该议定书于 1955 年 9 月 28 日在海牙签订，1963 年 8 月 1 日开始生
效。我国于 1975 年 8 月 20 日递交了加入通知书，1975 年 11 月 18 日该公约对我国生效。

《瓜达拉哈拉公约》（Guadalagara Convention）全称是《统一非订约承运人所办国际航
空运输某些规则以补充华沙公约的公约》，1961 年 9 月 18 日签订于墨西哥的瓜达拉哈拉。
此公约于 1964 年 5 月 1 日起生效，我国至今尚未加入该公约。《瓜达拉哈拉公约》共 18
个条文，其目的在于把《华沙公约》中有关承运人的各项规定的适用范围扩大到非合同
承运人，即根据与托运人订立航空运输合同的承运人的授权，而办理该合同中全部或部分
国际航空运输的实际承运人。

以上三个公约在法律上都是独立的，各国只适用其参加的公约，但三个公约在内容上
又是相互关联的，所以在适用上往往形成交错的情况，其中《华沙公约》是最基本的航
空运输公约。

（一）国际航空货物运输合同和航空运单

国际航空运输通常采用班机运输和包机运输两种方式。班机是指定时间、航线、始发
站、途经站和目的站航运的客货混合型飞机或全货机。班机运输通常适用于小批量的市场
急需商品和鲜活易腐货物的运输。包机指租机人按事先约定的条件和费率，从航空公司或
包机代理公司那里租用飞机。与班机相比，包机运输通常适用运输数量较大的货物。无论
采用哪种航空运输方式，一般都会产生国际航空货物运输合同。

国际航空货物运输"国际性因素"的确定，在以上有关航空运输的公约中基本都是

一个致的，即根据当事人的约定，不论在运输中有无间断或者转运，其出发地和目的地是在两个当事国的领土内，或者在一个当事国的领土内，而在另一国领土内有一个约定的经停地点的任何运输，即使该国为非当事国。

1. 国际航空货物运输合同

国际航空货物运输合同是由航空运输公司或其代理人与托运人签订的，关于由航空公司将托运人的货物由一国航空站运至另一国的航空站，而由托运人支付约定运费的运输合同。

国际航空货物运输合同的当事人为承运人和托运人。承运人即从事航空运输业务的航空公司，托运人即为货主。由于航空运输是一项专业性较强的运输业务，所以一般货主会委托国际航空货运代理来办理有关航空货物运输的事宜。

2. 航空运单（Air Consignment Note）

航空运单是国际航空货物运输中托运人和承运人之间订立运输合同的依据，也是托运人将货物交给承运人后取得的货物收据。航空运单须由托运人或其代理人和承运人或其代理人签署后方能生效。航空运单与海运提单不同，它不是货物的物权凭证，因为航空运输速度快，没有必要通过转让单证来转移货物的所有权。在实际业务中，航空运单一般都印有"不可转让"的字样。

根据《华沙公约》规定，货物承运人有权要求托运人填写称作"航空货运单"的凭证，托运人有权要求承运人接受这项凭证。托运人应填写航空货运单一式三份，连同货物交给承运人。其中第一份注明"交承运人"，由托运人签字；第二份注明"交收货人"，由托运人和承运人签字，并附在货物上；第三份由承运人在接收货物后签字，交给托运人。

航空运单的作用有：（1）航空运单是运输合同的证明；（2）航空运单是承运人接收货物的证明；（3）航空运单是记载收货人应负担费用和代理费用的记载凭证；（4）航空运单是办理报关手续时的基本单证；（5）当承运人承办保险或托运人要求承运人代办保险时，航空运单即可用来作为保险证书。载有保险条款的航空运单又被称为红色航空运单。

需要注意的是，《海牙议定书》第9条规定："本公约不限制填发可以流通的航空货运单。"此表明，依《海牙议定书》，航空货运单可以为物权凭证。

(二)《华沙公约》体系

《华沙公约》是目前国际上有关航空运输方面最主要、最基本的公约，已经有一百多个国家和地区加入了该公约。由于国际航空运输的不断发展，《华沙公约》先后进行了修改，形成了《海牙议定书》和《瓜达拉哈拉公约》。在三个公约中，《华沙公约》是基础，后二者并没有改变《华沙公约》的基本原则。现以《华沙公约》为主介绍三个公约的基本内容。

1. 航空运单

依《华沙公约》的规定，航空运单是订立合同、接收货物和运输条件的初步证据。

航空运单的缺少、不合规定或灭失，不影响运输合同的存在和有效。货物承运人有权要求托运人填写航空货运单，托运人有权要求承运人接受这项凭证。《海牙议定书》对《华沙公约》航空运单上的修改主要有两点：其一，将航空运单（Air Consignment Note）改为空运单（Airway Bill）；其二，对《华沙公约》规定的航空运单应记载的事项进行了删减。

2. 承运人的责任

依《华沙公约》的规定，承运人应对货物在航空运输期间发生的因毁灭、遗失或损坏而产生的损失负责。航空运输期间包括货物在承运人保管下的整个期间，不论在航空站内、在航空器上或在航空站外降停的任何地点。航空运输期间不包括在航空站以外的任何陆运、海运或河运，但如果该项运输是为了履行航空运输合同而进行的装载、交货或转运空运货物的运输，如发生损失，也应视为是在航空运输期间发生的，除非有相反的证据，承运人也应对该损失负责。承运人还应对在航空运输中因延误而造成的货物的损失负责。

《瓜达拉哈拉公约》将承运人分为缔约承运人和实际承运人。缔约承运人是指以当事人身份与旅客或托运人，或与旅客或托运人的代理人订立运输合同的人；实际承运人是指缔约承运人以外，根据缔约承运人的授权办理全部或部分运输的人。缔约承运人对全程运输负责，实际承运人只对参与的部分运输负责。

3. 承运人的免责事项

依据《华沙公约》的规定，承运人在下列情况下对货物的损失不承担赔偿责任：（1）承运人如果证明自己和他的代理人为了避免损失的发生，已经采取一切必要的措施，或不可能采取这种措施时，就不负责任。（2）如果承运人证明损失的发生是由于驾驶上、航空器的操作上或领航上的过失，而在其他一切方面承运人和他的代理人已经采取一切必要的措施以避免损失时，就不负责任。（3）如果承运人证明损失的发生是由于受害人的过失所引起或助成的，法院可以按照法律规定，免除或减轻承运人的责任。第（2）项免责条款的存在，说明《华沙公约》和同时代的海运公约一样，在承运人责任基础上采用的是不完全的过失责任制。

需要说明的是，《海牙议定书》为了进一步严格承运人的责任，删去了《华沙公约》第20条第2款（即上述第（2）项免责条款），将承运人的责任基础明确为完全的过失责任制，这是《海牙议定书》对《华沙公约》的一个较为实质性的修改。

4. 承运人的责任限额

《华沙公约》规定的承运人对货物灭失、损害或延迟交货的责任，以每公斤250金法郎为限，但托运人特别声明货物价值并已缴付必要的附加费的不在此限。同时又规定如货物损失的发生是由于承运人或其代理人故意的不当行为或过失引起的，则承运人无权免除或限制其责任。

《海牙议定书》沿用了《华沙公约》在货物运输的赔偿限额，但是将《华沙公约》中"故意的不当行为"改为"故意造成或明知可能造成而漠不关心的行为或不行为"。

《瓜达拉哈拉公约》明确了实际承运人也适用《华沙公约》第22条规定的责任限额。

并且，实际承运人或缔约承运人的任何受雇人或代理人，如果能证明其是在雇佣代理范围内行事，则对实际承运人办理的运输应有权引用公约对雇佣他或他所代理的承运人的责任限额，但根据《华沙公约》他的行为不能援引该责任限额时不在此列。

5. 索赔期限和诉讼时效

依据《华沙公约》规定，如果发现货物损坏，收货人最迟应该在收到货物后 7 天以书面形式提出索赔。如果迟延交货，最迟应在货物交由收货人支配之日起 14 天内提出异议。该公约特别规定，除非承运人方面有欺诈行为，如果收货人没有在规定的期限内提出异议，就不能向承运人起诉。有关赔偿的诉讼管辖，《华沙公约》规定，按照原告的意愿，可以在一个缔约国的领土内，向承运人住所地或其总管理处所在地或签订合同的机构所在地法院提出，或者向目的地法院提出。关于诉讼时效，《华沙公约》规定，应该在航空器到达目的地之日起，或应该到达之日起，或从运输停止之日起两年内提出，否则就丧失追诉权。

需要注意的是，《海牙议定书》在索赔的时间方面对《华沙公约》作出了修改，延长了货物损坏的索赔期限。该议定书第 15 条规定，货物损坏的索赔应在收到货物后 14 天内提出。如果延迟交货，则最迟应于货物交付收货人自由处置之日起 21 天内提出索赔。

《瓜达拉哈拉公约》第 7 条明确规定：对实际承运人所办运输的赔偿诉讼，应按原告的意愿，向实际承运人或缔约承运人提出，或同时或分别向他们提出。如只向这些承运人之一提出诉讼，则该承运人应有权要求另一承运人参加应诉，诉讼程序和效力应以受理法院的法律为依据。

（三）《蒙特利尔公约》

以 1929 年《华沙公约》为核心的华沙公约体系经过多次修改补充，形成了多个法律文件，而每个法律又是独立的条约，参加国又不完全相同，加之国际航空运输发展极为快速，严格承运人责任的呼声越来越高。在此背景下，1999 年《统一国际航空运输某些规则的公约》（《蒙特利尔公约》）在加拿大蒙特利尔签订，该公约于 2003 年 11 月 4 日生效，我国于 2005 年 6 月 1 日交存批准书，成为该公约第 94 个缔约国。

为了解决生效后可能发生的与华沙公约体系适用的冲突，《蒙特利尔公约》规定，在下列条件下，公约优先于国际航空运输适用的任何规则：（1）在《蒙特利尔公约》当事国之间进行的国际航空运输，并且当事国均为华沙公约体系中某一公约的缔约国；或者（2）在《蒙特利尔公约》一个当事国进行国际航空运输，而该当事国是华沙公约体系中某一公约的缔约国。

《蒙特利尔公约》关于国际航空货物运输的主要内容包括：

1. 航空货运单

航空货运单或者货物收据是订立合同、接收货物和所列运输条件的初步证据。航空货运单上或者货物收据上关于货物的重量、尺寸和包装以及包件件数的任何陈述是所述事实的初步证据；除经过承运人在托运人在场时查对并在航空货运单或者货物收据上注明经过如此查对或者其为关于货物外表状况的陈述外，航空货运单或者货物收据上关于货物的数量、体积和状况的陈述不能构成不利于承运人的证据。

2. 承运人的责任

《蒙特利尔公约》第 18 条规定了承运人对运输货物的责任："对于因货物毁灭、遗失或者损坏而产生的损失，只要造成损失的事件是在航空运输期间发生的，承运人就应当承担责任。"《蒙特利尔公约》第 19 条还规定了承运人应对延误承担责任，明确规定：货物在航空运输中因延误引起的损失，承运人应当承担责任。但是，承运人证明本人及其受雇人和代理人为了避免损失的发生，已经采取一切合理要求的措施或者不可能采取此种措施的，承运人不对因延误引起的损失承担责任。

3. 承运人责任的免除和减轻

承运人如能证明货物的毁灭、遗失或者损坏是由于下列一个或者几个原因造成的，在此范围内承运人不承担责任：（1）货物的固有缺陷、质量或者瑕疵；（2）承运人或者其受雇人、代理人以外的人包装货物的，货物包装不良；（3）战争行为或者武装冲突；（4）公共当局实施的与货物入境、出境或者过境有关的行为。

4. 承运人的责任限额

对于货物毁损灭失或延误的赔偿限额，《蒙特利尔公约》规定承运人的责任以每公斤 17 特别提款权为限，除非托运人在向承运人交运包件时有特别声明，在必要时支付附加费。

5. 索赔期限和诉讼时效

关于航空货物运输的索赔期限，《蒙特利尔公约》规定：货物发生损失的，至迟自收到货物之日起 14 日内提出；发生延误的，必须至迟自行李或者货物交付收件人处置之日起 21 日内提出异议。诉讼时效为"自航空器到达目的地点之日、应当到达目的地点之日或者运输终止之日起 2 年"。

三、国际货物多式联运

国际货物多式联运是联运经营人以一张联运单据，通过两种以上的运输方式将货物从一国运到另一国的运输。这种运输是在集装箱运输的基础上产生并发展起来的新型运输方式，它以集装箱为媒介，将海上运输、铁路运输、航空运输、公路运输和内河运输等传统的运输方式结合在一起，形成了一体化的"门到门"运输。此种运输方式与传统的单一运输方式相比，更为畅通、经济、便利。但是，这一运输方式也带来了许多新的问题，如货物风险的划分、法律的适用、运输单据的性质、承运人与货主之间的关系等。为解决这些问题，国际社会作出了各种努力。传统的运输在不同的运输阶段采用不同的运输方式，也适用不同的法律，而国际多式联运如果发生货损，很难确定应适用什么公约来确定承运人的责任。

国际多式联运将海陆空运输连在一起，由多式联运经营人将其作为一个单一的运输过程来安排。货物在整个运输过程中是密封在集装箱里的，通常很难确定货物是在哪个区段受损，而在无法确定受损区段的情况下，应当适用传统运输中的哪种法律制度来确定多式联运经营人责任就成了一个无法解决的问题，因此，国际货物多式联运需要专门的法律制度予以调整。

为解决国际货物多式联运的上述法律问题,国际社会作出了各种努力。1980 年在联合国贸易与发展会议的主持下,制定并通过了《联合国国际货物多式联运公约》(以下简称《联运公约》)。我国在会议后的最后文件上签了字,但根据公约的规定,该公约在 30 个国家签字但无须批准、接受或认可,或者向保管人交存批准书、接受书、认可书或加入书后 12 个月生效,由于加入国家未达规定数目,公约至今尚未生效。

(一)《联合国国际货物多式联运公约》

1. 公约的适用范围

《联运公约》适用于两国境内各地之间的所有多式联运合同,条件是:(1)多式联运合同规定的多式联运经营人接管货物的地点是在一个缔约国境内;(2)多式联运合同规定的多式联运经营人交付货物的地点是在一个缔约国境内。

依公约的定义,"国际多式联运"是指由多式联运经营人以至少两种以上的运输方式,将货物从一国境内接管货物的地点运至另一国境内指定交付货物的地点的运输。"多式联运经营人"是指本人或通过其代表订立多式联运合同的人,他是合同的当事人,而不是发货人的代理人或代表或参加多式联运的承运人的代理人或代表,并负有履行合同义务的责任。"多式联运合同"是指多式联运经营人凭以收取运费、负责完成或组织完成国际多式联运的合同。

2. 多式联运单据

多式联运单据是多式联运合同的证明,是多式联运经营人收到货物的收据及凭其交货的凭证。多式联运单据应是该单据所载货物由多式联运经营人接管的初步证据。多式联运单据可以为可转让的单据,也可为不可转让的单据。当单据制成可转让的单据,则具有物权凭证的性质。多式联运单据是该单据所载明的货物由多式联运经营人接管的初步证据。如果该单据以可转让的方式签发,而且已转让给包括收货人在内的善意第三人,则多式联运经营人提出的反证不予接受,他必须依多式联运单据所载内容对第三人负责。

3. 多式联运经营人赔偿责任的基础

《联运公约》对联运经营人赔偿责任采用统一责任制。多式联运经营人对货物的责任期间为自其接管货物之时起到交付货物时为止,实行全程统一责任制。即不管货损发生在哪个运输阶段,多式联运经营人均应对其负责,对其受雇人或代理人在其受雇范围内行事的行为或不行为而造成的损失也应负赔偿责任。

《联运公约》对多式联运经营人的赔偿责任采取完全推定责任原则,即除非经营人证明一方避免事故的发生已采取了一切合理的措施,否则推定损坏是由经营人一方的过错所致,并由其承担责任。

4. 多式联运经营人的责任期间

《联运公约》规定的多式联运经营人的责任期间为从其接管货物之时起至交付货物时止的期间。具体来说是自多式联运经营人从下列各方接管货物之时起:(1)发货人或其代表;(2)根据接管货物地点适用的法律或规章,货物必须交其运输的当局或其他第三方。直到多式联运经营人以下列方式交付货物时为止：（1）将货物交给收货人；（2）如果收货人不提取货物，则按多式联运合同或交货地适用法律或特定行业惯例，将货物置于收货人支配之下；（3）将货物交给根据交货地点适用的法律或规章必须向其交付的当局或其他第三方。货物在上述期间被视为是在多式联运经营人的掌管之下。

5. 多式联运经营人的赔偿责任限额

《联运公约》规定多式联运经营人的赔偿责任限额为每件 920 特别提款权，或货物毛重每公斤 2.75 特别提款权，以较高者为准。因延迟交付造成损失的赔偿限额为延迟交付货物的应付运费的 2.5 倍，但不得超过多式联运合同规定的应付运费的总额。在确知发生货损的区段时，如该区段适用的公约或国家法律规定的赔偿责任限额高于本公约的规定，则适用该公约或国家法律的规定。

6. 发货人的责任

（1）保证责任。发货人应保证向多式联运经营人提供的货物品类、标志、件数、数量、危险特性、重量的陈述准确无误，并对违反此项保证负赔偿责任。

（2）因发货人或其受雇人或其他代理人在受雇范围内行事时的过失或疏忽给联运经营人造成损失的，发货人应负赔偿责任。

（3）遵守运送危险物品的特殊规则，发货人将危险货物交给多式联运经营人或其他任何代表时，应告知货物的危险特性，必要时并告知应采取的预防措施。否则，对多式联运经营人承担因此而遭受损失的赔偿责任。

7. 索赔与诉讼时效

对于货物一般性的灭失或损坏通知，收货人应在货物交给他的次一工作日提出，否则此种货物的交付即为多式联运经营人交付多式联运单据所载货物的初步证据。当货物的损坏不明显时，收货人应在货物交付后连续 6 日内提出索赔通知。对于延迟交付的货物，收货人应在货物交付后连续 60 日内提出索赔通知。《联运公约》规定的诉讼时效为 2 年，但如果在货物交付之日或应交付之日起 6 个月内，没有提出书面索赔通知，则在此期限届满后即失去诉讼时效。即公约规定的 2 年诉讼时效是以在 6 个月内提出书面索赔通知为条件的。

8. 管辖

《联运公约》规定，原告可选择在下列之一的法院进行诉讼：（1）被告主要营业所，或者无主要营业所的被告的经常居所；（2）订立多式联运合同的地点，而且合同是通过被告在该地的营业所、分支或代理机构订立；（3）接管国际多式联运货物的地点或交付货物的地点；（4）多式联运合同中为此目的所指定并在多式联运单据中载明的任何其他地点。

（二）我国《海商法》对国际货物多式联运的规制

我国调整国际货物多式联运的法律制度，目前主要体现在《海商法》第四章第八节"全式联运合同的特别规定"，但其调整的联运要求必须包含海运的方式，这使得《海商法》调整的多式联运范围小于《联运公约》。之所以出现这种差别，是因为我国目前尚无有关多式联运的专门法律法规，而《海商法》又只能调整海上运输法律关系，因此在调整范围上不得不有所限制。

1. 我国《海商法》中的多式联运合同

依《海商法》第102条，多式联运合同是指多式联运经营人以两种以上的不同运输方式，其中一种是海上运输方式，负责将货物从接收地运至目的地交付收货人，并收取全程运费的合同。这里的多式联运经营人，是指本人或者委托他人以本人名义与托运人订立多式联运合同的人。

2. 多式联运经营人的责任期间

《海商法》第103条规定：多式联运经营人对多式联运货物的责任期间，自接收货物时起至交付货物时止。

3. 多式联运经营人的责任

对于多式联运经营人的责任，我国《海商法》采用的是统一责任和区段责任相结合的制度。该法首先在第104条规定："多式联运经营人负责履行或者组织履行多式联运合同，并对全程运输负责。多式联运经营人与参加多式联运的各区段承运人，可以就多式联运合同的各区段运输，另以合同约定相互之间的责任。但是，此项合同不得影响多式联运经营人对全程运输所承担的责任。"该条体现了多式联运经营人的统一责任制。

区段责任制则体现在《海商法》第105条和第106条。第105条规定："货物的灭失或者损坏发生于多式联运的某一运输区段的，多式联运经营人的赔偿责任和责任限额，适用调整该区段运输方式的有关法律规定。"第106条明确："货物的灭失或者损坏发生的运输区段不能确定的，多式联运经营人应当依照本章关于承运人赔偿责任和责任限额的规定负赔偿责任。"

【法规阅读】

《中华人民共和国海商法》

第八节　多式联运合同的特别规定

第一百零二条　本法所称多式联运合同，是指多式联运经营人以两种以上的不同运输方式，其中一种是海上运输方式，负责将货物从接收地运至目的地交付收货人，并收取全程运费的合同。

前款所称多式联运经营人，是指本人或者委托他人以本人名义与托运人订立多式联运合同的人。

第一百零三条　多式联运经营人对多式联运货物的责任期间，自接收货物时起至交付货物时止。

第一百零四条　多式联运经营人负责履行或者组织履行多式联运合同，并对全程运输负责。

多式联运经营人与参加多式联运的各区段承运人，可以就多式联运合同的各区段运输，另以合同约定相互之间的责任。但是，此项合同不得影响多式联运经营人对全程运输所承担的责任。

第一百零五条　货物的灭失或者损坏发生于多式联运的某一运输区段的，多式联运经营人的赔偿责任和责任限额，适用调整该区段运输方式的有关法律规定。

第一百零六条　货物的灭失或者损坏发生的运输区段不能确定的，多式联运经营人应当依照本章关于承运人赔偿责任和责任限额的规定负赔偿责任。

【总结】

	海上运输	航空运输	铁路运输
国际公约			
运单效力			
承运人的责任			
有无责任限制			

【自我检测】

一、单选题

1. 承运人收取运费，负责将托运人托运的货物经海路由一港运至另一港的跨国性合同是（　　）。

　　A. 国际航空货物运输合同　　　　　B. 国际陆路货物运输合同

　　C. 国际海上货物运输合同　　　　　D. 国际多式联运合同

2. 不定期、不定航线，由一个或多个货主租用整条船进行的运输称为（　　）。

　　A. 班轮运输　　　B. 租船运输　　　C. 航次租船运输　　　D. 集装箱运输

3. 承运人接收货物或将货物装船后，保证据以交付货物的物权凭证是（　　）。

　　A. 海运单　　　　B. 提单　　　　C. 保单　　　　D. 承运单

4. 货物装上船只之后，由承运人签发给托运人的提单为（　　）。

　　A. 已装船提单　　B. 收货待运提单　　C. 记名提单　　　D. 直达提单

5. 一般只在运送贵重物品、个人馈赠物品、展览品时采用（　　）。

　　A. 清洁提单　　　B. 指示提单　　　C. 不记名提单　　　D. 记名提单

6. 证明海上货物运输合同和货物由承运人接管或装船以及承运人保证将货物交给指定的收货人的一种不可流通的单证是（　　）。

　　A. 海运单　　　B. 直达提单　　　C. 海上联运提单　　　D. 已装船提单

7. （法律职业资格考试真题）甲公司依运输合同承运一批从某国进口中国的食品，当正本提单持有人乙公司持正本提单提货时，发现货物已由丙公司以副本提单加保函提走。依我国相关法律规定，下列哪一选项是正确的？

　　A. 无正本提单交付货物的民事责任应适用交货地法律

B. 乙公司可以要求甲公司承担违约责任或侵权责任

C. 甲公司对因无正本提单交货造成的损失按货物的成本赔偿

D. 丙公司提走了货物，不能要求甲公司承担责任

8.（法律职业资格考试真题）根据 1924 年《海牙规则》的规定，在航行过程中遭受的下列损失，承运人不可免责的是哪一项？

A. 不论何种原因引起的局部或全面罢工或停工而造成的货物的损失

B. 承运人为多装货物，下令将船上的救火设施拆除，在航运途中船舶失火造成的货物烧毁的损失

C. 承运的货物因本身湿度过大而发生霉变造成的损失

D. 航行途中，船长超速驾驶，结果船舶触礁货舱进水造成的货物湿损

9.（法律职业资格考试真题）中国伟业公司与甲国利德公司签订了采取铁路运输方式由中国出口一批货物的合同。后甲国法律发生变化，利德公司在收货后又自行将该批货物转卖到乙国，现乙国一公司声称该批货物侵犯了其知识产权。中国和甲国均为《国际货物销售合同公约》和《国际铁路货物联运协定》缔约国。依相关规则，下列哪一选项是正确的？

A. 伟业公司不承担该批货物在乙国的知识产权担保义务

B. 该批货物的风险应于订立合同时由伟业公司转移给利德公司

C. 铁路运输承运人的责任期间是从货物装上火车时起至卸下时止

D. 不同铁路运输区段的承运人应分别对在该区段发生的货损承担责任

二、多选题

10. 提单按货物是否已装船，分为（　　）。

A. 已装船提单　　B. 收货待运提单　　C. 记名提单　　　　D. 直达提单

E. 指示提单

11. 提单按提单上收货人的抬头分类，可分为（　　）。

A. 记名提单　　B. 直达提单　　C. 指示提单　　　　D. 不记名提单

E. 收货待运提单

12. 提单按承运人在提单上是否对货物的外表状态加列批注分类，可分为（　　）。

A. 清洁提单　　B. 指示提单　　C. 不记名提单　　　　D. 记名提单

E. 不清洁提单

13.（自学考试真题）依《海牙规则》，承运人的基本义务有（　　）。

A. 向托运人签发提单　　　　　　　B. 办理出口手续

C. 谨慎处理使船舶适航　　　　　　D. 适当和谨慎地管理货物

E. 办理进口手续

14.（法律职业资格考试真题）中国甲公司向波兰乙公司出口一批电器，采用 DAP 术语，通过几个区段的国际铁路运输，承运人签发了铁路运单，货到目的地后发现有部分损坏。依相关国际惯例及《国际铁路货物联运协定》，下列哪些选项是正确的？

A. 乙公司必须确定损失发生的区段，并只能向该区段的承运人索赔

B. 铁路运单是物权凭证，乙公司可通过转让运单转让货物

C. 甲公司在指定目的地运输终端将仍处于运输工具上的货物交由乙公司处置时，即完成交货

D. 各铁路区段的承运人应承担连带责任

【参考答案】

第四章　国际海上货物运输保险法

保险是投保人根据合同约定，向保险人支付保险费，保险人对于合同约定的可能发生事故所造成的人身损害或财产损失承担赔偿保险金责任的商业行为。保险的种类繁多，本章仅介绍在国际货物买卖中通常每笔交易都必须办理的国际货物运输保险。

国际间的货物运输保险是随着国际贸易和航运事业的发展而发展起来的。货物运输保险业务的发展，反过来又促使国际贸易和航运事业的进一步发展。中华人民共和国成立后建立了国家保险机构——中国人民保险集团股份有限公司，从此我国对外贸易运输保险业务以及其他涉外保险业务就成了配合我国对外经济贸易发展和促进我国对外经济交往的一种手段。

第一节　国际货物运输保险法的基本问题

按保险标的的不同，保险可分为财产保险、责任保险、信用保险和人身保险四类。国际货物运输保险是财产保险的一种。

一、基本原则

不论哪一类保险，投保人和保险人均须订立保险合同并共同遵守保险合同的基本原则：可保利益原则、最大诚信原则、损失补偿原则以及近因原则。

（一）可保利益原则

可保利益原则，又称保险利益原则，是要求投保人对保险标的具有法律上认可的利害关系。投保人对保险标的应当具有保险利益。投保人对保险标的不具有可保利益的，保险合同无效。

可保利益同样是国际货物运输保险合同有效的基础，缺乏可保利益的保险合同无效。就货物运输保险而言，反映在运输货物上的利益主要是货物本身的价值。当保险标的安全到达时，被保险人就受益；当保险标的遭到损毁或灭失，被保险人就受到损害或负有经济责任。但各国保险法并不要求被保险人在投保时就享有可保利益，仅要求在保险事故发生造成保险标的的损失时，被保险人必须具有可保利益。

（二）最大诚信原则

与合同法中的一般诚信原则相比，保险合同对当事人诚信要求更高。订立保险合同时，保险人对于保险标的的往往一无所知或者无法控制。因此，保险人对于是否承保及承保条件很大程度上取决于被保险人对保险标的的告知、陈述和保证。

如实告知，要求被保险人在保险合同签订之前或之时将其所知道或应当知道的有关保险标的的重要事实向保险人如实说明。如果被保险人故意违反此项义务，保险人有权解除合同，并且不退还保险费，对合同解除前发生保险事故而造成的损失，也不承担保险赔偿责任；如果被保险人违反此项义务非故意所致，保险人有权解除合同或要求增加保险费。解除合同的，对合同解除前发生保险事故造成的损失，保险人应当负赔偿责任，但是未告知或错误告知的重要情况对保险事故的发生有影响的除外。

【法规阅读】

《中华人民共和国海商法》

第二百二十二条　合同订立前，被保险人应当将其知道的或者在通常业务中应当知道的有关影响保险人据以确定保险费率或者确定是否同意承保的重要情况，如实告知保险人。

保险人知道或者在通常业务中应当知道的情况，保险人没有询问的，被保险人无需告知。

第二百二十三条　由于被保险人的故意，未将本法第二百二十二条第一款规定的重要情况如实告知保险人的，保险人有权解除合同，并不退还保险费。合同解除前发生保险事故造成损失的，保险人不负赔偿责任。

不是由于被保险人的故意，未将本法第二百二十二条第一款规定的重要情况如实告知保险人的，保险人有权解除合同或者要求相应增加保险费。保险人解除合同的，对于合同解除前发生保险事故造成的损失，保险人应当负赔偿责任；但是，未告知或者错误告知的重要情况对保险事故的发生有影响的除外。

第二百二十四条　订立合同时，被保险人已经知道或者应当知道保险标的已经因发生保险事故而遭受损失的，保险人不负赔偿责任，但是有权收取保险费；保险人已经知道或者应当知道保险标的已经不可能因发生保险事故而遭受损失的，被保险人有权收回已经支付的保险费。

(三) 损失补偿原则

各种保险合同（人身保险合同除外）都是补偿性合同，所有补偿性合同都是建立在补偿基础之上的。保险的补偿原则，又称损害赔偿原则，是当发生保险事故而造成保险标的损失时，保险人须在保险责任范围内予以金钱赔偿。保险金额是保险人对保险标的的损失承担赔偿义务的最高限额，必须在保险单中载明。如果保险金额与保险价值相同，称足额保险。这种保单下，保险标的发生损失时，保险人按照损失的大小承担赔偿责任。如果保险金额低于保险价值，为不足额保险。这种保单下，保险标的发生损失时，保险人仅按保险金额与保险价值的比例赔偿，未足额投保的差额部分由被保险人自行承担。如果保险金额高于保险价值，为超额保险，超出保险价值的保险金额无效。

【法规阅读】

《中华人民共和国海商法》

第二百二十条　保险金额由保险人与被保险人约定。保险金额不得超过保险价值；超过保险价值的，超过部分无效。

第二百二十五条　被保险人对同一保险标的就同一保险事故向几个保险人重复订立合同，而使该保险标的的保险金额总和超过保险标的的价值的，除合同另有约定外，被保险人可以向任何保险人提出赔偿请求。被保险人获得的赔偿金额总和不得超过保险标的的受损价值。各保险人按照其承保的保险金额同保险金额总和的比例承担赔偿责任。任何一个保险人支付的赔偿金额超过其应当承担的赔偿责任的，有权向未按照其应当承担的赔偿责任支付赔偿金额的保险人追偿。

（四）近因原则

保险法上的近因是保险事故与损害后果之间的因果关系。近因原则是为了明确事故与损失之间的因果关系、认定保险责任而专门设立的一项基本原则。其内涵是指保险人对承保范围内的保险事故作为直接的、最接近的原因所引起的损失，承担保险责任，而对承保范围以外的原因造成的损失不负赔偿责任。

【法规阅读】

《中华人民共和国海商法》

第二百五十一条　保险事故发生后，保险人向被保险人支付保险赔偿前，可以要求被保险人提供与确认保险事故性质和损失程度有关的证明和资料。

二、保险的基本制度——代位求偿

代位求偿，是指保险人根据保险合同对被保险人的损失予以赔偿后，当第三方根据合同或法律须对该损失承担损害赔偿责任时，保险人取得原来由被保险人享有的对第三方的请求权。

取得代位求偿权，必须以保险人履行赔偿义务为前提。代位求偿权应严格地限制于被保险人原有的对第三方的权利，同时代位求偿的范围不得超过保险人的赔偿金额。保险人在行使代位求偿权时，如从第三方处索回的金额超过保险赔偿，超出部分应退还被保险人。但是，保险人在赔付全部损失的情况下，除取得代位求偿权外，还有权取得残存的保险标的的所有权，除非保险人主动放弃这一权利。若保险人取得保险标的的所有权，即使残余保险标的的价值大于保险赔偿金，亦归保险人所有，保险人无需将多余部分退还被保险人。

为保证代位求偿权的行使，被保险人不得擅自放弃向第三方要求赔偿的权利，而是应当尽力协助保险人向第三方追偿，确保转让给保险人的代位求偿权完整无瑕疵。尤其在时效限制的情况下，被保险人应当注意确保对第三方的索赔权不致因诉讼时效而丧失，否则保险人有权相应扣减保险赔偿，甚至拒绝赔偿。依据我国的法律规定，保险人在行使代位求偿权时，可以以自己名义起诉或提请仲裁。

【法规阅读】

《中华人民共和国海商法》

第二百五十二条 保险标的发生保险责任范围内的损失是由第三人造成的，被保险人向第三人要求赔偿的权利，自保险人支付赔偿之日起，相应转移给保险人。

被保险人应当向保险人提供必要的文件和其所需要知道的情况，并尽力协助保险人向第三人追偿。

第二百五十三条 被保险人未经保险人同意放弃向第三人要求赔偿的权利，或者由于过失致使保险人不能行使追偿权利的，保险人可以相应扣减保险赔偿。

第二百五十四条 保险人支付保险赔偿时，可以从应支付的赔偿额中相应扣减被保险人已经从第三人取得的赔偿。

保险人从第三人取得的赔偿，超过其支付的保险赔偿的，超过部分应当退还给被保险人。

第二节　国际海上货物运输保险法

国际货物运输保险因运输方式不同可分为海上货物运输保险、陆上货物运输保险和航空货物运输保险。在各种货物运输保险中，起源最早、历史最久的是海上货物运输保险，陆运、空运等其他保险都是在借鉴海运货物保险的基本原则和做法的基础上发展起来的，所以海上货物运输保险在国际贸易中占有重要地位。

【课程思政】

世界海洋日，感受习近平建设海洋强国的"蓝色信念"（节选）①

在习近平的指引下，我国海洋事业蒸蒸日上。根据最新发布的《2019年中国海洋经济统计公报》，2019年全国海洋生产总值超过8.9万亿元人民币，10年间翻了一番。

"海洋生产总值比上年增长6.2%，高于国内生产总值0.1个百分点，海洋经济对国民经济增长的贡献率达到9.1%，拉动国民经济增长0.6个百分点。海洋生产总

---

① 《世界海洋日，感受习近平建设海洋强国的"蓝色信念"》，载人民网，https://baijiahao.baidu.com/s? id=1668847321641389776&wft=spider&for=pc，访问时间：2021年8月12日。

值占国内生产总值的比重近 20 年连续保持在 9% 左右，占沿海地区生产总值的比重连续 3 年稳步上升，2019 年超 17%。"何广顺分析认为，这一组组数据说明了我国海洋经济规模持续扩大，海洋经济"引擎"作用持续发力。

我国既是陆地大国，也是海洋大国，拥有广泛的海洋战略利益。近代史上鸦片战争的耻辱、甲午海战的悲歌，深刻印证这样一个铁律：面向海洋则兴、放弃海洋则衰，国强则海权强、国弱则海权弱。坚决维护海洋权益和海洋安全，是建设海洋强国的题中应有之义。

"要坚持用和平方式、谈判方式解决争端，努力维护和平稳定""要坚持'主权属我、搁置争议、共同开发'的方针，推进互利友好合作，寻求和扩大共同利益的汇合点"，习近平在 2013 年 7 月主持中央政治局第八次集体学习时强调，要用和平处理、共同开发的方式解决国家间海洋问题。

维护海洋权益和海洋安全，离不开建设一支现代化的海军队伍。2017 年 5 月，习近平在视察海军机关时指出，建设强大的现代化海军是建设世界一流军队的重要标志，是建设海洋强国的战略支撑，是实现中华民族伟大复兴中国梦的重要组成部分。

2018 年 4 月 12 日，习近平在南海海域检阅部队并发表重要讲话时指出，建设一支强大的人民海军，寄托着中华民族向海图强的世代夙愿，是实现中华民族伟大复兴的重要保障。

与此同时，全球化的今天，没有与世隔绝的孤岛。海洋的和平安宁关乎世界各国安危和利益，需要共同维护，与各国携手构建海洋命运共同体、促进合作共赢又是建设海洋强国的必由之路。习近平在多个场合阐释合作共赢的理念。

2013 年 10 月 3 日，习近平在印尼访问时提出共建"21 世纪海上丝绸之路"的倡议。他指出，当前，以海洋为载体和纽带的市场、技术、信息、文化等合作日益紧密，中国提出共建 21 世纪海上丝绸之路倡议，就是希望促进海上互联互通和各领域务实合作，推动蓝色经济发展，推动海洋文化交融，共同增进海洋福祉。

2014 年 11 月 17 日，习近平在澳大利亚联邦议会的演讲中指出，中国政府愿同相关国家加强沟通和合作，共同维护海上航行自由和通道安全，构建和平安宁、合作共赢的海洋秩序。

2018 年 12 月 3 日，习近平在葡萄牙《新闻日报》发表题为《跨越时空的友谊面向未来的伙伴》的署名文章指出，"我们要积极发展'蓝色伙伴关系'，鼓励双方加强海洋科研、海洋开发和保护、港口物流建设等方面合作，发展'蓝色经济'，让浩瀚海洋造福子孙后代。"

2019 年 4 月 23 日，习近平在青岛集体会见应邀出席中国人民解放军海军成立 70 周年多国海军活动的外方代表团团长。他提出集思广益、增进共识，努力为推动构建海洋命运共同体贡献智慧。海洋命运共同体重要理念，彰显了深邃的历史眼光、深刻的哲学思想、深广的天下情怀，为全球海洋治理指明了路径和方向。

"海洋命运共同体是一个新理念。近年来，海洋作为人类共有资源、资产，作为共生环境依赖的新认知，促使新海洋观萌生，呼唤建立基于维护人类共同生存发展的海洋治理新秩序。"张蕴岭表示，海洋命运共同体理念的提出，进一步丰富和发展了人类命运共同体理念，是人类命运共同体理念在海洋领域的具体实践，而海洋治理新秩序的核心是重建海洋的共有性，即共同生存、共同资源、共同责任。

不谋全局者，不足谋一域；不谋万世者，不足谋一时。海洋强国、向海图强是习近平的信念，也是在磨难中不断成长奋起的中华民族的世代夙愿。而今，处在"两个一百年"奋斗目标历史交汇点的中国巨轮再次扬帆，我们向着深蓝色的海洋起航，也正向着中华民族伟大复兴的中国梦进发。

一、海上货物运输保险合同

国际海上货物运输保险合同是货方（包括进口商和出口商）对进出口货物按一定的险别向保险人投保，缴纳保险费，当货物在海上运输中遇到风险时，由保险人在自己的责任范围内予以赔偿的合同。海上保险单、保险凭证等通常是海上保险合同的证明。

财产保险合同的当事人一般包括投保人、保险人和被保险人。在多数保险合同中，投保人和被保险人是同一人。我国的《海商法》中没有投保人的概念，统一称为被保险人，所以保险人和被保险人是海上保险合同的双方当事人。

【法规阅读】

《中华人民共和国海商法》

第二百一十七条　海上保险合同的内容，主要包括下列各项：

（一）保险人名称；

（二）被保险人名称；

（三）保险标的；

（四）保险价值；

（五）保险金额；

（六）保险责任和除外责任；

（七）保险期间；

（八）保险费。

二、风险

国际货物运输中会遇到各种危险与意外，保险人承保的风险就是可能使保险标的遭受损害或灭失的危险与事故。海上货物运输保险条款所包含的承保风险主要分为海上风险和外来风险。

1. 海上风险

海上风险包括自然灾害和意外事故。所谓自然灾害是指不以人的意志为转移的自然界的力量所造成的灾害，如海啸、地震、飓风、雷电等恶劣气候。所谓意外事故是指偶然的、非意料中的原因所造成的与海上航行有关的事故，如船舶触礁、颠覆、沉没、碰撞、失踪等。

构成海上风险需具备两个特征：其一是海上所特有的，不包括陆地上同样发生的危险，如偷盗、罢工等；其二具有偶然性或不可预见性，如果是必然的、能够预见到的危险，则不属于保险制度中的海上风险。

2. 外来风险

外来风险是指除海上特有风险以外的原因引起的风险。通常情况下，外来风险可分为一般外来风险、特别外来风险和特殊外来风险。一般外来风险是指货物在运输途中由于偷窃、下雨、短量、渗漏、破碎、受潮、受热、霉变、串味、玷污、钩损、生锈、碰损等原因所导致的风险。特别外来风险是指由于政治、国家禁令及管制措施所造成的风险。特殊外来风险主要指因战争和罢工而导致的风险。外来风险一般需由附加险加保。

【总结】

三、损失

保险标的因保险事故造成的损失，可以分为全部损失和部分损失。

（一）全部损失

全部损失可以分为实际全损（actual total loss）和推定全损（constructive total loss）。

实际全损是指保险标的发生保险事故后灭失或者受到严重损坏失去原有形体、效用或者再不能归被保险人所拥有。

推定全损是指保险标的发生保险事故，认为实际全损已不可避免，或者为避免发生实际全损所需支付的全部费用之和超过保险价值。推定全损伴随着委付制度。

委付（abandonment）是海上保险特有的一项法律制度。它是指保险标的发生推定全损时，被保险人将保险标的的全部权利和义务转移给保险人，而请求保险人支付全部保险金额的行为。

委付的成立要件包括：

（1）以保险标的发生承保范围内的推定全损为前提。如果保险标的实际全损，被保险人无权利可转移，则委付无以产生；如果保险标的仅受部分损失，保险人不会全额赔付，委付也不可能出现。

（2）委付不能附带条件。被保险人应无条件地把保险标的全部权利和义务转移给保险人，任何附条件的委付通知是无效的。

（3）保险人接受委付，委付才能对保险人发生法律效力。委付是被保险人单方法律行为，保险人可以接受，也可以拒绝。保险人如果接受委付，不仅取得保险标的所有权，也应承担因保险标的而产生的民事义务，并且按照全损赔偿给被保险人。因此，保险人是否接受，可由其自行决定。但出于公平的考虑，保险人应在合理时间内将此决定通知被保险人，而且委付一经保险人接受，不得撤回。

（二）部分损失

部分损失是指没有达到全部损失的损失。在海上货物运输保险中，部分损失分为共同海损和单独海损。

1. 共同海损

共同海损（general average）指在同一海上航程中，船舶、货物和其他财产遭遇共同危险，为了共同安全，有意地、合理地采取措施所造成的特殊牺牲和支出的特殊费用。共同海损的成立应具备以下条件：

第一，必须有危及船、货共同安全的真实的危险存在。如果仅危及船方或货方的单方危险或是臆造的危险，由此造成的货损不属于共同海损。

第二，为了船货共同安全而采取的措施是有意的、合理的。所谓有意，首先是人的行为，即行为人明知会发生某种结果而故意所为。所谓合理，是要求采取的行为是必要的、节约的，以尽可能小的损失来换取船货的共同安全。

第三，所作出的牺牲是特殊的，所支出的费用是额外的。如果损失或费用是航行中正常产生的则不属于共同海损。

第四，采取的措施必须是有效果的。共同海损措施的实施使船、货得到部分挽救和保留，避免了船货同归于尽的局面。

共同海损成立后的法律后果是由此造成的牺牲和费用由受益各方按比例进行分摊。

2. 单独海损

单独海损（particular average）是指不属于共同海损的部分损失。即被保险货物遭遇海上风险受损后，其损失未达到全损程度，而且该损失应由受损方单独承担的部分损失。

【总结】

对比共同海损与单独海损

	共同海损	单独海损
共同点		
不同点		

【总结】

$$
损失\begin{cases} 全部损失（\quad）\begin{cases}(\qquad) \\ (\qquad) \end{cases} \\ 部分风险（\quad）\begin{cases}(\qquad) \\ (\qquad) \end{cases} \end{cases}
$$

四、险别

海上货物运输的险别是保险人对海上运输中货物所遇风险造成的损失承保的责任范围。它是确定保险人承保范围和赔偿责任范围的依据。不同的保险险别有不同的保险费率，保险人承保的风险和责任范围也不同。在我国，进出口货物运输保险最常用的是由中国人民财产保险股份有限公司根据我国保险业务实际情况，参照国际保险市场的习惯做法制定的《海洋运输货物保险条款》。

我国的货物运输保险险别按照能否单独投保，可分为基本险和附加险两类。基本险又称主险，可以单独投保。而附加险不能单独投保，只有在投保某一基本险的基础上才能加保附加险。

（一）基本险

按照《海洋运输货物保险条款》规定，海洋运输货物保险的基本险分为平安险、水渍险和一切险三种。

1. 平安险（Free from Particular Average，简写作 FPA）

平安险的英文意思指"单独海损不赔"。保险公司对平安险的承保范围是：①货物在运输途中由于气候恶劣、雷电、海啸、地震、洪水等自然灾害造成的整批货物的全部损失或推定全损；②由于运输工具已经发生搁浅、触礁、沉没、互撞、与流冰或与其他物体碰撞以及失火、爆炸、意外事故造成货物的全部或部分损失；③在运输工具已经发生搁浅、触礁、沉没、焚毁等意外事故的情况下，货物在此前后又在海上遭受恶劣气候、雷电、海啸等自然灾害所造成的部分损失；④装卸或转运时，由于一件或数件货物落海造成的全部或部分损失。⑤被保险人对遭受承保范围内危险的货物采取挽救、防止或减少货损的措施而支付的合理费用。但以不超过被救货物的保险金额为限；⑥运输工具遭遇海难后，在避难港由于卸货所引起的损失以及在中途港、避难港由于卸货、存仓以及运送货物所产生的特别费用；⑦共同海损的牺牲、分难和救助费用；⑧运输合同中订有"船舶互撞责任"条款，根据该条款规定应由货方偿还船方的损失。

平安险的责任范围是海上风险造成的全部损失和部分损失，除了仅是海上自然灾害造成的单独海损，所以所谓"单独海损不赔"实际上是不够确切的。对于非海上即外来风险造成的货物损失不属于平安险承保的范围。平安险是海上货物运输保险最低的险别。

2. 水渍险（With Average 或 With Particular Average，简写作 WA 或 WPA）

水渍险的英文原意为"单独海损赔"。保险公司对水渍险的承保责任范围是：除包括平安险的各项责任外，还负责被保险货物由于恶劣气候、雷电、海啸、地震、洪水等自然灾害所造成的单独海损。即水渍险包括平安险以及平安险中不包括的那部分单独海损。总之，水渍险承保的责任范围是海上风险导致的货物损失。

3. 一切险（All Risks）

一切险，又叫"综合险"。保险公司对一切险的承保责任范围是：除包括水渍险的各项责任外，还负责被保险货物在运输途中由于一般外来风险所造成的全部或部分损失。这些外来风险导致的损失是一般附加险承保的范围。

一切险是海上货物运输保险最高的险别。但承保一切险，并不意味着保险人承担一切损失的责任。保险人在此情况下的责任范围是海上风险以及一部分外来风险所致的货物全部或部分损失，即一切险的责任范围包括平安险、水渍险和一般附加险的责任范围。如果投保人选择了一切险，那么就无需另缴保险费投保一般附加险。

投保人可根据货物的特点、运输路线等情况选择投保平安险、水渍险和一切险三种险别中的任一种。

（二）附加险

附加险是指不可以单独投保，只能在投保基本险之后另缴保险费投保的险别。附加险是对基本险的补充和扩大。附加险承保的是由于外来风险即非海上风险所致的损失。包括一般附加险、特别附加险和特殊附加险三种。投保人只能在投保一种基本险的基础上才可加保一种或数种附加险。

1. 一般附加险

一般附加险所承保的是由于一般外来风险所造成的全部或部分损失，其主要险别有11种。偷窃提货不着险、淡水雨淋险、短量险、混杂玷污险、渗漏险、碰损破碎险、串味险、受潮受热险、钩损险、包装破裂险、锈损险。

以上11种一般附加险不能单独投保，投保人可以在投保了平安险或水渍险之后，再依需要选择加保其中一种或几种险别。

2. 特别附加险

特别附加险不同于一般附加险，这些险别不包括在一切险中。如果投保特别附加险，须经投保人提出申请，经保险人特别同意后，并在投保了基本险之后，由保险人予以承保。特别附加险共计6种：黄曲霉素险、交货不到险、舱面险、进口关税险、拒收险、出口货物到香港（九龙）或澳门存仓火险责任扩展险。

3. 特殊附加险

特殊附加险有战争险、罢工险两种。

五、除外责任

对海洋运输货物保险的三种基本险别，保险公司规定有下列除外责任：（1）被保险人的故意行为或过失所造成的损失；（2）属于发货人责任所引起的损失；（3）在保险责任开始前，被保险货物已存在的品质不良或数量短差所造成的损失；（4）被保险货物的自然损耗、本质缺陷、特性以及市价跌落、运输延迟所引起的损失或费用；（5）属于海洋运输货物战争险条款和罢工险条款规定的责任范围。

六、保险责任期间

与国际保险市场的习惯做法一样，我国的海洋货物运输保险条款规定的保险责任起讫期限，也是采用"仓至仓"条款，即保险公司的保险责任自被保险货物运离保险单所载明的起运地仓库或储存处所开始运输时生效，直至该项货物到达保险单所载明目的地收货人的最后仓库或储存处所为止。如未抵达上述仓库或储存处所，则以被保险货物在最后卸载港全部卸离海轮后满 60 天为止。如在上述 60 天内被保险货物需转运至非保险单所载明的目的地时，则以该项货物开始转运时终止。以上三种基本险别的索赔时效，自被保险货物在最后卸载港全部卸离起算，最多不超过两年。

【自我检测】

一、单选题

1. 被保险人对货物具有一定的利害关系，将因被保险标的发生灭失或损害而遭受损害或因其安全运到得到利益称为（　　）。

　　A. 直接利益　　　　B. 可保利益　　　　C. 财产利益　　　　D. 明确利益

2. 货物发生保险事故后，实际全损已经被认为不可避免，或者为避免发生实际全损所需支付的费用与继续将货物运抵目的地的费用之和超过保险价值的损失称为（　　）。

　　A. 实际全损　　　　B. 共同海损　　　　C. 推定全损　　　　D. 部分损失

3. 船舶、货物遭到共同危险，船方为了共同安全，有意和合理地作出的特殊牺牲或支出的特殊费用称为（　　）。

　　A. 单独海损　　　　B. 共同海损　　　　C. 推定全损　　　　D. 单独费用

4. 货物因承保风险造成的不属于共同海损的部分损失称为（　　）。

　　A. 单独海损　　　　B. 共同海损　　　　C. 推定全损　　　　D. 单独费用

5. 三种基本险中保险人承保范围最小的是（　　）。

　　A. 水渍险　　　　B. 一切险　　　　C. 平安险　　　　D. 附加险

6.（法律职业资格考试真题）中国某公司进口了一批仪器，采取海运方式并投保了水渍险，提单上的收货人一栏写明"凭指示"的字样。途中因船方过失致货轮与他船相撞，部分仪器受损。依《海牙规则》及相关保险条款，下列哪一选项是正确的？

　　A. 该提单交付即可转让

　　B. 因船舶碰撞是由船方过失导致，故承运人应对仪器受损承担赔偿责任

　　C. 保险人应向货主赔偿部分仪器受损的损失

　　D. 承运人的责任期间是从其接收货物时起至交付货物时止

二、多选题

7. 国际海上货物运输保险合同可承保的风险包括（　　）。

　　A. 自然灾害　　　B. 意外事故　　　　C. 全部损失　　　　D. 部分损失

　　E. 外来风险

8. 全部损失包括(　　　)。
   A. 单独海损　　　　B. 实际全损　　　　C. 推定全损　　　　D. 部分损失
   E. 共同海损

9. 部分损失包括(　　　)。
   A. 单独海损　　　　B. 实际全损　　　　C. 推定全损　　　　D. 共同海损

10. 基本险包括(　　　)。
   A. 平安险　　　　　B. 水渍险　　　　　C. 一般附加险　　　D. 一切险
   E. 特殊附加险

11. 附加险包括(　　　)。
   A. 平安险　　　　　B. 特别附加险　　　C. 一般附加险　　　D. 一切险
   E. 特殊附加险

【参考答案】

第五章 国际贸易支付法

第一节 国际贸易支付工具

国际贸易支付工具是指国际货物贸易的双方凭借什么进行货款的收付。国际贸易支付工具有货币和金融票据。

一、货币

货币作为国际贸易支付的支付工具，在实际的国际贸易支付中并不多见。因为大量现金的携带并不安全、也不方便，还有可能遇到国家的外汇管制。

【课程思政】

"中国式支付"在全球"逆袭"覆盖数十个国家地区线下消费①

　　如今，越来越多的中国人喜欢通过出国旅行的方式陪家人度过春节假期。对于海外各地而言，中国人的到来不仅带来了消费需求，更带来了以移动互联网和电子钱包为基础的"中国式支付"。分析人士指出，中国改革开放初期，银行卡、信用卡等国外支付方式通过广东等沿海地区传到中国；现在，则是微信红包、支付宝等"中国式支付"引领全球消费者支付潮流。这"一进一出"之间，既体现了中国对外开放不断加深的格局，也反映出中国经济发展质量和整体实力已今非昔比。

　　2018年1月底，支付宝宣布进入以色列，正式将移动支付服务带到中东地区。未来，以色列的知名航空公司、珠宝店、连锁免税店都将可以用支付宝付款。而这，成为了"中国式支付"走向海外的又一个最新脚印。

　　在很长一段时间里，中国在支付领域都处于"跟跑"模式。1949年的一天，美国商人弗兰克·麦克纳马拉在纽约一家饭店就餐时发现自己没带钱包，不得不打电话叫妻子带着现金来饭店结账。随后，他产生了设计一种能够证明身份及具有支付功能卡片的想法并创立了大莱信用卡公司，无现金支付方式便由此诞生。

　　改革开放之后，中国大胆引进外国先进科学技术和管理经验，信用卡这一国际流行的支付工具也登录中国，并得到较快的发展。1979年，中国银行广东省分行首先

---

　　① 《"中国式支付"在全球"逆袭"覆盖数十个国家地区线下消费》，载《人民日报》，2018年2月6日。

与香港东亚银行签订协议，开始代理东亚信用卡业务，信用卡从此进入了中国大陆。1986 年 6 月，中国银行北京分行发行了长城信用卡，不仅填补了我国金融史册上的一项空白，而且标志着中国传统的"一手交钱、一手交货"的支付方式开始发生重大变革。由此开始，以银行信用为依托的支票、银行本票、汇票以及银行卡等非现金支付工具逐渐取代现金并普及应用。

随着计算机技术的发展特别是移动互联网和智能手机的普及，中国线上电子商务发展迅猛，与之相对应的第三方支付、二维码支付等全新移动支付方式在中国实现了蓬勃发展。相关数据显示，中国移动支付市场规模最近 4 年间增长了近 20 倍；截至 2017 年 10 月底，我国移动支付交易规模近 150 万亿元，居全球首位。

需要看到，现代货币属于信用货币，其相对应的支付方式也必须要有强大的信用支撑才行。经过多年的改革开放，中国经济总量已经稳居世界第二，经济增长贡献率世界第一，民众消费活力和市场体量十分庞大。二维码等移动支付方式乘着电子商务的东风率先在中国快速发展，在快速扩大用户基础的同时实现了行业的信用积累，从而成为了具有时代特征的"中国式支付"，并进而阔步走向世界成功逆袭。

"中国式支付"能够兴盛起来并传到海外，与中国在国际贸易中地位提高、人民币国际化程度加深、金融监管及时到位、互联网基础设施迅猛发展等诸多因素相关。但归根到底，"中国式支付"的壮大出海根植于中国经济活力。

首先，随着经济发展与开放扩大，中国的对外贸易水平不断地提高，商品种类、贸易结构、出口金额、结算规则等方面都有了很大的全球影响力，从而构成了'中国式支付'走向海外的经济基础。其次，随着中国整体经济实力的提升及中国企业不断'走出去'，人民币国际信用和国际地位也不断提高，这为'中国式支付'走向全球提供了坚实的货币清算基础。最后，中国过去在金融及通讯基础设施方面落后于国外，因此银行卡、信用卡、POS 机等上一代电子支付是由国外向国内流入。随着基础设施完善与民众生活水平提高，中国在移动支付领域实现了弯道超车，并开始引领海外。

二、票据

票据（negotiable instrument）是指以支付一定金钱为目的，而依票据法发行的，可以转让流通的有价证券，包括支票、本票和汇票。在国际贸易支付中，一般使用的票据是汇票。

（一）国际票据法律制度

世界上大多数国家都制定了票据法，但是，各国立法差异较大。有些是包括在商法典中，如美国、法国；有些则是单行法律形式，如英国、德国。票据的法律体系归纳起来可分为日内瓦票据法系和英美票据法系，以及联合国制订的《国际汇票和国际本票公约》。

1. 日内瓦票据法系

鉴于各国之间票据法的巨大差异，为了便于票据在国际间的流通，从 19 世纪末开始，一些国际组织就在致力于票据法的国际统一工作。1930 年在国际联盟主持下，在日内瓦签署的关于 1930 年《汇票与本票统一法公约》、1931 年《解决汇票、本票关于法律冲突的公约》《汇票本票印花税法公约》以及 1931 年《统一支票法公约》《解决支票法律冲突公约》《支票印花税法公约》等，统称为日内瓦票据法体系。

日内瓦票据法体系消除了德、法体系之间的分歧，反映的是德国票据法体系的特点，因此参加国主要是欧洲大陆法系国家，如德国、意大利、瑞士、瑞典、比利时、奥地利、希腊、荷兰、挪威、丹麦、荷兰以及日本和一些拉美国家，而英、美自始至终拒绝参加该公约体系。

日内瓦票据法系的主要特点包括：采取了汇票、本票与支票分离的体系；注重票据作为流通工具的作用以及作为信用工具的功能；强调票据关系与其基础关系相分离；对票据的形式要求较为严格，提高了票据流通中的安全性。

2. 英美票据法系

英美票据法系以 1882 年《英国汇票法》和《美国统一商法典》第三篇为代表。其主要特点是：汇票、本票和支票法三位一体；票据形式上要求比较灵活；注重票据的流通作用和信用工具的作用；强调对正当持票人的保护，如将票据的流通和其基础法律关系严格加以分离，在流通时，不要求票据的对价关系或资金关系。

3. 联合国《国际汇票和国际本票公约》

联合国国际贸易法委员会于 1988 年 12 月 9 日在联合国第 43 次大会上通过了《国际汇票和国际本票公约》，该公约 1990 年 6 月 30 日前开放签字，该公约须经至少 10 个国家批准或加入后，方能生效。该公约目前尚未生效。

应当注意的是，《国际汇票和国际本票公约》只是国际票据的统一法。而不是票据的国际统一法，体现出国内票据和国际票据立法的分离。而日内瓦公约体系虽未得到英美法体系的认可，但由于这些公约既适用国际汇票、国际本票和国际支票，又适用于国内汇票、国内本票和国内支票，因此在此种意义上可以说它们是真正的关于票据的国际统一法。

4. 我国的票据法

我国于 1995 年通过《票据法》，并于 2004 年进行了修订，依据该法的规定，票据分为支票、本票和汇票。

（二）票据的内容

1. 支票

我国《票据法》81 条规定："支票是出票人签发的，委托办理支票存款业务的银行或者其他金融机构在见票时无条件支付确定的金额给收款人或者持票人的票据。"出票人采用支票作为支付工具，需要开立支票存款账户，支票上未记载付款地的，付款人的营业场所为付款地。这就为分处不同国家的国际贸易的当事人支付带来困难，因此，支票在国际贸易中很少使用。

【法规阅读】

《中华人民共和国票据法》

第九十一条　支票的持票人应当自出票日起十日内提示付款；异地使用的支票，其提示付款的期限由中国人民银行另行规定。

超过提示付款期限的，付款人可以不予付款；付款人不予付款的，出票人仍应当对持票人承担票据责任。

2. 本票

我国《票据法》73 条第 1 款规定："本票是出票人签发的，承诺自己在见票时无条件支付确定的金额给收款人或者持票人的票据。"本票的信用是建立在对出票人的信用基础上的，没有第三人的担保，因此在国际贸易中也很少使用。

3. 汇票

我国《票据法》第 19 条第 1 款规定："汇票是出票人签发的，委托付款人在见票时或者在指定日期无条件支付确定的金额给收款人或者持票人的票据。"汇票的当事人有出票人、付款人和收款人。汇票按照不同的标准分为不同的种类：依据出票时是否附随单据可以分为光票和跟单汇票；按照付款时间不同，可以分为即期汇票和远期汇票；按照出票人不同可以分为银行汇票和商业汇票。

汇票的流转程序包括：出票、背书、提示、承兑、付款、拒付和追索。

1. 出票

出票是指出票人签发票据并将其交付给收款人的票据行为。依据我国《票据法》第 22 条规定：汇票必须记载下列事项：①表明"汇票"的字样；②无条件支付的委托；③确定的金额；④付款人名称；⑤收款人名称；⑥出票日期；⑦出票人签章。汇票上未记载前款规定事项之一的，汇票无效。

2. 背书

持票人可以将汇票权利转让给他人或者将一定的汇票权利授予他人行使。背书是指在票据背面或者粘单上记载有关事项并签章的票据行为。背书是转让票据权利的一种方式，也是票据得以流通的基础。对于背书人来说，合法有效的背书使其成为票据的从债务人，须对包括被背书人在内的所有后手保证该汇票将得以承兑或付款；而被背书人由背书而受让票据后，即取得票据所有权及票据上的一切权利。对善意取得人而言，只要是善意地，即无恶意或无重大过失，从背书连续的汇票持票人那里依背书方式取得票据，即使该背书人为非权利人而背书无效时，善意取得人仍能取得票据权利。

3. 提示

提示是指持票人向付款人出示汇票并要求其承兑或付款的行为。付款人看到汇票叫作见票，如果是即期汇票，付款人见票后立即付款；如果是远期汇票，付款人检票后办理承兑手续，到期立即付款。

4. 承兑

承兑是指汇票付款人承诺在汇票到期日支付汇票金额的票据行为。见票即付的汇票无需提示承兑。在远期汇票中，付款人见票后，在汇票正面记载"承兑"字样，注明承兑的日期，并由付款人签章。付款人承兑后就叫作承兑人。承兑的作用在于确定付款人对汇票的付款义务，一旦付款人承兑汇票后，付款人就成了汇票的主债务人，而出票人和背书人只是从债务人。

5. 付款

付款是对即期汇票，在持票人提示时，付款人即应付款，无需经过承兑；对远期汇票，在规定的时效、规定的地点向付款人作出付款提示后，即应到期付款。在汇票的付款人向持票人做正当付款后，付款人一般均要求收款的持票人在背面签字，并注上"付讫"字样，收回汇票，从而结束汇票上债权债务关系。

6. 拒付

拒付是指付款人的拒绝承兑和拒绝付款的行为。汇票遭到拒付，持票人必须按规定向前手作拒付通知。前手背书人再通知他的前手，一直通知到出票人。此外，持票人还应将拒付的汇票提交法定公证机构，由其再向付款人提示，若付款人仍拒付，则公证机构将按规定格式做成"拒付证书"。证明持票人已经按规定行使票据权利，但未获得结果。"拒付证书"是持票人凭以向其"前手"进行追索的法律依据。

7. 追索

汇票到期被拒绝付款的，持票人可以对背书人、出票人以及汇票的其他债务人行使追索权，即向其请求偿还汇票上载明的金额，在此种情况下，汇票的出票人、背书人、承兑人和保证人对持票人承担连带责任。行使追索权时，持票人可以对其中任何一人、数人或者全体行使追索权，不受汇票债务人的顺序限制，对汇票债务人的一人或者数人已经进行追索的，对其他汇票债务人仍可以行使追索权。被追索人清偿债务后，与持票人享有同一权利。

【法规阅读】

《中华人民共和国票据法》

第六十二条　持票人行使追索权时，应当提供被拒绝承兑或者被拒绝付款的有关证明。

持票人提示承兑或者提示付款被拒绝的，承兑人或者付款人必须出具拒绝证明，或者出具退票理由书。未出具拒绝证明或者退票理由书的，应当承担由此产生的民事责任。

第六十三条　持票人因承兑人或者付款人死亡、逃匿或者其他原因，不能取得拒绝证明的，可以依法取得其他有关证明。

第六十四条　承兑人或者付款人被人民法院依法宣告破产的，人民法院的有关司法文书具有拒绝证明的效力。

承兑人或者付款人因违法被责令终止业务活动的，有关行政主管部门的处罚决定具有拒绝证明的效力。

第六十五条　持票人不能出示拒绝证明、退票理由书或者未按照规定期限提供其他合法证明的，丧失对其前手的追索权。但是，承兑人或者付款人仍应当对持票人承担责任。

第六十六条　持票人应当自收到被拒绝承兑或者被拒绝付款的有关证明之日起三日内，将被拒绝事由书面通知其前手；其前手应当自收到通知之日起三日内书面通知其再前手。持票人也可以同时向各汇票债务人发出书面通知。

未按照前款规定期限通知的，持票人仍可以行使追索权。因延期通知给其前手或者出票人造成损失的，由没有按照规定期限通知的汇票当事人，承担对该损失的赔偿责任，但是所赔偿的金额以汇票金额为限。

在规定期限内将通知按照法定地址或者约定的地址邮寄的，视为已经发出通知。

第六十七条　依照前条第一款所作的书面通知，应当记明汇票的主要记载事项，并说明该汇票已被退票。

第六十八条　汇票的出票人、背书人、承兑人和保证人对持票人承担连带责任。

持票人可以不按照汇票债务人的先后顺序，对其中任何一人、数人或者全体行使追索权。

持票人对汇票债务人中的一人或者数人已经进行追索的，对其他汇票债务人仍可以行使追索权。被追索人清偿债务后，与持票人享有同一权利。

第六十九条　持票人为出票人的，对其前手无追索权。持票人为背书人的，对其后手无追索权。

第二节　汇付与托收

国际货物买卖中，支付方式主要包括汇付、托收、信用证三种方式。各种方式基本上都要通过银行，而银行在各种支付方式中的作用不一。

一、汇付（remittance）

汇付指汇款人将一笔款项交给银行，由银行根据指示汇交给收款人的一种付款方式。

（一）汇付的当事人

在国际贸易中，汇付方式涉及的当事人通常有：
1. 汇款人。汇款人是国际贸易的买方，承担汇款义务。
2. 收款人。收款人是国际贸易的卖方。
3. 汇出行。汇出行是受汇款人的申请，代其汇出货款的银行，一般是进口地的银行。
4. 汇入行。汇入行是受汇出行委托，对收款人付款的银行，一般是出口地银行。
汇款人和汇出行、汇出行和汇入行之间都是一种委托代理的法律关系。

（二）汇付的种类

汇付包括信汇 、电汇、票汇三种。

1. 信汇（mail transfer，M/T）

信汇是指汇出行以邮寄（航寄）方式向汇入行寄出付款委托书，委托汇入行向收款人解付汇款的汇付方式。在信汇的方式下，汇款人填写汇款申请书，取得信汇回执，汇出行依汇款人的委托向汇入行邮寄付款委托书，汇入行收到付款委托书后，支付款项给收款人。信汇费用便宜，但是速度慢。

2. 电汇（telegraphic transfer，T/T）

电汇是指汇出行以电报或电传方式通知汇入行，委托汇入行向收款人支付一定金额的汇付方式。这种方式速度快，费用较高。

3. 票汇（demand draft，D/D）

票汇是指汇出行受汇款人的委托，开立以汇入行为付款人的银行即期汇票，由汇款人自行寄交收款人凭以向汇入行提取汇款的汇付方式。银行汇票一般是以买方所在地银行为出票人，以卖方所在地银行为受票人，以卖方为受款人的即期汇票；

汇付方式费用低，但只有在卖方充分信任买方，特别是相信买方的偿付能力时，才会采用这种办法。

因为汇付是债务人主动履行债务的付款支付方式，故被称为"顺汇"。因为作为债权人卖方能否实现自己的债权，能否获得货款，依赖于买方的信用，此种支付方式的信用为商业信用。正是因为汇付的信用为商业信用，特别是对卖方不利，因此在国际贸易中应用不多。

二、托收（collection）

在国际贸易中，托收一般指银行托收，是指卖方开出以买方为付款人的汇票，委托当地银行，通过买方当地银行向买方收取货款的支付方式。

（一）《托收统一规则》（Uniform Rules for Collection）

国际商会于 1958 年拟订，1967 年修订《商业单据托收规则》，1978 年根据国际贸易的发展变化再次修订，并改名为《托收统一规则》，于 1979 年 1 月 1 日起实施，是国际商会第 322 号出版物。1995 年公布新的修订本，是国际商会第 522 号出版物（简称"《URC522》"），于 1996 年 1 月 1 日起实施。该规则是对国际惯例的总结，具有国际惯例的效力，只有当事人采用才有拘束力。该规则在各国银行业和贸易当事人间得到广泛应用。

该文本包括总则和定义、托收的方式与结构、提示方式、义务与责任、付款、利息、手续费与费用共 7 部分 26 条。

（二）托收的种类

托收依据汇票是否附带单据可以分为光票托收（clean collection）和跟单托收（documentary collection）两种。

1. 光票托收

光票托收，是卖方仅开具汇票，委托银行向买方收款，而不附有任何装运单据的支付方式。光票托收根据汇票付款时间不同，可分为即期和远期两种，对于即期汇票，代收行应立即向付款人提示并要求付款。对于远期汇票，代收行要先向付款人提示汇票，付款人承兑汇票，到期后付款。

2. 跟单托收

跟单托收是指卖方将汇票连同提单、保险单、发票等装运单据一起交给银行，委托银行向买方收取货款的支付方式。在国际贸易中，多采用跟单托收的方式，而光票托收多用于收取货款的尾款、佣金、样品费等费用。

采用跟单托收支付货款时，根据交单条件的不同，跟单托收可以划分为两种：

（1）付款交单（document against payment，D/P）。付款交单指卖方的交单以买方付款为条件。使用这种支付方式，买方必须按汇票上载明的金额付款，才能取得装运单据，并凭以提取货物。否则，买方不能取得装运单据，从而也无法获得装运单据项下的货物。

付款交单可具体表现为：①即期付款交单，指卖方开具即期汇票，通过银行向买方提示，买方见票后立即付款，并于支付货款的同时取得装运单据；②远期付款交单，指卖方开具远期汇票，通过银行向买方提示承兑，买方承兑后于汇票到期日再付款，并于付款之时取得装运单据。

在远期付款交单的情况下，买方在承兑汇票后付清货款前，是不能取得装运单据的。如果汇票到期日晚于货物运抵日，买方如何提取货物？此时，在国外，买方可以凭信托收据向银行借出装运单据提货，待远期汇票到期日才还货款。

所谓信托收据，是由买方向银行出具的表示愿意以银行的受托人的身份代银行保管和处理货物，并承认货物的所有权属于银行，出售货物的所得的货款，亦应交给银行或代银行暂为保管的一种书面文件。需注意，银行将单据借给买方后，即须承担该远期汇票到期时必须付款的义务。

（2）承兑交单（documents against acceptance，D/A）。承兑交单是指卖方以买方承兑汇票为其交单的条件。买方承兑汇票后，即可向银行取得装运单据，凭以提取货物，待汇票到期时才支付货款。

【整理】

托收的种类

【法规阅读】

《托收统一规则》

Sight/Acceptance 第六款 即期/承兑

In the case of documents payable at sight the presenting bank must make presentation for payment without delay.

In the case of documents payable at a tenor other than sight the presenting bank must, where acceptance is called for, make presentation for acceptance without delay, and where payment is called for, make presentation for payment not later than the appropriate maturity date.

如果是见单即付的单据，提示行必须立即办理提示付款不得延误；如果不是即期而是远期付款单据，提示行必须在不晚于应到期日，如是要承兑立即办理提示承兑、如是付款时立即办理提示付款。

Release of Commercial Documents 第七款　商业单据的交单（承兑交单 D/A 和付款交单 D/P）

Documents Against Acceptance（D/A）vs. Documents Against Payment（D/P）

a. Collection should not contain bills of exchange payable at a future date with instruction that commercial documents are to be delivered against payment.

附有商业单据必须在付款时交出的托收指示，不应包含远期付款的汇票。

b. If a collection contains a bill of exchange payable at a future date, the collection instruction should state whether the commercial documents are to be released to the drawee against acceptance（D/A）or against payment（D/P）. In the absence of such statement commercial documents will be released only against payment and the collecting bank will not be responsible for any consequences arising out of any delay in the delivery of documents.

如果托收包含有远期付款的汇票，托收指示应列明商业单据是凭承兑不是凭付款交给付款人。如果未有说明，商业单据只能是付款交单，而代收行对由于交付单据的任何延误所产生的任何后果将不承担责任。

c. If a collection contains a bill of exchange payable at a future date and the collection instruction indicates that commercial documents are to be released against payment, documents will be released only against such payment and the collecting bank will not be responsible for any consequences arising out of any delay in the delivery of documents.

如果托收包含有远期付款的汇票而且托收指示列明应凭付款交出商业单据时，则单据只能凭该项付款才能交付，而代收行对由于交单的任何延误所产生的任何结果将不承担责任。

（三）托收的当事人及其法律关系

根据国际商会《托收统一规则》的规定，托收共有四个当事人：委托人（principal，亦称本人），在国际贸易中是委托银行替其向买方收取货款的卖方；托收银行（remitting bank），即接受委托人的委托代其收取货款的银行，该银行通常在出口地；代收银行（collecting bank），在国际贸易中，接受托收行委托向买方收取货款的银行，该银行通常在进口地；付款人（drawer），是指由代收行向其提示汇票，要求其付款的人，是国际贸易中的买方。

托收当事人通过一项托收业务，建立了相互法律关系。

1. 委托人与托收行之间的关系

二者是委托代理关系。委托人在托收行填写托收委托书，明确双方的责任范围，构成双方的委托代理合同。处理二者之间的法律关系，应适用代理法的一般原则。托收行应按委托书办理托收业务，且有权收取托收费。如果托收行违反委托书的指示，致使委托人遭受损失，托收行应对委托人承担责任。

2. 托收行与代收行之间的关系

二者是委托代理关系。代收行应按托收行的指示及时向汇票上的付款人作付款提示或承兑提示，在遭付款人拒付时，应及时将详情通知托收行。如果代收行未按托收行的指示行事，致使托收行遭受损失，代收行应负赔偿责任。

3. 委托人与付款人之间的关系

二者是基础法律关系，是托收得以产生的原因和基础。在买卖合同中，双方约定采用托收方式支付货款，托收才得以启动。在国际贸易中，二者是买卖合同关系，二者之间受买卖合同的约束。

4. 委托人与代收行之间的关系

委托人与代收行之间不存在直接的合同关系。按照代理法上的一般规则，托收行是委托人的代理人，代收行是托收行的代理人。故此，就委托人而言，代收行是其代理人的代理人，委托人与代收行之间不存在直接的合同关系。如果代收行违反托收行的委托书的指示行事，致使委托人的利益受损，委托人无法直接起诉代收行，而只能通过托收行对代收行起诉。

5. 代收行、托收行与付款人的关系

代收行与付款人之间，托收行与付款人之间不存在直接的合同关系。代收行以托收行的代理人身份，或当托收行没有委托代收行，则托收行自行以委托人的身份向付款人提示汇票、收取货款。如果付款人拒绝付款或拒绝承兑，代收行、托收行不能以自己的名义对付款人起诉，而只能将拒付情况直接或间接（经由托收行）通知委托人，由委托人自行向付款人追偿。托收方式中，银行对汇票的付款人（受票人）拒绝付款或拒绝承兑不承担任何义务和责任，银行的责任只限于及时向付款人提示汇票，并在遭到拒付时及时通知委托人（卖方）。至于卖方能否收回货款，则完全依赖于买方的商业信誉，银行并不给予卖方任何保证。因此，从信用性质来说，托收是商业信用而不是银行信用。

在采用托收方式时，卖方承担风险大于买方。在跟单托收中，相较于付款交单，承兑交单会让卖方承担更多的收取货款的风险。托收对买方比较有利，如不必像开立信用证那样向银行交纳开证押金、银行费用比较低廉，而且在承兑交单中买方还有融资的便利等。

（四）托收的基本流程

托收的基本流程如下：

（1）委托人委托托收行办理托收，填写托收委托书，发出"托收指示"，交付有关单据。

（2）托收行如接受委托，向其在付款人所在地的代理行发出托收指示，并寄交有关单据。

（3）代收行如接受委托指示，按托收指示，向付款人提示有关单据，要求付款人承兑或付款。

（4）付款人验证单据，决定是否承兑汇票或付款。

（5）如付款人承兑或付款，代收行向付款人交付有关单据；如果付款人拒绝承兑或付款，代收行向托收行转述拒付理由，并返还有关单据。

（6）代收行向托收行付款。

（7）托收行向委托人付款；在债务人拒付时，向委托人返还有关单据。

【整理】

托收的基本流程

（五）托收中银行的责任及免责

1. 银行的责任

根据《托收统一规则》的规定，银行的责任主要有以下几个方面：

（1）银行没有义务必须办理某一托收或任何托收指示或以后的相关指示。如果银行无论出于何种理由选择了不办理它所收到的托收或任何相关的托收指示，它必须毫不延误地采用电讯，或者如果电讯不可能时采用其他快捷的工具向他收到该项指示的当事人发出通知。

（2）银行必须确定它所收到的单据应与托收批示中所列表面相符，如果发现任何单据有短缺或非托收指示所列，银行必须以电讯方式，如电讯不可能时，以其他快捷的方式通知从其收到指示的一方，不得延误。

（3）银行将以善意和合理的谨慎办理业务。

（4）银行必须确定它所收到的单据应与托收批示中所列表面相符，如果发现任何单据有短缺或非托收指示所列，银行必须以电讯方式，如电讯不可能时，以其他快捷的方式通知从其收到指示的一方，不得延误。

2. 银行的免责

《托收统一规则》规定了银行免责的六种情形：

（1）对所收单据的免责。银行在托收业务中地位属于代理，因此，银行只需审核单据在表面上是否与托收指示做到了一致，对于承兑人签名的真实性、签名人是否有签署承兑的权限等，银行概不负责。如果发现单据丢失，应毫不迟延地通知托收指示方。

【法规阅读】

《托收统一规则》

Article 12

Disclaimer on Documents Received 对收到单据的免责

a. Bank must determine that the documents received appear to be as listed in the collection

instruction and must advise by telecommunication or, if that is not possible, by other expeditious means, without delay, the party from whom the collection instruction was received of any documents missing, or found it be other than listed.

Banks have no further obligation in this respect.

银行必须确定它所收到的单据应与托收批示中所列表面相符，如果发现任何单据有短缺或非托收指示所列，银行必须以电讯方式，如电讯不可能时，以其他快捷的方式通知从其收到指示的一方，不得延误；

银行对此没有更多的责任。

b. If the documents do not appear to be listed, the remitting bank shall be precluded from disputing the type and number of documents received by the collecting bank.

（2）如果单据与所列表面不相符，寄单行对代收行收到的单据种类和数量应不得有争议；

c. Subject to sub-article 5 (c) and sub-article 12 (a) and 12 (b) above, banks will present documents as received without further examination.

（3）根据第五款（3）和第十二款式、以及上述（2），银行将按所收到的单据办理提示而无需做更多的审核。

Article 13

Disclaimer on Effectiveness of Documents 对单据有效性的免责

Banks assume no liability or responsibility of the form, sufficiency, accuracy, genuineness, falsification or legal effect of any document (s), or for the general and/or particular conditions stipulated in the documentary (s) or superimposed thereon; nor do they assume any liability, condition, packing , delivery, value of existence of the goods represented by any document (s), or for the good faith or acts and/or omission, solvency, performance or standing of the consignors, the carriers, the forwarders, the consignees or the insurers of the goods, or any other person whomsoever.

银行对任何单据的格式、完整性、准确性、真实性、虚假性或其法律效力、或对在单据中载明或在其上附加的一般性和/或特殊性的条款不承担责任或对其负责；银行也不对任何单据所表示的货物的描述、数量、重量、质量、状况、包装、交货、价值或存在、或对货物的发运人、承运人、运输行、收货人和保险人或其他任何人的诚信或行为和/或疏忽、清偿力、业绩或信誉承担责任或对其负责。

(2) 对货物的免责。在买方拒付时，银行对于跟单托收项下的货物无义务提取或采取任何措施，未经银行同意，货物也不得直接运交银行或以银行为收货人。

【法规阅读】

《托收统一规则》

Article 10

Documents vs. Goods/Services/Performances 单据与货物/服务/行为

a. Goods should not be dispatched directly to the address of a bank or consigned to or to the order of a bank without prior agreement on the part of that bank.

Nevertheless, in the event that goods are dispatched directly to the address of a bank or consigned to or to the order of a bank for release to a drawee against payment or acceptance or upon other terms and conditions without prior agreement on the part of that bank, such bank shall have no obligation to take delivery of the goods, which remain at the risk and responsibility of the party dispatching the goods.

未经银行事先同意，货物不得以银行的地址直接发送给该银行或者以该行作为收货人或者以该行为抬头人。然而，如果未经银行事先同意而将货物以银行的地址直接发送给了该银行，或以该行做了收货人或抬头人，并请该行凭付款或承兑或凭其他条款将货物交付给付款人，该行将没有提取货物的义务，其风险和责任仍由发货方承担。

b. Banks have no obligation to take any action in respect of the goods to which a documentary collection relates, including storage and insurance of the goods even when specific instructions are given to do so. Banks will only take such action if, when, and to the extent that they agree to do so in each case, notwithstanding the provisions of sub-article 1 (c), this rule applies even in the absence of any specific advice to this effect by the collecting bank.

银行对与跟单托收有关的货物即使接到特别批指示也没有义务采取任何行动包括对货物的仓储和保险，银行只有在个案中如果同意这样做时才会采取该类行动。撇开前述第一款 (c) 的规定，即使对此没有任何特别的通知，代收银行也适用本条款。

c. Nevertheless, in the case that banks take action for the protection of the goods, whether instructed or not, they assume no liability or responsibility with regard to the fate and/or condition of the goods and/or for any acts and/or omissions on the part of any third parties entrusted with the custody and/or protection of the goods. However, the collecting bank must advise without delay the bank from which the collection instruction was received of any such action taken.

然而，无论银行是否收到指示，它们为保护货物而采取措施时，银行对有关货物的结局和/或状况和/或对受托保管和/或保护的任何第三方的行为和/或疏漏概不承担责任。但是，代收行必须毫不延误地将其所采取的措施通知对其发出托收指的银行。

d. Any charges and/or expensed incurred by banks in connection with any action taken to protect the goods will be for the account of the party from whom they received the collection.

银行对货物采取任何保护措施所发生的任何费用和/或花销将由向其发出托收的一方承担。

e. i. Notwithstanding the provisions of sub-article 10 (a), where the goods are consigned to or the order of the collecting bank and the drawee has honoured the collection by payment, acceptance or other terms and conditions, and the collecting bank arranges for the authorized the collecting bank to do so.

a. 撇开第十款（a）条的规定，如果货物是以代收行作为收货人或抬头人，而且付款人已对该项托收办理了付款、承兑或承诺了其他条件和条款，代收行因此对货物的交付作了安排时，应认为寄单行已授权代收行如此办理。

ii. Where a collecting bank on the instructions of the remitting bank or in terms of sub-article 10 (e) i, arranges for the release of the goods, the remitting bank shall indemnify such collecting bank for all damages and expenses incurred.

若代收行依照寄单行的指示按上述第十款 e (i) 条的规定安排交付货物，寄单行应对该代收行所产生的全部损失和花销给予赔偿。

（3）对寄送途中的延误、丢失及对翻译的免责。

【法规阅读】

《托收统一规则》

Article 14

Disclaimer on Delays, Loss in Transit and Translation 对单据在传送中的延误和损坏以及对翻译的免责

a. Banks assume no liability or responsibility for the consequences arising out of delay and/or loss in transit of any message (s), letter (s) or document (s), or for delay, mutilation or other error (s) arising in transmission of any telecommunication or for error (s) in translation and/or interpretation of technical terms.

银行对任何信息、信件或单据在传送中所发生的延误和/或损坏、或对任何电讯在传递中所发生的延误、残损或其他错误、或对技术条款的翻译和/或解释的错误不承担责任或对其负责;

b. Banks will not be liable or responsible for any delays resulting from the need to obtain clarification of any instructions received.

银行对由于收到的任何指示需要澄清而引起的延误将不承担责任或对其负责。

(4) 对拒绝证书的免责。除非托收指示书上有明确指示,在遭到拒付时,银行没有做成拒绝证书的义务。银行由于办理拒绝证书或其他法律手续而发生的手续费及/或其他费用概由向其发出托收指示的一方承担。

(5) 对被指示的免责。银行为了执行委托人的指示而需要使用其他银行业务的,费用与风险由委托人承担;银行对于他们所转递的指示未被执行不承担义务和责任,即便被委托的其他银行是由他们主动选择的也是如此。

【法规阅读】

《托收统一规则》

Article 11

Disclaimer For Acts of an Instructed Party 对被指示的免责

a. Banks utilizing the services of another bank or other banks for the purposes of giving effect to the instructions of the principal, do so for the account and at the risk of such principal.

为使委托人的指示得以实现,银行使用另一银行或其他银行的服务是代该委托人办理的,因此,其风险由委托人承担;

b. Banks assume no liability or responsibility should the instructions they transmit not be carried out, even if they have themselves taken the initiative in the choice of such other bank (s).

即使银行主动地选择了其他银行办理业务,如该行所转递的指示未被执行,该行不承担责任或对其负责;

c. A party instructing another party to perform services shall be bound by and liable to indemnify the instructed party against all obligations and responsibilities imposed by foreign laws and usages.

一方指示另一方去履行服务,指示方应受到被指示方的法律和惯例所加于的一切义务和责任的制约,并承担赔偿的责任。

(6) 不可抗力免责。

【法规阅读】

《托收统一规则》

Article 15

Force Majeure

Banks assume no liability or responsibility for consequence arising out of the interruption of their business by Acts of God, riots, civil commotions, insurrections, wars, or any other causes beyond their control or by strikes or lockouts.

银行对由于天灾、暴动、骚乱、战争或银行本身不能控制的任何其他原因、任何罢工或停工而使银行营业中断所产生的后果不承担责任或对其负责。

第三节 信用证

信用证的出现是为了解决国际贸易中买卖双方分处不同的国家，货物往往需要较长时间的运输所引起的两个问题：一是买卖双方相互信任的问题，谁都不愿意先交货或先付款，担心对方一旦违约或破产，使自己蒙受损失；二是买卖双方都想从对方获取某种信贷的好处，不愿在货物运输期间积压自己的资金。

在托收中，尤其是承兑交单中，此问题可以得到部分解决：卖方以买方承兑的汇票向银行贴现，买方在汇票到期支付货款前提出货物。但这种方式对卖方风险太大：贴现行有权在汇票被拒付后向作为出票人的卖方进行追索，而且如果买方不是信誉卓著的进口商，则由买方承兑的汇票很难向银行贴现。为解决以上问题，需要一个在资信和财力方面更强有力的第三者——银行出面，信用证的付款方式应运而生。

一、信用证的概念及法律依据

（一）信用证的概念

信用证是银行应开证申请人的请求，出具给受益人的一种保证付款的书面凭证。在信用证内，开证银行授权卖方在符合信用证所规定的条件下，以该行或其指定银行为付款人，开具不超过规定金额的汇票，并附规定的货运单据，到期在指定地点收取货款。信用证和托收最大的区别在于，信用证的开证行指定自己或其他银行为付款人，这是在以银行的信用为卖方提供付款的保障，因此，信用证支付方式在信用性质上属于银行信用，而托收属于普通的商业信用。因此在国际贸易实践中，信用证比托收使用更为广泛。

（二）有关信用证的惯例及法律

1. 《跟单信用证统一惯例》（Uniform Customs and Practice for Documentary Credit）

《跟单信用证统一惯例》是在美国商会的建议下，由国际商会拟订的。该惯例于1933年公布，于1951年、1962年、1974年、1983年、1993年和2006年6次修订。我国银行业于 1987 年也开始注明信用证依照统一惯例开立，在业务中以该惯例为准。该惯例被当事人采用才对其产生拘束力。最新修订的惯例文本是国际商会的第 600 号出版物（简称 UCP600），于 2007 年 7 月 1 日起实施。UCP600 于 2006 年 10 月 25 日在巴黎银行会议大厅举行的 ICC 银行技术与惯例委员会 2006 年秋季例会上，以点名（Roll Call）形式，经 71 个国家和地区的 ICC 委员会以 105 票赞成通过。UCP600 比以往任何版本更加清晰、简洁，它既保留了自身条款的严谨与准确，也注意了在实践中的使用便利。它在整体结构及条文语言上都比以往更进步，使用更方便。该文本共 39 条，包括适用范围、定义、解释、信用证与合同、单据与货物、服务或履约行为、兑换方式、截止日和交换地点、开证行责任、保兑行责任、单据审核标准、相符交单、商业发票、提单、空运单据、可转让信用证等内容。

2. 我国调整信用证的法律

因为各国少有专门调整信用证的法律，从事信用证业务的银行普遍选择《跟单信用证统一惯例》，因此，我国的银行也主要以此惯例为主，同时，我国最高人民法院通过司法解释《关于审理信用证纠纷案件若干问题的规定》（2005 年 10 月 24 日由最高人民法院审判委员会第 1368 次会议修正，自 2006 年 1 月 1 日起施行；2020 年 12 月 23 日由最高人民法院审判委员会第 1823 次会议修正，2021 年 1 月 1 日施行），对信用证的效力，信用证欺诈等问题作出了规定。

二、信用证的当事人

信用证的当事人人数并不是固定不变的，它常因具体交易情况的不同而有所增减，一般而言，一笔信用证会涉及以下当事人：

（1）开证申请人（applicant），即向银行申请开立信用证的人。他是买卖关系中的买方，是支付关系中的债务人；

（2）开证行（issuing bank），即接受开证申请人的申请，开立信用证的银行，一般是开证申请人所在地的银行；

（3）通知行（advising bank），即接受开证行的委托，将信用证转交给受益人的银行，一般是开证行在受益人所在地的分行或代理银行；

（4）受益人（beneficiary），即信用证抬头所指定的有权享受该信用证的利益的人。在国际货物贸易中，他是卖方，在支付关系中，他是债权人；

（5）议付行（negotiating bank），即愿意买进或贴现受益人交来的跟单汇票的银行。根据信用证条款的规定，议付行可以是指定的，也可以是非指定的，但通常通知行自己承担议付责任；

（6）付款行（paying bank），即信用证上指定的付款银行。此外，还可能有保兑行，即在不可撤销的信用证上加上自己保兑责任的银行。保兑行承担首要的付款义务。

由于信用证交易可能涉及为数较多的当事人，而且其中同一银行可能充当不同的角色，因此，信用证各方当事人之间的关系是比较复杂的。

三、信用证的流转程序

信用证的流转程序一般要经过以下几个步骤：

（1）国际货物买卖合同的双方当事人在买卖合同中约定采用信用证的支付方式，这是使用信用证支付方式的前提。

（2）开证申请人向其所在地的银行提出开证申请，填写开证申请书，交纳一定的开证押金或提供其他保证，要求银行向卖方开出信用证。

（3）开证行依据开证申请书的内容开出信用证，寄交给卖方所在地的通知行。

（4）通知行将信用证通知受益人，受益人审核信用证，确保能够履行信用证规定的条件后，装运货物，取得信用证规定的单据。

（5）受益人开立以开证行或其指定行为付款人的汇票，并与信用证规定的单据一起向指定银行（限制议付的银行或自由议付的银行）提交，议付行在议付时对汇票金额打折扣，而不会免费贴现汇票。

（6）议付行议付后，向开证行提示跟单汇票（附全套单据的汇票），开证行核对单据无误后偿付议付行。

（7）开证行通知买方付款赎单，然后买方凭单取货。

【整理】

信用证的流程

四、信用证当事人的法律关系

1. 开证申请人与开证行之间的关系

开证申请人与开证行之间是以开证申请人开证申请及其他文件所确定的合同关系。开证行一旦接受委托开出信用证，就承担按信用证规定付款的义务，同时也享有要求开证申请人偿还它所付款项的权利，并有权收取本金的利息及开证费。开证申请人与开证行之间的关系完全由他们之间的合同关系来决定，而不受基础合同的影响。除受益人所交单据与信用证要求不符或有明显的欺诈行为外，开证申请人无权要求开证行拒付信用证项下的跟单汇票，也不能拒绝偿还开证行对信用证已付出的款项。

2. 开证申请人与受益人之间的关系

开证申请人与受益人之间是合同关系，是一种基础法律关系。在此合同关系中，双方规定以信用证方式来结算，由此启动信用证的法律关系。在二者的关系中，开证申请人承担了及时开立信用证的义务，受益人则承担了按合同规定发货并提供相应装运单据等义务，这些单据表面上须完全符合信用证的要求。

3. 开证行与通知行之间的关系

开证行与通知行之间是委托代理关系，是本人与代理人的关系，应受他们之间订立的委托代理合同的约束。通知行接受开证行的委托代开证行将信用证通知受益人并从开证行获取佣金。

4. 通知行与受益人之间的关系

通知行的义务是将开证行开出的信用证通知受益人。不因这一行为而在二者之间产生任何权利义务关系。

5. 开证申请人与通知行之间的关系

通知行仅是开证行的代理人，因此在通知行与开证申请人之间不存在直接的合同关系。

6. 开证行与受益人之间的关系

二者之间的关系，因信用证的种类不同而不同。当开证行开出的是可撤销的信用证时，因该信用证在议付前可随时由开证行撤销且无须事先通知受益人，此时开证行与受益人之间不存在有约束力的合同。但是，如果开证行开立的是不可撤销的信用证，则当该信用证送达受益人时，二者之间就存在了合同关系，开证行应按不可撤销信用证的条款对受益人承担几乎绝对付款义务。在开证行付款后，如果开证申请人拒绝付款赎单或破产，开证行也不可对受益人行使追索权。

五、信用证的种类

根据信用证的性质、付款期限以及能否转让等不同标准，可以将该信用证分为不同的种类：

1. 可撤销的信用证（revocable L/C）和不可撤销的信用证（irrevocable L/C）

不可撤销的信用证，是指信用证一经开出，在有效期内，未经受益人及有关各方当事人的同意，开证银行不得单方面予以撤销或修改的信用证。只要受益人所提交的装运单据符合信用证的要求，开证银行就必须按信用证规定履行付款义务。此种信用证对受益人比较有保障，在国际贸易中使用最为广泛。UCP600 规定信用证为不可撤销信用证。

可撤销的信用证是指银行可以不经过受益人同意，也不必事先通知受益人，在议付行议付之前，随时可以予以修改或撤销的信用证。此种信用证对受益人没有多少保障，在国际贸易中极少采用。

2. 保兑信用证（confirmed L/C）和不保兑信用证（unconfirmed L/C）

保兑信用证是指开证行开出的信用证又经另一家银行保证兑付，没有经过保兑的信用证叫作不保兑的信用证。通常，保兑信用证必然同时为不可撤销信用证，但不可撤销的信用证未必是保兑的信用证。可撤销的信用证必然同时为不保兑信用证。

信用证经过另一家银行保兑后，就有两家银行对受益人负责，一家是开证行，另一家是保兑行，而且首先是由保兑行对受益人负责。

3. 即期信用证（sight payment L/C）和远期信用证（time payment L/C）

即期信用证是规定受益人有权开立即期汇票收款，银行保证见票即付的信用证。远期信用证是规定受益人必须开立远期汇票收款的信用证。我国出口贸易中，多采用即期信用证。为发展贸易关系，促进出口成交，也可适当采取远期信用证付款。

4. 可转让信用证（transferable L/C）和可分割信用证（separable L/C）

可转让信用证是指开证行根据开证申请人的要求在信用证上特别注明"可转让"字样的信用证。可转让信用证的受益人有权要求付款行、承兑行或议付行把信用证金额的全部或一部分转让给一个或数个受益人（即第二受益人）使用。可转让的信用证只能转让一次，第二受益人无权把信用证作第二次转让。在信用证允许分批装运的条件下，可转让信用证可以分别办理转让。

可分割信用证是指受益人有权将信用证转让给两个或两个以上的人使用的信用证。在国际贸易中，中间商经营进出口业务时，往往要求进口商给他开立可转让的信用证，以便转让给实际供货人，中间商从差价中赚取利润。

5. 其他类型的信用证

（1）循环信用证（revolving L/C）。循环信用证是指信用证经受益人全部或部分利用后，能够重新恢复到原金额继续使用，一直到规定次数或累积总金额限度为止。此信用证适合于定期分批均衡供应，分批结汇的长年供货合同。

（2）对开信用证（reciprocal L/C）。对开信用证是指交易双方分别以对方为受益人所开立的信用证。因此，当交易双方进行互有进出或互有关联的交易时，如补偿贸易、来料加工、来件装配等业务，通常以对开信用证结算。

（3）背对背信用证（back to back L/C）。背对背信用证指中间商收到外国进口商开立的以其为受益人的第一信用证后，以该信用证为保证，请求通知行或其他银行为第三国供货人另开第二信用证，这种第二信用证是背对背信用证，此信用证以中间商作为第一受益人。

（4）备用信用证。备用信用证也叫担保信用证、保证信用证和履约信用证，是一种特殊形式的光票信用证。此信用证是开证行保证在主债务人不履行其义务时，由开证行保证付款的书面凭证。如果开证申请人切实履行了合同义务，受益人就无需要求支付信用证项下的任何货款或赔款，故称作备用信用证。备用信用证实际上具有银行保函的性质。

六、信用证支付的基本原则

（一）信用证独立原则

信用证独立原则是指信用证与基础合同和其他合同如开证合同、有关银行间的结算协议等，是分离的和相互独立的。即使信用证中含有关于基础合同的任何援引，银行亦与该合同无关，也不受其约束。银行作出信用证下付款、议付等义务的承诺，不受开证申请人与开证行或与受益人之间在已有关系下产生的请求或抗辩的制约。在任何条件下，受益人不得利用银行间或开证申请人与开证行之间的契约关系。

【法规阅读】

《跟单信用证统一惯例》

第四条 信用证与合同

a. A credit by its nature is a separate transaction from the sale or other contract on which it may be based. Banks are in no way concerned with or bound by such contract, even if any reference whatsoever to it is included in the credit. Consequently, the undertaking of a bank to honour, to negotiate or to fulfil any other obligation under the credit is not subject to claims or defences by the applicant resulting from its relationships with the issuing bank or the beneficiary.

A beneficiary can in no case avail itself of the contractual relationships existing between banks or between the applicant and the issuing bank.

b. An issuing bank should discourage any attempt by the applicant to include, as an integral part of the credit, copies of the underlying contract, proforma invoice and the like

a. 就其性质而言，信用证与可能作为其开立基础的销售合同或其他合同是相互独立的交易，即使信用证中含有对此类合同的任何援引，银行也与该合同无关，且不受其约束。因此，银行关于承付、议付或履行信用证项下其他义务的承诺，不受申请人基于与开证行或与受益人之间的关系而产生的任何请求或抗辩的影响。

受益人在任何情况下不得利用银行之间或申请人与开证行之间的合同关系。

b. 开证行应劝阻申请人试图将基础合同、形式发票等文件作为信用证组成部分的做法。

第七条 开证行的承诺

c. An issuing bank undertakes to reimburse a nominated bank that has honoured or negotiated a complying presentation and forwarded the documents to the issuing bank. Reimbursement for the amount of a complying presentation under a credit available by acceptance or deferred payment is due at maturity, whether or not the nominated bank prepaid or purchased before maturity. An issuing bank's undertaking to reimburse a nominated bank is independent of the issuing bank's undertaking to the beneficiary.

c. 开证行保证向对于相符提示已经予以兑付或者议付并将单据寄往开证行的被指定银行进行偿付。无论被指定银行是否到期日前已经对相符提示予以预付或者购买，对于承兑或延期付款信用证项下相符提示的金额的偿付于到期日进行。开证行偿付被指定银行的承诺独立于开证行对于受益人的承诺。

第八条 保兑行责任

c. A confirming bank undertakes to reimburse another nominated bank that has honoured or negotiated a complying presentation forwarded the documents to the confirming bank. Reimbursement for the amount of a complying presentation under a credit available by acceptance or deferred payment is due at maturity, whether or not another nominated bank prepaid or purchased before maturity. A confirming bank's undertaking to reimburse another nominated bank is independent of the confirming bank's Undertaking to the beneficiary.

c. 其他指定银行承付或议付相符交单并将单据转往保兑行之后，保兑行即承担偿付该指定银行的责任。对承兑或延期付款信用证下相符交单金额的偿付应在到期日办理，无论指定银行是否在到期日之前预付或购买了单据。保兑行偿付指定银行的责任独立于保兑行对受益人的责任。

（二）抽象原则

信用证业务中，各有关当事人处理的是单据，而不是单据所涉及的货物、服务和（或）其他行为。信用证抽象原则即指银行在审单时，仅要求单证表面相符，包括单据与单据之间表面相符和单据与信用证条款表面相符。根据此原则，银行应谨慎审核信用证规定的一切单据，必须做到"单证一致，单单相符，单内一致"，但仅仅是表面相符。银行对不符合信用证条款的单据可以拒绝接受。

【法规阅读】

《跟单信用证统一惯例》

第五条　单据与货物/服务/行为

Banks deal with documents and not with goods, services or performance to which the documents may relate.

银行处理的是单据，而不是单据所涉及的货物、服务或其他行为。

第十七条　正本单据和副本单据

a. At least one original of each document stipulated in the credit must be presented.

b. A bank shall treat as an original any document bearing an apparently original signature mark stamp, or label of the issuer of the document unless the document itself indicates that it is not an original.

c. Unless a document indicates otherwise a bank will also accept a document as original if it：

i. appears to be written typed, perforated or stamped by the document issuer's hand；or

ii. appears to be on the document issuer's original stationery；or

iii. states that it is original, unless the statement appears not to apply to the document presented.

d. If a credit requires presentation of copies of documents presentation of either originals or copies is permitted.

e. If a credit requires presentation of multiple documents by using terms such as "in duplicate" "in two fold" "in two copies" this will be satisfied by the presentation of at least one original the remaining number in copies except when the document itself indicates otherwise.

a. 信用证规定的每一种单据须至少提交一份正本。

b. 银行应将任何带有看似出单人的原始签名、标记、印戳或标签的单据视为正本单据，除非单据本身表明其非正本。

c. 除非单据本身另有说明，在以下情况下，银行也将其视为正本单据：

i. 单据看似由出单人手写、打字、穿孔或盖章；或者

ii. 单据看似使用出单人的原始信纸出具；或者

iii. 单据声明其为正本单据，除非该声明看似不适用于提交的单据。

d. 如果信用证要求提交副本单据，则提交正本单据或副本单据均可。

e. 如果信用证使用诸如"一式两份（in duplicate）""两份（in two fold）""两套（in two copies）"等用语要求提交多份单据，则提交至少一份正本，其余使用副本即可满足要求，除非单据本身另有说明。

七、银行的免责

因为信用证是开证行对受益人作出的有条件的付款承诺，因此银行的免责主要是指开证行的免责。根据《跟单信用证统一惯例》（UCP600）的规定，开证行的免责主要包括以下情形：

（一）关于单据有效性的免责

根据 UCP600 第 34 条规定：银行对任何单据的形式、充分性、准确性、内容真实性、虚假性或法律效力，或对单据中规定或添加的一般或特殊条件，概不负责；银行对任何单据所代表的货物，服务或其他履约行为的描述、数量、重量、品质、状况、包装、交付、价值或其存在与否、或对发货人、承运人、货运代理人、收货人、货物的保险人或其他任何人的诚信与否、作为或不作为，清偿能力、履约或资信状况，也概不负责。

（二）关于信息传递和翻译的免责

根据 UCP600 第 35 条规定：当报文、信件或单据按照信用证的要求传输或发送时，或当信用证未作指示，银行自行选择传送服务时，银行对报文传输或信件或单据的递送过程中发生的延误、中途遗失、残缺或其他错误产生的后量，概不负责。

如果指定银行确定交单相符并将单据发往开证行或保兑行，无论指定银行是否已经承付或议付，开证行或保兑行必须承付或议付，或偿付指定银行，即使单据在指定银行送往开证行或保兑行的途中，或保兑行送往开证行的途中丢失。

银行对技术语的翻译或解释上的错误，不负责任，并可不加翻译地传送信用证条款。

（三）不可抗力免责

根据 UCP600 第 36 条规定：银行对由于天灾、暴动、骚乱、叛乱、战争、恐怖主义行为或任何罢工、停工或其无法控制的任何其他原因导致的营业中断的后果，概不负责。

银行恢复营业时，对于在营业中断期间已逾期的信用证，不再进行承付或议付。

（四）关于被指示方行为的免责

根据 UCP600 第 37 条规定：a. 为了执行申请人的指示，银行利用其他银行的服务，其费用和风险由申请人承担。

b. 即使银行自行选择了其他银行，如果发出的指示未被执行，开证行或通知行对此亦不负责。

c. 指示另一银行提供服务的银行有责任负担被指示方因执行指示而发生的任何佣金、手续费、成本或开支（"费用"）。

如果信用证规定费用由受益人负担，而该费用未能收取或从信用证款项中扣除，开证行依然承担支付此费用的责任。

信用证或其修改不应规定向受益人的通知以通知行或第二通知行收到其费用为条件。

d. 外国法律和惯例加诸于银行的一切义务和责任，申请人应受其约束，并就此对银行负补偿之责。

（五）不受买卖合同的约束和影响

根据 UCP600 第 4 条 a 条款规定：就其性质而言，信用证与可能作为其开立基础的销售合同或其他合同是相互独立的交易，即使信用证中含有对此类合同的任何援引，银行也与该合同无关，且不受其约束。因此，银行关于承付、议付或履行信用证项下其他义务的承诺，不受申请人基于与开证行或与受益人之间的关系而产生的任何请求或抗辩的影响。

受益人在任何情况下不得利用银行之间或申请人与开证行之间的合同关系。

八、信用证欺诈及例外

如前所述，信用证是银行有条件的付款承诺，根据独立原则和抽象原则，在单证一致、单单一致时，银行就要履行付款义务。这样的规定，保证了受益人能得到货款，但同时也给受益人欺诈开证申请人或银行提供了便利条件。因此，在很多国家的国内法中，规定了信用证欺诈例外的内容。在证明受益人欺诈时，即使单据完全符合信用证的要求，法院也可以禁止或中止银行根据信用证对外付款。国际商会银行委员会也指出，这些规则都有一个例外，即滥用权力或欺诈例外。

（一）信用证欺诈的表现形式

1. 开立假的信用证

这种诈骗是开证申请人买方欺诈卖方，买方以不存在的银行或冒用其他银行名义开立假的信用证。

2. 信用证"软条款"

"软条款"是指不可撤销信用证中规定有信用证附条件生效的条款，或者规定要求信用证受益人提交某些难以取得的单证，使受益人处于不利和被动地位，导致受益人履约和结汇存在风险隐患的条款。这种"软条款"的出现,导致信用证的开证申请人控制着信用证的支付,使受益人处于被动地位。

在实践上,信用证"软条款"常见于以下几种情况:(1)信用证暂时不生效,何时生效由银行另行通知。(2)信用证规定必须由申请人或其指定的签字人验货并签署质量检验合格证书,才能付款或生效。(3)信用证对银行的付款承兑行为规定了若干前提条件,如货物清关后才支付、收到其他银行的款项才支付等。(4)有关运输事项如船名装船日期装卸港等须以申请人修改后的通知为准。(5)信用证前后条款互相矛盾,受益人无论如何也做不到单单一致。(6)1/3正本提单直接寄给开证申请人,买方可能持此单先行将货提走。

3. 开证申请人与受益人共同欺诈

此类欺诈的对象主要是银行,这种欺诈是开证申请人与受益人相互勾结,通过编造虚假或根本不存在的买卖关系,由开证申请人向银行申请开证,然后由卖方向开证行提交虚假的单据骗取开证行的货款。

4. 受益人欺诈

受益人欺诈是指受益人或他人以受益人身份,用伪造的单据或具有欺骗性陈述的单据欺骗开证行和开证申请人,以获取信用证项下的银行付款。这是国际贸易中发案率最高、最容易得逞的一类信用证欺诈。它包括以下几个方面:一是伪造单据;二是欺诈性单据;三是用倒签提单、预借提单及用保函换取清洁提单进行欺诈。

(二)信用证欺诈例外原则

由于信用证独立原则和抽象原则,开证行在处理信用证业务时,只审查单据,不审查单据下的货物,这些原则极大地保护了受益人的收款利益,同时也为信用证欺诈提供了便利。为了打击国际贸易中的欺诈行为,很多国家通过立法或判例明确了在坚持信用证独立原则的同时,也必须承认例外的存在。国际商会银行委员会也指出,这些规则都有一个例外,即滥用权利或欺诈例外。

我国最高人民法院在《关于审理信用证纠纷案件若干问题的规定》(以下简称"《规定》")中确认了信用证欺诈例外原则:开证行在作出付款、承兑或者履行信用证项下其他义务的承诺后,只要单据与信用证条款、单据与单据之间在表面上相符,开证行应当履行在信用证规定的期限内付款的义务。当事人以开证申请人与受益人之间的基础交易提出抗辩的,人民法院不予支持。具有本规定第八条的情形除外。

【法规阅读】

最高人民法院《关于审理信用证纠纷案件若干问题的规定》

第五条 开证行在作出付款、承兑或者履行信用证项下其他义务的承诺后,只要单据与信用证条款、单据与单据之间在表面上相符,开证行应当履行在信用证规定的期限内付款的义务。当事人以开证申请人与受益人之间的基础交易提出抗辩的,人民法院不予支持。具有本规定第八条的情形除外。

《规定》的第八条对信用证欺诈的情形进行了列举：第一，受益人伪造单据或者提交记载内容虚假的单据；第二，受益人恶意不交付货物或者交付的货物无价值；第三，受益人和开证申请人或者其他第三方串通提交假单据，而没有真实的基础交易；第四，其他进行信用证欺诈的情形。当开证申请人、开证行或者其他利害关系人发现有本规定第八条的情形，并认为将会给其造成难以弥补的损害时，可以向有管辖权的人民法院申请中止支付信用证项下的款项。人民法院接受中止支付信用证项下款项申请后，必须在四十八小时内作出裁定；裁定中止支付的，应当立即开始执行。人民法院在符合以下条件的裁定中止：（1）受理申请的人民法院对该信用证纠纷案件享有管辖权；（2）申请人提供的证据材料证明存在本规定第八条的情形；（3）如不采取中止支付信用证项下款项的措施，将会使申请人的合法权益受到难以弥补的损害；（4）申请人提供了可靠、充分的担保；（5）不存在本规定第十条的情形。

《规定》第十条指出：人民法院认定存在信用证欺诈的，应当裁定中止支付或者判决终止支付信用证项下款项，但有下列情形之一的除外：（1）开证行的指定人、授权人已按照开证行的指令善意地进行了付款；（2）开证行或者其指定人、授权人已对信用证项下票据善意地作出了承兑；（3）保兑行善意地履行了付款义务；（4）议付行善意地进行了议付。

【法规阅读】

最高人民法院《关于审理信用证纠纷案件若干问题的规定》

第一条 本规定所指的信用证纠纷案件，是指在信用证开立、通知、修改、撤销、保兑、议付、偿付等环节产生的纠纷。

第二条 人民法院审理信用证纠纷案件时，当事人约定适用相关国际惯例或者其他规定的，从其约定；当事人没有约定的，适用国际商会《跟单信用证统一惯例》或者其他相关国际惯例。

第六条 人民法院在审理信用证纠纷案件中涉及单证审查的，应当根据当事人约定适用的相关国际惯例或者其他规定进行；当事人没有约定的，应当按照国际商会《跟单信用证统一惯例》以及国际商会确定的相关标准，认定单据与信用证条款、单据与单据之间是否在表面上相符。

信用证项下单据与信用证条款之间、单据与单据之间在表面上不完全一致，但并不导致相互之间产生歧义的，不应认定为不符点。

第七条 开证行有独立审查单据的权利和义务，有权自行作出单据与信用证条款、单据与单据之间是否在表面上相符的决定，并自行决定接受或者拒绝接受单据与信用证条款、单据与单据之间的不符点。

开证行发现信用证项下存在不符点后，可以自行决定是否联系开证申请人接受不符点。开证申请人决定是否接受不符点，并不影响开证行最终决定是否接受不符点。开证行和开证申请人另有约定的除外。

开证行向受益人明确表示接受不符点的，应当承担付款责任。

开证行拒绝接受不符点时，受益人以开证申请人已接受不符点为由要求开证行承担信用证项下付款责任的，人民法院不予支持。

第八条 凡有下列情形之一的，应当认定存在信用证欺诈：

（一）受益人伪造单据或者提交记载内容虚假的单据；

（二）受益人恶意不交付货物或者交付的货物无价值；

（三）受益人和开证申请人或者其他第三方串通提交假单据，而没有真实的基础交易；

（四）其他进行信用证欺诈的情形。

第九条 开证申请人、开证行或者其他利害关系人发现有本规定第八条的情形，并认为将会给其造成难以弥补的损害时，可以向有管辖权的人民法院申请中止支付信用证项下的款项。

第十条 人民法院认定存在信用证欺诈的，应当裁定中止支付或者判决终止支付信用证项下款项，但有下列情形之一的除外：

（一）开证行的指定人、授权人已按照开证行的指令善意地进行了付款；

（二）开证行或者其指定人、授权人已对信用证项下票据善意地作出了承兑；

（三）保兑行善意地履行了付款义务；

（四）议付行善意地进行了议付。

第十一条 当事人在起诉前申请中止支付信用证项下款项符合下列条件的，人民法院应予受理：

（一）受理申请的人民法院对该信用证纠纷案件享有管辖权；

（二）申请人提供的证据材料证明存在本规定第八条的情形；

（三）如不采取中止支付信用证项下款项的措施，将会使申请人的合法权益受到难以弥补的损害；

（四）申请人提供了可靠、充分的担保；

（五）不存在本规定第十条的情形。

当事人在诉讼中申请中止支付信用证项下款项的，应当符合前款第（二）、（三）、（四）、（五）项规定的条件。

第十二条 人民法院接受中止支付信用证项下款项申请后，必须在四十八小时内作出裁定；裁定中止支付的，应当立即开始执行。

人民法院作出中止支付信用证项下款项的裁定，应当列明申请人、被申请人和第三人。

第十三条 当事人对人民法院作出中止支付信用证项下款项的裁定有异议的，可以在裁定书送达之日起十日内向上一级人民法院申请复议。上一级人民法院应当自收到复议申请之日起十日内作出裁定。

复议期间，不停止原裁定的执行。

第十四条 人民法院在审理信用证欺诈案件过程中，必要时可以将信用证纠纷与基础交易纠纷一并审理。

当事人以基础交易欺诈为由起诉的，可以将与案件有关的开证行、议付行或者其他信用证法律关系的利害关系人列为第三人；第三人可以申请参加诉讼，人民法院也可以通知第三人参加诉讼。

第十五条　人民法院通过实体审理，认定构成信用证欺诈并且不存在本规定第十条的情形的，应当判决终止支付信用证项下的款项。

【自我检测】

一、单选题

1.（自学考试真题）托收的一个重要特点是银行的地位严格限于作为（　　）。

　　A. 收款人　　　　B. 付款人　　　　C. 担保人　　　　D. 代理人

2. 中国银行应中国某进出口公司的申请，开出以美国某公司为受益人的信用证，同时请求美国大通银行予以保兑。根据《跟单信用证统一惯例》（UCP600）的规定，下列哪一选项是正确的？

　　A. 大通银行同意保兑使中国银行免除了付款义务

　　B. 大通银行同意保兑使中国银行成为了担保行

　　C. 大通银行的付款责任独立于中国银行的付款责任

　　D. 中国银行仅在大通银行履行了保兑责任后承担付款责任

3.（法律职业资格考试真题）修帕公司与维塞公司签订了出口 200 吨农产品的合同，付款采用托收方式。船长签发了清洁提单。货到目的港后经检验发现货物质量与合同规定不符，维塞公司拒绝付款提货，并要求减价。后该批农产品全部变质。根据国际商会《托收统一规则》，下列哪一选项是正确的？

　　A. 如代收行未执行托收行的指示，托收行应对因此造成的损失对修帕公司承担责任

　　B. 当维塞公司拒付时，代收行应当主动制作拒绝证书，以便收款人追索

　　C. 代收行应无延误地向托收行通知维塞公司拒绝付款的情况

　　D. 当维塞公司拒绝提货时，代收行应当主动提货以减少损失

4.（自学考试真题）买方是信用证当事人中的（　　）。

　　A. 收款人　　　　B. 开证申请人　　　　C. 受益人　　　　D. 第一付款人

5.（法律职业资格考试真题）2006 年年初，甲国 X 公司（卖方）与中国 Y 公司（买方）订立货物买卖合同。Y 公司向中国某银行申请开出了不可撤销信用证。在合同履行过程中，Y 公司派驻甲国的业务人员了解到，该批货物很可能与合同严重不符且没有价值，于是紧急通知 Y 公司总部。Y 公司随即向有管辖权的中国法院提出申请，要求裁定止付信用证项下的款项。依照 2005 年最高人民法院《关于审理信用证纠纷案件若干问题的规定》，下列哪一表述是错误的？

　　A. Y 公司须证明存在 X 公司交付的货物无价值或有其他信用证欺诈行为的事实，其要求才可能得到支持

　　B. 开证行如发现有信用证欺诈事实并认为将会给其造成难以弥补的损害时，也可以向法院申请中止支付信用证项下的款项

C. 只有在法院确认国外议付行尚未善意地履行付款义务的情况下，才能裁定止付信用证项下的款项

D. 法院接受中止支付信用证项下款项的申请后，须在 48 小时内作出裁定

二、多选题

6. 2006 年国际商会巴黎会议上通过的经修改的《跟单信用证统一惯例》（UCP600）于 2007 年 7 月 1 日实施。下列哪些选项属于 UCP600 修改或规定的内容？

A. 直接规定信用证是不可撤销的

B. 关于议付的新定义明确了议付是对票据及单据的一种售出行为

C. 规定当开证行确定单证不符时，可以自行决定联系申请人放弃不符点

D. 规定银行收到单据后的处理时间为"合理时间"，不超过收单翌日起的 5 个工作日

7. （自学考试真题）在国际支付中，托收的当事人主要有（　　　）。

A. 受益人　　　　B. 托收银行　　　　C. 代收银行　　　　D. 委托人

E. 付款人

8. （法律职业资格考试真题）根据《最高人民法院关于审理信用证纠纷案件若干问题的规定》，中国法院认定存在信用证欺诈的，应当裁定中止支付或者判决终止支付信用证项下款项，但存在除外情形。关于除外情形，下列哪些表述是正确的？

A. 开证行的指定人、授权人已按照开证行的指令善意地进行了付款

B. 开证行或者其指定人、授权人已对信用证项下票据善意地作出了承兑

C. 保兑行善意地履行了付款义务

D. 议付行善意地进行了议付

【参考答案】

第六章　国际服务贸易法

第一节　国际服务贸易法概述

一、国际服务贸易的概念和特征

（一）国际服务贸易的概念

何为服务，国际上并无统一定义。有人试图将服务定义为非货物供应，但货物与服务并非分得一清二楚。有人通过列出具体产业来界定服务，认为凡是列出的产业便是大家已达成共识的服务产业，没有列出的不属于或现在不认为是服务产业。《服务贸易总协定》（简称 GATS）采取的即为此种方法，GATS 列出了 12 个部门种类，155 个分类。这 12 个部门种类为：（1）职业（包括专业与计算机）服务；（2）通讯服务；（3）建筑与工程服务；（4）分销服务；（5）教育服务；（6）环境服务；（7）金融（保险与银行）服务；（8）医疗服务；（9）旅游服务；（10）娱乐文化服务和体育服务；（11）运输服务；（12）其他服务。

服务贸易同服务一样没有统一的定义，但一般可理解为服务的提供，包括服务的生产、分配、营销、销售和支付。国际服务贸易，可以理解为服务的国际间提供。GATS 按照服务要采取跨国流动的方式，提出了协定适用的四种服务贸易类型：（1）过境支付，指不需要提供者和消费者的实际流动，从一国境内向其他国境内提供服务，此为服务产品的流动。如通过电话提供法律意见、金融服务领域对外支付、资金融通、资产评估管理等。（2）境外消费，指一国的人员、运输工具，到另一国接受服务提供者提供的服务，此为消费者的流动。如出国旅游，又如外国商用飞机、船舶进入本国，向本国空港、海港支付着陆费、港口使用费等；（3）商业存在，即一国服务提供者在另一国设立商业实体，向该国提供服务。如本国银行、运输公司、电信服务业在外国设立分支机构。（4）自然人流动，即一成员的服务提供者在任何其他成员境内通过自然人流动提供服务。如教师、工程师、律师等职业工作者到外国提供职业服务。

【法规阅读】

《服务贸易总协定》

第1条　范围和定义

1. 本协定适用于各成员影响服务贸易的措施。

2. 就本协定而言，服务贸易定义为：

（a）自一成员领土向任何其他成员领土提供服务；

（b）在一成员领土内向任何其他成员的服务消费者提供服务；

（c）一成员的服务提供者通过在任何其他成员领土内的商业存在提供服务；

（d）一成员的服务提供者通过在任何其他成员领土内的自然人存在提供服务。

（二）国际服务贸易的特征

国际服务贸易同传统的货物贸易相比有许多独特之处，主要表现为：

1. 服务贸易的无形性，不可储存性

与存在具体形态的货物不同，服务是无形的。服务是一种"任何在贸易中进行买卖而不可能砸到脚面上的东西"。在服务贸易中，服务提供者与接受者以某种活动的方式完成服务交换过程，有的甚至在瞬间完成。此外，许多服务产品，如高速公路，具有公共产品的性质。服务提供者提供一项服务可同时为许多人享用，这使各国很难统计出真实的服务交易量。

2. 服务贸易的非单一性

某些服务提供商品需要商业存在以及面对面的方式，由此可能涉及其他国家政策及社会问题。诸如商业存在涉及的开业权、外国直接投资的政策、人员流动涉及移民政策等。

3. 政府管理方式的不同

当服务贸易的发生不需要跨越国境的时候，就不能通过边境措施来管制，而主要依靠政策、法规、行政措施等来管理。另外，服务贸易的市场准入问题不是关税问题，而是国家政策、法规的限制问题，即是否允许进入本国国境内以及是否给予不歧视待遇问题。

二、国际服务贸易的立法

国际服务贸易法是调整国际服务贸易的法律规范的总和。国际服务贸易法的法律渊源可以表现为国际条约，如《服务贸易总协定》《联合国国际海上货物运输公约》；也可以表现为国际惯例，如国际商会的《跟单信用证统一惯例》。国家立法对国际贸易的规范更是多种多样，如美国1974年贸易法即包含着关于国际服务贸易的规定，其中301条款更是直接和国际服务贸易相关联。

国际服务贸易法相对于国际经济法的其他分支而言，有一些自己的特点：

（1）体系上，结构体系不完整、不平衡，多为技术性规则。在 GATS 之前，并不存在国际上统一的规范性文件；

（2）内容上，一些部分空泛、缺乏比较详细的规则、规范，而且一些服务贸易部门如运输、保险、支付多被放在货物贸易法中，致使国际服务贸易法尤显单薄；

（3）对国际服务贸易的态度上，因为国际服务贸易的出现比较晚，国际上虽存在关于国际服务贸易的论述，但并没有被独立对待。

虽有以上不足之处，但国际服务贸易已经形成了与货物贸易、技术贸易同步增长、鼎足发展的态势。对国际服务贸易的规制将成为一个重要的课题。

【课程思政】

解读习近平主席在 2021 年中国国际服务贸易交易会全球服务贸易峰会上的致辞①

开放合作　共享服贸发展新机遇

"我们愿同各方一道，坚持开放合作、互利共赢，共享服务贸易发展机遇，共促世界经济复苏和增长。"

9 月 2 日晚，习近平主席在 2021 年中国国际服务贸易交易会全球服务贸易峰会上发表视频致辞，宣示了中国深化改革、扩大开放的新举措，道出了中国创新发展、更高水平开放的决心和与世界共享发展机遇的意愿。

互利共赢，推动更高水平开放合作

153 个国家和地区参展参会，1 万多家企业集中亮相，200 余场活动将有序举办……全球疫情形势依然严峻复杂之时，本届服贸会如期举行。

"服务贸易是国际贸易的重要组成部分和国际经贸合作的重要领域，在构建新发展格局中具有重要作用。"习近平主席的话语随着电视和网络传遍全球。

"服务贸易，一头连着国内市场，一头连着国际市场，是促进'双循环'的关键枢纽，也是构建新发展格局的重要支撑。"商务部研究院国际服务贸易研究所所长李俊说。

"提高开放水平""扩大合作空间""加强服务领域规则建设""继续支持中小企业创新发展"——习近平主席就服务贸易开放合作提出 4 方面举措。

习近平主席指出，"在全国推进实施跨境服务贸易负面清单，探索建设国家服务贸易创新发展示范区""加大对共建'一带一路'国家服务业发展的支持，同世界共享中国技术发展成果"。

国务院发展研究中心对外经济研究部副部长罗雨泽说，从海南自由贸易港跨境服务贸易负面清单，到全国版跨境服务贸易负面清单；从国家服务贸易创新发展试点，到探索建设国家服务贸易创新发展示范区，这表明中国扩大对外开放不停步、创新发展无止境。

中远海运集团有限公司董事长、党组书记许立荣说："习近平主席的致辞传递了

---

① 《开放合作　共享服贸发展新机遇——解读习近平主席在 2021 年中国国际服务贸易交易会全球服务贸易峰会上的致辞》，载中华人民共和国中央人民政府，http://www.gov.cn/xinwen/2021-09/03/content_5635093.htm，访问时间：2021 年 9 月 20 日。

中国进一步深化与'一带一路'沿线国家合作的积极信号。我们将抓住良机，提供更优质全球综合物流供应链服务，为高质量共建'一带一路'贡献力量。"

乌拉圭总统拉卡列在视频致辞中说，服务贸易已成为全球贸易中最活跃的领域，乌拉圭希望在共建"一带一路"框架下进一步深化同中国的经贸合作。

对标更高标准，更加注重规则制度建设

习近平主席指出，我们将加强服务领域规则建设，支持北京等地开展国际高水平自由贸易协定规则对接先行先试，打造数字贸易示范区。

"服务贸易发展有赖于服务业的发展。加强与国际高水平经贸协定对标，有利于与国际规则接轨，进一步扩大服务业开放，提升中国服贸企业竞争力。"商务部国际贸易经济合作研究院研究员梅新育说。

不久前发布的海南自由贸易港跨境服务贸易负面清单，就是对标国际高标准自贸协定作出的自主开放举措。负面清单出台是对服务贸易管理模式的重大突破，是一项制度型开放安排。

"数字"，是今年服贸会的关键词。数字贸易是全球贸易的新形态，也是未来贸易的新引擎。2020年，中国可数字化交付的服务贸易额为2947.6亿美元，占服务贸易总额比重达44.5%。

深化改革，以金融服务创新带动服贸发展

"我们将继续支持中小企业创新发展，深化新三板改革，设立北京证券交易所，打造服务创新型中小企业主阵地。"习近平主席说。

"这意味着新三板服务创新型中小企业的能力将全面提升，通过引导更多资源关注优质中小企业，进一步激发市场活力。"厦门大学经济学院教授韩乾说。

优炫软件董事长梁继良认为，随着新三板改革的深化，创新型中小企业将在资本市场迎来一个更加专业化的服务平台，能够更便利地融资，享受发展机遇与资源支持。

李俊说，新三板企业中有很多是高科技服务贸易企业，对于资金需求量较大，这一金融服务改革举措，能更好地帮助中小企业融资，促进科技创新发展，提升服务贸易竞争力。

去年服贸会上，习近平主席提出了北京"两区"建设的要求，即"支持北京打造国家服务业扩大开放综合示范区""设立以科技创新、服务业开放、数字经济为主要特征的自由贸易试验区"，以更好发挥北京在中国服务业开放中的引领作用。

一年来，北京"两区"建设成果显著。截至今年8月，"两区"建设确定的251项任务清单已落地202项，实施率达到80.5%。

商务部服贸司司长陈春江说，未来，我国将持续推进改革，全面深化服务贸易创新发展试点，进一步扩大开放，继续放宽服务业市场准入，提升跨境服务贸易制度型开放水平，推动完善国际服务贸易规则治理体系。坚持用和平、发展、合作、共赢的"金钥匙"，中国将与世界各国共创更加美好的未来。

第二节　服务贸易总协定

国际服务贸易的发展严重不平衡，主要集中在发达国家，在 1982 年关税及贸易总协定部长级会议上，以美国为首的发达国家提出将服务贸易列入其工作计划。1993 年 12 月 5 日，乌拉圭回合谈判圆满结束。缔约方达成了《服务贸易总协定》（General Agreement On Trade In Service，以下简称 GATS，），它作为世界贸易组织所管辖的框架协议的重要组成部分，随着 1995 年 1 月 1 日世界贸易组织的诞生而生效。

GATS 由序言、6 个部分的 29 个条款和 8 个附件组成。其宗旨是通过建立服务贸易多边规则，在透明和逐步自由化的条件下扩大全球服务贸易。GATS 的内容可以分为三部分：第一部分是框架协议；第二部分是成员国服务贸易承诺清单；第三部分是框架协议的 8 个附件，规定了某些重要服务贸易部门的多边自由化规则，是 GATS 的不可分割的组成部分。

一、框架协议的主要内容

框架协议由 6 个部分，39 个条文组成，规定了国际服务贸易的一般概念、原则和规则以及成员国的基本权利和义务，是 GATS 的主体和实质部分。其基本内容是：

（一）最惠国待遇

GATS 将最惠国待遇原则作为一般原则适用于国际服务贸易。GATS 第 2 条规定：每一成员国应立即无条件地给予另一成员国的服务和服务提供者的待遇，不低于它给予其他国家（该国家是否协定成员没有关系）类似的服务和服务提供者的待遇。无论协定的某一成员给予哪一国家任何服务贸易方面的优惠措施，其他成员国立即无条件地享有该优惠。措施是指任何措施，不论是以法律、法规、规章，还是以决定、行政行为或其他形式表现的。

GATS 最惠国待遇具有很大的灵活性：（1）给予最惠国待遇的义务可以在一定条件下豁免。GATS 允许成员国采取与最惠国待遇不符的特定的法律、法规和做法，只要在 GATS 实施前，将这些不符之处作为例外，列入框架协议的附件中，即可享有最惠国待遇豁免，原则上，这种豁免不超过 10 年；（2）最惠国待遇不适用于经济一体化协定；（3）最惠国待遇不适用于政府采购，不适用于约束政府采购服务的法律、法规及要求；（4）GATS 义务的一般例外和安全例外也适用于最惠国待遇。

【法规阅读】

《服务贸易总协定》

第 2 条　最惠国待遇

1. 关于本协定涵盖的任何措施，每一成员对于任何其他成员的服务和服务提供者，应立即和无条件地给予不低于其给予任何其他国家同类服务和服务提供者的待遇。

2. 一成员可维持与第 1 款不一致的措施，只要该措施已列入《关于第 2 条豁免的附件》，并符合该附件中的条件。

3. 本协定的规定不得解释为阻止任何成员对相邻国家授予或给予优惠，以便利仅限于毗连边境地区的当地生产和消费的服务的交换。

（二）透明度

GATS 第 1 条规定，各成员国应在协定实施前，公布影响本协定实施的法律、法规和做法，每年应把所采用的新法规，或对现有法律的修改通知其他成员国。对任何其他成员国就其普遍适用的任何措施，或国际协定所提出的所有具体资料要求，各成员国立即予以答复，还应设立咨询点。但资料公开会妨碍法律的实施，或违背公众利益，或损害特定公营或私营企业合法权益的机密资料，不得公开。

【法规阅读】

《服务贸易总协定》

第 3 条 透明度

1. 除紧急情况外，每一成员应迅速公布有关或影响本协定运用的所有普遍适用的措施，最迟应在此类措施生效之时。一成员为签署方的有关或影响服务贸易的国际协定也应予以公布。

2. 如第 1 款所指的公布不可行，则应以其他方式使此类信息可公开获得。

3. 每一成员应迅速并至少每年向服务贸易理事会通知对本协定项下具体承诺所涵盖的服务贸易有重大影响的任何新的法律、法规、行政准则或现有法律、法规、行政准则的任何变更。

4. 每一成员对于任何其他成员关于提供属第 1 款范围内的任何普遍适用的措施或国际协定的具体信息的所有请求应迅速予以答复。每一成员还应设立一个或多个咨询点，以应请求就所有此类事项和需遵守第 3 款中的通知要求的事项向其他成员提供具体信息。此类咨询点应在《建立世界贸易组织协定》（本协定中称"《WTO 协定》"）生效之日起 2 年内设立。对于个别发展中国家成员，可同意在设立咨询点的时限方面给予它们适当的灵活性。咨询点不必是法律和法规的保存机关。

5. 任何成员可将其认为影响本协定运用的、任何其他成员采取的任何措施通知服务贸易理事会。

第 3 条之二 机密信息的披露

本协定的任何规定不得要求任何成员提供一经披露即妨碍执法或违背公共利益或损害特定公私企业合法商业利益的机密信息。

（三）资格承认和协调

GATS 第 10 条规定，成员国应当承认，另一个国家就教育程度、经历符合任职资格的条件所颁发的许可证或证明。GATS 也规定，服务贸易理事会应当制定必要的纪律，确保有关资格要求、程序、技术标准和许可要求不致构成不必要的服务壁垒。此外，GATS 还允许成员国对境内职业服务者保留公民资格限制。

【法规阅读】

《服务贸易总协定》

第 7 条　承认

1. 为使服务提供者获得授权、许可或证明的标准或准则得以全部或部分实施，在遵守第 3 款要求的前提下，一成员可承认在特定国家已获得的教育或经历、已满足的要求、或已给予的许可或证明。此类可通过协调或其他方式实现的承认，可依据与有关国家的协定或安排，也可自动给予。

2. 属第 1 款所指类型的协定或安排参加方的成员，无论此类协定或安排是现有的还是在将来订立，均应向其他利害关系成员提供充分的机会，以谈判加入此类协定或安排，或与其谈判类似的协定或安排。如一成员自动给予承认，则应向任何其他成员提供充分的机会，以证明在该其他成员获得的教育、经历、许可或证明以及满足的要求应得到承认。

3. 一成员给予承认的方式不得构成在适用服务提供者获得授权、许可或证明的标准或准则时在各国之间进行歧视的手段，或构成对服务贸易的变相限制。

4. 每一成员应：

（a）在《WTO 协定》对其生效之日起 12 个月内，向服务贸易理事会通知其现有的承认措施，并说明此类措施是否以第 1 款所述类型的协定或安排为依据；

（b）在就第 1 款所指类型的协定或安排进行谈判之前，尽早迅速通知服务贸易理事会，以便向任何其他成员提供充分的机会，使其能够在谈判进入实质性阶段之前表明其参加谈判的兴趣；

（c）如采用新的承认措施或对现有措施进行重大修改，则迅速通知服务贸易理事会，并说明此类措施是否以第 1 款所指类型的协定或安排为依据。

5. 只要适当，承认即应以多边议定的准则为依据。在适当的情况下，各成员应与有关政府间组织或非政府组织合作，以制定和采用关于承认的共同国际标准和准则，以及有关服务行业和职业实务的共同国际标准。

（四）垄断及限制性商业惯例

GATS 第 8 条规定，各成员国应确保在其境内的任何垄断服务者，在相关市场上提供垄断服务方面，不得违反最惠国待遇及作出的具体承诺。GATS 第 4 条规定对于抑制竞争、限制服务贸易的商业惯例，应为取消该惯例进行磋商，并提供有关的公开资料。

【法规阅读】

《服务贸易总协定》

第8条 垄断和专营服务提供者

1. 每一成员应保证在其领土内的任何垄断服务提供者在有关市场提供垄断服务时，不以与其在第2条和具体承诺下的义务不一致的方式行事。

2. 如一成员的垄断提供者直接或通过附属公司参与其垄断权范围之外且受该成员具体承诺约束的服务提供的竞争，则该成员应保证该提供者不滥用其垄断地位在其领土内以与此类承诺不一致的方式行事。

3. 如一成员有理由认为任何其他成员的垄断服务提供者以与第1款和第2款不一致的方式行事，则在该成员请求下，服务贸易理事会可要求设立、维持或授权该服务提供者的成员提供有关经营的具体信息。

4. 在《WTO协定》生效之日后，如一成员对其具体承诺所涵盖的服务提供给予垄断权，则该成员应在所给予的垄断权预定实施前不迟于3个月通知服务贸易理事会，并应适用第21条第2款、第3款和第4款的规定。

5. 如一成员在形式上或事实上（a）授权或设立少数几个服务提供者，且（b）实质性阻止这些服务提供者在其领土内相互竞争，则本条的规定应适用于此类专营服务提供者。

第9条 商业惯例

1. 各成员认识到，除属第8条范围内的商业惯例外，服务提供者的某些商业惯例会抑制竞争，从而限制服务贸易。

2. 在任何其他成员请求下，每一成员应进行磋商，以期取消第1款所指的商业惯例。被请求的成员对此类请求应给予充分和积极的考虑，并应通过提供与所涉事项有关的、可公开获得的非机密信息进行合作。在遵守其国内法律并在就提出请求的成员保障其机密性达成令人满意的协议的前提下，被请求的成员还应向提出请求的成员提供其他可获得的信息。

（五）GATS 的例外规则

GATS 第14条及14条附则中规定了一般例外和安全例外。一般例外要求满足两项要求，一是要求该措施在国家间不应构成武断的或不公正的歧视，或构成对服务贸易的变相限制；另一项要求该类措施必须基于以下目的：（1）保护公共道德或维护公共秩序所必需；（2）保护人类、动物、植物的生命或健康所必需；（3）确保遵守与协定规定不相抵触的法律、法规所必需，如防止欺诈和欺骗做法等。

GATS 规定了安全例外。GATS 不要求成员国提供其认为公开后会违背其基本利益的任何资料，不阻止任何成员为保护其基本安全利益而有必要采取的行动，不阻止任何成员为履行联合国宪章下维护国际和平与安全的义务而采取的行动。

二、具体承诺的主要内容

成员国服务贸易具体承诺清单，规定成员国承诺开放的本国服务部门和部分具体承担的国民待遇，以及市场准入的义务和条件限制。它是在成员国"一对一"谈判基础上确定，作为其承担权利义务的依据，具有法律上的约束力。是否给予市场准入，是否给予国民待遇，以一国具体列出的承诺表来确定。每个成员国应该具体列出市场准入的规定、限制和条件；国民待遇的条件和资格；有关附加承诺的义务；适当情况下，实施这类承诺的时间表以及这类承诺的生效日期。比如 GATS 第 16 条规定，"第一个成员国给予其他成员国的服务和服务提供者的待遇，不应低于根据其承诺清单中同意和详细规定的期限，限制和条件所提供的待遇。"

在服务方式的市场准入方面，每个成员国给予其他任何成员的服务，如服务提供者待遇，不得低于其承诺表中所同意和明确的规定、限制和条件；国民待遇仅限于列入承诺表的部门，并以遵照其中所列条件和资格为前提。

三、GATS 的附件之主要内容

GATS 共包含 8 个附件，具体为：《免除成员国最惠国待遇义务附件》《关于提供服务的自然人移动的附件》《航空运输服务附件》《金融服务附件》《金融服务附件二》《关于海上运输服务谈判附件》《电信服务附件》《关于基本电信服务谈判附件》。它们是 GATS 组成部分，对于主要服务业部门如何实施框架协议作出具体的规定。

《航空运输服务附件》规定 GATS 适用于飞机的修理和保养服务、出售空中运输服务、营销服务、计算机储存服务，而不适用于调整通行权及与该权利相关的民用航空活动；《关于提供服务的自然人移动附件》仅适用于以提供服务为目的的自然人出入境及临时停留，不适用于公民权、居留及永久性受雇佣等，诸如公民权、居留权及永久性受雇佣等，由国内法调整；《金融服务附件》适用于银行业务、担保和保险的金融服务，但不适用于主要执行政府职能的机构的金融活动；《电信服务附件》规定成员国应确保其他成员服务提供者，合理地、非歧视地进入和使用本国电讯网及其服务，从事商业活动。成员国可采取措施保证安全和信息秘密，但这种措施不能是垄断的、歧视性的或隐蔽性的限制。

GATS 奠定了多边服务贸易自由化制度的基础，产生并完善了多边贸易体制，弥补了单一的货物贸易规则对调整广泛的国际经济贸易活动的不足，标志着一套调整广泛的国际经济贸易活动的不足，标志着一套调整各个贸易部门的全面的"一揽子"多边贸易规则的形成。但 GATS 仅仅是一个初步的带有尝试性的服务贸易框架协议，存在明显的缺陷和不足。最惠国待遇是贸易自由化的基石，也是 GATS 协议规定的一般性义务，但 GATS 允许成员国对于最惠国待遇的适用作出保留，为此几乎所有成员国都开列了最惠国待遇的例外。如美国明确通知其他成员国最惠国待遇不适用于海运、民航运输、基础电信和金融服务，此结果足以导致无条件最惠国待遇形同虚设；又如 GATS 对国民待遇、市场准入义务的适用采取正面列举的方式，成员国仅对列出的部门范围承担相应义务，而对于没有列举的部门和服务不承担义务，为此，服务贸易多边自由化大受局限。

尽管如此，GATS 仍是一个良好的开端，1994 年 4 月 15 日乌拉圭回合谈判上，有 124

个国家以及欧共体代表签署了 GATS 及其他最后文件，足以证明各国对于多边服务贸易自由化的前景充满信心。

【自我检测】

一、单选题

1.（自学考试真题）根据《服务贸易总协定》，中国学生到美国留学，属于服务贸易方式中的（　　）。

    A. 自然人流动　　B. 跨境交付　　　　C. 境外消费　　　　D. 商业存在

2.（法律职业资格考试真题）《服务贸易总协定》规定了服务贸易的方式，下列哪一选项不属于协定规定的服务贸易？

    A. 中国某运动员应聘到美国担任体育教练

    B. 中国某旅行公司组团到泰国旅游

    C. 加拿大某银行在中国设立分支机构

    D. 中国政府援助非洲某国一笔资金

3.（法律职业资格考试真题）根据世界贸易组织《服务贸易总协定》，下列哪一选项是正确的？

    A. 协定适用于成员方的政府服务采购

    B. 中国公民接受国外某银行在中国分支机构的服务属于协定中的境外消费

    C. 协定中的最惠国待遇只适用于服务产品而不适用于服务提供者

    D. 协定中的国民待遇义务，仅限于列入承诺表的部门

二、多项选择题

4. 根据《服务贸易总协定》（GATS），下列属于国际服务贸易的有（　　）。

    A. 美国加州大学伯克利分校通过远程向中国 F 大学的学生授课

    B. 中国银行在某国开立分行

    C. 中国旅游者在法国巴黎购买箱包、手表等奢侈品

    D. 法国的建筑工程师皮埃尔到中国 S 市，规划设计楼盘

【参考答案】

第七章　国际知识产权法

第一节　知识产权法概述

一、知识产权概述

知识产权（Intellectual Property），又称无形财产权、智慧财产权等，是人们对于自己的智力活动创造的成果和经营管理活动中的标记、信誉依法享有的权利。

（一）知识产权的范围

广义的知识产权包括著作权、邻接权、专利权、商标权、商号权、商业秘密权、地理标志权、集成电路布图设计权等权利。

狭义的知识产权分为两个类别：一类是文学产权，包括著作权与邻接权；另一类是工业产权，主要有专利权和商标权。

知识产权的客体具有以下特点：第一，非物质性。知识产权的客体即知识产品或称智力成果，是一种没有形体的精神财富。客体的非物质性是知识产权的本质属性所在，也是该项权利与有形财产所有权的最根本区别。所谓非物质性，即是知识产品的存在不具有一定的形态，不占有一定的空间。人们对它的"占有"不是一种实在和具体的控制，而表现为认识和利用。第二，创造性。创造性是知识产品取得法律保护的条件，就某类具体的知识产品来说，其创造性程度的要求各不相同。发明专利所要求的创造性最高，它必须是该项技术领域中先进的科学技术成就，它所体现的技术思想、技术方案必须使某一领域的技术发生质的飞跃。著作权作品所要求的创造性次之，它要求作品必须是作者创造性劳动的成果，但任何作品只要是独立构思和创作的，不问其思想内容是否与他人作品相同或类似，均可取得独立的著作权。而商标所要求的创造性仅达到易于区别的程度即可，即商标应当具有显著特征，便于识别。

（二）知识产权的特征

1. 专有性

知识产权的专有性，是指知识产权所有人对其知识产权具有独占权。知识产权是一种专有的民事权利，它同所有权一样具有排他性和绝对性的特点。不过由于智力成果是精神领域的产品，知识产权的效力内容不同于所有权的效力内容。

2. 地域性

知识产权的地域性是指知识产权只在授予及确认其权利的国家产生，并且只能在该国地域范围内发生法律效力并受到法律保护。而其他国家没有义务给予法律保护。这就表明，知识产权所有人对其智力成果享有的知识产权在空间上的效力并不是无限的，而是受到地域性的限制，即具有严格的领土性，其效力仅限于本国境内。一般说来，对有形财产所有权的保护原则上没有地域性的限制。而无形财产权则不同，它是按照一国法律获得承认和保护的知识产权，也只能在该国发生法律效力。除签订国际公约或双边互惠协定以外，知识产权没有域外效力，域外的其他国家对这种权利没有保护的义务，域外的任何人均可在自己的国家内自由使用该智力成果，既无需取得权利人的同意，也不必向权利人支付报酬。

3. 时间性

知识产权的时间性是指知识产权在法律规定的期限内受到法律保护，一旦超过了法律规定的有效期限，权利就自动消灭。知识产权的时间性，其产生的根源是对权利的一种限制，技术和知识都要得到广泛的传播，才能促进社会的发展，有利于科技和知识的发展和传播，有利于人类智慧劳动的不断进步。

【课程思政】

《知识产权强国建设纲要（2021—2035年）》（节选）

一、指导思想。

坚持以习近平新时代中国特色社会主义思想为指导，全面贯彻党的十九大和十九届二中、三中、四中、五中全会精神，紧紧围绕统筹推进"五位一体"总体布局和协调推进"四个全面"战略布局，坚持稳中求进工作总基调，以推动高质量发展为主题，以深化供给侧结构性改革为主线，以改革创新为根本动力，以满足人民日益增长的美好生活需要为根本目的，立足新发展阶段，贯彻新发展理念，构建新发展格局，牢牢把握加强知识产权保护是完善产权保护制度最重要的内容和提高国家经济竞争力最大的激励，打通知识产权创造、运用、保护、管理和服务全链条，更大力度加强知识产权保护国际合作，建设制度完善、保护严格、运行高效、服务便捷、文化自觉、开放共赢的知识产权强国，为建设创新型国家和社会主义现代化强国提供坚实保障。

二、工作原则

——法治保障，严格保护。落实全面依法治国基本方略，严格依法保护知识产权，切实维护社会公平正义和权利人合法权益。

——改革驱动，质量引领。深化知识产权领域改革，构建更加完善的要素市场化配置体制机制，更好发挥知识产权制度激励创新的基本保障作用，为高质量发展提供源源不断的动力。

——聚焦重点，统筹协调。坚持战略引领、统筹规划，突出重点领域和重大需求，推动知识产权与经济、科技、文化、社会等各方面深度融合发展。

——科学治理，合作共赢。坚持人类命运共同体理念，以国际视野谋划和推动知识产权改革发展，推动构建开放包容、平衡普惠的知识产权国际规则，让创新创造更多惠及各国人民。

三、发展目标

到 2025 年，知识产权强国建设取得明显成效，知识产权保护更加严格，社会满意度达到并保持较高水平，知识产权市场价值进一步凸显，品牌竞争力大幅提升，专利密集型产业增加值占 GDP 比重达到 13%，版权产业增加值占 GDP 比重达到 7.5%，知识产权使用费年进出口总额达到 3500 亿元，每万人口高价值发明专利拥有量达到 12 件（上述指标均为预期性指标）。

到 2035 年，我国知识产权综合竞争力跻身世界前列，知识产权制度系统完备，知识产权促进创新创业蓬勃发展，全社会知识产权文化自觉基本形成，全方位、多层次参与知识产权全球治理的国际合作格局基本形成，中国特色、世界水平的知识产权强国基本建成。

二、国际技术贸易法律制度

国际技术贸易严格说应当被称为国际知识产权贸易，因为除了专利技术、专有技术等传统的交易对象外，大部分知识产权的客体，包括商标、计算机软件、集成电路布图设计、植物新品种、著作权等均已经成为国际贸易的对象。当然实践中作为交易对象的主要还是技术。

（一）国际技术贸易概念和特点

国际技术贸易是指技术的所有人将其技术通过一定方式跨越国界有偿转让给他人使用的行为，技术所有人称为出让方，使用者称为受让方。

技术贸易是否具有国际性，与转让和受让双方的国籍无关，完全取决于转让技术是否跨越国境。将跨越国境作为技术贸易是否具有国际性的标准，这是国际上一致的看法。我国《技术进出口管理条例》也有类似的规定。

与普通货物贸易相比，国际技术转让具有以下特点：国际技术转让的对象是无形的技术知识；国际技术转让的内容一般是使用权而不是所有权；国际技术转让的交易时间更长，交易过程更复杂，交易风险更大；国际技术转让容易受政府制约。

国际技术贸易的方式很多，其中使用最广泛和最普遍的就是国际许可证贸易。

（二）国际许可证贸易

国际许可证贸易是指技术出让方将其技术使用权，在一定条件下提供给技术受让方，技术受让方支付使用费的方式。在国际技术贸易的实践中，绝大多数技术转让只是转让技术使用权，而不是所有权，这使得许可证协议（又称国际许可合同）应用广泛。

许可证协议又称许可协议、许可合同、许可证贸易，是指技术出让方将其技术使用权在一定条件下转让给技术受让方，由技术受让方支付使用费用的合同。许可证协议的客体是技术使用权，而不是技术所有权。

国际许可证协议依据不同的标准可以有不同的分类：

（1）根据标的不同，许可协议分为专利许可证协议、商标许可证协议、版权许可证协议、专有技术许可协议。

（2）依据权利行使范围不同，许可证协议分为独占许可证协议、排他许可证协议和普通许可证协议。

①独占许可证协议，指在协议规定的时间和地域范围内，受让方对受让的技术拥有使用权，许可方不能自行使用该技术，同时也不能将该技术另行转让给第三方。

②排他许可证协议，指在协议规定的时间和地域范围内，受让方对受让的技术拥有使用权，许可方不能将该技术使用权另行转让给第三方，但许可方自己可以使用。

③普通许可证协议，指在协议规定的时间和地域范围内，不仅受让方可以使用受让技术，许可方也可以使用或许可第三方使用该技术。

在上述分类中，独占许可证协议的技术使用费最高，普通许可证协议的技术使用费最低。

（3）其他分类方法：

①交叉许可证协议指技术许可方和技术受让方在协议中规定，将各自的技术使用权相互交换，供对方使用。

②分许可证协议指协议中的受让方可以将其受让的技术使用权再行转让给第三方，由于该类型的许可证协议赋予受让方的权利较大，因此许可费较高。

三、知识产权的国际保护

知识产权的国际保护是指各国在国内知识产权立法的基础上，通过签订双边保护协定、缔结或者参加国际条约以及互惠途径对知识产权所实行的保护。因此，对知识产权的保护，主要是通过下列途径来实现的：

1. 知识产权的国内法保护

知识产权保护范围的确定应当以本国知识产权法为标准和依据。我国目前已经形成了比较完整的知识产权法律保护体系，知识产权保护范围和水平基本与知识产权国际条约规定的范围和水平相同。

2. 知识产权的双边保护

由于知识产权具有地域性，按照一国法律授予和保护的知识产权，只能在该国领域内有效，而在其他国家不发生效力。随着国际贸易与国际技术交流的日益扩大，知识产权的国际市场逐步形成，知识产权不仅应在本国受到保护，也应该在其他国家获得法律上的承认和保护。为此，各国政府经谈判，缔结了一系列的双边协定，而知识产权的双边保护协定也就成为知识产权的国际保护制度的一部分。

3. 知识产权的多边保护

缔结和参加知识产权保护方面的国际公约。从十九世纪末期，欧美各主要资本主义国家进入帝国主义阶段，商品、服务、技术越来越国际化，知识产权的地域性限制与各国垄断集团希望把知识成果的垄断权从国内推向国外的迫切要求及知识成果的国际化要求出现了巨大的矛盾。所以各国先后签订了一些保护知识产权的国际公约，成立了一些全球性或地域性的国际组织，以适应这些要求、解决这些矛盾，从而在世界范围内形成了一系列国际知识产权保护制度。其中1884年正式生效的《保护工业产权巴黎公约》是知识产权领域第一个世界性多边公约，而且是成员国最为广泛、对其他世界性和地区性工业产权保护影响最大的公约。1886年在瑞士首都伯尔尼签订的《保护文学和艺术作品伯尔尼公约》是著作权领域第一个世界性多边国际条约，也是至今影响最大的著作权公约。

此外，互惠原则作为知识产权国际保护的补充途径也是知识产权国际制度的一部分，它对知识产权的国际保护起到了完善的作用，在日益联系密切又呈现出复杂多变的国际关系中对知识产权的保护提供了一种新途径。

第二节　《保护工业产权巴黎公约》

《保护工业产权巴黎公约》（以下简称《巴黎公约》），是1883年3月20日在法国首都巴黎缔结，1884年7月7日生效。中国于1985年3月19日正式加入该公约。

一、《巴黎公约》的基本原则

《巴黎公约》作为工业产权保护方面的国际公约，其确立了国民待遇原则、优先权原则、独立性原则、临时保护原则。

1. 国民待遇原则

国民待遇原则即巴黎公约任何成员国的国民，在保护工业产权方面，可在其他成员国内享有各国法律给予该国国民的各种权益。非成员国的国民如果在成员国领土内有住所或真实、有效的工商业营业所的，也享有与成员国国民同等的待遇。

2. 独立性原则

独立性原则即公约的各成员国独立的按照本国法律决定是否授予专利权，不受该专利权在其他成员国决定的影响。也就是说一个公约成员国对某一专利在他国是否授予、宣告无效或者是否终止，并不意味着在本国的同样适用。

3. 优先权原则

优先权原则即成员国的国民向一个缔约国首次提出申请后，可以在一定期限（发明和实用新型12个月，外观设计及商标为6个月）内，向所有成员国申请保护，并以第一次申请的日期作为在后提出申请的日期。

4. 临时保护原则

公约规定，缔约国应对在任何一个成员国内举办的或经官方承认的国际展览会上展出的商品中可以取得专利的发明、实用新型、外观设计和商标给予临时保护。如果展品所有人在临时保护期内申请了专利或商标注册，则申请案的优先权日不再从第一次提交申请案时起算，而应从展品公开展出之日起算。这就是临时性保护原则的含义。由于公约只原则性地提出临时性保护要求，但对如何保护没有规定，所以保护方式可以由成员国自由确定。实践中各国采用的方式主要包括两种：一种是对于展出的商品中可能获得专利的发明、实用新型和外观设计，规定在一定期限内不丧失新颖性；另一种则是承认展出人的在先使用权，以对抗第三者可能取得的权利。

二、《巴黎公约》的其他具体制度

（一）对专利的保护

1. 发明人的姓名及记载权

发明人有权要求在专利证书上记载自己是发明人。这种权利是发明人所应享有的人身权利，而不是专利权人的权利。发明人行使这种权利的程序由各成员国在其本国法律中规定。

2. 强制许可

强制许可即公约成员国可以在专利权人自提出专利申请之日起 4 年届满后，或者自授予专利之日起 3 年届满后，若无正当理由不实施或不充分实施权利，经任何有条件实施专利的人提出申请，可以采取强制许可措施，但取得强制许可方应给专利人合理的报酬。规定强制许可的主要理由是为了促进国家工业进步，不应允许专利仅用于阻止专利实施或垄断进口，而应用于引进新技术。

强制许可制度因不实施或不充分实施的情况，适用于专利和实用新型。

此外，为公众利益、军事安全和公共卫生方面的原因，成员国可以通过国内法规定强制许可。

3. 交纳维持费的宽限期

对于缴纳发明、实用新型、外观设计的年费，应给予不少于 6 个月的宽限期，在这种情况下，公约成员国的内国法可以规定交纳附加费。成员国有权对未缴费而终止的专利权规定恢复的方法。

4. 国际交通工具上的权利

在公约成员国内，下列情况不应认为是侵犯专利人权利：（1）当其他成员国的船只暂时或偶然进入领水，在该船的船身、机器、滑车装置及其他附件上使用构成专利的装置设备，只要这些装置设备是专为该船的需要。（2）当其他成员国的飞机或车辆暂时或偶然进入领域，在该飞机或车辆的构造、操纵或其附件中使用构成专利主题的装置设备。

5. 在国际展览会上的临时保护制度

公约规定，各成员国应按其本国法律，对在其他成员国领土内举办的，官方的或经官方承认的国际展览会展出的商品中可以取得专利的发明、实用新型、外观设计，给予临时保护。发明、实用新型的临时保护期通常为 12 个月，外观设计的临时保护期通常为 6 个月。但是，在国际展览会上的展品的临时保护不是自动的，必须由要求得到临时保护的展品所有人，取得举办国际展览会的成员国的有关当局的书面证明，以证明公开展出的日期以及展品种类、名称。

6. 其他规定

如专利人将在任何成员国内依某种方法制造的产品输入到该项方法授予专利的国家的，不应导致该项专利的撤销；成员国不得以本国法律禁止或限制出售某项专利制品或以某项专利方法制成的产品为理由，拒绝核准专利权或专利权失效。

公约规定了各成员国在制定本国工业产权法时应遵守的最低规则，很多工业产权公约要求参加本公约的国家，必须首先是公约的成员国。

（二）对商标的保护

1. 驰名商标

商标注册国或使用国主管机关，认为一项商标在该国已成为驰名商标，已成为有权享有本公约利益之人所有，而另一商标构成对此驰名商标的复制、伪造或翻译，且用于系统或类似商品上易于造成混乱时，公约成员国都要按其本国法律允许的职权，或应有关当事人的请求，拒绝或取消另一商标的注册，并禁止使用。商标的主要部分抄袭驰名商标，或是导致造成混乱的仿造者，也应适用上述规定。

如果发生上述侵害驰名商标的情况，从注册之日起至少5年内，应允许提出取消这种侵权商标。对于以不诚实手段取得注册或使用的商标，提出取消注册或禁止使用的要求的，不应规定时限。

2. 国徽、官方检验印章和政府间组织徽记的禁用

对于未经公约其他成员国主管机关许可，将其国家印章、国徽和其他国家徽记，用以表明管制和保证的官方标志和检验印章，以及从印章学的观点来看的任何仿制品，申请或注册为商标或构成商标要素的，应拒绝其注册或使其注册无效，并采取适当措施禁止其使用。

上述规定也适用公约成员国参加的政府间国际组织的徽章、旗帜、其他徽记、缩写和名称，非政府间国际组织则不包括在内。为了适应这些规定，各成员国同意将它们希望或今后希望，完全地或在一定限度内，受公约保护的国家徽记及表明官方管制和保证的标记和检验印记清单，以及以后对这项清单的一切修改，经由国际局相互通知。

3. 在公约某一成员国注册的商标在其他成员国所受的保护

在原属国正式注册的商标，在公约其他成员国也应照样接受其申请，并给予保护，但本条指明保留条件者除外。其他成员国在最终予以注册前，可以要求提供原属国主管机关颁发的注册证书。

原属国指申请人没有真实有效的营业所的公约成员国。如本公约成员国没有这类营业所，则指没有住所的公约成员国。如在公约成员国也没有住所，但是公约成员国的国民的，则指具有其国籍的国家。

具有下类情形的，可拒绝注册和宣布注册失效：（1）商标侵犯第三人在请求给予保护的国家所具有的既得利益；（2）缺乏显著特征的商标，或完全是用在商业中表示商品种类、质量、数量、用途、价值或生产日期的符号、标记，或请求保护的国家的通用语言，或正当商务实践中惯用的符号标记组成的商标；（3）违反道德或公共秩序，尤其是具有欺骗公众性质的商标。

4. 商标的注册、使用及转让

申请和注册商标的条件，由各成员国的内国法决定；如果某一国家规定已经注册的商标必须加以利用，则只有经过一段合理期限，而且当事人不能提出不使用的正当理由时，才可撤销其注册；商标所有人使用的商标，与其在成员国之一所注册商标的形式只有部分不同而并未改变其主要特征者，不应导致其注册失败，也不应减少对该注册所给予的保护；工商企业同时使用同一商标在相同的或类似的商品上，而依被请求保护的国家的国内

法被视为该商标的共同所有人者，只要这种使用不致欺骗群众和违反公共利益，则在任何成员国内给予注册，并不能以任何方式减少对该商标所给予的保护；如依照一个成员国的法律，商标的转让只能连同该商标所属的企业，或商业信誉同时转让方为有效，那么只需将企业或商业信誉在该国的部分，连同在该国制造和销售有被转让的商标的商品的专用权，一起转让给受让人，就是已承认其转让的效力；各成员国应保护服务标记，不应要求各成员国规定对这种标记进行注册。

5. 商标的临时保护与续展期

商标其他工业产权一样，如果是在国际展览会上展出的，应受临时保护。对缴纳商标续展费同样也有不少于 6 个月的优惠期，但也可以要求缴纳附加费。

【课程思政】

中国 2020 年在"一带一路"沿线国家专利申请授权实现双增长①

统计数据显示，2020 年中国在"一带一路"沿线国家专利申请公开量 6198 件、专利授权量 4245 件，同比分别增长 17.1% 和 19.3%，实现双增长。

据国家知识产权局介绍，2020 年，中国专利申请共进入"一带一路"沿线 22 个国家，专利授权量涉及"一带一路"沿线 26 个国家。其中，中国在韩国专利申请公开量为 3395 件，位居所有申请目的国之首，新加坡、越南、菲律宾、南非分别位列第二名至第五名。

2020 年，中国在"一带一路"沿线国家的专利申请与专利授权均实现技术领域全覆盖。其中，数字通信位居中国在"一带一路"沿线国家专利申请技术领域之首，申请公开量为 1435 件，占比 23.2%；该领域同时以 455 件专利授权量居中国在"一带一路"沿线国家专利授权技术领域之首，同比增长 38.7%。计算机技术和电气机械设备及电能居中国在"一带一路"沿线国家专利申请、专利授权技术领域的第二位和第三位。

中国国家知识产权局的统计数据还显示，"一带一路"沿线国家也加大在华专利布局力度：2020 年"一带一路"沿线共有 74 个国家在华提交专利申请，其中提交发明专利申请 2.3 万件，同比增长 3.9%，高于国外来华发明专利申请同比增速。2020 年"一带一路"沿线共有 71 个国家在华获得 1.3 万件发明专利授权。

第三节　《保护文学和艺术作品伯尔尼公约》

《保护文学和艺术作品伯尔尼公约》（以下简称《伯尔尼公约》）于 1886 年 9 月在伯尔尼签订，是世界上第一个著作权国际保护的多边条约，也是至今影响最大的著作权公

---

① 《中国 2020 年在"一带一路"沿线国家专利申请授权实现双增长》，载中国新闻网，https：// baijiahao. baidu. com/s？ id＝1699652912159028418&wfr＝spider&for＝pc，访问时间：2021 年 7 月 20 日。

约。中国于 1992 年 10 月 15 日加入该公约。

一、《伯尔尼公约》的基本原则

1. 国民待遇原则

国民待遇原则是指各成员国在著作权的保护上应给予其他成员国国民不低于本国国民的待遇。对于作品首次在成员国发表的非成员国的国民,以及在成员国有惯常居所的人也应适用国民待遇。根据公约的解释,一个作品在首次出版后三十天内,在两个或两个以上国家内出版,则该作品应视为同时在几个国家首次出版。

2. 自动保护原则

自动保护原则指作者在享有和行使依国民待遇原则所提供的有关权力时,不需要履行任何手续,作者在作品完成时自动享有版权,不需向其他成员国提出请求或履行任何手续。

3. 独立保护原则

独立保护原则指作者在其他缔约国享有和行使依国民待遇原则所提供的权利,以及公约特别提供的权利时,不依赖于作品起源国是否存在保护。即作品在起源国的保护和在其他公约成员国的保护是彼此独立的。追续权是本原则及国民待遇原则的例外。

二、《伯尔尼公约》的具体制度

(一) 客体范围

伯尔尼公约保护的作品范围是缔约国国民的或在缔约国内首次发表的文学艺术作品。包括文学、科学和艺术领域内的一切作品,如图书、讲课、戏剧、舞蹈、乐曲、电影作品、图画、建筑、雕塑、摄影作品,实用艺术品,地理学、解剖学、建筑学或科学方面的图表、图示及立体作品,演绎作品等。

(二) 权利内容

伯尔尼公约既保护精神权利,又保护经济权利。关于精神权利,规定了作者的署名权和修改权。关于经济权利,公约规定了翻译权、复制权、公演权、广播权、朗诵权、改编权、录制权和电影权。此外,还有关于"追续权"的规定,但并非最低保护要求,各成员国可以自行决定是否采用。

(三) 保护期限

作品的保护期限,公约针对不同的作品作了不同的规定:

对于一般文学艺术作品而言,公约给予的保护期为作者有生之年及其死后五十年。这个期限为作品保护的最低期限。

对于电影作品,是指从作品公映后五十年期满,如果作品摄制完成后五十年内未公开放映,那么这一作品受保护的期限自作品摄制完后五十年期满。

对于匿名作品(没有署名的作品)和署笔名的作品,其保护期为作品发表之日起五十年。

如果不署名或署笔名的作品在发表之后五十年内公开了自己的身份，对其作品的保护期便适用第（1）条的规定。

对于摄影作品和实用美术作品的保护期由各国法律自行规定，但最短期限不能少于作品完成后的二十五年。

对于合作作品，也适用上述各有关规定，但作者死后的保护期应从最后一位作者死亡时算起。

第四节 我国技术进出口的法律制度

我国技术进出口的主要依据是《技术进出口管理条例》，2001 年 12 月 10 日国务院令第 331 号公布，并分别于 2011 年、2019 年、2020 年进行过三次修订。

一、技术进出口的概念

技术进出口是指从中华人民共和国境外向中华人民共和国境内，或者从中华人民共和国境内向中华人民共和国境外，通过贸易、投资或者经济技术合作的方式转移技术的行为。这些行为包括专利权转让、专利申请权转让、专利实施许可、技术秘密转让、技术服务和其他方式的技术转移。

二、技术进口的管理制度

我国对技术进出口实行统一的管理制度，依法维护公平、自由的技术进出口秩序。技术进出口应当符合国家的产业政策、科技政策和社会发展政策，要有利于促进我国科技进步和对外经济技术合作的发展，有利于维护我国经济技术权益。一般情况下，国家准许技术的自由进出口；但是另有规定的除外。

有《对外贸易法》第 16 条规定情形之一的技术，禁止或者限制进出口。

【法规阅读】

《中华人民共和国对外贸易法》

第十六条 国家基于下列原因，可以限制或者禁止有关货物、技术的进口或者出口：

（一）为维护国家安全、社会公共利益或者公共道德，需要限制或者禁止进口或者出口的；

（二）为保护人的健康或者安全，保护动物、植物的生命或者健康，保护环境，需要限制或者禁止进口或者出口的；

（三）为实施与黄金或者白银进出口有关的措施，需要限制或者禁止进口或者出口的；

（四）国内供应短缺或者为有效保护可能用竭的自然资源，需要限制或者禁止出口的；

（五）输往国家或者地区的市场容量有限，需要限制出口的；

（六）出口经营秩序出现严重混乱，需要限制出口的；

（七）为建立或者加快建立国内特定产业，需要限制进口的；

（八）对任何形式的农业、牧业、渔业产品有必要限制进口的；

（九）为保障国家国际金融地位和国际收支平衡，需要限制进口的；

（十）依照法律、行政法规的规定，其他需要限制或者禁止进口或者出口的；

（十一）根据我国缔结或者参加的国际条约、协定的规定，其他需要限制或者禁止进口或者出口的。

我国鼓励先进、适用的技术进口。对属于自由进口的技术，实行合同登记管理。进口属于自由进口的技术，合同自依法成立时生效，不以登记为合同生效的条件。技术进口合同自技术进口许可证颁发之日起生效。属于限制进口的技术，实行许可证管理；未经许可，不得进口。进口属于限制进口的技术，应当向国务院外经贸主管部门提出技术进口申请并附有关文件。技术进口经许可的，由国务院外经贸主管部门颁发技术进口许可证。属于禁止进口的技术，不得进口。

三、技术出口的管理制度

国家鼓励成熟的产业化技术出口。对属于自由出口的技术，实行合同登记管理。出口合同自依法成立时生效，不以登记为合同生效的条件。属于限制出口的技术，实行许可证管理，未经许可，不得出口。属于禁止出口的技术，不得出口。

【自我检测】

一、单选题

1. 《巴黎公约》与《伯尔尼公约》相比，特有的原则是（　　）。

    A. 国民待遇原则　B. 优先权原则　　C. 独立保护原则　　D. 自动保护原则

2. 《巴黎公约》中规定的发明专利的优先权期限为（　　）。

    A. 3 个月　　　　B. 6 个月　　　　C. 9 个月　　　　D. 12 个月

3. 世界上第一部版权公约是（　　）。

    A. 《巴黎公约》　B. 《伯尔尼公约》　C. 《罗马公约》　　D. 《华盛顿条约》

4. 专利国际保护的基础是（　　）。

    A. 《巴黎公约》　　　　　　　　B. 《伯尔尼公约》

    C. 《华盛顿条约》　　　　　　　D. 《知识产权保护协定》

5. （自学考试真题）在指定区域内，除被许可方外没有其他的被许可方，但许可方可以在该区域内使用该技术，这是（　　）。

    A. 普通许可　　　B. 分售性许可　　C. 独占许可　　　D. 排他许可

6. （自学考试真题）在国际技术许可合同中，在合同规定的期限内，在合同确定的区域，被许可方对合同项下的技术享有独占式垄断权，许可方或其他子公司不得在该区域使用该技术，也不得将该技术许可给该区域内的第三人。这样的许可是（　　）。

A. 排他性许可　　　B. 独占性许可　　　C. 普通许可　　　D. 租赁许可

7.（自学考试真题）根据我国法律，国家禁止技术进口的情形是(　　)。

　　A. 技术不享有专利权　　　　　　B. 危害社会公共利益

　　C. 价格不合理　　　　　　　　　D. 当事人地位不平等

8. 中国对限制进出口的技术，实行(　　)。

　　A. 审批管理　　　B. 许可证管理　　　C. 放任管理　　　D. 特殊批准管理

9.（自学考试真题）2021 年 5 月 6 日，孙某在广交会上展示了其新发明的产品，5 月 15 日，孙某在中国就其发明申请专利（后获得批准）。6 月 8 日，孙某在向《保护工业产权巴黎公约》成员国甲国申请专利时，得知甲国公民已在 6 月 6 日向甲国就同样发明申请专利。依据《巴黎公约》关于优先权的规定，孙某在甲国提出的专利申请时间应该是(　　)。

　　A. 2021 年 5 月 6 日　　　　　　　B. 2021 年 5 月 15 日

　　C. 2021 年 6 月 6 日　　　　　　　D. 2021 年 6 月 8 日

10.（法律职业资格考试真题）甲国人迈克在甲国出版著作《希望之路》后 25 天内，又在乙国出版了该作品，乙国是《保护文学和艺术作品伯尔尼公约》缔约国，甲国不是。依该公约，下列哪一选项是正确的？

　　A. 因《希望之路》首先在非缔约国出版，不能在缔约国享受国民待遇

　　B. 迈克在甲国出版《希望之路》后 25 天内在乙国出版，仍然具有缔约国的作品国籍

　　C. 乙国依国民待遇为该作品提供的保护需要迈克履行相应的手续

　　D. 乙国对该作品的保护有赖于其在甲国是否受保护

二、多选题

11.《伯尔尼公约》保护的文学艺术作品有(　　)。

　　A. 书籍　　　B. 演讲　　　C. 戏剧　　　D. 舞蹈

　　E. 版画

12.（自学考试真题）《巴黎公约》定义的工业产权的保护对象包括(　　)。

　　A. 专利　　　B. 实用新型　　　C. 外观设计　　　D. 服务标记

　　E. 厂商标记

【参考答案】

第八章　国际贸易管制法

第一节　国际贸易管制的法律措施

一、国际贸易管制的概述

国际贸易管制是各国根据本国实际情况，为有效地管理与规制本国的进出口贸易活动而实行的各项制度以及活动的总称。

国际贸易管制是一国对外贸易政策的体现，是各国政府或为保护和促进国内生产，增加出口、限制进口而采取的鼓励与限制制度；或为政治目的，对进出口采取禁止或限制的措施。

从实践上看，国际贸易管制的法律制度大致可分为两种：一是关税措施，主要指各种进出口关税制度；二是非关税措施，主要包括进出口配额制度、许可证制度、外汇管制、商品检验等各项制度。此外，各国为了增强本国产品在国际市场上的竞争地位，扩大国外市场，推行奖出限入的政策，除了以关税壁垒和非关税壁垒的措施限制进口外，还采取各种措施奖励本国产品的出口，如各国的出口补贴等措施。

二、关税措施

关税是一国政府为管理对外贸易，由海关对所有进出关境的货物课征的一种税收。关税措施是对外贸易管理措施中最古老、使用最为普遍、效果最为直接的调控工具。尤其是进口关税，常常成为各国限制他国产品进口从而实施贸易保护主义的有力手段，因此又将关税措施称之为"关税壁垒"。关税壁垒是指一国政府对进口的外国商品采取征收高额关税的措施，为外国进口商品设置关卡或屏障，从而达到限制外国商品的进口和保护本国市场的目的。

（一）关税的分类

（1）优惠关税，又称特惠关税，是对来自某一国家和地区的商品，全部或部分给予特别优惠的低关税。优惠关税的给予可以是互惠的，也可以是非互惠的。

（2）普通关税，是一国对来自未建交国家或未签订贸易协定的国家或地区的产品征收的关税，一般高于优惠关税。

（3）特别关税，指一国对来自某些国家和地区的同一类产品，适用不同的税率征收的关税。又称差别关税、歧视性关税和报复性关税。

（二）关税的稽征方法

（1）从价税，指按进出口货物的货价征收关税。

（2）从量税，指按进出口货物的实际数量（包括重量、容量、面积、体积、个数等）征收关税。

（3）混合税，指对进出口货物同时按照货物实际数量和货价征收关税。

（4）选择税，指对于同一进口商品同时定有从价税和从量税税率时，海关根据具体情况和需要从中选择税额较高或较低的加以征税。

（三）海关税则

海关税则又称关税税则，是一个国家通过立法程序公布实施的、按商品类别排列的关税税率表。关税税则通常包括商品名称、税表和税率三部分。税则可分为单一税则和多栏税则。前者是指一个税目里只规定有一种同一税率，对来自不同国家的同一商品一律适用；后者是指对同一商品规定有不同的税率，如普通税率、优惠税率、最惠国税率等，对来自不同国家的同一商品适用不同的税率。

三、非关税措施

非关税措施是指除关税措施以外的其他一切直接或间接限制外国商品进口的法律和行政措施。非关税措施用于限制贸易的目的时，通常称其为"非关税壁垒"。

和关税壁垒相比，非关税壁垒有以下优势：（1）非关税壁垒主要依靠行政措施和命令实施，不受法律程序约束，手续灵活简便、行动迅速、针对性强；（2）关税壁垒具有一定的隐蔽性、欺骗性和歧视性；（3）非关税壁垒措施不易受汇率变化的影响；（4）各国对非关税壁垒没有十分有效的国际监督和控制措施。

在国际贸易管理实践中，各国常用的非关税措施主要有许可证制度、配额制度、外汇管理制度、商品检验制度等。

（一）许可证制度

许可证制度是一国政府规定的对某些商品的进出口必须领取政府颁发的许可证方可进口或出口的制度。实践中许可证按照有无定额可分为两种：有定额的进出口许可证和无定额的进出口许可证。有定额的进出口许可证是指由国家指定机构事先规定有关商品的进出口配额，然后在配额的限度内，根据进出口商的申请，对每种进出口商品发给进出口商一定数量的进出口许可证。无定额进出口许可证则与进出口配额没有任何联系，发证机关只在个别考虑的基础上发放许可证，没有公开的标准。根据进出口许可证申领的程序宽严不同，可将进出口许可证分为公开一般许可证和特别许可证。公开一般许可证适用于不需要严格管理的商品，进出口商提出申请后有关机构即予批准，并颁发许可证。特别许可证又称为"个别许可证"，适用于一国重点控制的商品，进出口商提出申请后，必须经有关机构逐级审批方可发放许可证。

（二）配额制度

1. 进口配额制

进口配额制是一国政府在一定时期内，对某种商品进口的数量或金额事先规定一个限额，在规定的限额内可以进口，超过限额部分则不准进口，或者对超过限额部分征收较高关税或罚款后才准许进口的制度。

进口配额制有两种配额方式：关税配额和绝对配额。前者是指一国事先规定了一定时期内某一商品的进口配额，在规定的配额内对进口商品给予关税减、免待遇，对超出配额的进口商品征收较高的关税、附加税或罚款。后者是指一定时期内对某一商品的进口数量或金额规定一个最高额，达到这个最高数额后便不得再进口。

2. 出口配额制

出口配额制是由政府有关部门规定出某些商品的最大出口数量或金额，当出口达到规定的限额之后，则完全禁止再出口或予以罚款的制度。实践中，出口配额有两种形式：主动配额和被动配额。主动配额是指出口国根据国内市场容量和某种情况而对某些商品的出口规定限额。被动配额是指出口国家或地区在进口国的要求或压力下，在一定时期内自动限制本国的某些商品对该进口国的出口数额，超过规定数额的则禁止对该进口国出口。

（三）外汇管理制度

外汇管理制度是指一国政府利用各种限制性措施对本国外汇的买卖和国际结算实行严格管理和控制。目的主要是保持国际收支平衡，维持本国货币对外汇率稳定。但是，由于外汇管制具有限制外国商品进口的作用，因此许多国家也将其作为实施贸易保护主义的非关税措施之一。

（四）商品检验制度

商品检验制度是指从事进出口商品检验的机构，依照有关规定对进出口商品的品质、数量、包装等进行分析和测定并出具检验证书。

各国一般设立专门检验机构。在检验商品的范围上，大多数国家只对部分进出口商品实施强制性检验。技术性贸易措施是指在国际贸易中，一国为保护本国的国家安全、生态环境、消费者利益，通过制定产品标准、法规及合格评审程序等对本国的进口贸易加以管理的措施。这些措施在很大程度上限制了他国商品进口，使得技术性贸易壁垒成为贸易保护的一种新的形式。

中华人民共和国国家质量监督检验总局（简称为国家质检总局）负责对进出口商品进行检验，对进出境动植物以及进出境卫生进行检疫工作。进出境检验检疫的法律依据主要包括《进出口商品检验法》《进出境动植物检疫法》和《国境卫生检疫法》以及相应的实施细则。

（五）原产地措施

原产地是指进出口货物来自的国家和地区。原产地的确定主要是为了实施关税政策和便于海关统计。原产地措施实质上就是贸易待遇问题，或者说贸易待遇建立在原产地措施的基础上，一国通过实行原产地措施，可以对来自不同国家（地区）的货物分别给予不同的待遇。

此外，还有反倾销措施、反补贴措施、保障措施、原产地措施、政府采购制等。

第二节 公平贸易法律制度

倾销（dumping）与补贴（subsidies）是国际贸易中的不正当竞争手段，针对这些不正当行为，各国纷纷颁布反倾销法和反补贴法抵制和消除其给本国工业造成的损害。但由于各国法律确认倾销和补贴的标准、程序、实施办法不同，使得各国国内的反倾销、反补贴法的实施往往成了一种变相的贸易保护手段，由此引起的争议层出不穷。为消除和减少这种不公平的竞争手段，国际社会做出了一系列的努力，1995 年 1 月 1 日生效的世界贸易组织的反倾销和反补贴协议，在实体和程序两方面严格了国际反倾销和反补贴的规则，使国际反倾销和反补贴立法归于完善。我国的反倾销措施方面的法律依据是 2002 年 1 月 1 日生效，2004 年 3 月 31 日修订的《中华人民共和国反倾销条例》。

一、倾销与反倾销法

（一）倾销的含义及特征

根据《关税及贸易总协定》（GATT）第 6 条的规定，一国产品以低于正常价值的价格进入另一国市场，如因此对某一缔约方领土内已经建立的某项工业造成实质性损害或产生实质性损害的威胁，或对某一国内工业的新建产生实质性阻碍，则构成倾销。

因此，倾销通常具有以下特征：

（1）产品价格低于正常价值。这种低价，不是低于进口国同类产品的价格，而是低于出口国在其国内市场的价格；

（2）倾销是一种不公平竞争行为。生产者将产品以倾销的价格在国外市场销售，从而获得在另一国市场的竞争优势并进而消灭竞争对手，再提高价格以获取垄断高额利润；

（3）倾销的结果往往给进口国的经济或生产者的利益造成损害。扰乱进口国的市场经济秩序，给进口国经济会带来毁灭性打击。

【法规阅读】

《中华人民共和国反倾销条例》

第二条 进口产品以倾销方式进入中华人民共和国市场，并对已经建立的国内产业造成实质损害或者产生实质损害威胁，或者对建立国内产业造成实质阻碍的，依照本条例的规定进行调查，采取反倾销措施。

第三条 倾销，是指在正常贸易过程中进口产品以低于其正常价值的出口价格进入中华人民共和国市场。

对倾销的调查和确定，由商务部负责。

（二）反倾销法的含义及特征

反倾销法是指进口国为了保护经济和本国生产者的利益，维护正常的国际经济秩序，对倾销行为进行限制和调整的法律规范的总称。

反倾销法的特征有：

（1）反倾销法通常属于各国经济行政法的一部分。行政部门负责受理反倾销案件的投诉、立案、调查、初裁和终裁等工作。各国根据反倾销法所采取的制裁方法是征收反倾销税，这是很严厉的行政制裁方法。

（2）反倾销法的目的是限制或调整生产者间的不公平贸易行为，保护本国经济或某一部门。它能消除不公平的价格差别，并在一定程度上制止倾销，确实起到保护本国工业免受损害的作用。在反倾销的合理限度内，生产者运用反倾销法保护自己的利益是正当、必需的。但在反倾销法实施过程中，其严厉程度一旦超越保护正当利益这一限度，它就成为一种贸易保护主义措施。

（三）倾销的构成条件

确定一国商品在另一国的销售是否构成倾销应具备三个条件：第一、来自外国的进口产品以低于正常价格或公平价值在本国市场销售；第二、倾销对本国同类产品工业造成了严重损害或实质损害，或形成了损害的威胁，或阻碍某一工业的新建；第三、低于正常价值的销售与损害之间存在因果关系。这三项条件缺一不可。

1. 倾销价格的确定

确定一项进口产品是否存在倾销，根据 WTO《反倾销协定》，要求将被指控的倾销产品的出口价格与该产品在出口国国内市场的销售价格或销往第三国的出口价格以及结构价格进行比较。如果前者低于后者则存在倾销。后者就是正常价值或公平价格。它通常表现为三种价格：

（1）国内销售价格。指一国向另一国出口的相同产品在出口国正常贸易中用于消费时的可比价格。使用出口国国内销售价格作为正常价值，必须符合如下条件：①国内销售价格须有代表性，不能把特殊情况下的过高或过低价格（低于成本价销售）作为正常价值；②采用的国内销售价格须是正常贸易渠道中形成的价格（即在独立交易商之间的价格，关系商之间，如总公司与分公司、联营企业的交易价格不能采用）；③出口国国内市场上该产品须有一定的交易规模，出口国国内类似产品的销售量如果占该进口国销售量的5% 或以上，才是确定正常价值的足够数量。

（2）第三国价格。即相同或类似产品向第三国出口的可比价格。

（3）结构价格。即产品在原产国的生产成本加上合理的管理费、销售费等费用和利润之和。这是出口国既无内销，也未向其他国家出售被指控倾销商品时所适用的价格。

上述方法仅适用于对市场经济国家产品的正常价值或公平价值的确认。对于不同经济制度，如非市场经济或称计划经济制度的国家，其货物全部或大体上全部由国家垄断并由国家规定国内价格，这对决定可比价格可能造成特殊困难。在这种情况下，与这种国家的国内价格作比较不一定适当。实践中，这个问题是由各国的国内立法来解决的。

【法规阅读】

《中华人民共和国反倾销条例》

第四条　进口产品的正常价值，应当区别不同情况，按照下列方法确定：

（一）进口产品的同类产品，在出口国（地区）国内市场的正常贸易过程中有可比价格的，以该可比价格为正常价值；

（二）进口产品的同类产品，在出口国（地区）国内市场的正常贸易过程中没有销售的，或者该同类产品的价格、数量不能据以进行公平比较的，以该同类产品出口到一个适当第三国（地区）的可比价格或者以该同类产品在原产国（地区）的生产成本加合理费用、利润，为正常价值。

进口产品不直接来自原产国（地区）的，按照前款第（一）项规定确定正常价值；但是，在产品仅通过出口国（地区）转运、产品在出口国（地区）无生产或者在出口国（地区）中不存在可比价格等情形下，可以以该同类产品在原产国（地区）的价格为正常价值。

第五条　进口产品的出口价格，应当区别不同情况，按照下列方法确定：

（一）进口产品有实际支付或者应当支付的价格的，以该价格为出口价格；

（二）进口产品没有出口价格或者其价格不可靠的，以根据该进口产品首次转售给独立购买人的价格推定的价格为出口价格；但是，该进口产品未转售给独立购买人或者未按进口时的状态转售的，可以以商务部根据合理基础推定的价格为出口价格。

第六条　进口产品的出口价格低于其正常价值的幅度，为倾销幅度。

对进口产品的出口价格和正常价值，应当考虑影响价格的各种可比性因素，按照公平、合理的方式进行比较。

倾销幅度的确定，应当将加权平均正常价值与全部可比出口交易的加权平均价格进行比较，或者将正常价值与出口价格在逐笔交易的基础上进行比较。

出口价格在不同的购买人、地区、时期之间存在很大差异，按照前款规定的方法难以比较的，可以将加权平均正常价值与单一出口交易的价格进行比较。

2. 工业损害的确定

征收反倾销税的基本条件除了存在确定的倾销之外，另一个基本条件是对某一成员国内已建立的生产同类产品的某项工业造成实质性损害或存在实质性损害的威胁，或对国内工业的新建产生严重阻碍。为此，需要明确以下几个问题：

（1）国内工业。国内工业系指国内生产同类产品的生产者全体，或这些产品的合计总量占全部国内同类产品的生产重大比例的那部分生产者。另外，在特殊情况下，当该项产品的生产把一成员国境内分成两个或更多的竞争性市场时，每个市场内的生产者可以被看作是一个单独的工业。在这种情况下，如果倾销产品集中进入某个分立的市场并对市场区域内所有的或几乎所有的生产者造成损害，则也可认为发生了损害，即使整个国内工业的大部分并未受到损害。此外，当两个或更多国家达到一体化水平，具有统一市场的特征时，整个一体化区域内的工业被视为"国内工业"。在确定国内工业时，一般排除那些与被诉产品的进口商或出口商有关系的生产商或其本身就是被诉产品的生产商。

（2）确定损害存在的标准。所谓损害包括实质损害，实质损害威胁和实质阻碍某项工业的建立。①实质损害是指进口产品对进口国的工业已经造成了较严重的损害。《反倾销协议》规定，实质损害的确定要以无可辩驳的事实为依据，这些事实包括倾销产品数量、价格以及其对进口国国内生产商的影响；②实质损害威胁是指倾销产品虽未对国内工业造成损害，但根据各种迹象判断将会发生实质损害，这种迹象不是猜测而是基于一种能明确地被预见的并且已经迫近事实；③实质阻碍是指虽未造成实质损害或实质损害的威胁，但有充分证据证明倾销产品对进口国某项新工业的实际建立过程产生障碍。

【法规阅读】

《中华人民共和国反倾销条例》

第七条 损害，是指倾销对已经建立的国内产业造成实质损害或者产生实质损害威胁，或者对建立国内产业造成实质阻碍。

对损害的调查和确定，由商务部负责；其中，涉及农产品的反倾销国内产业损害调查，由商务部会同农业部进行。

第八条 在确定倾销对国内产业造成的损害时，应当审查下列事项：

（一）倾销进口产品的数量，包括倾销进口产品的绝对数量或者相对于国内同类产品生产或者消费的数量是否大量增加，或者倾销进口产品大量增加的可能性；

（二）倾销进口产品的价格，包括倾销进口产品的价格削减或者对国内同类产品的价格产生大幅度抑制、压低等影响；

（三）倾销进口产品对国内产业的相关经济因素和指标的影响；

（四）倾销进口产品的出口国（地区）、原产国（地区）的生产能力、出口能力，被调查产品的库存情况；

（五）造成国内产业损害的其他因素。

对实质损害威胁的确定，应当依据事实，不得仅依据指控、推测或者极小的可能性。

在确定倾销对国内产业造成的损害时，应当依据肯定性证据，不得将造成损害的非倾销因素归因于倾销。

3. 倾销与损害具有因果关系

任何进口国在决定对倾销的进口商品征收反倾销税时，必须拥有充分的证据，证明倾销与国内工业的损害之间存在因果关系。除了前述在判断损害时的要素外，还需考察不能归咎于倾销产品的其他因素，如国内需求的减少、消费模式的改变、技术的发展等等。在考察倾销与损害的因果关系时，应证明倾销是造成损害的最重要的原因。

4. 累积评估

我国的《反倾销条例》第9条规定，倾销进口产品来自两个以上国家（地区），并且同时满足两个条件，可以就倾销进口产品对国内产业造成的影响进行累计评估：一是来自每一个国家（地区）的倾销进口产品的倾销幅度不小于2%，并且其进口量不属于可忽略不计的；二是根据倾销进口产品之间以及倾销进口产品与国内同类产品之间的竞争条件，进行累积评估是适当的。可忽略不计，是指来自一个国家（地区）的倾销进口产品的数量占同类产品总进口量的比例低于3%；但是，低于3%的若干国家（地区）的总进口量超过同类产品总进口量7%的除外。

（四）反倾销的程序规则

1. 反倾销申诉

反倾销申诉是反倾销立案的依据。根据《反倾销协议》第5条规定，反倾销调查的发起必须在进口方境内声称受损害的工业或其代表所提交书面申请开始。在通常情况下，进口方政府当局一般不主动开始反倾销调查，但在特殊情况下，有关当局也可以主动开始反倾销调查。提起反倾销申请的工业必须具有代表性，如果该申请得到了其总产值占国内工业同类产品总产值的50%以上的国内生产商的支持，该申请被认为是其国内工业提出；在任何情况下，如果提起反倾销申请的生产厂家的集体产量低于总产量的25%，则主管当局不得立案调查。

【法规阅读】

《中华人民共和国反倾销条例》

第十三条　国内产业或者代表国内产业的自然人、法人或者有关组织（以下统称申请人），可以依照本条例的规定向商务部提出反倾销调查的书面申请。

第十四条　申请书应当包括下列内容：

（一）申请人的名称、地址及有关情况；

（二）对申请调查的进口产品的完整说明，包括产品名称、所涉及的出口国（地区）或者原产国（地区）、已知的出口经营者或者生产者、产品在出口国（地区）或者原产国（地区）国内市场消费时的价格信息、出口价格信息等；

（三）对国内同类产品生产的数量和价值的说明；

（四）申请调查进口产品的数量和价格对国内产业的影响；

（五）申请人认为需要说明的其他内容。

第十五条　申请书应当附具下列证据：

（一）申请调查的进口产品存在倾销；

（二）对国内产业的损害；

（三）倾销与损害之间存在因果关系。

第十六条　商务部应当自收到申请人提交的申请书及有关证据之日起60天内，

对申请是否由国内产业或者代表国内产业提出、申请书内容及所附具的证据等进行审查，并决定立案调查或者不立案调查。

在决定立案调查前，应当通知有关出口国（地区）政府。

第十七条　在表示支持申请或者反对申请的国内产业中，支持者的产量占支持者和反对者的总产量的50%以上的，应当认定申请是由国内产业或者代表国内产业提出，可以启动反倾销调查；但是，表示支持申请的国内生产者的产量不足国内同类产品总产量的25%的，不得启动反倾销调查。

第十八条　在特殊情形下，商务部没有收到反倾销调查的书面申请，但有充分证据认为存在倾销和损害以及二者之间有因果关系的，可以决定立案调查。

2. 立案

立案是反倾销调查工作的开始。反倾销调查机构是否接受反倾销申请并立案，要在审查申请方提交的全部材料和证据之后决定。如果申请方提交的证据充分并表明有必要开始调查，则有关主管当局立案调查。一旦决定发起调查，当局应将申请人的书面材料提供给有关的出口商和出口国当局。

【法规阅读】

《中华人民共和国反倾销条例》

第十九条　立案调查的决定，由商务部予以公告，并通知申请人、已知的出口经营者和进口经营者、出口国（地区）政府以及其他有利害关系的组织、个人（以下统称利害关系方）。

立案调查的决定一经公告，商务部应当将申请书文本提供给已知的出口经营者和出口国（地区）政府。

3. 调查

立案后，反倾销机构必须按照反倾销法的规定开始调查。调查是指主管当局根据反倾销申诉人提出的申请，在一定的期限内，对被诉方的倾销、损害以及两者之间的因果关系，从事实和法律上予以查证的过程。

调查方式分为书面调查和实地调查两种。书面调查是指各方当事方在规定的期限内向有关当局提供各种资料和证据；实地调查是指到涉及反倾销的有关当事人、有关国家和工厂所在地进行各种有关情况的了解。

在下列情况下，主管当局应终止调查：

（1）在缺乏倾销和损害的充分证据时，应尽快终止调查；

（2）当倾销幅度微不足道或当倾销数量或损害可以忽略不计时，应立即终止调查。

倾销幅度 =（正常价值−出口价格）/出口价格×100%

除特殊情况外，调查应在其开始后12个月之内结束，最长不得超过18个月。

【法规阅读】

《中华人民共和国反倾销条例》

第二十条 商务部可以采用问卷、抽样、听证会、现场核查等方式向利害关系方了解情况，进行调查。

商务部应当为有关利害关系方提供陈述意见和论据的机会。

商务部认为必要时，可以派出工作人员赴有关国家（地区）进行调查；但是，有关国家（地区）提出异议的除外。

第二十一条 商务部进行调查时，利害关系方应当如实反映情况，提供有关资料。利害关系方不如实反映情况、提供有关资料的，或者没有在合理时间内提供必要信息的，或者以其他方式严重妨碍调查的，商务部可以根据已经获得的事实和可获得的最佳信息作出裁定。

第二十二条 利害关系方认为其提供的资料泄露后将产生严重不利影响的，可以向商务部申请对该资料按保密资料处理。

商务部认为保密申请有正当理由的，应当对利害关系方提供的资料按保密资料处理，同时要求利害关系方提供一份非保密的该资料概要。

按保密资料处理的资料，未经提供资料的利害关系方同意，不得泄露。

第二十三条 商务部应当允许申请人和利害关系方查阅本案有关资料；但是，属于按保密资料处理的除外。

第二十五条 初裁决定确定倾销、损害以及二者之间的因果关系成立的，商务部应当对倾销及倾销幅度、损害及损害程度继续进行调查，并根据调查结果作出终裁决定，予以公告。

在作出终裁决定前，应当由商务部将终裁决定所依据的基本事实通知所有已知的利害关系方。

第二十六条 反倾销调查，应当自立案调查决定公告之日起12个月内结束；特殊情况下可以延长，但延长期不得超过6个月。

第二十七条 有下列情形之一的，反倾销调查应当终止，并由商务部予以公告：

（一）申请人撤销申请的；

（二）没有足够证据证明存在倾销、损害或者二者之间有因果关系的；

（三）倾销幅度低于2%的；

（四）倾销进口产品实际或者潜在的进口量或者损害属于可忽略不计的；

（五）商务部认为不适宜继续进行反倾销调查的。

来自一个或者部分国家（地区）的被调查产品有前款第（二）、（三）、（四）项所列情形之一的，针对所涉产品的反倾销调查应当终止。

4. 临时措施与价格承诺

（1）采取临时措施的条件。根据《反倾销协议》的规定，临时措施只在下列情况下实施：①发起反倾销调查的通知已经公告且给予利益关系方提供资料和发表意见的适当机会；②已做出倾销和造成损害的肯定性初裁；③有关当局裁定临时措施对于防止在调查期间发生损害非常必要。

（2）临时措施的形式：①征收临时反倾销税；②保证金方式，指通过现金存款或债券保证的形式，其金额相当于临时估计的反倾销税，但不得高于临时估计的倾销幅度。

（3）临时措施的时限。临时措施应限制在尽可能短的时间内，一般不应超过 4 个月，起始日不得早于发起反倾销调查之后 60 天，或者按占该贸易份额很大的出口商的要求，该期限可限制在 6 个月的时间内，最长不得超过 9 个月。

（4）价格承诺。《反倾销协议》第 8 条规定，价格承诺是指在进口国作出产品倾销和损害的初步裁决以后，出口商主动承诺提高有关商品的出口价格或停止以倾销价格出口，并且得到进口方反倾销调查当局的同意，以换取进口国当局中止或终止反倾销程序。价格承诺协议通常在满 5 年后终止。

【法规阅读】

《中华人民共和国反倾销条例》

第二十八条　初裁决定确定倾销成立，并由此对国内产业造成损害的，可以采取下列临时反倾销措施：

（一）征收临时反倾销税；

（二）要求提供保证金、保函或者其他形式的担保。

临时反倾销税税额或者提供的保证金、保函或者其他形式担保的金额，应当不超过初裁决定确定的倾销幅度。

第二十九条　征收临时反倾销税，由商务部提出建议，国务院关税税则委员会根据商务部的建议作出决定，由商务部予以公告。要求提供保证金、保函或者其他形式的担保，由商务部作出决定并予以公告。海关自公告规定实施之日起执行。

第三十条　临时反倾销措施实施的期限，自临时反倾销措施决定公告规定实施之日起，不超过 4 个月；在特殊情形下，可以延长至 9 个月。

自反倾销立案调查决定公告之日起 60 天内，不得采取临时反倾销措施。

第三十一条　倾销进口产品的出口经营者在反倾销调查期间，可以向商务部作出改变价格或者停止以倾销价格出口的价格承诺。

商务部可以向出口经营者提出价格承诺的建议。

商务部不得强迫出口经营者作出价格承诺。

第三十二条　出口经营者不作出价格承诺或者不接受价格承诺的建议的，不妨碍对反倾销案件的调查和确定。出口经营者继续倾销进口产品的，商务部有权确定损害威胁更有可能出现。

第三十三条　商务部认为出口经营者作出的价格承诺能够接受并符合公共利益的，可以决定中止或者终止反倾销调查，不采取临时反倾销措施或者征收反倾销税。中止或者终止反倾销调查的决定由商务部予以公告。

商务部不接受价格承诺的，应当向有关出口经营者说明理由。

商务部对倾销以及由倾销造成的损害作出肯定的初裁决定前，不得寻求或者接受价格承诺。

第三十四条 依照本条例第三十三条第一款规定中止或者终止反倾销调查后，应出口经营者请求，商务部应当对倾销和损害继续进行调查；或者商务部认为有必要的，可以对倾销和损害继续进行调查。

根据前款调查结果，作出倾销或者损害的否定裁定的，价格承诺自动失效；作出倾销和损害的肯定裁定的，价格承诺继续有效。

第三十六条 出口经营者违反其价格承诺的，商务部依照本条例的规定，可以立即决定恢复反倾销调查；根据可获得的最佳信息，可以决定采取临时反倾销措施，并可以对实施临时反倾销措施前 90 天内进口的产品追溯征收反倾销税，但违反价格承诺前进口的产品除外。

5. 反倾销税的确定与征收

反倾销税是对于实行商品倾销的进口商品所征收的一种进口附加税。如果经过反倾销调查，最终裁决确实存在倾销，而且倾销与损害之间有因果关系，则进口国有权采取反倾销措施。根据协议规定，"对任何产品征收反倾销税时，应在非歧视的基础上对所有经查明进行倾销并造成损害的进口货物征收适当金额的反倾销税"。一般而言，任何反倾销税的征收期限不得超过 5 年。

【法规阅读】

《中华人民共和国反倾销条例》

第三十八条 征收反倾销税，由商务部提出建议，国务院关税税则委员会根据商务部的建议作出决定，由商务部予以公告。海关自公告规定实施之日起执行。

第三十九条 反倾销税适用于终裁决定公告之日后进口的产品，但属于本条例第三十六条、第四十三条、第四十四条规定的情形除外。

第四十条 反倾销税的纳税人为倾销进口产品的进口经营者。

第四十一条 反倾销税应当根据不同出口经营者的倾销幅度，分别确定。对未包括在审查范围内的出口经营者的倾销进口产品，需要征收反倾销税的，应当按照合理的方式确定对其适用的反倾销税。

第四十二条 反倾销税税额不超过终裁决定确定的倾销幅度。

第四十三条 终裁决定确定存在实质损害，并在此前已经采取临时反倾销措施的，反倾销税可以对已经实施临时反倾销措施的期间追溯征收。

终裁决定确定存在实质损害威胁，在先前不采取临时反倾销措施将会导致后来作出实质损害裁定的情况下已经采取临时反倾销措施的，反倾销税可以对已经实施临时反倾销措施的期间追溯征收。

终裁决定确定的反倾销税，高于已付或者应付的临时反倾销税或者为担保目的而估计的金额的，差额部分不予收取；低于已付或者应付的临时反倾销税或者为担保目的而估计的金额的，差额部分应当根据具体情况予以退还或者重新计算税额。

第四十四条 下列两种情形并存的，可以对实施临时反倾销措施之日前 90 天内进口的产品追溯征收反倾销税，但立案调查前进口的产品除外：

（一）倾销进口产品有对国内产业造成损害的倾销历史，或者该产品的进口经营者知道或者应当知道出口经营者实施倾销并且倾销对国内产业将造成损害的；

（二）倾销进口产品在短期内大量进口，并且可能会严重破坏即将实施的反倾销税的补救效果的。

商务部发起调查后，有充分证据证明前款所列两种情形并存的，可以对有关进口产品采取进口登记等必要措施，以便追溯征收反倾销税。

第四十五条 终裁决定确定不征收反倾销税的，或者终裁决定未确定追溯征收反倾销税的，已征收的临时反倾销税、已收取的保证金应当予以退还，保函或者其他形式的担保应当予以解除。

第四十六条 倾销进口产品的进口经营者有证据证明已经缴纳的反倾销税税额超过倾销幅度的，可以向商务部提出退税申请；商务部经审查、核实并提出建议，国务院关税税则委员会根据商务部的建议可以作出退税决定，由海关执行。

第四十七条 进口产品被征收反倾销税后，在调查期内未向中华人民共和国出口该产品的新出口经营者，能证明其与被征收反倾销税的出口经营者无关联的，可以向商务部申请单独确定其倾销幅度。商务部应当迅速进行审查并作出终裁决定。在审查期间，可以采取本条例第二十八条第一款第（二）项规定的措施，但不得对该产品征收反倾销税。

6. 行政复审

对于反倾销税和价格承诺，商务部可以决定对其必要性进行复审，经利害关系方申请，商务部也可以对反倾销税和价格承诺的必要性进行复审。根据复审结果，商务部作出保留、修改或者取消反倾销税或价格承诺的决定。

【法规阅读】

《中华人民共和国反倾销条例》

第五十一条 复审程序参照本条例关于反倾销调查的有关规定执行。

复审期限自决定复审开始之日起，不超过 12 个月。

第五十二条 在复审期间，复审程序不妨碍反倾销措施的实施。

7. 司法审查

反倾销裁决本质上是一种行政裁决，为防止行政机关滥用权力，《反倾销协议》第 13 条规定，缔约方可设立一个独立于负责确定倾销裁决当局的司法审查机构，以便当事人对反倾销最终裁决不服可以提起司法审查程序。

【法规阅读】

《中华人民共和国反倾销条例》

第五十三条 对依照本条例第二十五条作出的终裁决定不服的，对依照本条例第四章作出的是否征收反倾销税的决定以及追溯征收、退税、对新出口经营者征税的决定不服的，或者对依照本条例第五章作出的复审决定不服的，可以依法申请行政复议，也可以依法向人民法院提起诉讼。

二、补贴与反补贴法

世界贸易组织的规则认为，补贴与倾销一样，都是国际贸易中不公平的贸易行为，各成员国均有权采取必要措施抵制和消除这种行为对本国有关产业的不利影响。但是，反补贴法与反倾销法的不同之处在于，反倾销法是针对生产者出口产品的低价倾销行为；反补贴法是针对政府对某一行业或地区提供补贴的行为。世界贸易组织法律框架下的《补贴与反补贴协议》对此作出了规定。我国在2001年11月26日公布《中华人民共和国反补贴条例》，2004年3月31日进行了修改。

（一）补贴

1. 补贴的含义及范围

补贴是指政府或任何公共机构对企业提供的财政资助和政府对收入或价格的支持。构成补贴必须具备两个要素：政府提供的财政资助或任何形式的收入或价格支持；接受者获得利益。

【法规阅读】

《中华人民共和国反补贴条例》

第三条 补贴，是指出口国（地区）政府或者其任何公共机构提供的并为接受者带来利益的财政资助以及任何形式的收入或者价格支持。

出口国（地区）政府或者其任何公共机构，以下统称出口国（地区）政府。

本条第一款所称财政资助，包括：

（一）出口国（地区）政府以拨款、贷款、资本注入等形式直接提供资金，或者以贷款担保等形式潜在地直接转让资金或者债务；

（二）出口国（地区）政府放弃或者不收缴应收收入；

（三）出口国（地区）政府提供除一般基础设施以外的货物、服务，或者由出口国（地区）政府购买货物；

（四）出口国（地区）政府通过向筹资机构付款，或者委托、指令私营机构履行上述职能。

2. 补贴的种类

按照不同的标准，补贴可分为不同的种类：根据接受补贴的对象，可以分为出口补贴和国内补贴；根据补贴的形式，可以将补贴分为直接补贴和间接补贴；根据补贴对国际贸易的扭曲程度，可以把补贴分为禁止性补贴、可申诉补贴和不可申诉补贴。

（1）禁止性补贴，指那些会对国际及贸易产生扭曲，对其他成员国利益会产生损害的补贴，从而将遭受反补贴措施的实施。包括：

第一，在法律上或事实上与出口履行相关的补贴，即出口补贴在协议中列出了具体的《出口补贴示范清单》。

第二，国内含量补贴，指只与使用国产货物相联系的补贴，而对使用进口货物不给补贴。

（2）可申诉的补贴，指政府通过直接转让资金、放弃财政收入、提供货物或服务和各种收入支持和价格支持对某些特定企业提供特殊补贴。这种特殊补贴实际上就是指一国政府实施有选择的，有差别的或带有歧视性的补贴。如果这种特殊补贴造成其他缔约方国内有关工业的重大损害时，该国可诉诸争端解决机制加以解决。

（3）不可申诉的补贴，指普遍性实施的补贴和在事实上并没有向某些特定企业提供的补贴。具体是指：

第一，不属于特殊补贴的补贴，即属于普遍性的补贴；

第二，扶植企业的科研活动，更高水平的教育或建立科研设施所提供的补贴，但属于工业科研项目的扶植不得超过其成本的75%或其竞争开发活动成本的50%；

第三，扶植落后地区的经济补贴；

第四，为适应新的环境保护要求扶植改进现有设备所提供的补贴。但这种补贴仅限于发行成本的20%。

上述补贴不可诉诸争端解决。尽管如此，却要求成员方将这类补贴情况提前、及时通知各成员方，如果有疑义，也须磋商解决。

（二）反补贴的条件

反补贴是针对进口商品存在补贴，而且符合反补贴的条件才去采取的措施。一般我们认为，在进口商品存在补贴，对国内产业造成损害，而且二者之间有因果关系是采取发补贴措施的必要条件。

1. 补贴

采取发补贴措施的补贴，必须具有专向性。

【法规阅读】

《中华人民共和国反补贴条例》

第四条　依照本条例进行调查、采取反补贴措施的补贴，必须具有专向性。

具有下列情形之一的补贴，具有专向性：

（一）由出口国（地区）政府明确确定的某些企业、产业获得的补贴；

（二）由出口国（地区）法律、法规明确规定的某些企业、产业获得的补贴；

（三）指定特定区域内的企业、产业获得的补贴；

（四）以出口实绩为条件获得的补贴，包括本条例所附出口补贴清单列举的各项补贴；

（五）以使用本国（地区）产品替代进口产品为条件获得的补贴。

在确定补贴专向性时，还应当考虑受补贴企业的数量和企业受补贴的数额、比例、时间以及给与补贴的方式等因素。

第六条　进口产品的补贴金额，应当区别不同情况，按照下列方式计算：

（一）以无偿拨款形式提供补贴的，补贴金额以企业实际接受的金额计算；

（二）以贷款形式提供补贴的，补贴金额以接受贷款的企业在正常商业贷款条件下应支付的利息与该项贷款的利息差额计算；

（三）以贷款担保形式提供补贴的，补贴金额以在没有担保情况下企业应支付的利息与有担保情况下企业实际支付的利息之差计算；

（四）以注入资本形式提供补贴的，补贴金额以企业实际接受的资本金额计算；

（五）以提供货物或者服务形式提供补贴的，补贴金额以该项货物或者服务的正常市场价格与企业实际支付的价格之差计算；

（六）以购买货物形式提供补贴的，补贴金额以政府实际支付价格与该项货物正常市场价格之差计算；

（七）以放弃或者不收缴应收收入形式提供补贴的，补贴金额以依法应缴金额与企业实际缴纳金额之差计算。

对前款所列形式以外的其他补贴，按照公平、合理的方式确定补贴金额。

2. 损害

损害是指补贴对已经建立的国内产业造成实质损害或者产生实质损害威胁，或者对建立国内产业造成实质阻碍。

【法规阅读】

《中华人民共和国反补贴条例》

第七条　损害，是指补贴对已经建立的国内产业造成实质损害或者产生实质损害威胁，或者对建立国内产业造成实质阻碍。

对损害的调查和确定，由商务部负责；其中，涉及农产品的反补贴国内产业损害调查，由商务部会同农业部进行。

第八条　在确定补贴对国内产业造成的损害时，应当审查下列事项：

（一）补贴可能对贸易造成的影响；

（二）补贴进口产品的数量，包括补贴进口产品的绝对数量或者相对于国内同类产品生产或者消费的数量是否大量增加，或者补贴进口产品大量增加的可能性；

（三）补贴进口产品的价格，包括补贴进口产品的价格削减或者对国内同类产品的价格产生大幅度抑制、压低等影响；

（四）补贴进口产品对国内产业的相关经济因素和指标的影响；

（五）补贴进口产品出口国（地区）、原产国（地区）的生产能力、出口能力，被调查产品的库存情况；

（六）造成国内产业损害的其他因素。

对实质损害威胁的确定，应当依据事实，不得仅依据指控、推测或者极小的可能性。

在确定补贴对国内产业造成的损害时，应当依据肯定性证据，不得将造成损害的非补贴因素归因于补贴。

第九条 补贴进口产品来自两个以上国家（地区），并且同时满足下列条件的，可以就补贴进口产品对国内产业造成的影响进行累积评估：

（一）来自每一国家（地区）的补贴进口产品的补贴金额不属于微量补贴，并且其进口量不属于可忽略不计的；

（二）根据补贴进口产品之间的竞争条件以及补贴进口产品与国内同类产品之间的竞争条件，进行累积评估是适当的。

微量补贴，是指补贴金额不足产品价值1%的补贴；但是，来自发展中国家（地区）的补贴进口产品的微量补贴，是指补贴金额不足产品价值2%的补贴。

第十条 评估补贴进口产品的影响，应当对国内同类产品的生产进行单独确定。不能对国内同类产品的生产进行单独确定的，应当审查包括国内同类产品在内的最窄产品组或者范围的生产。

3. 因果关系

补贴与国内产业损害之间必须存在因果关系，即补贴必须是造成国内产业损害的原因（并不是唯一原因）。对实质损害威胁的确定，应当依据事实，不得仅依据指控、推测或者极小的可能性。在确定补贴对国内产业造成的损害时，应当依据肯定性证据，不得将造成损害的非补贴因素归因于补贴。

（三）反补贴调查的程序性规定

反补贴调查的程序与反倾销调查的程序相同，反补贴措施和反倾销措施类似，包括临时反补贴措施、价格承诺及反补贴税。实施条件和期限也基本与反倾销措施相同。不同的是，出口国政府或出口经营者都可以作出承诺，分别承诺取消、限制补贴或其他有关措施，承诺修改价格。

（四）反倾销与反补贴的区别

与反倾销相比，反补贴的特殊性表现在：

（1）倾销是企业行为，后者是政府行为。

（2）反倾销的应诉主体是企业，反补贴案的应诉主体是政府，虽然在反补贴调查中相关涉案企业也会被要求接受调查，但政策措施是主要调查内容。

（3）反倾销调查仅针对涉案产品，反补贴调查针对的不仅是涉案产品，而且可能涉及政府补贴对象的下游企业甚至整个产业链。

（4）反倾销措施通过征收反倾销税来实现，针对不同的企业最终倾销税率也不相同，有时高低差异还很大；而反补贴针对的是政府政策或措施，一旦认定补贴幅度和金额，按单位产品分摊的补贴率基本是一致的。

（5）在一成员方反补贴调查中被认定的补贴措施，可以直接被其他成员在反补贴调查中援引。

三、保障措施

保障措施是指由于进口产品数量的急剧增加，使进口国国内生产同类产品或于其直接竞争产品的产业受到严重损害或者严重损害的威胁时，为了补救所造成的损害或便利产业的发展和调整，进口国有权采取减轻或者消除该损害或该损害威胁的临时进口限制措施。世界贸易组织法律框架下的保障措施协定对此做了规定。我国在 2001 年 1 月 1 日生效、2004 年 3 月 31 日修订的《中华人民共和国保障措施条例》是我国进行保障措施调查和采取保障措施的主要法律依据。

（一）保障措施实施的条件

某项产品进口数量增加；进口激增对国内生产同类产品或直接竞争产品的产业造成了严重损害或严重损害威胁；进口激增与对国内产业造成严重损害或严重损害威胁之间存在因果关系。是采取保障措施的三个基本条件。

1. 进口激增

《保障措施协定》第 2 条第 1 款规定，只有在一产品进口正在绝对增加，或者相对于国内生产相对增加，并且对国内生产相似或直接竞争产品造成或者威胁造成严重损害的情况下，才可对该产品采取保障措施。该款列出了采取保障措施所必须具备的主要条件，但首要的是进口必须正在增加。进口增加在数量上和性质上必须是近期的（recent）、突发的（sudden）、剧烈的（sharp）和重大的（significant）。

【法规阅读】

《中华人民共和国保障措施条例》

第七条 进口产品数量增加，是指进口产品数量的绝对增加或者与国内生产相比的相对增加。

2. 严重损害

保障措施的损害是指对国内生产相似或直接竞争产品造成或者威胁造成严重损害。从程度上来看，严重损害的标准大大高于反倾销和反补贴所要求的"实质性损害"的标准。

【法规阅读】

《中华人民共和国保障措施条例》

第八条　在确定进口产品数量增加对国内产业造成的损害时，应当审查下列相关因素：

（一）进口产品的绝对和相对增长率与增长量；

（二）增加的进口产品在国内市场中所占的份额；

（三）进口产品对国内产业的影响，包括对国内产业在产量、销售水平、市场份额、生产率、设备利用率、利润与亏损、就业等方面的影响；

（四）造成国内产业损害的其他因素。

对严重损害威胁的确定，应当依据事实，不能仅依据指控、推测或者极小的可能性。

在确定进口产品数量增加对国内产业造成的损害时，不得将进口增加以外的因素对国内产业造成的损害归因于进口增加。

第十条　国内产业，是指中华人民共和国国内同类产品或者直接竞争产品的全部生产者，或者其总产量占国内同类产品或者直接竞争产品全部总产量的主要部分的生产者。

3. 因果关系

进口数量增加与国内产业损害之间必须存在因果关系，即进口数量增加必须是造成国内产业损害的原因（并非唯一原因）。在确定进口产品数量增加对国内产业造成的损害时，不得将进口增加以外的因素对国内产业造成的损害归因于进口增加。

（二）保障措施的调查程序和保障措施的实施

保障措施的调查程序与反倾销的调查程序基本一致，也是由商务部负责调查，作出初裁或终裁决定，在保障措施方面，与反倾销不同。有临时保障措施和保障措施两种。

1. 临时保障措施

在延迟会造成难以弥补损害的紧急情况下，进口成员方可不经磋商而采取临时保障措施。主管机构只能在初步裁定进口激增已经或正在造成严重损害或损害威胁的情况下方可采取。实施期限不得超过200天，且此期限计入保障措施总的期限。临时保障措施应采取增加关税形式。如随后的调查不能证实进口激增对国内有关产业已经造成损害或损害威胁，则增收的关税应迅速退还。成员方应在采取临时保障措施前通知保障措施委员会，在采取措施后应尽快与各利害关系方举行磋商。

【法规阅读】

《中华人民共和国保障措施条例》

第十六条　有明确证据表明进口产品数量增加，在不采取临时保障措施将对国内产业造成难以补救的损害的紧急情况下，可以作出初裁决定，并采取临时保障措施。

临时保障措施采取提高关税的形式。

第十七条 采取临时保障措施,由商务部提出建议,国务院关税税则委员会根据商务部的建议作出决定,由商务部予以公告。海关自公告规定实施之日起执行。

在采取临时保障措施前,商务部应当将有关情况通知保障措施委员会。

第十八条 临时保障措施的实施期限,自临时保障措施决定公告规定实施之日起,不超过 200 天。

2. 保障措施

终裁决定确定进口产品数量增加,并由此对国内产业造成损害的,可以采取保障措施。保障措施可以是关税措施(将关税提高至高于 GATT 规定的关税水平),也可以是进口数量限制(包括纯粹的数量限制和关税配额限制),但应仅在防止或救济严重损害所必要的限度内实施。该期限一般不得超过 4 年,除非根据新的调查,防止或补救严重损害仍然有必要,且有证据表明该产业正在进行调整,则期限可予延长。但一项保障措施的全部实施期(包括临时保障措施)不得超过 8 年。

【法规阅读】

《中华人民共和国保障措施条例》

第十九条 终裁决定确定进口产品数量增加,并由此对国内产业造成损害的,可以采取保障措施。实施保障措施应当符合公共利益。

保障措施可以采取提高关税、数量限制等形式。

第二十条 保障措施采取提高关税形式的,由商务部提出建议,国务院关税税则委员会根据商务部的建议作出决定,由商务部予以公告;采取数量限制形式的,由商务部作出决定并予以公告。海关自公告规定实施之日起执行。

商务部应当将采取保障措施的决定及有关情况及时通知保障措施委员会。

第二十二条 保障措施应当针对正在进口的产品实施,不区分产品来源国(地区)。

第二十三条 采取保障措施应当限于防止、补救严重损害并便利调整国内产业所必要的范围内。

第二十四条 在采取保障措施前,商务部应当为与有关产品的出口经营者有实质利益的国家(地区)政府提供磋商的充分机会。

第二十五条 终裁决定确定不采取保障措施的,已征收的临时关税应当予以退还。

3. 实施保障措施的限制

由于保障措施是针对公平贸易行为采取的贸易救济措施,所以,为了尽量减少保障措施对贸易自由化的影响,《保障措施协定》和我国的《保障措施条例》均规定:适用期限超过 1 年的保障措施，进口方应在适用期限内按固定时间间隔逐渐放宽该措施；如果实施期限超过 3 年，进口方须进行中期审议，并根据审查结果撤销或加快放宽该措施。延长期内的保障措施，不得比最初适用的措施严格，且应继续放宽。对同一进口产品再次适用保障措施，应遵守以下规定：一般情况下，两次保障措施之间应有一段不适用的间隔期，间隔期应不短于第一次保障措施的实施期限，至少为 2 年；如保障措施适用期≤180 天，且在该措施实施之日前 5 年内，未对同种产品采取两次以上保障措施，则自该措施实施之日起 1 年后，可针对同种进口产品再次适用保障措施，实施期限至多为 180 天。

【法规阅读】

《中华人民共和国保障措施条例》

第二十六条　保障措施的实施期限不超过 4 年。

符合下列条件的，保障措施的实施期限可以适当延长：

（一）按照本条例规定的程序确定保障措施对于防止或者补救严重损害仍然有必要；

（二）有证据表明相关国内产业正在进行调整；

（三）已经履行有关对外通知、磋商的义务；

（四）延长后的措施不严于延长前的措施。

一项保障措施的实施期限及其延长期限，最长不超过 10 年。

第二十七条　保障措施实施期限超过 1 年的，应当在实施期间内按固定时间间隔逐步放宽。

第二十八条　保障措施实施期限超过 3 年的，商务部应当在实施期间内对该项措施进行中期复审。

复审的内容包括保障措施对国内产业的影响、国内产业的调整情况等。

第二十九条　保障措施属于提高关税的，商务部应当根据复审结果，依照本条例的规定，提出保留、取消或者加快放宽提高关税措施的建议，国务院关税税则委员会根据商务部的建议作出决定，由商务部予以公告；保障措施属于数量限制或者其他形式的，商务部应当根据复审结果，依照本条例的规定，作出保留、取消或者加快放宽数量限制措施的决定并予以公告。

第三十条　对同一进口产品再次采取保障措施的，与前次采取保障措施的时间间隔应当不短于前次采取保障措施的实施期限，并且至少为 2 年。

符合下列条件的，对一产品实施的期限为 180 天或者少于 180 天的保障措施，不受前款限制：

（一）自对该进口产品实施保障措施之日起，已经超过 1 年；

（二）自实施该保障措施之日起 5 年内，未对同一产品实施 2 次以上保障措施。

第三节　中国对外贸易管理制度

【课程思政】

开放之中国，世界之中国——中国的对外开放之路①

1978 年，中国共产党第十一届三中全会召开。自此，中国迈开改革的步伐，走上对外开放的道路，实现了从封闭半封闭到全方位开放的伟大历史转折。在中国共产党的坚强领导下，中国不断优化对外开放格局，积极加入世界贸易组织，坚决维护多边贸易体系，努力推动构建人类命运共同体，为全球经济稳定，人类社会发展做出了不可磨灭的贡献，向世界展现出应有的大国担当。

四十多年风雨兼程，中国经济快速增长，人民生活水平持续改善。1978 年中国的 GDP 为 3645 亿元人民币，到 2020 年底已突破 100 万亿元，占世界经济份额从 1.8%增长到 17%左右，连续多年对世界经济增长贡献率超过 30%。目前，中国已经成为世界第二大经济体、第一大工业国、第一货物贸易大国、第一外汇储备大国。中国某些领域的科技水平也从"跟跑者"向"并行者"和"领跑者"转变，220 多种工业产品产量居世界第一位，制造业增加值连续 11 年居世界第一位。2020 年，中国顶住疫情的压力，取得了 2.3%的经济增速，成为唯一实现正增长的主要经济体，给全球经济复苏带来重大利好和信心。今年上半年，中国外贸总额达到 18.07 万亿元，同比增长 27.1%，创历史同期最高水平。中国的发展成就举世瞩目，对全球的贡献有目共睹。

一、积极推动自由贸易，坚定维护多边贸易体系。

2001 年，中国加入世界贸易组织，标志着中国对外开放进入新阶段。入世后，中国积极践行自由贸易理念，全面履行入世承诺，大幅开放市场。近年来，中国担当多边合作"领头羊"，高举自由贸易旗帜，在二十国集团、亚太经合组织、金砖国家等机制中提出更多中国倡议、中国主张、中国方案。坚定维护多边贸易体制，反对贸易保护主义，不断推动构建更加开放的世界经济格局。

在第七十五届联合国大会一般性辩论上，习近平主席为疫情笼罩下的全球经济把脉开方，呼吁各国直面贫富差距、发展鸿沟等重大问题，旗帜鲜明反对单边主义、保护主义，中国始终致力于实现"既平衡又充分"的发展，坚持多边主义原则，坚定维护以联合国为核心的国际体系，践行共商共建共享的全球治理观，成为促进人类和平与进步事业的关键力量。2020 年 9 月 21 日，联合国大会通过了《纪念联合国成立 75 周年宣言》，其中特别强调"重振多边主义"。坚持多边主义，既是联合国事业发展的初心所在，也是人类赢得光明未来的出路所在。正如习近平主席指出："古往今

---

① 《开放之中国，世界之中国——中国的对外开放之路》，载中华人民共和国商务部，http：// shangwutousu. mofcom. gov. cn/article/i/jl/j/202109/20210903195523. shtml，访问时间：2021 年 9 月 15 日。

来，人类从闭塞走向开放、从隔绝走向融合是不可阻挡的时代潮流。"

二、不断促进国际贸易自由化、便利化。

在 WTO 框架下，中国累计与 26 个国家和地区签署 19 个自贸协定，特别是 2020 年签署的区域全面经济伙伴关系协定（RCEP），覆盖 15 个成员国，囊括了东亚和南太地区的主要国家，涉及 22.7 亿人口（约占全球人口 29.7%），GDP 总量达 26.2 万亿美元（约占全球 GDP28.9%），是全球规模最大、最具发展潜力的自贸区，为推动区域乃至全球经济复苏注入新的动力。此外，中国与东盟东部增长区的合作也不断深入。2019 年 11 月，时任商务部部长助理李成钢在古晋出席中国—东盟东增区第二次部长级会议，会议审议通过了《中国—东盟东部增长区合作行动计划（2020—2025）》，将进一步加强"一带一路"倡议和《东盟东部增长区合作愿景》的战略对接，深化贸易投资、基础设施、互联互通、经贸合作区、人力资源等领域合作，共同把中国和东盟国家领导人重要共识转化为具体行动，取得实实在在的成果。

三、"一带一路"与"人类命运共同体"。

2013 年，习近平主席提出"一带一路"倡议，备受国际社会关注。中国坚持从更广阔的国际空间来谋划开放，谋求包容互惠的发展前景，赢得了广泛的国际支持，得到了包括马来西亚在内的沿线国家的广泛响应。共建"一带一路"倡议源于中国，机会和成果属于世界。截至 2021 年初，共有 140 个国家和 31 个国际组织与中国签署了 205 份合作文件，基本形成了"六廊六路多国多港"的互联互通架构。今年上半年中国与包括马来西亚在内的"一带一路"沿线国家货物贸易额达 5.35 万亿元，同比增长 27.5%，增速高于中国外贸整体增速。

在推动构建"人类命运共同体"方面，中国积极参与应对气候变化国际合作，宣布提出二氧化碳排放力争于 2030 年前达到峰值、努力争取 2060 年前实现碳中和，并自主贡献新目标；加大对联合国新冠肺炎疫情全球人道主义应对计划的支持；设立第三期中国-联合国粮农组织南南合作信托基金，并将中国-联合国和平与发展基金在 2025 年到期后延期 5 年；设立联合国全球地理信息知识与创新中心和可持续发展大数据国际研究中心，提出《全球数据安全倡议》等。"计利当计天下利"，中国秉持公道正义，不断探索实践具有中国特色的政治解决地区热点问题之道，坚持以对话弥合分歧，以谈判化解争端，为世界和平与稳定作出重要贡献。

四、不断优化开放布局。

从设立深圳、珠海、汕头、厦门经济特区，到开放大连、青岛等 14 个沿海港口城市；从设立上海浦东新区，到 2013 年 9 月中国第一个自由贸易试验区——上海自贸试验区挂牌，中国对外开放区域布局不断优化。随后，广东、天津、福建、辽宁、山东等自贸试验区相继设立，2021 年 6 月审议通过了《中华人民共和国海南自由贸易港法》。中国的自由贸易试验区从无到有、由点到面，生动体现了中国全面深化改革的地方探索和顶层设计相结合的思路。今年上半年，21 个自贸试验区实际使用外资 1008.8 亿元，以不到全国千分之四的国土面积吸引了全国近 17% 的外资，打造成为引领中国新时代对外开放的鲜明旗帜和重要开放门户。

五、不断放宽市场准入，持续优化口岸营商环境。

中国商务部近期发布了《"十四五"商务发展规划》，包括将进一步清理负面清单之外的限制措施，严格实行"非禁即入"。中国海关全面推进"两步申报"、"提前申报"、"绿色通道"、免到场查验等便利化措施，全面提高通关效率。去年12月，中国进口、出口整体通关时间分别为34.91小时和1.78小时，较3年前分别压缩了64.2%和85.5%。中国美国商会2020年发布的年度报告《中国商务环境调查报告》和《美国企业在中国白皮书》显示，50%的会员企业对不断改善的中国营商环境表示认可；75%的企业对在中国市场继续享受改革开放措施具有高度信心。根据中国欧盟商会近期发布的《2021年商业信心调查》报告，在受访企业中，73%的企业去年实现了盈利，约68%的企业对所在行业未来两年的商业前景持乐观态度，60%的企业计划今年扩大在华业务规模，1/4的企业正在或者即将加强在华供应链建设。

六、积极搭建贸易平台，推动外贸转型新升级。

今年4月，第129届广交会云端落幕，官网累计访问量3538万次，有来自227个国家和地区的采购商注册观展；去年9月，2020年厦门国际投资贸易洽谈会共吸引1018个客商团组参会，包括来自69个国家和地区的境外驻华客商团组248个，达成2300多个项目合作协议，协议总投资额超1230亿美元；自1995年起，每年10月开幕的义乌小商品博览会已将小商品销往160多个国家和地区，出口额达到22亿美元。此外，为帮助外资企业更好地分享中国市场机遇，自2018年起，中国连续3年高规格高质量高水平举办中国国际进口博览会，2020年举办的第三届进博会累计意向成交额达到726.2亿美元，比上届增长2.1%。今年秋天，厦洽会、义博会、广交会、进博会将陆续如期开幕，从"卖全球"到"买全球"，体现了中国同世界分享市场机遇、推动世界经济复苏的真诚愿望，为国际社会注入更多正能量。

2018年中国开始实施跨境电商零售进口试点，商务部、发展改革委、财政部、海关总署、税务总局、市场监管总局共同发布《关于完善跨境电子商务零售进口监管有关工作的通知》，进一步规范相关工作，明确对跨境电商零售进口商品按个人自用进境物品监管，对跨境电商零售进口实行正面清单管理，目前正面清单内商品税目已超过1400个。2020年，中国跨境电商进出口额达到1.69万亿元，增长31.1%，5年来规模增长近10倍；市场采购贸易规模6年增长5倍，2020年突破7000亿元；据不完全统计，全国外贸综合服务企业已超1500家，服务客户数量超20万家，海外仓数量超1900个。2021年7月，中国商务部会同多部委印发《关于加快发展外贸新业态新模式的意见》，为推动外贸转型升级和高质量发展注入新动能。

从历史的长镜头来看，中国发展是属于全人类进步的伟大事业。今日之中国，不仅是中国之中国，而且是世界之中国，我们推动更高水平开放的脚步不会停滞，推动建设开放型世界经济的脚步不会停滞。开放是当代中国的鲜明标识，是国家繁荣发展的必由之路。未来之中国，必将以更加开放的姿态拥抱世界，必将同世界形成更加良性的互动，带来更加进步繁荣的中国和世界。"一花独放不是春，百花齐放春满园。"我们坚信，一个走向复兴、充满机遇、开放合作的中国，必将为世界和平、稳定和繁荣作出更大贡献。

我国对外贸易管理制度是指我国通过制定法律、法规，对货物进出口、技术进出口和国际服务贸易进行管理和控制的制度。

1994 年 5 月 12 日，第八届全国人民代表大会常务委员会第七次会议通过了《对外贸易法》，并于同年 7 月 1 日正式生效。入世后，2004 年 4 月修订并于 7 月实施、2016 年 11 月 7 日第十二届全国人民代表大会常务委员会第二十四次会议修改的《中华人民共和国对外贸易法》是我国政府对国际贸易实施管理和控制的重要法律依据。除此之外，我国还颁布了大量的对外贸易管理方面的法规、单行条例等，《反倾销条例》《反补贴条例》《保障措施条例》《货物进出口管理条例》及《技术进出口管理条例》等。这些法律规范与《对外贸易法》共同构成了我国对外贸易管理完整的法律体系。由于反倾销以及反补贴以及保障措施的内容在第二节中已详细介绍，在此不再赘述。

一、《对外贸易法》

（一）一般规定

1. 适用范围

《对外贸易法》适用于货物进出口、技术进出口和国际服务贸易。边境贸易不适用外贸法，以便给边境贸易更多的灵活性。我国的单独关税区（香港和澳门）不适用外贸法。

2. 对外贸易管理机构

我国宪法规定，对外贸易管理权属于国务院。2003 年前国务院对外贸易经济合作部统一领导和管理全国的对外贸易工作，现为商务部。

3. 对外贸易基本原则

外贸法规定的对外贸易基本原则包括：（1）实行统一的对外贸易制度。我国实行统一的对外贸易制度，即由国家统一制定对外贸易法律、法规、政策，采取统一的管理措施，对全国的对外贸易进行宏观指导和调控。（2）维护公平、自由的对外贸易秩序原则。国家依法维护公平的自由的对外贸易秩序。所谓公平的对外贸易秩序，是指国家应在法律上为中外经营者提供公平自由的竞争环境，同时要求中外经营者依法经营，公平竞争，不得为法律所禁止的行为。（3）坚持平等互利、互惠对等的多边、双边贸易原则。外贸法规定，我国根据平等互利的原则促进和发展同其他国家和地区的贸易关系，在对外贸易方面所缔结或参加的国际公约和协定，给予其他缔约方、参加方或者根据互惠对等原则给予对方最惠国待遇、国民待遇。如果任何国家或地区在贸易方面对我国采取歧视性的禁止、限制或其他类似措施，我国可以根据实际情况对该国家或地区采取相应的措施。

4. 对外贸易经营主体

对外贸易经营主体是依照外贸法从事对外贸易经营活动的法人、其他组织或者个人。

（二）进出口管制制度

1. 限制或禁止进出口的货物和技术

根据《对外贸易法》第 16 条的规定，凡属下列情形之一的货物、技术，国家限制或禁止进口或出口：为维护国家安全、社会公共利益或者公共道德，需要限制或者禁止进口或者出口的；为保护人的健康或者安全，保护动物、植物的生命或者健康，保护环境，需要限制或者禁止进口或者出口的；为实施与黄金或者白银进出口有关的措施，需要限制或者禁止进口或者出口的；国内供应短缺或者为有效保护可能用竭的自然资源，需要限制或者禁止出口的；输往国家或地区的市场容量有限，需要限制出口的；出口经营秩序出现严重混乱，需要限制出口的；为建立或加快建立国内特定产业，需要限制进口的；对任何形式的农业、牧业、渔业产品有必要限制进口的；为保障国家国际金融地位和国际收支平衡，需要限制进口的；依照法律、行政法规的规定，其他需要限制或禁止进口或者出口的；根据我国缔结或者参加的国际条约、协定的规定，其他需要限制或者禁止进口或者出口的。另外第18条规定了国务院对外贸易主管部门或者由其会同国务院其他有关部门，经国务院批准，可以在本法第16条和第17条规定的范围内，临时决定限制或者禁止前款规定目录以外的特定货物、技术的进口或者出口。

在国家安全方面，第17条作出了规定：国家对与裂变、聚变物质或者衍生此类物质的物质有关的货物、技术进出口，以及与武器、弹药或者其他军用物资有关的进出口，可以采取任何必要的措施，维护国家安全。在战时或者为维护国际和平与安全，国家在货物、技术进出口方面可以采取任何必要措施。

2. 有限的配额和许可证制度

《对外贸易法》第19条规定：①对限制进口或者出口的货物，实行配额或者许可证管理；对限制进口或出口的技术，实行许可证管理。②进出口货物配额，由国务院对外贸易主管部门或者国务院其他有关部门在各自的职责范围内，按照公开、公平、公正和效益的原则进行分配。

（三）国际服务贸易

《对外贸易法》第26条对限制、禁止国际服务贸易的情形做出了规定：（1）为维护国家安全、社会公共利益或者公共道德，需要限制或者禁止的；（2）为保护人的健康或者安全，保护动物、植物的生命或者健康，保护环境，需要限制或者禁止的；（3）为建立或者加快建立国内特定服务产业，需要限制的；（4）为保障国家外汇收支平衡，需要限制的；（5）依照法律、行政法规的规定，其他需要限制或者禁止的；（6）根据我国缔结或者参加的国际条约、协定的规定，其他需要限制或者禁止的。在国家安全方面，《对外贸易法》第27条规定：国家对与军事有关的国际服务贸易，以及与裂变、聚变物质或者衍生此类物质的物质有关的国际服务贸易，可以采取任何必要的措施，维护国家安全。在战时或者为维护国际和平与安全，国家在国际服务贸易方面可以采取任何必要的措施。

（四）与对外贸易有关的知识产权保护

《对外贸易法》第29条规定：国家依照有关知识产权的法律、行政法规，保护与对外贸易有关的知识产权。进口货物侵犯知识产权，并危害对外贸易秩序的，国务院对外贸易主管部门可以采取在一定期限内禁止侵权人生产、销售的有关货物进口等措施。第31条规定：其他国家或者地区在知识产权保护方面未给予中华人民共和国的法人、其他组织或者个人国民待遇，或者不能对来源于中华人民共和国的货物、技术或者服务提供充分有效的知识产权保护的，国务院对外贸易主管部门可以依照本法和其他有关法律、行政法规的规定，并根据中华人民共和国缔结或者参加的国际条约、协定，对与该国家或者该地区的贸易采取必要的措施。

（五）禁止不正当竞争行为措施

对外贸易秩序是对外贸易经营者在对外贸易活动中应有的公平、自由竞争和交往的秩序。《对外贸易法》对不正当竞争行为以及对国内产业造成损害的其他行为规定了制裁措施。

（1）妨碍对外贸易秩序行为。包括垄断行为；不正当的低价销售商品、串通投标、发布虚假广告、进行商业贿赂等不正当竞争行为。有以上违法行为，并危害对外贸易秩序的，国务院对外贸易主管部门可以采取禁止该经营者有关货物、技术进出口等措施消除危害。

《对外贸易法》第34条规定，在外贸易活动中，不得有下列行为：①伪造、变造进出口货物原产地标记，伪造、变造或者买卖进出口货物原产地证书，进出口许可证、进出口配额证明或其他进出口证明文件；②骗取出口退税；③走私；④逃避法律、行政法规规定的认证、检验、检疫；⑤违反法律，行政法规规定的其他情形。

（2）保障措施。因进口产品数量大量增加，对生产同类产品或者与其直接竞争的产品的国内产业造成严重损害或者严重损害威胁的，国家可以采取必要的保障措施，消除或者减轻这种损害或者损害的威胁，并可以对该产业提供必要的支持。

（3）反倾销与反补贴措施。《对外贸易法》规定了反倾销措施和反补贴措施。

二、《货物进出口管理条例》

2001年12月10日国务院公布《中华人民共和国货物进出口管理条例》，自2002年1月1日起施行。

（一）货物进口管理

有关货物进口管理规定主要有：（1）禁止与限制进口的货物。限制进口的货物目录由国务院外经贸主管部门会同国务院有关部门制定、调整并公布。限制进口的货物目录，应当至少在实施前21天公布；在紧急情况下，应当不迟于实施之日公布。（2）配额与许可证管理。国家规定有数量限制的限制进口货物，实行配额管理；其他限制进口货物，实行许可证管理。配额管理分为：关税配额管理和一般配额管理。实行关税配额管理的进口货物，有关目录，由国务院外经贸主管部门会同国务院有关经济管理部门制定、调整并公布。实行一般配额管理的限制进口货物，由国务院外经贸主管部门和国务院有关经济管理部门（以下统称进口配额管理部门）按照国务院规定的职责划分进行管理；对实行配额管理的限制进口货物，进口配额管理部门应当在每年7月31日前公布下一年度进口配额总量。

（二）货物出口管理

关于货物出口管理的主要规定有：（1）禁止与限制出口货物。限制出口的货物目录由国务院外经贸主管部门会同国务院有关部门制定、调整并公布。限制出口的货物目录，应当至少在实施前 21 天公布；在紧急情况下，应当不迟于实施之日公布。（2）配额与许可证管理。国家规定有数量限制的限制出口货物，实行配额管理；其他限制出口货物，实行许可证管理。对实行配额管理的限制出口货物，出口配额管理部门应当在每年 10 月 31 日前公布下一年度出口配额总量。对实行许可证管理的限制出口货物，出口经营者应当向国务院外经贸主管部门或者国务院有关部门提出申请，出口许可证管理部门应当自收到申请之日起 30 天内决定是否许可。如果许可，则发放出口许可证。

（三）自由进口货物

进口属于自由进口的货物，不受限制。但是，基于监测货物进口情况的需要，国务院外经贸主管部门和国务院有关经济管理部门可以按照国务院规定的职责划分，对部分属于自由进口的货物实行自动进口许可管理。实行自动进口许可管理的货物目录，应当至少在实施前 21 天公布；进口属于自动进口许可管理的货物，均应当给予许可、取得自动进口许可证明。

（四）国营贸易和指定经营

实行国营贸易管理的货物，国家允许非国营贸易企业从事部分数量的进出口。国务院外经贸主管部门基于维护进出口经营秩序的需要，可以在一定期限内对部分货物实行指定经营管理。实行指定经营管理的进出口货物目录、指定经营企业名录以及确定指定经营企业的具体标准和程序，由国务院外经贸主管部门制定、调整并公布。

（五）进出口监测和临时措施

国务院外经贸主管部门负责对货物进出口情况进行监测、评估，并定期向国务院报告货物进出口情况，提出建议。国家一定条件下可以实施临时限制措施：（1）国家为维护国际收支平衡，包括国际收支发生严重失衡或者受到严重失衡威胁时，或者为维持与实施经济发展计划相适应的外汇储备水平，可以对进口货物的价值或者数量采取临时限制措施。（2）国家为建立或者加快建立国内特定产业，在采取现有措施无法实现的情况下，可以采取限制或者禁止进口的临时措施。（3）国家在必要时可以对任何形式的农产品、水产品采取限制进口的临时措施。（4）在一定情形下，国务院外经贸主管部门可以对特定货物的出口采取限制或者禁止的临时措施。（5）对进出口货物采取限制或者禁止的临时措施的，国务院外经贸主管部门应当在实施前予以公告。

（六）对外贸易激励机制

国家采取积极措施鼓励我国对外贸易发展，具体规定有：（1）国家采取出口信用保险、出口信贷、出口退税、设立外贸发展基金等措施，促进对外贸易发展。（2）国家采取有效措施，促进企业的技术创新和技术进步，提高企业的国际竞争能力。（3）国家通过提供信息咨询服务，帮助企业开拓国际市场。（4）货物进出口经营者可以依法成立和参加进出口商会，实行行业自律和协调。（5）国家鼓励企业积极应对国外歧视性反倾销、反补贴、保障措施及其他限制措施，维护企业的正当贸易权利。

（七）处罚与救济

该条例根据行为人行为表现不同，将行为人应承担的法律责任分为刑事责任与行政责任。

【自我检测】

一、单选题

1.（法律职业资格考试真题）根据中国法律，如果中国商务部终局裁定确定某种进口产品倾销成立并由此对国内产业造成损害的，可以征收反倾销税。下列关于反倾销税的哪种说法是正确的？

    A. 反倾销税只对终局裁定公告之日后进口的产品适用

    B. 反倾销税税额不得超过终局裁定的倾销幅度

    C. 反倾销税和价格承诺可以同时采取

    D. 反倾销税的纳税人应该是倾销产品的出口商

2.（法律职业资格考试真题）根据我国《反倾销条例》规定，倾销进口产品的出口经营者在反倾销调查期间，可向商务部作出改变价格或停止以倾销价格出口的价格承诺。有关价格承诺的规定，下列哪一选项是正确的？

    A. 商务部可以向出口经营者提出价格承诺的建议

    B. 商务部在对倾销及其损害作出肯定的初步裁定之前可以寻求或接受价格承诺

    C. 对出口经营者作出的价格承诺，商务部应予接受

    D. 出口经营者违反其价格承诺的，商务部可以采取保障措施

3.（法律职业资格考试真题）甲、乙、丙中国企业代表国内某食品原料产业向商务部提出反倾销调查申请，要求对原产于 A 国、B 国、C 国的该原料进行相关调查。经查，商务部终局裁定确定倾销成立，对国内产业造成损害，决定征收反倾销税。根据我国相关法律规定，下列哪一说法是正确的？

    A. 反倾销税的纳税人是该原料的出口经营者

    B. 在反倾销调查期间，商务部可以建议进口经营者作出价格承诺

    C. 终裁决定确定的反倾销税额高于已付或应付临时反倾销税或担保金额的，差额部分不予征收

    D. 终裁决定确定的反倾销税额低于已付或应付临时反倾销税或担保金额的，差额部分不予退还

4.（法律职业资格考试真题）应国内化工产业的申请，中国商务部对来自甲国的某化工产品进行了反倾销调查。依《反倾销条例》，下列哪一选项是正确的？

    A. 商务部的调查只能限于中国境内

    B. 反倾销税税额不应超过终裁确定的倾销幅度

    C. 甲国某化工产品的出口经营者必须接受商务部有关价格承诺的建议

    D. 针对甲国某化工产品的反倾销税征收期限为 5 年，不得延长

二、多选题

5.（法律职业资格考试真题）根据《反补贴条例》的规定，下列哪些补贴属于有专向性的补贴？

　　A. 由出口国法律明确规定的某些企业获得的补贴

　　B. 环保组织以改善环保为条件对企业提供的赠款

　　C. 指定特定区域内的企业、产业获得的补贴

　　D. 世界银行对贫困地区提供的无息贷款

6.（法律职业资格考试真题）根据我国 2004 年修订的《对外贸易法》的规定，关于对外贸易经营者，下列哪些选项是错误的？

　　A. 个人须委托具有资格的法人企业才能办理对外贸易业务

　　B. 对外贸易经营者未依规定办理备案登记的，海关不予办理报关验放手续

　　C. 有足够的资金即可自动取得对外贸易经营的资格

　　D. 对外贸易经营者向国务院主管部门办妥审批手续后方能取得对外贸易经营的资格

7.（法律职业资格考试真题）依据我国 2004 年修订的《中华人民共和国对外贸易法》的规定，关于货物的进出口管理，下列选项哪些是不正确的？

　　A. 对自由进出口的货物无需办理任何手续

　　B. 全部自由进出口的货物均应实行进出口自动许可

　　C. 实行自动许可的进出口货物，国务院对外贸易主管部门有权决定是否许可

　　D. 自动许可的进出口货物未办理自动许可手续的，海关不予放行

8.（法律职业资格考试真题）根据《中华人民共和国反补贴条例》，下列哪些选项属于补贴？

　　A. 出口国政府出资兴建通向口岸的高速公路

　　B. 出口国政府给予企业的免税优惠

　　C. 出口国政府提供的贷款

　　D. 出口国政府通过向筹资机构付款，转而向企业提供资金

【参考答案】

第九章 WTO 法律制度

第一节 世界贸易组织概述

一、世界贸易组织的建立

世界贸易组织（World Trade Organization，WTO）的前身是关税及贸易总协定（General Agreement on Tariff and Trade，GATT）。第二次世界大战行将结束时，主要盟国致力于筹建一个以实现战后贸易自由为目标的国际贸易组织。1947 年 11 月至 1948 年 3 月，联合国贸易与就业会议在哈瓦那召开，23 个国家的代表参加会议并通过了《国际贸易组织章程》（通称《哈瓦那宪章》）。会议期间还进行了首轮关税减让谈判，并达成了100 多项关税减让协议。为使谈判的结果尽快付诸实践，与会代表同意将《国际贸易组织章程》中涉及关税与贸易的条款单列，构成一个单独协定，命名为《关税及贸易总协定》（简称《关贸总协定》，GATT），并将各国达成的关税减让协议作为该协定组成部分。GATT 依 8 国签署的《临时适用协定书》于 1948 年 1 月 1 日起生效。按照当时的计划，GATT 只是国际贸易组织建立之前的一种临时性安排。但是后来由于《国际贸易组织章程》未能得到一些国家的正式批准而未正式生效，国际贸易组织始终未能正式成立。这样，GATT"临时适用"了 40 多年，直到 1994 年 12 月 31 日。

在 40 多年的实践中，GATT 充当着缔约方之间进行贸易谈判和协调争议的场所，共主持进行了 8 轮多边贸易谈判，其中著名的有"狄龙回合""肯尼迪回合""东京回合"以及"乌拉圭回合"。通过历次关税相互减让的谈判，成员国的关税有了大幅度的下降；有关谈判的议题也从最初的货物贸易扩展到服务贸易、知识产权和与贸易有关的投资等新议题。GATT 确立的国际贸易原则和制度，对于各缔约方国内贸易法律和贸易政策产生了深远影响，在协调有关缔约方之间贸易争端上也发挥了重要作用。

但 GATT 的不足也逐渐显露出来，也越来越难以发挥其作用。因此，在 GATT 的乌拉圭回合谈判中，达成了《建立世界贸易组织的马拉喀什协定》（也称为《建立世界贸易组织协定》，简称《建立 WTO 协定》）。根据该协定，一个新的国际经济组织——世界贸易组织（WTO，简称世贸组织）于 1995 年 1 月 1 日正式宣告成立。

世界贸易组织是对关税及贸易总协定的继承和发展，虽然作为国际组织的关税及贸易总协定不复存在，但作为协议的关税及贸易总协定，经过修订后变成了世界贸易组织规则的一部分（被称为 GATT1994），与《与贸易有关的知识产权协定》《服务贸易总协定》共同组成调整世界贸易的规则的主要框架。

【课程思政】

"入世" 20 年，中国亮出 "成绩单"①

今年是中国加入世贸组织 20 年。中国 "入世" 无论对中国对外开放进程还是世界经济全球化历程，都具有里程碑意义。这 20 年既是中国经济快速发展、人民生活水平显著改善的 20 年，也是中国与世界深度融合、共享机遇、共同成长的 20 年。

"入世" 20 年来，中国始终坚持将享有权利与履行义务相结合，将实现自身发展与促进世界共同发展相结合，将参与国际经贸合作与推动全球经济治理变革相结合，不仅在 2010 年就已全部履行完加入世贸组织的承诺，而且在很多方面作出超额贡献。包括世贸组织前总干事拉米在内的诸多专家和官员都给中国 "入世" 答卷打出 "A+" 高分。

在贸易便利方面，中国一直以开放的姿态，敞开怀抱欢迎更多高品质国际商品和服务进入中国市场。目前，我国关税总水平已由 "入世" 前的 15.3% 降至目前的 7.5% 以下，远低于大部分发展中国家，接近发达国家、发达市场对外开放水平。2001 年至 2018 年，中国货物进口额年均增长约 13.6%，高于全球平均水平 6.8%。2009 年至 2018 年，我国商品进口额增长了 1.12 倍，达到 2.14 万亿美元，高于商品出口额的 1.07 倍；服务进口额增长了 3.3 倍，达到 5258 亿美元，高于服务出口额的 1.63 倍。此外，中国是世界上第一个尝试以 "进口" 为主题举办国家级展会的国家。即使在去年疫情期间，进博会也没有按下 "暂停键"，而是线上线下同步发力，体现了中国同世界分享市场机遇、推动世界经济复苏的真诚愿望。在去年的第三届 "进博会" 中，累计意向成交 726.2 亿美元，比上届增长 2.1%。此外，中国正在推动以跨境电商和市场采购贸易方式为代表的外贸新业态新模式。2020 年，跨境电商进出口 1.69 万亿元，增长 31.1%。

在市场准入方面，中国持续缩减外商投资准入负面清单，全面实施平等待遇，目前开放了 120 多个部门，不仅远超 "入世" 承诺的 100 个部门，也超过发达国家平均承诺的 108 个部门。在 2020 年底中国官方发布《鼓励外商投资产业目录（2020 年版）》中，比 2019 年版增加 127 条，外商投资准入范围进一步扩大。特别是属于鼓励类目录的外商投资项目，可以依相关法规享受税收、用地等优惠待遇。资本是最懂得用脚投票的。中国吸引外资额稳步增长，2020 年，中国实际利用外资 9999.8 亿元，逆势增长 6.2%，成为全球最大外资流入国，实现引资总量、增长幅度、全球占比 "三提升"。新设或增资合同外资 1 亿美元以上大项目 938 个，数量增长 12.5%，宝马、戴姆勒、西门子等一批龙头企业在华增资扩产。

在营商环境方面，中国对标国际先进水平，迄今已推出 130 余项相关改革举措，进一步增强了中国营商环境的国际竞争力，并连续多年成为全球营商环境改善幅度最

---

① 《"入世" 20 年，中国亮出 "成绩单"》，载中华网，https://news.china.com/zw/news/13000776/20210309/39361431.html，访问时间：2021 年 7 月 19 日。

大的经济体之一。世界银行中国局局长芮泽曾表示，"中国为改善中小企业的国内营商环境作出了巨大努力，保持了积极的改革步伐，在多项营商环境指标上取得了令人赞许的进步。"中国整体营商环境改善体现在很多细节指标上。根据世界银行《全球营商环境报告 2020》显示，目前在中国办理施工许可证耗时 111 天，在该指标的质量指数上得到 15 分的满分，高于东亚地区 132 天和 9.4 分的平均水平。随着 2020 年 1 月 1 日新的《优化营商环境条例》施行，无论内资企业、外资企业，只要在中国注册，都将一视同仁、同等对待，都将得到完善的法规制度保护。

在制度建设方面，中国长期致力于推动全球经济合作模式创新、完善全球经济治理结构，在 G20 峰会、WTO《贸易便利化协议》等全球经济治理机制中一直发挥着重要作用。中国首倡的"一带一路"倡议在不同国家对接顶层战略、设立亚洲基础设施投资银行等新型基础设施融资机构、创新基础设施融资模式、探索共建新型产业园区等方面作了积极探索，为深化全球经贸合作，特别是促进发展中国家经济增长作出了重大贡献。此外，在新冠肺炎疫情肆虐世界、全球经济陷入衰退、单边主义和保护主义横行世界之时，中国同东盟和日韩澳新共十五国签署《区域全面经济伙伴关系协定》，标志着人口、GDP 和出口总额均占世界约 30% 的世界最大自贸区的诞生，中国同欧盟完成中欧投资协定谈判，标志着中欧两大世界市场达成高标准的投资自由化安排。这一系列先行先试的举措必将对今后世贸组织的改革和多边贸易规则的发展注入正能量，产生积极而深远的重要影响。

在全球贡献方面，过去 20 年，中国对世界经济增长的平均贡献率接近 30%，特别是去年中国是主要经济体中唯一实现正增长的国家，成为拉动世界经济复苏增长的最重要引擎。我国加入 WTO 以来，其主要比较优势集中于熟练普通劳动力、良好的基础设施以及完善的制造业体系，因此在全球价值链分工中主要承接了最终产品制造等直接面向消费者的环节，有效推动了在全球生产要素总投入不变的情况下，生产可能性曲线向外延伸，既提升了我国本土生产要素的使用效率，也有效提升了美国、欧盟、日韩乃至广大新兴市场国家生产要素的使用效率。正如 2018 年 4 月份高盛集团的一份报告指出的那样，假设总体需求和生产不变，至少需要 5 年时间并且投入 300 亿美元至 350 亿美元的资本，才能完全将手机制造业从中国转移到美国，届时手机生产总成本将增长 37%。

当前，中国正在积极构建新发展格局，这将为中国和世界打开一扇贯通国内外两大市场、连接进出口两大通道的"旋转门"。进入新发展阶段的中国将继续为建设开放型世界经济交出一份更亮眼的成绩单，为世界经济复苏提供更多"中国动力"，与世界各国分享更多"中国机遇"，让世界人民收获更多"中国红利"。

二、世界贸易组织宗旨与法律地位

(一) 世界贸易组织宗旨与职能

根据《建立 WTO 协定》及其附件的有关规定，世界贸易组织的宗旨是：提高人类生活水平，并保证充分就业以及实际收入和有效需求的持续增长，扩大产品生产与货物贸易，并增进服务贸易；促进世界资源的充分利用和可持续发展，确保发展中国家尤其是最不发达国家贸易份额的增长和经济发展；根据互惠互利安排，切实降低关税及其他贸易壁垒，并在国际贸易关系中消除歧视性待遇，建立一体化的多边贸易机制。

围绕着 WTO 的宗旨，WTO 履行以下职能：

（1）促进 WTO 各项宗旨的实现，监督与管理其统辖范围的各项协议与安排的实施运行，并为执行上述各项协议提供统一的机构框架。

（2）作为谈判的场所。WTO 应为各成员处理与协定各附件有关的多边贸易关系提供谈判场所。如果部长会议做出决定，还可为各成员的多边贸易关系的进一步谈判提供场地，并为执行该谈判的结果提供框架。

（3）作为争端解决机构。WTO 管理和实施《争端解决的规则与程序的谅解》，为解决成员方贸易争端提供场所和机构，并设立争端解决机构（DSB）专司贸易争端解决之职。

（4）作为经济政策制定与协调的机构。WTO 管理、实施《贸易政策审查机制》，并与国际货币基金组织和世界银行及其附属机构进行适当的合作，以更好地协调、制订全球经济政策对发展中国家和最不发达国家提供技术援助及培训。

（二）世界贸易组织法律地位

《建立 WTO 协定》第 8 条明确规定了其法律地位。依此规定，WTO 具有完全的法律人格，并且每一个成员方均应赋予其为履行职能所必要的法律能力，包括必要的特权和豁免。

三、世界贸易组织的运行机制

（一）世界贸易组织的法律框架

由《建立世界贸易组织协定》及其 4 个附件组成。附件一是《货物贸易多边协定》《服务贸易多边协定》和《与贸易有关的知识产权协定》；附件二是《关于争端解决规则与程序的谅解》；附件三是《贸易政策审议机制》；附件四是《政府采购协议》《民用航空器贸易协议》《国际奶制品协议》和《国际牛肉协议》。其中，《国际奶制品协议》和《国际牛肉协议》已于 1997 年 12 月 31 日终止。

附件一、附件二和附件三作为多边贸易协定，所有成员都必须接受。附件四属于诸边贸易协定，仅对签署方有约束力，成员可以自愿选择参加。

世界贸易组织法律制度框架如图 9-1 所示。

（二）世界贸易组织的组织机构

（1）部长级会议。部长级会议（或称部长会议）是 WTO 最高权力机构，有权对多边贸易协定所规定的所有事项做出决定。它由 WTO 全体成员的代表组成，至少每两年召开一次会议。部长级会议的职能是：①履行世界贸易组织的职能，并为此采取必要

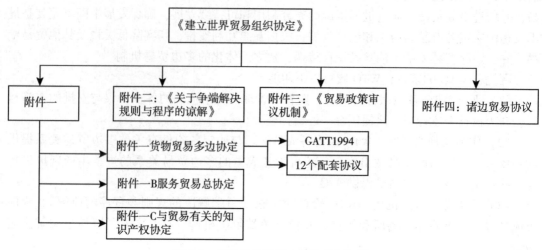

图 9-1　世界贸易组织法律制度框架图

行动；②根据其成员的请求，在符合 WTO 协议和多边贸易协议决策程序的特别要求情况下，有权对多边贸易协议中的任何事项作出决定。

（2）总理事会。总理事会是 WTO 日常工作执行机构。它由 WTO 所有成员代表组成，需要向部长会议报告工作，在部长会议休会期间执行部长会议各项职能。总理事会也是WTO 争端解决机构和贸易政策评审机构，它们根据不同的职权范围召开会议，在履行各自职能时由各自的主席领导，使用各自的规则程序。上述三个机构由所有成员的代表组成，向部长级会议负责和报告工作。

（3）分理事会。总理事会下设货物贸易理事会、服务贸易理事会和与贸易有关的知识产权理事会，分别监督、执行《货物贸易多边协定》《服务贸易总协定》和《与贸易有关的知识产权协定》。

（4）专门委员会、工作组。WTO 设有两类专门委员会和工作组，分别由相应的机构授权履行职能。

（5）总干事和秘书处。WTO 设立秘书处，其负责人为总干事，总干事的权力、责任、任职条件和任期由部长会议通过的规章确定。秘书处的工作由总干事领导，其职责是为世界贸易组织的各个机构提供秘书性工作。目前，WTO 秘书处设在日内瓦。

世界贸易组织的组织机构设置如图 9-2 所示。

【法规阅读】

《建立世界贸易组织协定》

第四条　世贸组织的机构

1. 部长会议应当包括所有成员的代表，它应至少每 2 年召开一次会议。部长会议应当履行世贸组织的职能，并为此而采取必要的措施。部长会议有权对各多边贸易

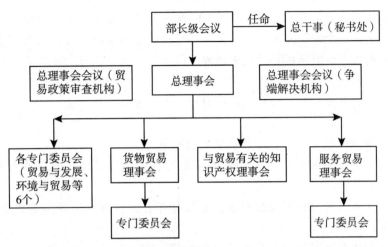

图 9-2 世界贸易组织的组织机构图

协议中的任何事项作出决定，如有成员要求，部长会议的决定应按照本协议及有关多边贸易协议中关于决策的具体规定作出。

2. 设立一个包括所有成员代表的总理事会，它应在适当时候召开会议。在部长会议休会期间，总理事会应当执行部长会议的各项职能。总理事会还应当执行本协议指定的各项职能，总理事会应当制定自己的程序规则，审批本条第 7 款所述各委员会的程序规则。

3. 总理事会应在适当时间召开会议，以行使争端解决谅解所规定的争端解决机构的职责。争端解决机构应有自己的主席，并建立它认为必要的程序规则以行使其职责。

4. 总理事会应在适当时间召开会议，以行使贸易政策审议机制所规定的贸易政策审议机构的职责。贸易政策审议机构应有自己的主席，并建立它认为必要的程序规则以行使其职责。

5. 设立一个货物贸易理事会、一个服务贸易理事会和一个与贸易有关的知识产权理事会（以下称"知识产权理事会"）。它们应当在总理事会的指导下进行工作。货物贸易理事会应当负责附件一（1）中的多边贸易协议的运作，服务贸易理事会应当负责服务贸易总协定的运作，知识产权理事会应当负责与贸易有关的知识产权协定的运作。各理事会都应行使各自有关协议和总理事会赋予的职责。它们还应经总理事会批准制定各自相应的程序规则。各理事会的成员应当从所有成员代表中产生，各理事会应当在必要时召开会议，以行使其职责。

6. 货物贸易理事会、服务贸易理事会和知识产权理事会，可视需要建立各自的下属机构，这些机构应制定各自的程序规则并由各自理事会批准。

7. 部长会议应当设立一个贸易与发展委员会，一个国际收支限制委员会和一个预算、财务和行政管理委员会，它们应当行使本协议和多边贸易协议所赋予的各种职责以及总理事会所赋予的其他职责，在部长会议认为合适的情况下，还可以设立具有此类职责的其他委员会。作为其职能的一部分，贸易与发展委员会应当定期审议多边贸易协议中有利于最不发达成员的特别规定，向总理事会报告，以采取适当行动。各委员会的成员应由所有成员的代表组成。

8. 诸边贸易协议下设立的各种机构，应行使这些协议所赋予的职责，并应在世贸组织机构框架内运作，这些机构应向总理事会通知其活动。

第六条　秘书处

1. 世贸组织设立一个由总干事领导和秘书处。

2. 部长会议应任命一名总干事，并制定有关规则以确定总干事的权力、责任、任职条件和任期。

3. 总干事应任命秘书处的职员，并根据部长会议通过的规则确定他们的责任和任职条件。

4. 总干事和秘书处的职员纯属国际性质，在履行其职责方面，总干事和秘书处职员不应当寻求和接受世贸组织之外的任何政府或其他当局的指示，他们应避免任何有损其国际官员身份的行为，世贸组织的成员应当尊重总干事和秘书处职员在其职责方面的国际性质，不应对他们行使职权施加影响。

第二节　世界贸易组织的基本原则

世界贸易组织的基本原则贯穿于世界贸易组织的各个协定和协议中，构成了多边贸易体制的基础。这些基本原则主要有非歧视原则、关税减让原则、一般取消数量限制原则、透明度原则。其中，非歧视原则包括最惠国待遇原则和国民待遇原则。

一、最惠国待遇原则

（一）最惠国待遇原则的概念

最惠国待遇原则是指一国在经济关系中给予另一国国民的优惠待遇不应低于该国现在和将来给予任何第三国国民的待遇。最惠国待遇原则的特点是：①自动性。这是最惠国待遇原则的内在机制，体现在"立即和无条件"的要求上。②同一性。当一成员给予其他成员以某种优惠时，任何其他成员所获取的优惠必须相同。③相互性。WTO 最惠国待遇是相互获取的优惠待遇。任何成员既是给惠方，又是受惠方，即在承担最惠国待遇义务的同时，享受最惠国待遇权利。④普遍性。最惠国待遇适用于全部进出口产品、服务贸易的各个领域以及所有的知识产权所有者或持有者。

（二）最惠国待遇原则的适用范围

首先，在货物贸易领域。《关贸总协定》第 1 条明确指出："一成员给予对来自或运往任何其他国家的产品所给予的利益、优待、特权或豁免，应当立即无条件地给予来自或

运往所有其他成员的同类产品。"该条款是《关贸总协定》的核心条款，是货物贸易制度
乃至 WTO 多边贸易制度中最重要的基本原则和基本制度。

最惠国待遇原则在货物贸易领域的具体适用范围包括：①在征收进出口关税方面；②
在征收与进出口有关的各种费用方面；③征收上述税费的方法；④与进出口有关的规章手
续；⑤进口货物的国内税费，影响进口货物销售的法律、规章和要求；⑥例外条款中允许
实施数量限制的行政管理措施（如配额分配方式）。

其次，在服务贸易领域。在服务贸易方面，《服务贸易总协定》（GATS）第 2 条要求
世界贸易组织成员方在服务贸易领域相互给予最惠国待遇。该条规定："在本协定覆盖的
任何措施方面，WTO 一成员国应立即地和无条件地给予 WTO 任何其他成员方的服务与服
务供应者以不低于它给予任何其他国家的相同服务与服务供应者之待遇的待遇。"

最后，在知识产权领域。知识产权领域的最惠国待遇原则要求，成员给予任何其他国
家的国民有关知识产权保护的任何优惠、优待、特权或豁免，应立即和无条件地给予来自
任何其他成员的国民。

（三）最惠国待遇原则的例外适用

适用最惠国待遇原则的例外有以下几种：

1. 一般例外的规定

《关贸总协定》第 20 条规定了 10 项例外：为保障人类、动植物生命健康所必需的措
施；有关输出或输入黄金或白银的措施；为保证与本协定无抵触的法规、条例（指关于
海关监管、知识产权保护、反垄断反欺诈方面法律法令）的执行所必需的措施；有关监
狱劳动产品的措施；为保护本国具有艺术、历史或考古价格的文物而采取的措施；为保护
可能用竭的天然资源的有关措施；为履行国际商品协定所承担的义务而采取的措施。

2. 安全例外的规定

《关贸总协定》第 21 条规定，缔约方提供有关国家基本安全利益的资料和为国家基
本安全利益所采取的行动，以及根据联合国宪章为维护国际和平安全所采取的行动不受总
协定约束。

3. 关税同盟和自由贸易区的规定

《关贸总协定》第 24 条规定，本协定的各项规定不得阻止缔约方在其领土之间建立
关税同盟或自由贸易区。这意味着世界贸易组织成员之间如果建立了关税同盟或自由贸易
区，其内部成员之间相互给予的优惠不能按照最惠国待遇原则给予关税同盟或自由贸易区
以外的其他成员。关税同盟是指两个或两个以上国家缔结协定，建立统一的关境，在统一
关境内缔约国相互间减让或取消关税，对从关境以外的国家或地区的商品进口则实行共同
的关税税率和外贸政策。自由贸易区：两个或两个以上的关税领土组成的贸易集团，内部
实质上取消了货物的关税和其他贸易限制，但对外保持自己独立的关税和贸易政策。

4. 单方面的给惠安排

除地区性安排外，发达国家还给予来自某些发展中国家的产品单方面的优惠，这种优
惠不必扩展到其他发达国家，也不要求受惠国给以回报。

另外，《服务贸易总协定》《与贸易有关的知识产权协议》中都规定了不适用最惠国

待遇原则的例外。

二、国民待遇原则

（一）国民待遇原则的含义

国民待遇原则是指一国在经济活动和民事权利义务等方面给予其境内外国国民以不低于其本国国民所享受的待遇。《关贸总协定》第3条规定：一缔约方领土的产品输入到另一缔约方领土时，不应对它直接或间接征收高于对相同产品所直接或间接征收的国内税或其他国内费用。在关于商品的国内销售、推销、购买、运输、分配或使用的全部法令、条例和规定方面，进口产品所享受的待遇不应低于相同的本国产品所享受的待遇。这一原则使进口产品与国内产品在同等条件下竞争，以免遭歧视性待遇。

（二）国民待遇原则的适用

国民待遇原则的适用范围是有一定限制的。根据第3条的规定，《关贸总协定》的国民待遇仅适用于外国的进口产品所涉及的国内税和国内规章制度方面的措施。

（三）适用国民待遇原则的例外

适用国民待遇原则的例外有以下几种情形：

（1）《关贸总协定》第20条"一般例外"中的规定。

（2）《关贸总协定》第21条"安全例外"中的规定。

（3）政府采购及其有关的法律规定。国民待遇原则不适用于政府采购，即成员方从事《关贸总协定》所限定的政府采购可以在本国与外国供应商品选择上实行差别待遇，即使外国供应商提供了较优惠的产品，该成员政府也可优先从本国供应商处购买。

（4）国民待遇原则不适用于边境措施（如海关估价，办理征税手续、进出口商品检验、许可证手续）。

（5）对国内生产者的政府补贴。《货物贸易总协定》第3条第8款第2项规定，本条的规定不妨碍对国内生产者给予特殊的补贴，包括从符合本条规定征收的国内税的收益中以及通过政府购买国产品的方式，向国内生产者提供补贴，但此项例外应在世界贸易组织《补贴与反补贴税协议》约束下实施。

三、关税减让原则

关税减让原则是指通过互惠互利的谈判，大幅度降低关税和进出口其他费用水平，以发展国际贸易。《关贸总协定》本身并没有强制要求其成员把关税降到某水平或约束在某水平，而是要求缔约方之间通过谈判达成相互满意的削减关税和非关税障碍的协议（包括关税减让表等文件），以此达到降低关税和其他贸易障碍的目的。

四、一般取消数量限制原则

本原则是指任何成员方除征收捐税或其他费用外，不得设立或维持配额、进出口许可证或其他措施以限制或禁止其他成员方领土的产品的输出，或向其他成员方领土输出或销售出口产品。该原则包含两层含义：第一，普遍禁止数量限制，任何成员不得对其他成员产品进口和本国产品出口实行禁止或限制，不论是采取配额、许可证还是其他措施；第二，允许各成员采取一定的保护本国工业或其他产业的措施，这种保护应运用关税和国内税手段，并尽可能维持在较低的合理水平，而不应采取数量限制。

例外规定有以下 3 点：

（1）据《关贸总协定》第 11 条的规定，为下列目的可以实行数量限制：为防止或减轻出口食品或其他必需品的紧急匮乏而采取的暂时禁止或限制出口；进出口的禁止与限制是为了实施国际贸易中初级产品分类定级所必需的；为了执行政府措施而对农产品实行出口限制。

（2）为保障国民收支实施的进口数量限制。《关贸总协定》第 12 条第 1 款允许缔约方为保障其对外金融地位和国际收支，可以限制进口产品的数量和价值。此外，关贸总协定第 18 条专门授权发展中国家在面临国际收支困难的条件下可以实施数量限制。

（3）保障条款。《关贸总协定》第 19 条规定了保障条款，指的是当一个成员国关税减让造成进口产品大量增加，以致对国内生产造成严重损害或严重损害威胁，该成员可以实施临时性限制进口措施，以保护相关产业。因此，成员国可实行两种措施保护国内产业，即提高关税和实行数量限制，而提高关税手续复杂，因此一般都采用数量限制，由此保障措施成为一般取消数量限制的例外措施。

五、透明度原则

透明度原则是指当政府实施有关过境货物的法律和规章时必须予以公布，而且贸易商可以得到这些法律和规章。依据这项原则，各成员均负有义务及时公布现行有效的下列各项规定：海关对产品的分类或估价的规定；关于税率和其他费用征收率的规定；关于对进出口货物及其支付转账的规定；有影响常被援用的司法判决和行政决定；政府间或政府机构间缔结的对国际贸易政策有影响的协定。

另外，一成员若要实施如下有关规定，也必须及时公布：按既定统一办法提高进口货物关税或其他费用的税率规定；对进口货物及其支付转账实施新的或更严的规定；限制或禁止某些普遍适用措施的适用规定。这些规定非经正式公布不得实施。

透明度原则的例外包括以下几点：

（1）在货物贸易方面，《关贸总协定》规定，并不要求缔约国公开那些会妨碍法令的贯彻执行，会违反公共利益或会损害某一企业的正当商业利益的机密资料。也就是说，关贸总协定允许各缔约国对某些机密不予公开。

（2）《服务贸易总协定》也规定，对可能损害公共利益或合法商业利益的秘密资料可不公布。

（3）《与贸易有关的知识产权协议》规定，不要求缔约方泄露那些可能妨碍法律实施，或违背公共利益，或有损于特定企业合法商业利益的秘密资料。

第三节　与贸易有关的知识产权协定

《与贸易有关的知识产权协定》（Agreement on Trade-Related Aspects of Intellectual Property Rights，简称 TRIPs 协定），是关贸总协定乌拉圭回合谈判的成果，于 1994 年 4 月 15 日由各国代表在马拉喀什签字，并于 1995 年 1 月 1 日起生效。TRIPs 协定的宗旨是减少对国际贸易的扭曲和阻碍，促进对知识产权的有效和充分保护，保证实施知识产权保护的措施和程序本身不成为合法贸易的障碍。该协定在我国 2001 年 12 月 11 日正式加入世界贸易组织时，对我国生效。

一、普遍义务

TRIPs 协定第一条第 1 款规定：各成员应实施本协定的规定。各成员可以，但并无义务，在其法律中实施比本协定要求更广泛的保护，只要此种保护不违反本协定的规定。各成员有权在其各自的法律制度和实践中确定实施本协定规定的适当方法。这一款规定明确了协定的各项实质性规定均为成员知识产权国内立法的最低标准，其根本目的是要将成员的知识产权的保护水平提高到协定的水平上来。为了达到这样一个目的，协定进行了过渡性安排：任何成员在《WTO 协定》生效之日起一年的一般期限期满前无义务适用本协定的规定。发展中国家成员及正处在从中央计划经济向市场和自由企业经济转型过程中的任何其他成员，及正在进行知识产权制度结构改革并在制定和实施知识产权法律和法规方面面临特殊困难的成员有权将实施日期再推迟四年实施本协定（共 5 年）。如一发展中国家成员按照本协定有义务将产品专利保护扩大至在按第二款规定的、对其适用本协定的一般日期其领土内尚未接受保护的技术领域，则该成员可再推迟五年对此类技术领域适用本协定第二部分第五节关于产品专利的规定。

二、基本原则

与 WTO 的基本原则一致，国民待遇和最惠国待遇原则是 TRIPs 协定的首要基本原则。

（一）国民待遇原则

国民待遇原则是指每一成员给予其他成员民的待遇不得低于给予本国国民的待遇。但《巴黎公约》（1967）、《伯尔尼公约》（1971）、《罗马公约》或《关于集成电路的知识产权条约》中各自规定的例外除外，就表演者、录音制品制作者和广播组织而言，国民待遇仅适用于本协定规定的权利。该协定明确提及《伯尔尼公约》第 6 条或《罗马公约》第 16 条第一款（二）项，这些规定含有某种程度上的互惠国民待遇。在第二款中规定了在司法和行政程序方面的例外，包括在一成员管辖范围内指定送达地址或委派代理人，但是这些例外应为保证遵守与本协定规定发生不相抵触的法律和法规所必需，且这种做法的实施不会对贸易构成变相限制。这些规定与关税与贸易总协定中的国民待遇是不一样的。

（二）最惠国待遇原则

最惠国待遇是指对于知识产权保护，一成员对任何其他国家国民给予的任何利益、优惠、特权或豁免，应立即无条件地给予所有其他成员的国民。一成员给予的属下列情况的任何利益、优惠、特权或豁免，免除这一义务：由一般性的、并非专门限于知识产权保护的关于司法协助或法律实施的国际协定所产生的；《伯尔尼公约》（1971）或《罗马公约》允许所给予的待遇不属国民待遇性质而属在另一国中给予待遇的性质；本协定未作规定的有关表演者、录音制品制作者以及广播组织的权利；《WTO 协定》生效之前已生效的有关知识产权保护的国际协定所派生，只要此类协定向 TRIPs 理事会作出通知，并对其他成员的国民不构成任意的或不合理的歧视。

（三）促进经济与社会福利原则

知识产权的保护和实施应有助于促进技术革新及技术转让和传播，有助于技术知识的创造者和使用者的相互利益，并有助于社会和经济福利及权利与义务的平衡。

在制定或修改其法律和法规时，各成员可采用对保护公共健康和营养，促进对其社会经济和技术发展至关重要部门的公共利益所必需的措施，只要此类措施与本协定的规定相一致。

三、成员保护知识产权的义务范围

在对成员保护知识产权的义务作出具体规定之前，TRIPs 首先将《保护工业产权巴黎公约》《保护文学艺术作品伯尔尼公约》（第 6 条之二关于精神权利的规定除外）《保护表演者、录音制品制作者和广播组织罗马公约》以及《关于集成电路知识产权条约》的实体性规定全部纳入 TRIPs 中，成为世界贸易组织成员知识产权保护的最低标准。在上述被纳入的公约内容基础上，TRIPs 又在以下几个方面进一步明确了成员保护知识产权的最低水平。

（一）版权

在版权保护上，TRIPs 协定主要在保护客体和权利内容两个方面对《伯尔尼公约》进行了补充：在保护客体方面，将计算机程序和有独创性的数据汇编明确列为版权保护的对象；在权利内容方面，增加了计算机程序和电影作品的出租权。在保护期限上，除摄影作品或实用艺术作品外，只要一作品的保护期限不以自然人的生命为基础计算，则该期限自作品经授权出版的日历年年底计算即不得少于五十年，或如果该作品在创作后五十年内未经授权出版，则为自作品完成的日历年年底起计算的五十年。对于表演者和录音制品制作者可获得的保护期限，自该固定或表演完成的日历年年底计算，应至少持续至五十年年末。对广播组织的保护期限，自广播播出的日历年年底计算，应至少持续二十年。

（二）商标

TRIPs 协定规定了任何标记或标记的组合，只要能够将一企业的货物和服务区别于其他企业的货物或服务，即能够构成商标。此类标记，特别是单词，包括人名、字母、数字、图案的成分和颜色的组合以及任何此类标记的组合，均应符合注册为商标的条件。并规定各成员可以将使用作为注册条件。但是，一商标的实际使用不得作为接受申请的一项条件。不得仅以自申请日起三年期满后商标未按原意使用为由拒绝该申请。

商标的首次注册及每次续展的期限均不得少于七年。商标的注册应可以无限续展。

对驰名商标保护方面，在确定一商标是否驰名时，各成员应考虑相关部门公众对该商标的了解程度，包括在该成员中因促销该商标而获得的了解程度。对驰名商标的保护要适用于与该商标注册的商品或服务不相类似的商品或服务上。

在商标转让上，注册商标的所有权人有权将商标与该商标所属业务同时或不同时转让。

（三）地理标识

"地理标识"指识别一货物来源于一成员领土或该领土内一地区或地方的标识，该货物的特定质量、声誉或其他特性主要归因于其地理来源。地理标识是 TRIPs 协定首次提出的，TRIPs 协定规定各成员有义务对地理标识提供法律保护。应当采取措施禁止将地理标识做任何不正当竞争的使用或作为商标注册。此外，鉴于对酒类商品的地理标识保护具有特别的重要性，TRIPs 特别要求各成员采用法律手段，防止任何人使用一种地理标识来表示并非来源于该标识所指地方的葡萄酒或烈酒。

（四）工业设计

各成员应对新的或原创性的独立创造的工业设计提供保护。各成员可规定，如工业设计不能显著区别于已知的设计或已知设计特征的组合，则不属新的或原创性设计。受保护的工业设计的所有权人有权阻止第三方未经所有权人同意而生产、销售或进口所载或所含设计是一受保护设计的复制品或实质上是复制品的物品，如此类行为为商业目的而采取。工业设计可获得的保护期限应至少达到十年。

（五）专利

在可授予专利的客体方面，专利可授予所有技术领域的任何发明，无论是产品还是方法，只要它们具有新颖性、包含发明性步骤，并可供工业应用。但疾病的诊断、治疗和外科手术方法及动植物新品种可拒绝授予专利权。在保护期限上，自申请之日起计算的 20 年期满前结束。

（六）集成电路布图设计

TRIPs 首先将 1989 年《关于集成电路知识产权条约》（以下简称《集成电路条约》）的全部实体性规定纳入，在此基础上又提高了保护水平。表现为以下几个方面：第一，扩大了权利保护范围。《集成电路条约》只保护布图设计和含有受保护布图设计的集成电路，但不保护含有受保护集成电路的物品，TRIPs 将保护对象扩大到了含有受保护集成电路的物品。第二，将《集成电路条约》8 年的保护期延长为 10 年。此外，TRIPs 还允许成员将布图设计的保护期限规定为自创作完成之日起 15 年。第三，对善意侵权作出了补充规定。即规定善意侵权人在收到该布图设计系非法复制的明确通知后，仍可以就其现有存货或订单继续实施其行为，但有责任向权利持有人支付报酬，其数额应与根据自由谈判达成协议应支付的许可费相当。

（七）对未披露信息的保护

根据 TRIPs 协定的规定，符合以下三个条件的未披露信息获得保护：（1）信息属于秘密，即作为一个整体或就其各部分的精确排列和组合而言，该信息尚不为通常处理所涉信息范围内的人所普遍知道，或不易被他们获得；（2）因属秘密而具有商业价值；（3）由该信息的合法控制人，在此种情况下采取合理的步骤以保持其秘密性质。各成员应保护这些数据不被披露，除非属为保护公众所必需，或除非采取措施以保证该数据不被用在不正当的商业使用中。

第四节　世界贸易组织的争端解决机制

在乌拉圭回合谈判的最后阶段，诞生了《关于争端解决规则与程序的谅解书》（Dispute Settlement Understanding，简称 DSU），从而形成了世界贸易组织有关贸易争端解决的法律依据。根据该谅解书，设立了世界贸易组织争议解决机构（Dispute-Settlement Body，简称 DSB）。世界贸易组织争端解决机制的建立，目的在于迅速有效地解决成员之间的贸易争端，监督成员履行法律框架下的义务。解决争端和澄清现有规则，是争端解决机构的两大作用和职责。

一、世界贸易组织争端解决机构

（一）争端解决机构的适用范围

世界贸易组织的争端解决机制仅适用于该组织成员之间由于执行 WTO 协议而产生的争议。因此，争议的主体仅限于该组织的成员，即各缔约方。这些缔约方多数为主权国家，另有一些地区。因此，各缔约方所属的自然人或法人，不能成为该争议解决体制的主体。该争议解决机制的首要目标，是确保 WTO 各项协议的实施，废除各国与 WTO 各项协议的规定不一致的有关措施。

（二）争端解决机构解决的争端类型

世界贸易组织争端解决机构解决的争端类型主要包括三种：
1. 违反性申诉
违反性申诉是最主要的争端类型，主要解决被诉方是否违反了有关协议的条款，这种争端需要由申诉方来证明，如果证明被诉方违反了有关协议的条款，被诉方往往需要废除或修改有关措施。

2. 非违反性申诉

非违反性申诉这种申诉的审查，不追究被诉方是否违反了有关协议条款，只处理被诉方的措施是否使申诉方根据有关协议享有的利益受损或丧失。如果被诉方败诉，则裁定被诉方作出补偿，而不需要取消有关措施。

3. 其他情形

迄今为止，还没有出现过上述两种类型以外的类型的争端。

该机构是唯一有权设立解决争议的专家小组，是通过专家小组和上诉机构的报告和建议解决争议的权威机构，并负责监督对所通过的裁定和建议的实施。如果缔约方未能实施上述建议或裁定，可下令中止有关缔约方作出的减让。DSB 的这些职能的发挥，主要通过它所设立的专家小组和上诉机构实现。

（三）争端解决机制的特点

（1）强制性。争端解决机构对争端的管辖是强制性的，被诉方不能阻碍争端解决程序的进行。（2）统一性。世界贸易组织争端解决机制，统一使用世界贸易组织的协议和规则，保证了多边贸易制度的稳定性和可预见性。（3）司法性。除磋商程序外，其他程序都严格按照现有的法律规则来审理争端，审理人员以独立身份审理案件，与其所属国家或政府没有关系，争端方也不能对审理人员施加影响。

二、世界贸易组织争议解决机制的程序

根据《关于争端解决规则与程序的谅解书》，在 WTO 框架下解决争议，主要经历以下几个阶段：

1. 磋商

世界贸易组织成员方之间发生贸易争端后，首先应通过磋商寻求解决。磋商是世界贸易组织成员解决贸易争端的主要方法。争端发生后，要求磋商的申请应通知争端解决机构及有关的理事会和委员会，接到磋商申请的成员应自收到磋商请求之日起 10 天内做出答复，并在 30 天内（紧急情况下 10 天内）进行磋商，60 天内（紧急情况下 20 天内）解决争端。磋商应秘密进行，并且不得损害其他成员方的权利。

2. 斡旋、调解和调停

在解决争端的 60 天期限内，可进行斡旋、调解和调停，这些都是争端双方自愿执行的程序，可由任何一方提出，随时开始，随时结束。

斡旋是指第三方促成争端当事方开始谈判或重开谈判的行为。在整个过程中，进行斡旋的一方可以提出建议或转达争端一方的建议，但不直接参加当事方的谈判。调解是指争端当事方将争端提交一个由若干人组成的委员会，该委员会通过查明事实，提出解决争端的建议，促成当事方达成和解。调停是指第三方以调停者的身份主持或参加谈判，提出谈判的基础方案，调和、折衷争端当事方的分歧，促使争端当事方达成协议。

与磋商程序相比，斡旋、调解或调停是争端当事方经协商自愿选择的程序，贯穿

WTO 争端解决机制的始终，是非强制性要求的争端解决方法。在世界贸易组织争端解决中，世界贸易组织总干事可以以他所任职务身份进行斡旋、调解或调停，以协助成员方解决争端。需要注意的是，按照规定，这一程序所涉及的各个环节，特别是争端当事双方所持的立场和观点必须保密。

【法规阅读】

《关于争端解决规则与程序的谅解》

第 5 条 斡旋、调解和调停

1. 斡旋、调解和调停是在争端的各当事方同意之下自愿进行的程序。

2. 涉及斡旋、调解和调停的各项程序，尤其在这些程序中争端的各当事方所持立场保密，并且无损于任何一个当事方按照这些程序在任何进一步的诉讼程序中享有的权益。

3. 争端的任何当事方在任何时候均可要求斡旋、调解和调停，并可在任何时候开始，也可在任何时候终止。一旦斡旋、调解或调停程序终止，起诉方即可提出设立一个专家组的请求。

4. 若在提出请求磋商的 60 天期限内，已进入斡旋、调解和调停，则该起诉方必须允许从提出磋商要求之日起，在要求设立专家组之前留出 60 天的期限。如果争端各当事方一致认为斡旋。调解或调停程序未能解决该争端，则该起诉方可在 60 天内提出成立专家组的请求。

5. 如果争端的各当事方同意，在该专家组进行工作的同时，斡旋、调解和调停的程序仍可继续。

6. 总干事以其职务上的资格可进行斡旋、调解或调停，以协助各成员解决争端。

3. 专家小组的设立及对争议事项的审查

当磋商、斡旋、调解和调停均不能解决争端时，当事一方向 DSB 提交设立专家小组的申请。该专家小组至迟应在设立专家小组的请求列入 DSB 正式程序后的下一次会议上设立，除非 DSB 一致同意不设立该专家小组。

专家小组一般由 3 人组成，特殊情况下可由 5 人组成。专家小组的主要职能是按照与缔约方争议有关的协议的执行情况提出建议或裁定。专家小组应当协助当事人解决争议。为此应当向 DSB 提交有关调查材料的书面报告，说明争议的事实的调查结果，并提出有关的建议。此项报告除向 DSB 提交外，还应向当事各方提供。报告一般应在专家小组成立后 6 个月内提出，但遇紧急情况，应在 3 个月内提出。在复杂争议的情况下，也可经书面请求 DSB 并经批准后延长此项期限，但无论如何不得超过 9 个月。

专家小组的报告只有在向各缔约方分发 20 日后，才考虑通过这些报告。此项报告应在分发后 60 日内进行评审，争议各方有权全面参与对专家小组报告的评审。DSB 应当在此期限内通过这项报告，除非某一缔约方声称将对此报告提出上诉，或 DSB 一致决定不采纳此项报告。当争议一方将提出上诉时，此项报告将在上诉结束后再通过。

【法规阅读】

《关于争端解决规则与程序的谅解》

第 11 条　专家组的职能

专家组的职能是协助 DSB 履行本谅解和适用协定项下的职责。因此，专家组应对其审议的事项作出客观评估，包括对该案件事实及有关适用协定的适用性和与有关适用协定的一致性的客观评估，并作出可协助 DSB 提出建议或提出适用协定所规定的裁决的其他调查结果。专家组应定期与争端各方磋商，并给予它们充分的机会以形成双方满意的解决办法。

第 12 条　专家组程序

1. 专家组应遵循附录 3 中的工作程序，除非专家组在与争端各方磋商后另有决定。

2. 专家组程序应提供充分的灵活性，以保证高质量的专家组报告，同时不应不适当地延误专家组程序。

3. 在与争端各方磋商后，专家组成员应尽快且只要可能，在专家组组成及职权范围议定后一周内，决定专家组程序的时间表，同时考虑第 4 条第 9 款的规定（如有关）。

4. 在确定专家组程序的时间表时，专家组应为争端各方提供充分的时间准备陈述。

5. 专家组应设定各方提供书面陈述的明确最后期限，各方应遵守此最后期限。

6. 每一方应将其书面陈述交存秘书处，以便立即转交专家组和其他争端方。起诉方应在应诉方提交的第一份陈述之前提交其第一份陈述，除非专家组在决定第 3 款提及的时间表时，经与争端各方磋商后，决定各方应同时提交第一份陈述。当对交存第一份陈述有顺序安排时，专家组应确定接受应诉方陈述的确定期限。任何随后的书面陈述应同时提交。

7. 如争端各方未能形成双方满意的解决办法，专家组应以书面报告形式向 DSB 提交调查结果。在此种情况下，专家组报告应列出对事实的调查结果、有关规定的适用性及其所作任何调查结果和建议所包含的基本理由。如争端各方之间已找到问题的解决办法，则专家组报告应只限于对案件的简要描述，并报告已达成解决办法。

8. 为使该程序更加有效，专家组进行审查的期限，即自专家组组成和职权范围议定之日起至最终报告提交争端各方之日止，一般不应超过 6 个月。在紧急案件中，包括涉及易腐货物的案件，专家组应力求在 3 个月内将其报告提交争端各方。

9. 如专家组认为不能在 6 个月内或在紧急案件中不能在 3 个月内提交其报告，则应书面通知 DSB 迟延的原因和提交报告的估计期限。自专家组设立至报告散发各成员的期限无论如何不应超过 9 个月。

10. 在涉及发展中国家成员所采取措施的磋商过程中，各方可同意延长第 4 条第 7 款和第 8 款所确定的期限。如有关期限已过，进行磋商的各方不能同意磋商已经完成，则 DSB 主席应在与各方磋商后，决定是否延长有关期限，如决定延长，则决定延长多久。此外，在审查针对发展中国家成员的起诉时，专家组应给予该发展中国家成员充分的时间以准备和提交论据。第 20 条第 1 款和第 ZI 条第 4 款的规定不受按照本款所采取任何行动的影响。

11. 如一个或多个争端方为发展中国家成员，则专家组报告应明确说明以何种形式考虑对发展中国家成员在争端解决程序过程中提出的适用协定中有关发展中国家成员的差别和更优惠待遇规定。

12. 专家组可随时应起诉方请求中止工作，期限不超过 12 个月。如发生此种中止，本条第 8 款和第 9 款、第 20 条第 1 款以及第 21 条第 4 款所列时限应按中止工作的时间顺延。如专家组的工作已中止 12 个月以上，则设立专家组的授权即告终止。

4. 上诉复审

当争端一方对专家小组的报告持有异议并将上诉决定通知 DSB，或 DSB 一致反对采纳专家小组的报告时，则由 DSB 设立的常设上诉机构处理对该案件的上诉。

常设上诉机构由广泛代表世界贸易组织成员的 7 名公认的，具有法律、国际贸易和有关协定专门知识的权威人士组成，任期 4 年，该机构不隶属于任何政府。上诉只能由争端方提起，且上诉事由仅限于专家小组报告中论及的法律问题及该小组所作的法律解释。上诉机构的报告应自上诉决定通知 DSB 之日起 60 天内做出（特殊情况下最长不得超过 90 天）。上诉机构的报告可以确认、修改或反对专家小组的调查结果和结论。如上诉机构报告被 DSB 采纳，则争端各方应无条件接受。

【法规阅读】

《关于争端解决规则与程序的谅解》

第 17 条 上诉审议

常设上诉机构

1. DSB 应立一常设上诉机构。上诉机构应审理专家组案件的上诉。该机构应由 7 人组成，任何一个案件应由其中 3 人任职。上诉机构人员任职应实行轮换。此轮换应在上诉机构的工作程序中予以确定。

2. DSB 应任命在上诉机构任职的人员，任期 4 年，每人可连任一次。但是，对于在《WTO 协定》生效后即被任命的 7 人，其中 3 人的任期经抽签决定应在 2 年期满后终止。空额一经出现即应补足。如一人被任命接替一任期未满人员，则此人的任期即为前任余下的任期。

3. 上诉机构应由具有公认权威并在法律、国际贸易和各适用协定所涉主题方面具有公认专门知识的人员组成。他们不得附属于任何政府。上诉机构的成员资格应广泛代表 WTO 的成员资格。上诉机构任职的所有人员应随时待命，并应随时了解争端解决活动和 WTO 的其他有关活动。他们不得参与审议任何可产生直接或间接利益冲突的争端。

4. 只有争端各方，而非第三方，可对专家组报告进行上诉。按照第 10 条第 2 款已通知 DSB 其对该事项有实质利益的第三方，可向上诉机构提出书面陈述，该机构应给予听取其意见的机会。

5. 诉讼程序自一争端方正式通知其上诉决定之日起至上诉机构散发其报告之日止通常不得超过 60 天。在决定其时间表时，上诉机构应考虑第 4 条第 9 款的规定（如有关）。当上诉机构认为不能在 60 天内提交报告时，应书面通知 DSB 迟延的原因及提交报告的估计期限。但该诉讼程序决不能超过 90 天。

6. 上诉应限于专家组报告涉及的法律问题和专家组所作的法律解释。

7. 如上诉机构要求，应向其提供适当的行政和法律支持。

8. 上诉机构任职人员的费用，包括旅费和生活津贴，应依照总理事会在预算、财务与行政委员会所提建议基础上通过的标准，从 WTO 预算中支付。

上诉审议的程序

9. 工作程序应由上诉机构经与 DSB 主席和总干事磋商后制定，并告知各成员供参考。

10. 上诉机构的程序应保密。上诉机构报告应在争端各方不在场的情况下，按照提供的信息和所作的陈述起草。

11. 上诉机构报告中由任职于上诉机构的个人发表的意见应匿名。

12. 上诉机构应在上诉程序中处理依照第 6 款提出的每一问题。

13. 上诉机构可维持、修改或撤销专家组的法律调查结果和结论。

上诉机构报告的通过

14. 上诉机构报告应由 DSB 通过，争端各方应无条件接受，除非在报告散发各成员后 30 天内，DSB 经协商一致决定不通过该报告。此通过程序不损害各成员就上诉机构报告发表意见的权利。

5. DSB 对有关建议与裁决的监督执行

从专家小组报告或上诉机构报告通过之日起的 30 天内，在 DSB 会议上，有关成员方应通报关于执行 DSB 建议与裁决的意图。如该成员不能及时执行建议与裁决，应给予合理的期限。除非 DSB 另行决定，在该合理期限确定之日起 6 个月后，应将执行建议与裁决的问题列入 DSB 的会议日程，并且直到争端得到解决为止。

【法规阅读】

《关于争端解决规则与程序的谅解》

第 21 条　对执行建议和裁决的监督

1. 为所有成员的利益而有效解决争端，迅速符合 DSB 的建议或裁决是必要的。

2. 对于需进行争端解决的措施，应特别注意影响发展中国家成员利益的事项。

3. 在专家组或上诉机构报告通过后 30 天内召开的 DSB 会议上，有关成员应通知 DSB 关于其执行 DSB 建议和裁决的意向。如立即遵守建议和裁决不可行，有关成员应有一合理的执行期限。合理期限应为：

（a）有关成员提议的期限，只要该期限获 DSB 批准；或，在如未获批准则为，

（b）争端各方在通过建议和裁决之日起 45 天内双方同意的期限；或，如未同意则为，

（c）在通过建议和裁决之日起 90 无内通过有约束力的仲裁确定的期限。在该仲裁中，仲裁人的指导方针应为执行专家组或上诉机构建议的合理期限不超过自专家组或上诉机构报告通过之日起 15 个月。但是，此时间可视具体情况缩短或延长。

4．除专家组或上诉机构按照第 12 条第 9 款或第 I7 条第 5 款延长提交报告的时间外，自 DSB 设立专家组之日起至合理期限的确定之日止的时间不得超过 15 个月，除非争端各方另有议定。如专家组或上诉机构已延长提交报告的时间，则所用的额外时间应加入 15 个月的期限；但是除非争端各方同意存在例外情况，否则全部时间不得超过 18 个月。

5．如在是否存在为遵守建议和裁决所采取的措施或此类措施是否与适用协定相一致的问题上存在分歧，则此争端也应通过援用这些争端解决程序加以决定，包括只要可能即求助于原专家组。专家组应在此事项提交其后 90 天内散发其报告。如专家组认为在此时限内不能提交其报告，则应书面通知 DSB 迟延的原因和提交报告的估计期限。

6．DSB 应监督已通过的建议或裁决的执行。在建议或裁决通过后，任何成员可随时在 DSB 提出有关执行的问题。除非 DSB 另有决定，否则执行建议或裁换的问题在按照第 3 款确定合理期限之日起 6 个月后，应列入 DSB 会议的议程，并应保留在 DSB 的议程上，直到该问题解决。在 DSB 每一次会议召开前至少 10 无，有关成员应向 DSB 提交一份关于执行建议或裁决进展的书面情况报告。

7．如有关事项是由发展中国家成员提出的，则 DSB 应考虑可能采取何种符合情况的进一步行动。

8．如案件是由发展中国家成员提出的，则在考虑可能采取何种适当行动时，DSB 不但要考虑被起诉措施所涉及的贸易范围，还要考虑其对有关发展中国家成员经济的影响。

6. 补偿和交叉报复

当专家小组或上诉机构的建议或报告未被 DSB 采纳或执行时，在自愿的基础上，争端各方可就补偿办法达成一致协议。如在合理期限后 20 天内不能达成一致，则一方可要求 DSB 授权其中止履行对有关协议（协定的）减让义务和其他义务，申诉方在中止履行减让义务和其他义务时，应遵循以下原则和程序：第一，首先应在其利益受到损害或丧失的相同部门内寻求中止减让；第二，如果不奏效，则中止履行同一协议内其他部门中的减让或其他义务；第三，如果仍不奏效，则中止其他协议中的减让义务或其他义务。这后两项内容即通常所谓的"交叉报复"或"跨部门报复"。需要注意的是，中止履行减让和其他义务的水平应与利益被损害的水平相当。

【法规阅读】

《关于争端解决规则与程序的谅解》

第 22 条　补偿和中止减让

1. 补偿和中止减让或其他义务属于在建议和裁决未在合理期限内执行时可获得的临时措施。但是，无论补偿还是中止减让或其他义务均不如完全执行建议以使一措施符合有关适用协定。补偿是自愿的，且如果给予，应有关适用协定相一致。

2. 如有关成员未能使被认定与一适用协定不一致的措施符合该协定，或未能在按照第对条第 3 款确定的合理期限内符合建议和裁决，则该成员如收到请求应在不迟于合理期限期满前，与援引争端解决程序的任何一方进行谈判，以期形成双方均可接受的补偿。如在合理期限结束期满之日起 20 天内未能议定令人满意的补偿，则援引争端解决程序的任何一方可向 DSB 请求授权中止对有关成员实施适用协定项下的减让或其他义务。

3. 在考虑中止哪些减让或其他义务时，起诉方应适用下列原则和程序：

（a）总的原则是，起诉方应首先寻求对与专家组或上诉机构认定有违反义务或其他造成利益丧失或减损情形的部门相同的部门中止减让或其他义务；

（b）如该方认为对相同部门中止减让或其他义务不可行或无效，则可寻求中止对同一协定项下其他部门的减让或其他义务；

（c）如该方认为对同一协定项下的其他部门中止减让或其他义务不可行或无效，且情况足够严重，则可寻求中止另一适用协定项下的减让或其他义务；

（d）在适用上述原则时，该方应考虑：

（i）专家组或上诉机构认定有违反义务或其他造成利益丧失或减损情形的部门或协定项下的贸易，及此类贸易对该方的重要性；

（ii）与利益丧失或减损相关的更广泛的经济因素及中止减让或其他义务的更广泛的经济后果；

（e）如该方决定按照（b）项或（c）项请求授权中止减让或其他义务，则应在请求中说明有关理由。在请求送交 DSB 的同时，还应送交有关理事会，在按照（b）项提出请求的情况下，还应转交有关部门性机构；

（f）就本款而言，"部门"一词：

（i）对于货物，指所有货物；

（ii）对于服务，指用于确认此类部门的现行"服务部门分类清单"中所确认的主要部门；

（iii）对于与贸易有关的知识产权，指《TRIPS 协定》第 M 部分第 1 节、第 2 节、第 3 节、第 4 节、第 5 节、第 6 节或第 7 节所涵盖的知识产权的每一类别，或第三部分或第四部分下的义务。

（g）就本款而言，"协定"一词：

(i) 对于货物，指《WTO 协定》附录 1A 所列各项协定的总体，以及诸边贸易协定，只要有关争端方属这些协定的参加方；

(ii) 对于服务，指 GATS；

(iii) 对于知识产权，指《TRIPS 协定》。

4. DSB 授权的中止减让或其他义务的程度应等于利益丧失或减损的程度。

5. 如适用协定禁止此类中止，则 DSB 不得授权中止减让或其他义务。

6. 如发生第 2 款所述情况，则应请求，DSB 应在合理期限结束后 30 天内，给予中止减让或其他义务的授权，除非 DSB 经协商一致决定拒绝该请求。但是，如有关成员反对提议的中止程度，或声称在一起诉方提出请求根据第 3 款（b）项或（c）项授权中止减让或其他义务时，第 3 款所列原则和程序未得到遵守，则该事项应提交仲裁。如原专家组成员仍可请到，则此类仲裁应由原专家组作出，或由经总干事任命的仲裁人作出，仲裁应在合理期限结束之日起 60 天内完成。减让或其他义务不得在仲裁过程中予以中止。

7. 按照第 6 款行事的仲裁人不得审查拟予中止的减让或其他义务的性质，而应确定此类中止的程度是否等于利益丧失或减损的程度。仲裁人还可确定在适用协定项下是否允许拟议的中止减让或其他义务。但是，如提交仲裁的问题包括关于第 3 款所列原则和程序未得到遵循的主张，则仲裁人应审议此项主张。如仲裁人确定这些原则和程序未得到遵循，则起诉方应以与第 3 款相一致的方式适用这些原则和程序。各方应将仲裁人的决定视为最终决定予以接受，有关各方不得寻求第二次仲裁。仲裁人的决定应迅速通知 DSB，应请求，DSB 应授权中止减让或其他义务，除非 DSB 经协商一致决定拒绝该请求。

8. 减让或其他义务的中止应是临时性的，且只应维持至被认定与适用协定不一致的措施已取消，或必须执行建议或裁决的成员对利益丧失或减损已提供解决办法，或已达成双方满意的解决办法。依照第 21 条第 6 款，DSB 应继续监督已通过的建议或裁决的执行，包括那些已提供补偿或已中止减让或其他义务、而未执行旨在使一措施符合有关适用协定的建议的案件。

9. 如一成员领土内的地区或地方政府或主管机关采取了影响遵守适用协定的措施，则可援引适用协定中的争端解决规定。如 DSB 已裁决一适用协定中的规定未得到遵守，则负有责任的成员应采取其可采取的合理措施，保证遵守该协定。适用协定及本谅解有关补偿和中止减让或其他义务的规定适用于未能遵守协定的案件。

7. 仲裁

争端双方可达成一致的仲裁协议，直接将案件提交仲裁，并将仲裁结果通知 DSB 有关协议的理事会和委员会。求助于仲裁的各方应服从仲裁裁决。仲裁是《谅解协议》的一项新规定。但从程序上来看，它只是一项选择性的辅助方法，不是一项必经程序。

【自我检测】

一、单选题

1.（法律职业资格考试真题）甲乙丙三国为世界贸易组织成员，丁国不是该组织成员。关于甲国对进口立式空调和中央空调的进口关税问题，根据《关税与贸易总协定》，下列违反最惠国待遇的做法是（　　）。

    A. 甲国给予来自乙国的立式空调和丙国的中央空调以不同的关税

    B. 甲国给予来自乙国和丁国的立式空调以不同的进口关税

    C. 因实施反倾销措施，导致从乙国进口的立式空调的关税高于从丙国进口的

    D. 甲国给予来自乙丙两国的立式空调以不同的关税

2.（法律职业资格考试真题）关于中国与世界贸易组织的相关表述，下列哪一选项是不正确的？

    A. 世界贸易组织成员包括加入世界贸易组织的各国政府和单独关税区政府，中国香港、澳门和台湾地区是世界贸易组织的成员

    B. 《政府采购协议》属于世界贸易组织法律体系中诸边贸易协议，该协议对于中国在内的所有成员均有约束力

    C. 《中国加入世界贸易组织议定书》中特别规定了针对中国产品的特定产品的过渡性保障措施机制

    D. 《关于争端解决规则与程序的谅解》在世界贸易组织框架下建立了统一的多边贸易争端解决机制

3.（法律职业资格考试真题）关于世界贸易组织（WTO）的最惠国待遇制度，下列哪种说法是正确的？

    A. 由于在 WTO 不同的协议中，最惠国待遇的含义不完全相同，所以，最惠国待遇的获得是有条件的

    B. 在 WTO 中，最惠国待遇是各成员相互给予的，每个成员既是施惠者，也是受惠者

    C. 对最惠国待遇原则的修改需经全体成员 4/5 同意才有效

    D. 区域经济安排是最惠国待遇义务的例外，但边境贸易优惠则不是

4.（法律职业资格考试真题）关于世界贸易组织争端解决机制的表述，下列哪一选项是不正确的？

    A. 磋商是争端双方解决争议的必经程序

    B. 上诉机构为世界贸易组织争端解决机制中的常设机构

    C. 如败诉方不遵守争端解决机构的裁决，申诉方可自行采取中止减让或中止其他义务的措施

    D. 申诉方在实施报复时，中止减让或中止其他义务的程度和范围应与其所受到损害相等

5.（法律职业资格考试真题）甲乙两国均为世界贸易组织成员，甲国对乙国出口商向甲国出口轮胎征收高额反倾销税，使乙国轮胎出口企业损失严重。乙国政府为此向世界

贸易组织提出申诉，经专家组和上诉机构审理胜诉。下列哪一选项是正确的？

    A. 如甲国不履行世贸组织的裁决，乙国可申请强制执行

    B. 如甲国不履行世贸组织的裁决，乙国只可在轮胎的范围内实施报复

    C. 如甲国不履行世贸组织的裁决，乙国可向争端解决机构申请授权报复

    D. 上诉机构只有在对该案的法律和事实问题进行全面审查后才能作出裁决

    6. （法律职业资格考试真题）甲乙二国均为世贸组织成员国，乙国称甲国实施的保障措施违反非歧视原则，并将争端提交世贸组织争端解决机构。对此，下列哪一选项是正确的？

    A. 对于乙国没有提出的主张，专家组仍可因其相关性而作出裁定

    B. 甲乙二国在解决争端时必须经过磋商、仲裁和调解程序

    C. 争端解决机构在通过争端解决报告上采用的是"反向一致"原则

    D. 如甲国拒绝履行上诉机构的裁决，乙国可向争端解决机构上诉

二、多项选择题

    7. （法律职业资格考试真题）按照世界贸易组织争端解决制度的规定和实践，有关非违反性申诉与违反性申诉的下列表述何者为正确？

    A. 非违反性申诉中，申诉方无须证明被申诉方违反了世界贸易组织协定的有关条款

    B. 违反性申诉中，申诉方需要证明被诉方采取的措施造成申诉方利益的丧失或受损

    C. 如申诉方的非违反性申诉成功，被诉方没有取消有关措施的义务，但需对申诉方作出补偿

    D. 如申诉方的非违反性申诉成功，被诉方应撤销或废除被申诉的措施

    8. （法律职业资格考试真题）下列哪些表述反映了世界贸易组织争端解决机制的特点？

    A. 其涉及的范围仅限于货物贸易争端

    B. 该制度规定了严格的程序上的时间限制

    C. 建立了反对一致或否定性协商一致原则

    D. 其涉及的范围不仅限于货物贸易，还包括服务贸易、与贸易有关的投资措施等争端

    9. （法律职业资格考试真题）根据《与贸易有关的知识产权协定》，下列哪些选项应受到知识产权法律的保护？

    A. 独创性数据汇编

    B. 动植物新品种

    C. 计算机程序及电影作品的出租权

    D. 疾病的诊断方法

    10. （法律职业资格考试真题）依据《与贸易有关的知识产权协定》，下列哪些表述

是正确的？

    A. 计算机程序应作为文学作品保护

    B. 各成员可决定商标许可与转让的条件，但不允许商标的强制许可

    C. 成员方必须以专利形式对植物品种提供保护

    D. 司法当局有权禁止那些对知识产权构成侵权行为的进口商品进入商业渠道

【参考答案】

第十章　国际投资法

第一节　国际投资法概述

一、国际投资的概念和种类

(一) 国际投资的概念

国际投资是国际间资金流动的一种重要形式，是投资者将其资本投向他国以获得一定经济效益的一种经济活动。对特定国家来说，国际投资包括外国资本的输入和本国资本的输出。前者我们称之为外国投资，后者我们称为海外投资或境外投资。

(二) 国际投资的种类

国际投资可按不同的标准进行分类。

(1) 按投资主体，国际投资可分为私人投资和官方投资。所谓私人投资，是指投资所涉及的只是自然人、法人及其他民间组织、企业团体的经济关系，即资本归私人所有；外国政府、国际金融机构的投资、贷款、援助则称为官方投资。

(2) 按投资方式，国际投资可分为直接投资和间接投资。所谓直接投资，是指以有企业经营管理权和控制权为核心，以获取利润为目的的跨越国界的投资活动。投资者在海外直接经营企业，对企业的经营管理有较大的控制权；间接投资是指投资者不参加企业经营管理，也不享有企业控制权或支配权，而仅以其持有的债权或证券来提供收益的投资。在国际投资中，国际私人直接投资占有举足轻重的地位，是国际投资法调整的主要对象。

(3) 按投资时间长短，国际投资还可分为短期投资和长期投资。按照国际收支统计分类，一年以内的债权为短期投资；一年以上的债权、股票以及实物资产被称为长期投资。

二、国际投资法的概念及特征

国际投资法 (international investment law)，是调整国际私人直接投资关系的国内法规范与国际法规范的总称，是国际经济法的一个重要分支。具体说来，它有如下主要特征：

(1) 国际投资法调整国际私人投资关系。国际投资法调整的投资关系，仅限于国际私人投资关系，不包括政府间或国际组织与政府间的官方投资。

(2) 国际投资法调整国际私人直接投资关系。如前所述，国际投资可分为直接投资和间接投资，一般来说，国际投资法调整的对象主要是国际私人直接投资关系。国际间接投资关系一般不在国际投资法的调整对象之列，私人间接投资关系属于一般民商法、公司法、票据法、证券法等法律、法规的调整范畴。国际组织与政府间的资本融通关系，一般是由国际经济组织法或有关政府间贷款的协定等调整。

（3）国际投资法调整的国际私人直接投资关系既包括国内法关系，又包括国际法关系。国际私人投资产生的关系错综复杂，具有多重性、立体交叉等特点。它通常不仅涉及外国投资者和东道国自然人、法人及其他经济实体之间基于投资所产生的普通商事关系；也涉及外国投资者与东道国之间基于投资所产生的投资管理和保护关系；跨国投资者与本国有关机构之间基于投资促进和投资保险所产生的关系；政府之间以及政府与国际组织之间为促进和保护投资或协调投资关系而缔结双边或多边条约所产生的关系等。国内与国际关系相互联系，构成统一的国际投资关系整体。国际投资法是调整国际私人直接投资关系的国内法规范和国际法规范的总称。

三、国际投资法的法律渊源

国际投资法的法律渊源有：

（一）国内立法

国际投资法的国内法部分主要有两种：

1. 资本输入国的外国投资法

外国投资法是资本输入国调整外国私人直接投资关系的法律规范的总称。其内容主要是规定资本输入国政府、外国投资者、外国投资企业关于投资的权利义务关系。世界各国用以调整外国投资的法律形式和体系不同，有的是制定统一的投资法典，有的则颁布专门的单行法规，有的就适用一般的国内法。比如我国在 2019 年 3 月 15 日第十三届全国人民代表大会第二次会议通过《中华人民共和国外商投资法》；2019 年 12 月 12 日国务院第 74 次常务会议通过的《中华人民共和国外商投资法实施条例》。

2. 资本输出国的海外投资法

发达国家在 20 世纪 90 年代以前对本国的境外直接投资实行严格的限制政策。但是 90 年代后，逐步开始取消投资的限制，甚至为了鼓励和保护本国的海外私人直接投资，不仅在避免重复征税、信贷等方面采取了一些鼓励措施，还建立了海外私人直接投资保险制度，为本国的海外投资在东道国所可能遇到的非商业风险给予承保。而发展中国家对本国的海外私人直接投资有一些限制，或者对境外投资项目实行审批制度。

（二）国际条约

调整国家间有关国际投资权利义务关系的国际条约有两种：

1. 双边条约

国际投资涉及东道国和投资者母国的经济利益，在调整两国私人投资关系方面，双边条约是最为有效和最迅速的调整手段，因此，双边投资条约是各国广泛使用的相互保护外国直接投资的法律文件。

双边投资条约的主要形式有三种："友好通商航海条约""投资保护协定"以及"相

互促进和保护投资协定"。主要规定外国投资的范围和定义、投资准入、外国投资的待遇、利润汇出、政治风险的担保、征用和补偿、双重征税的避免、投资争议的解决等事项。双边投资条约只对双方缔约国有拘束力，构成缔约国之间的"特殊国际法"，不具有普遍拘束力。

2. 多边条约

国际投资的多边条约有区域性多边条约和世界性多边公约。区域性多边条约是指区域性国家组织旨在协调成员国外国投资法律而签订的多边条约，比如《东南亚国家联盟投资领域框架协议》《安第斯共同市场外国投资规则》。区域性多边条约对该区域成员国有效；国际投资的世界性多边公约与协定主要有《解决国家与他国国民间投资争议公约》《多边投资担保机构公约》、世界贸易组织体制下的《与贸易有关的投资措施协定》与《服务贸易总协定》。这些多边投资公约与协定对缔约国成员具有普遍拘束力。

（三）其他法律渊源

主要包括联合国大会的规范性决议、国际惯例及国际法的其他辅助渊源。其中联大规范性决议居于重要地位。联合国大会在 20 世纪 60 年代，特别是 70 年代先后通过了一系列与国际投资有关的重要决议，如 1962 年的《关于自然资源永久立权宣言》、1974 年的《关于建立新的国际经济秩序行动纲领》和《各国经济权利义务宪章》等。这些文件不仅一般地确立了新的国际经济秩序的基本原则，而且特别地规定了国家对本国自然资源的永久主权、国家有权管制本国境内的外国投资、实行国有化等。

四、投资环境

所谓投资环境（investment environment），是指能有效地影响国际资本的运行和效益的一切外部条件和因素。这些条件和因素有自然的、社会的、政治的、经济的、法制的、文化的、教育的、科学技术的乃至民族意识、人民心理、历史传统、风尚等，它们相互联系，构成投资的综合环境。任何一个谨慎的投资者，在投资前都会进行投资可行性研究，而可行性研究的主要内容即是投资环境的各个因素。

投资环境有不同的分类，但大体上可分为物质环境与社会环境，或有形环境与无形环境，前者还称为"硬环境"，后者为"软环境"。

（一）物质环境

物质环境指客观存在的自然条件及人类对自然条件改造与完善后的物质条件。它主要包括下列条件和因素：

（1）自然资源。包括矿物资源、动植物资源及自然力资源等。如果一个国家拥有丰富的自然资源，那么将对外资产生极大的吸引力。

（2）自然环境。主要包括地理位置，以及有关地质、地貌、气候、雨量、自然风光等地理条件。

（3）基础设施。包括城市和工业基础设施，如交通运输设施、供水供电设施、通信设施、城市卫生环保设施、文教设施及其他社会环保设施（如宾馆、旅游、饭店、商业网点）等。基础设施是由人对物质条件的改造和完善所形成的，在物质环境中是可变因素。

（二）社会环境

社会环境指统治者所建立的社会形态及为维护该社会形态所实施的各项措施，以及在这种社会形态和措施所形成的社会状况和人们的观念意识。社会环境主要是人的主观意识的产物，与人的因素分不开，所以又称人际环境。它主要包括政治、经济、法制、社会等条件和因素。

（1）政治环境。主要指政治是否稳定，政策是否具有连续性，政策措施、行政体制的效率，行政对经济的干预程度等。

（2）法律环境。通常包括东道国国内的法律环境，即有关法律和立法所体现的对外国投资的一般态度（积极的或消极的），特别是对外国投资者所期待的利益可能给予的影响；与投资者母国政府之间的法律关系，即东道国与投资者母国政府之间是否签订有双边经济协议或条约，尤其是双边投资保障协议或双边投资条约；东道国政府所签署的相关国际条约以及所加入的国际组织相应的规定。

（3）经济环境。主要包括经济发展的稳定性、经济增长率、劳动生产率、经济体制、外汇管理制度及国际收支情况、市场机制与市场规模及其开放程度、工资体制与平均工资水平、技术条件、企业经营管理体制与水平、人民消费水平、税收制度与税收优惠措施、环境保护等等。

（4）社会条件。主要指社会是否安定、社会秩序、社会风气、社会对外资的态度、社会一般教育素质、社会服务态度等。

（5）意识环境。主要包括民族意识、开放意识、改革意识、法律意识、价值观念等。

五、国际投资法的作用

作为调整国际私人直接投资关系的法律规范，国际投资法在鼓励、保护、管制国际投资等方面起着重要作用。

首先，鼓励国际投资。在资本输入国和资本输出国的国内立法中，有相当一部分是直接鼓励国际投资的法律措施，主要表现为国家给投资者提供各种优惠，如税收优惠、财政优惠、行政优惠等。这些措施为外国投资者提供了较大的利益和便利。从资本输入国讲，鼓励性措施的实施，能够降低投资者的投资成本，尽早收回投资本金，提前获取收益。从资本输出国讲，为本国投资者提供各种优惠，使其能谋取更多的剩余价值、垄断利润，并能极大地降低投资风险。

其次，保护国际投资。由于国际投资对于有关国家的经济发展乃至世界经济的发展具有积极的促进作用；同时，也由于在国际投资中总会存在一些政治风险，而危及投资安全和利益；并且，投资中所涉及的各利益个人与集团的利益各异，必然会产生利益争执。因此，资本输入国与输出国依靠法律的力量，维持正常的投资环境，保护投资者及其他人的利益，保证投资安全，成为各国的义务与责任。

最后，管制国际投资。国际投资在给各国带来投资正效应的同时，也会带来一些负效应。比如，会影响资本输入国的国家安全、与资本输入国经济与社会发展计划相悖，危及环境与人、动物的健康等。资本的大量输出，也会导致资本输出国一些国内支柱产业发展停滞、失业率上升等。针对国际投资的消极面，资本输入国主要通过外国投资法来加强对外国投资的管制和引导，以防外国投资对本国的经济发展带来不利影响，从而将国外资本引向更健康、更有利于本国发展上来。而资本输出国的外资法对于疏导资本流向亦有重要意义。

第二节　国际直接投资的法律形式

国际直接投资的形式主要有两种，一种是直接设立新的投资企业；另一种是通过并购东道国现有企业。设立新的投资企业是指外国投资者全部或部分出资在东道国境内设立新企业，并对该企业拥有管理权和控制权。企业并购是外国投资者通过购买股东的股权或认购境内公司增资，使内资公司变更成外资企业；或者外国投资者通过设立外资企业，通过该企业协议购买东道国境内企业资产并且运营该资产，或者外国投资者协议购买东道国境内企业资产，然后以该资产投资设立外资企业运营该资产，前者称为"股权并购"，后者称为"资产并购"。不论采用设立方式还是并购方式，从投资者组成的角度来看，投资者在境外投资的企业主要有两种类型：合营企业和独资经营企业。此外，国际直接投资还有一种常见的表现形式为国际合作开发，即国家利用外国投资共同开发自然资源的一种国际合作方式。

一、国际合资经营企业

国际合资经营企业是一个或多个外国投资者（法人或自然人）同东道国的政府、法人或自然人按法定或约定的比例共同出资，共同经营特定事业，共同分享利润并共同承担亏损。国际合资经营企业是国际直接投资的最常见的企业形式，我国原来有专门的《中外合资经营企业法》（2020年1月1日废止）规定中外合资经营企业。

国际合资经营企业的投资者至少来自两个以上的国家或地区，由外国合营者与东道国合营者共同投资设立，由合营各方共同经营管理且共担风险并共负盈亏。从国际实践来看，设立为公司的合资经营企业主要采取有限责任公司和股份有限公司两种基本形式。

二、国际合作经营企业

国际合作经营企业是指两个或两个以上国家的当事人为实现特定的商业目的，根据合同的约定投资和经营，并依照合同的约定分享权益和分担风险及亏损的一种企业形式。从法律性质上讲，国际合作经营企业属于契约式合营，在国际实践中，被作为一种无法人资格的合伙来对待。我国在2019年3月15日第十三届全国人民代表大会第二次会议通过，2020年1月1日施行的《中华人民共和国外商投资法》第31条规定：外商投资企业的组织形式、组织机构及其活动准则，适用《中华人民共和国公司法》《中华人民共和国合伙企业法》等法律的规定。这样，外商在我国投资也可以采用合伙的形式设立企业。

三、外商独资企业

外商独资企业，又称独资企业或外资企业，一般是指根据东道国法律在东道国设立的全部或大部分资本由外国投资者投资的企业。各国法律对一个企业中外资构成比例达到多少才视为外资企业有不同的规定。1973 年阿根廷《外国投资法》第 2 条规定，外国资本公司是指阿根廷参股资本及其决定权在 51%以下的公司；1968 年菲律宾《外资企业管理法》适用于全部或部分资本由外国投资者投资的企业；

四、国际合作开发与建设

国际合作开发自然资源，通常由东道国政府或国家公司同外国投资者签订协议，在东道国指定的区域，在一定的年限内合作开发自然资源，依约承担风险并分享利润。很多自然资源的开发具有投资大、风险大、周期长、技术要求高的特点，很多发展中的国家不能单纯依靠本国的力量来进行开发，因此，他们会采用国际合作开发的方式来进行开发，这需要资源国要对开发者授予特许权或开采权。

五、国际 BOT 合作方式

（一）国际 BOT 的概念和特征

BOT 是"Build-Operate-Transfer"（建设-运营-转让）的缩写。是东道国政府授权某一外国投资者（项目主办人）对东道国的某个项目进行筹资、建设并按约定的年限进行经营，在协议期满后将项目无偿转让给东道国政府或其指定机构的一种交易方式。国际上比较著名的 BOT 项目有英吉利海峡隧道、澳大利亚悉尼港湾隧道、中国香港东区海底隧道等。

BOT 的特征有以下几点：

（1）私营企业通过被授予建设许可，取得通常由政府部门承担的建设和经营特定基础设施的专营权。

（2）在特许权期限内，该私营企业负责基础设施的建设融资以及经营管理该基础设施项目，用经营所得偿还贷款、回收投资和取得利润。

（3）在特许权期限届满时，须将该基础设施无偿移交给东道国政府或其指定的机构。

（二）国际 BOT 的特许权协议

BOT 不同于传统的外商直接投资方式，其涉及众多当事人。当事人签订一系列相互联系又彼此独立的合同，包括招投标文件、特许权协议、股东协议、项目融资协议、设计合同、物资供应合同、保险合同、产品购买合同、回购协议等。其中政府与项目主办人之间的特许权协议是最基本的，其构成 BOT 项目所有协议的核心和依据。

1. 特许权协议的概念

特许权协议是指东道国政府与特许公司之间签订的规定实施某一基础设施项目的范围

和条件的有法律约束力的合同。依此定义，BOT 特许权协议，是规定 BOT 项目东道国政府的特许授权和规范东道国政府与该项目的私营机构之间的相互权利义务关系的一种法律关系，是基本合同。

2. 特许权协议的内容

（1）关于特许的一般条款，如特许的目的、特许的范围、特许的期限、特许的给予、项目的所有权、特许的转让、特许的调整等；

（2）关于项目建设，竣工时应达到的技术标准等；

（3）项目的财务等事宜，包括项目的融资、收益分配等；

（4）其他必备条款，如保险、终止、不可抗力、争议解决和法律适用等。

（三）国际 BOT 的政府保证

由于 BOT 项目投资大、风险大，因此 BOT 项目的成功，离不开东道国政府对项目的支持和保证，一般项目公司会要求东道国政府保证以下几点：

（1）项目在营运期间商业自由。在项目运营期间，项目公司只有充分的商业自由，才能拥有定价权，保证项目的盈利。

（2）政府保证无二次设施。为了保证项目能够盈利，一般项目公司会要求政府在一定期限内，不能建设类似的项目，以免分流项目利润。

（3）产品购买保证。某些 BOT 项目的产品，需要政府购买，因此产品购买保证也是项目成功的关键。

第三节　调整国际投资的国内法制

在国际投资领域中，每一个国家都有可能既为资本输入国，同时又是资本输出国，然而不同的身份情况下必然要表现为不同的法律制度。

一、资本输入国的法律制度

资本输入国也就是东道国，东道国在引进外资方面的法律是外国投资法，外国投资法是指资本输入国（东道国）制定的关于调整外国私人直接投资关系的法律规范的总称。主要包括外国投资的范围、形式、条件，投资者的权利义务，对外资的保护、鼓励和限制等内容。

（一）外国投资法的基本内容

外国投资法的基本内容包括：

1. 外国投资者的地位及待遇

各国对外国投资者所给予的待遇并不相同，一般有国民待遇标准或最惠国待遇标准。从国际投资法的历史来看，发达国家一般给予外国国民待遇，而发展中国家则很少给予外国投资者国民待遇。从国际投资的发展趋势来看，越来越多的国家采用了国民待遇的标准。

2. 资本和利润的汇出

这里所说的资本和利润的汇出，是指外国投资者将其在东道国的投资和获得的利润，兑换成资本输出本国货币或其他可自由兑换的货币等，并可自由汇出东道国。

3. 国有化及补偿

对国有化的条件及补偿的标准，发达国家和发展中国家存在着巨大的分歧。针对国有化的补偿标准，发达国家主张"充分、及时、有效"的补偿。

4. 财政及税收优惠

主要有税收优惠、关税减免及其他优惠。税收优惠是通过降低或免除外商投资企业的所得税或其他税赋而给予外国投资者的一种鼓励措施。一些发展中国家往往订立适用于外商投资企业的税法，以区别于国内的其他纳税人。具体的措施主要有：确定所得税的减免期；将某些收入排除在应纳税额之外；对出口商品实行特别的税收鼓励等。关税减让的通常做法是免除作为投资进口的设备或原材料的进口关税。

5. 外国投资争端的解决

东道国对外国在其境内的投资享有属地管辖权，但也允许将涉外投资争端提交仲裁机构解决。

（二）外国投资优惠的种类

资本输入国通过外资法向外国投资者提供的优惠主要包括：

1. 财政补贴和费用优惠

有些国家对特定的外国投资（如某些开发地区及先进型企业投资）给予资金援助。有些国家也给外国投资企业降低各种经营费用（场地使用费、水、电、交通、公共设施等费用等）的优惠，这实际上也是财政补贴的一种形式。

2. 税收减免

税收减免指在一定时期内，免除或减征外国投资企业全部或部分所得税和其他税收。免税对投资者的意义在于使其在实物投资真正经济折旧之前加速回收资本，如同获得一笔无息贷款。这种优惠方式很受投资者的欢迎。但对企业来讲，却存在注册资本被减少的风险。

3. 超额折旧

超额折旧即允许投资者超过资产原值计算折旧，这样就可以多扣除应税所得额，并由此减少征税额。因超额折旧而少征纳税款，实际上与免税无异。这使外国投资者能真正得到实惠。对资本输入国来说，也可避免将税收奉送与输出国。但这种折旧优待，会给企业带来一定的风险，使用时要十分谨慎。

4. 再投资优惠

外国投资者将在东道国进行直接投资获得的利润没有汇回本国，而是在东道国再次进行投资，用于本企业的扩大再生产或投入新建企业，这样既可形成利用外资的良性循环，还可因延迟利润汇出而减轻对本国国际收支的不利影响，因此，许多国家对利润再投资都给予税收优惠，例如对这部分用于再投资的利润在一定期限内免征所得税，或者给予退税。

5. 关税优惠

关税减免优惠的价值取决于东道国进口税率、进口限制和关税减免程度。由于大多数发展中国家进口税较高，为了降低外国投资者在东道国建立、扩建企业的费用以使投资能顺利进入，并使新建的企业具备竞争能力。各国在进口关税方面程度不同地给予外国投资者减免的优惠。但这种优惠一般只限于两类性质的进口产品：一类是外国投资者作为投资而进口的机器、设备、原材料，即外国投资者为设立企业而投入的实物资本；另一类是外国投资企业生产所需的原料和设备。有的国家还将此优惠同本国鼓励出口的经济政策相联系，明确规定生产出口产品所需的原材料和设备才可享受关税减免优惠。

6. 信贷融资优惠

信贷融资优惠主要指对外国投资企业提供长期低息贷款、无担保贷款、发放利息津贴等，是发达国家对外国投资者采用的投资优惠的主要方式。这种优惠包括：公营金融机构以低利率向投资者发放贷款；政府向按市场利率从私营金融机构取得贷款的投资者发放利息津贴；公营金融机构给予投资者优厚的还款条件或政府机构为投资者向私营金融机构贷款提供担保等等。

对外国投资的优惠还包括简化审批程序（即为了方便外国投资者，提高办事效率，许多发展中国家建立了"一站式"审批制度，只要进入一个审批中心，就能办妥有关外资项目的所有审批手续，为外资入境提供方便），在土地使用上提供优惠等鼓励措施。

（三）　对外国投资的管制

1. 外资投向管制

外资投向管制属于外资准入的一部分，世界各国无一例外，都从本国实际出发对外资的投向加以管制。对关系到国家安全和人民生计的要害部门，均禁止或限制外国投资。这些要害部门主要包括：公用事业，诸如新闻、出版、广播、电视、电影等大众传播业，电话、电报、无线电等通讯业，水、电供应等；国防或有关军需的行业，如军火、军用飞机、航天及原子能工业等；交通运输，如铁路、沿海及内河航运、远洋运输和航空运输等；金融业．包括银行、保险及期货等；矿业，包括石油、天然气、煤炭等资源开发。各国由于国情不同，对外国投资领域的限制也各有差异。例如，挪威、芬兰、墨西哥、阿根廷、秘鲁以及澳大利亚等森林资源丰富的国家禁止或限制外国人投资开采林木；国土狭小的瑞士对外国人拥有土地限制极严等。

总的来看，发展中国家对外资投向的限制严于发达国家，尤其表现在以下几个方面：对于本国的"幼稚"和"弱质"行业（如金融业），往往禁止或限制外国投资；对于那些不需要先进技术和大量投资而又有利可图的行业（如零售业），通常把它们留给民族资本经营而拒绝外资参与；对于关系到本国特殊需要的行业（如作为出口创汇重要行业的对外贸易）一般也禁止或限制外资涉足。我国往往通过出台外商投资准入特别管理措施（负面清单）的方式来对外商投资进行管制。

2. 外国投资的审批制度

审批也属于外资准入的一部分。发展中同家一般都建立了比较严格的外资审批制度，通过甄别程序使引进的外资与本国的经济社会发展目标相一致，并防止外资盲目流入所产生的负面影响；发达国家也在不同程度上对外资的进入进行审查，但相对来说，管制的程度比较宽松。

发展中国家的外资审批制度基本上可分为逐一审批制和有选择的审批制度两类。许多发展中国家所采用有选择的审批制度，具体方式又有差异。

发达国家的外资审批制度也可大致分为两类：一类发达国家要求所有的外资或重要的外资必须经过有关部门许可才能进入。如澳大利亚、加拿大、新西兰以及法国等；另一类发达国家要求外国投资必须进行登记。如外国投资涉及公共秩序或其他类似问题，则可不予准入，或需经特许才能入境，如日本、西班牙以及英国等。

3. 外国投资的监管

许多国家外资法对外国投资的监管作了明确的规定，一般涉及外国投资项目的建立和营运两个阶段。

（1）立项监管。一些国家外资法要求经批准的外国投资项目的资金必须如期到位。一些国家外资法规定外国投资项目投资的作价必须经有关政府机关的评估。例如，在菲律宾和智利，此类评估机关分别为投资局和外国投资委员会。一些国家外资法规定，外国投资项目在筹建过程中，必须定期向外资管理机关提交报告。例如，在印度尼西亚，外国投资者在建设和试产期间每 6 个月，要向投资协调局报告进展情况。

（2）项目营运监管。在一些国家，外资管理部门将依法对外国投资项目的营运实行经常性的监督。例如，印尼外资法要求外国投资企业必须向投资协调局递交年度经营报告，而且该局将会同企业所在地官员，每年至少对投资方进行一次访问，以保证所批准项目的履行。

二、资本输出国的法律制度

资本输出国对于私人海外投资的立场和政策，主要基于国内剩余资本和海外投资利润率。这些因素在不同的国家各不相同，所以资本输出国对海外投资实行的措施也不尽相同，一般以鼓励为主。

（一）资本输出国采取的鼓励措施

1. 税收鼓励

税收问题是投资者最关心的问题之一，也是决定国际资本流向的主要因素之一，因而"税收优惠"就成了资本输出国采取鼓励措施的首选手段，其税收优惠重点在于避免国际双重征税。关于税收鼓励措施，一些资本输出国采取单方面国内立法的形式，而大多数国家则采取国际条约与国内立法相结合的形式。

根据各国实践，税收优惠措施共有 4 种。

（1）税收抵免。现在采用税收抵免方法的国家有日本、美国、英国、意大利、加拿大、丹麦、澳大利亚、新西兰、奥地利等国。

（2）税收饶让或税收豁免。现在采取税收饶让或税收豁免方法的国家有：法国、德国、瑞典、挪威、荷兰、比利时、波兰、捷克、芬兰、匈牙利等国。

（3）免税政策。实行免税制的国家主要是欧洲大陆和拉丁美洲的一些国家，实行彻底的免税制的国家主要是海地、多米尼加、巴拿马、阿根廷。其特点是对国外投资所得完全免税，严格实行属地原则，只依据收入来源征税。实行不彻底的免税制的国家主要是欧洲大陆国家，这些国家的免税制实行的范围有限，并且附加条件。

（4）延期纳税。资本输出国对于海外投资企业的收入在其汇回本国之前不予征税。这种方式同样可以减轻海外投资者的税负担。

2. 提供情报和调查经费

资本输出国政府为了鼓励企业对外投资，为投资企业提供东道国经济方面可靠和有益的情报和信息，使投资者对东道国的投资环境和投资机会更加了解，以便做出投资的抉择，选择有利的投资地点和行业。这是资本输出国的关于投资鼓励措施的重要的方面。"二战"前，海外投资情报是由民间咨询公司或非营利性的团体提供的。20 世纪 50 年代以来，随着联合国开发计划署对第三世界国家经济发展的调查、研究和咨询活动的开展。大多数开发援助委员会的成员国先后成立了相应的专门的行政机构或其他机构，如美国的海外私人投资公司、加拿大的海外经营服务机构、日本通产省下属的亚洲经济研究所经济调查部。

3. 提供资金和技术援助

向海外投资者提供资金和技术援助是资本输出国关于投资鼓励措施的又一重要方面。"二战"后，大多数的资本输出国对本国投资者在发展中国家的投资企业给予了资金援助。援助的形式也多种多样，或进行贷款，或直接出资。这些国家还向海外投资者提供技术援助，为海外投资企业培训技术人员，并对发展中国家的受训人员提供生活费用和其他各种便利。

4. 设立开发金融公司

资本输出国政府还通过所属的金融机构或保险机构对本国私人投资者的海外投资项目提供部分优惠的中长期贷款，以帮助企业对外投资，此项贷款以投资项目经东道国批准为条件。设立开发金融公司是实施以上投资鼓励措施的组织保证。主要资本输出国先后设立了国营的开发金融公司，如英联邦开发公司（CDC）、荷兰发展中国家金融公司、美国海外私人投资公司（OPIC）、世界银行集团的国际金融公司（IFC）、欧洲共同体的投资银行（EIB）等，对海外投资项目进行资金融通和投资干预，促进了海外投资的发展，保证了投资项目的成功率。

（二）海外投资保险制度

1. 海外投资保险制度的概念和特征

海外投资保险制度又称海外投资保证制度，是国际投资保护的重要法律制度，是资本输出国政府为了鼓励本国资本向海外投资、增强本国的国际竞争地位，而对本国海外私人投资的政治风险提供法律保证。

国际私人投资存在一定的政治风险，如东道国实行国有化制度或实行外汇管制等都会在一定的程度上使外国投资者遭受损失。为了消除本国投资者对外国投资的顾虑，鼓励本国投资者向海外投资，自 1948 年美国率先实行海外投资保险制度以来，许多资本主义发达国家纷纷建立这一制度，承诺一旦投资者在东道国遭受经济损失时，由政府的投资保险机构予以赔偿。

海外投资保险制度具有一般保险制度所具有的一般特征，如投资者与保险机构之间签订保险合同，并支付保险费，保险机构则在约定的保险事故发生后向投保人赔偿所受损失。但海外投资保险制度毕竟与一般保险制度不同，该制度具有以下特征：

（1）海外投资保险制度在本质上是一种"政府保证"或"国家保证"。此表现在海外投资保险是由政府机构或公营公司承保的，如美国政府 1969 年设立、1971 年正式开业的"海外私人投资公司"就是直属国务院领导的政府公司。德国的海外投资保险业务是由国营的"黑姆斯信贷担保股份公司"和"德国信托股份公司"经营，但海外投资者的投保申请，必须由联邦经济事务部、财政部和外交部代表组成的部际委员会审批。日本的海外投资保证业务由通产省主管，完全由政府主管部门包办。我国于 2001 年 12 月 18 日正式运营的中国出口信用保险公司就是承办出口信用保险的政策性保险公司。

（2）海外投资承保的范围只限于政治风险，如征用险、外汇险、战争险等，不包括一般商业风险。

（3）海外投资的承保对象仅限于海外私人直接投资，即投资者直接参与经营管理和控制的海外企业的投资，而不包括间接投资。

（4）海外投资保险的目的是通过对本国海外私人投资的政治风险提供保证，以促进本国向海外投资的进一步发展。

（5）海外投资保险制度的重点在于保护海外投资者的财产利益不受损失，而不在于事后补偿。

2. 海外投资保险制度的主要内容

（1）海外投资保险的险别包括征收险、战争险、汇兑不能险等。

①征收险。指东道国政府对投资者财产的征收、国有化、征用、没收或对其合同的权利废止、拒绝履行或违约行为，而使以上财产权利或合同权利遭受全部或部分损失的风险。一旦征收险事故发生以后，投保人就有要求保险人支付保险金的权利，相应地保险人取得了向东道国政府索赔的代位求偿权。当然投保人在要求保险人支付保险金时得履行一定的义务和满足一定的条件。

②战争险。一般是指东道国发生革命、战争、暴动、骚乱而使投资者的资产遭受损失的风险。有的国家法律对以上概念的外延做出了限制，如美国法律就骚乱规定：只有主要是为了实现某种政治目的的破坏活动所造成的损失才属于保险范围之列，而一般的劳资纠纷，经济矛盾或其他与政治目的无关的纠纷所引起的骚乱则被排除。另外，各国对于战争险事故造成的损失范围规定也不尽相同，如美国法律规定仅限于有形资产的直接损失，而日本和德国则在某种程度上规定承保范围包括合同权利、工业产权等其他无形财产权益的损失，以及某些间接损失。

③汇兑不能险。又称外汇险，是指投资者在东道国投资项目的利润或其他收益，或回收、出卖或处分投入资本的款项，不能在东道国兑换成世界可流通货币汇回本国的风险。外汇险可以有多种原因：东道国政府可能实行外汇管制或禁止本国货币兑换外币，革命、战争、内乱也可能引起外汇业务中断。一旦外汇险事故发生，并且投资者投保前此项风险并不存在，保险人就将承担汇兑的责任。

除了以上三种政治风险之外，各资本输出国还对其他的风险（如营业中断险、延期支付险、信用风险等）进行承保。

（2）适格的投资者，也称合格的被保险人，是指根据法律享有申请投资保险资格的投资者。各资本输出国海外投资保证制度中的合格投资者一般为具有本国国籍的自然人和法人，或者是在本国有住所或居所的自然人和法人。前一种识别合格投资者的标准即国籍标准为美国、日本等国采用；后一种识别合格投资者的标准为德国等采取。

（3）适格的投资，也称合格的投资，是指海外私人投资者符合国家法律规定的保险条件的投资，一般来说，应是新项目的投资，但在一定条件下也包括现有企业扩建、更新或改建的新项目投资。

合格的投资还应符合资本输出国的经济、政治和社会利益。一般来说，凡是影响资本输出国国内就业水平，冲击本国市场，影响国际收支平衡，不利于本国经济或社会发展目标，违背本国公共政策和国家安全的海外投资，均不属于合格的投资。

合格的投资还应有一定的安全系数。例如，美国要求投保的海外投资必须经东道国政府批准，也仅限于总统同意认可的和与美国签订有投资保证协定的国家和地区。

（4）保险费。保险费是投资项目承保时，投资者向保险人交纳的费用。保险费年率依各种险别而不同，各国单项保险的年率最低为不到0.2%，最高为1%。综合保险的年率最低为0.3%，最高为1.5%。

（5）保险金。保险金是保险事故发生后，保险人就投保人遭受的损失而支付的补偿金。根据各国的海外投资保险制度，保险人只对投保项目进行部分承保；一旦保险事故发生后，部分损失仍须由投资者自己承担。很多国家规定保险人承担损失的90%，如美国、挪威、荷兰、英国、德国、日本，而其他国家则规定从15%到30%不等。

（6）保险期间。保险期间是指投保人支付保险费，保险人承担保险责任的期间。各国法制规定的期间从5年到10年不等。有的国家，如美国和挪威规定最长的保险期限可以为20年。

（7）代位权。代位权是指保险人在保险事故发生向投保人支付了保险金以后，处于投保人的地位向东道国索赔的权利。依各资本输出国法，资本输出国政府或者金融投资公司行使代位权的法律依据有以下两种：

①依资本输出国与东道国订立的双边投资保证协定行使代位权，其代表是美国法。美国海外投资保证制度以美国与东道国的上述协定为前提，一旦保险事故发生，美国依据国际法中最主要的渊源——国际条约——进行索赔，这样就使得美国处于强有力的地位。

②依国际法上外交保护的一般原则行使代位权，日本等国实行这种制度。由于国际法对外交保护权的行使有一定的限制，即资本输出国只能在本国投资者于东道国用尽地方救济手段以后才能行使代位权。因此，行使代位权的资本输出国不大可能及时、有效地向东道国政府进行索赔。

3. 投保程序

根据各国有关的规定，合格投资者要取得政府的投资保险，必须按法定的程序进行：

（1）提出申请。海外私人投资者在开始实现投资之前向海外投资保险机构提出投保申请，主要提交投资保险申请书及必要资料。

（2）审查批准。海外投资保险机构对保险申请进行审查，主要是对投资者及其投资是否合格进行审查，经审查合格的，予以批准。

（3）签订保险合同。经审查确认申请合格并获批准后，由双方当事人签订保险合同。投资者有义务按合同的规定缴纳保险费。

（4）支付保险金。一旦承保范围内的风险事故发生后，由海外投资保险机构依据保险合同向海外私人投资者支付约定的保险金。保险金的数额一般是依据损失额与赔偿率确定的，通常在保险合同中加以明确规定。

第四节　调整国际投资的多边公约

自 20 世纪 80 年代后期以来，国际直接投资得以迅速发展，其速度已快于国际贸易。世界经济的相互依赖性和南北合作的必要性，使发达国家对外资流向发展中国家促进其发展进而增进本国经济发展的重要性也有了新的认识，研究和探讨国际投资的国际法律制度，具有重要意义。

一、多边投资担保机构公约

（一）《多边投资担保机构公约》与多边投资担保机构

1985 世界银行汉城年会上通过了《多边投资担保机构公约》（简称《汉城公约》以下简称公约），该公约于 1988 年生效。依据该公约，创建多边投资担保机构。我国是创始会员国。

多边投资担保机构（Multilateral Investment Guarantee Agency，简称 MIGA）是一个多边开发机构，成立时其最初法定资本为 10 亿特别提款权，资本分为 10 万股，每股票面价值为 1 万特别提款权，供会员国认购。成员包括 150 多个成员国。这些成员国的捐款占法定资本的 99.8%。MIGA 的宗旨是促进外商直接投资投向发展中国家，用于改善人民生活和扶贫。MIGA 的主要活动是向投资者和贷款者提供政治风险担保及协助发展中国家吸引和留住外资。多边投资担保机构具有完全的国际法律人格，有权缔结合同、取得和处分动产与不动产以及进行法律诉讼。

1. 公约的宗旨和目标

（1）宗旨：鼓励会员国之间相互投资，尤其是向发展中国家融通生产性投资，以补充国际复兴开发银行，国际金融公司和其他国际开发金融机构的活动。

（2）目标：①在一会员国从其他会员国取得投资时，对投资的非商业风险予以担保，包括共保和分保。②通过技术援助、政策咨询、投资政策与经验的磋商，交流信息、推动签订投资协议等辅助性活动，促进会员国改善投资环境，以吸引更多外资。③为推进其目标，行使其他必要和适宜的附带权力。

2. 机构的投票权

《多边投资担保机构公约》在投票权的安排方面，尽可能平衡了南、北两大类国家的利益。公约在 1985 年的附表中列出了 148 个会员国名单，并依照各国经济实力，为会员国确定认缴股份数。在正式成为多边投资担保机构成员国后，机构的投票权是按照股份来计算的，为了避免这种投票权优势操纵一切，公约规定每一会员国享有 177 基本票，由于发展中国家数量远多于发达国家，加上各国各自享有的 177 票后，南、北两大类国家双方投票权总数基本持平。

3. 会员国资格

（1）机构会员国资格向世界银行所有成员国和瑞士开放。

（2）创始会员国应为本公约附录 A 中所列国家，并在 1987 年 10 月 30 日或在此之前加入本公约者。

（二）机构的业务

机构的业务包含两大部分：一是投资担保业务，二是投资促进业务。下面主要对投资担保业务进行介绍：

1. 承保的风险

MIGA 并不承担所有的损失，以便使投资者加强责任感。该机构一般将承保投资的 70%~95%（和国家保险规划相似）。下列风险将予以担保：

（1）货币汇兑险。货币汇兑险承保由于东道国的责任而采取的任何措施，使投资者不能自由将其投资所得、相关投资企业破产清算的收入以及其他收益所获得的当地货币兑换成可自由使用的货币，或者依据东道国法律，无法自由地将相关收益汇出东道的风险。也包括东道国拖延汇兑或汇出的风险。

（2）征收和类似的措施险。征收和类似措施险承保东道国政府采取立法或行政措施，或懈怠行为，实际上剥夺了被保险人对其投资的所有权或控制权，或其应从该投资中得到的大量收益。但政府为管理其境内的经济活动而通常采取的普遍适用的非歧视性措施不在此列。例如，税收、环境和劳动立法以及保护公共安全等。征收险不仅包括东道国政府采取的立法或行政措施，例如，国有化、没收、查封、夺取、扣押和冻结资金，也包括东道国政府的懈怠行为，即阻碍投保人行使这些权利的措施。可见，多边投资担保机构所担保的征收险，不仅包括直接征收，也包括间接征收。司法机关在行使其职能时所采取的措施不包括在内。

（3）违约险。违约险是指东道国不履行或违反与投资人签订的合同而产生的损失。该险要求被保险人无法求助于司法或仲裁机关对其提出的有关诉讼作出裁决，或者该司法或仲裁机关未能在担保合同规定的合理期间内作出裁决，或虽然有这样的裁决但不能得到执行。东道国政府有违约行为并不当然构成违约险，只有具备上述条件时，才构成违约险。多边投资担保机构设立该险别的目的是促使东道国和投资者之间合同的履行和实施，并且要求被保险人在风险发生后应首先通过东道国的救济使损失得到补偿，只有在东道国的救济不能实现的情况下，才能求助于多边投资担保机构的保险赔偿。

（4）战争和内乱险。战争和内乱险是指东道国境内任何地区的任何军事行动或内乱。军事行动一般是指不同国家的政府武装力量之间的战争行动，包括经宣战的或未经宣战的战争。内乱通常是指直接针对政府的并以推翻政府或将其驱逐出某个特定地区为目的的有组织的暴力行为，包括革命、起义、政变、阴谋破坏和恐怖行为而引起有形资产遭到毁坏、破坏或消失时所受的损失提供保护。

由于战争险为东道国所不能控制，因此，机构在向投保人支付保险金后，一般不能向东道国求偿。

（5）其他非商业风险。除以上非商业风险外，应投资者和东道国的联合申请，经 MIGA 董事会的特别多数票通过，可以将担保范围扩大到与上述四种风险以外的其他特定的非商业风险。但是，在任何情况下，货币贬值或降低定值的风险都不在承保范围。

【法规阅读】

《多边投资担保机构公约》

第十一条　承保险别

一、本机构在不违反下列第二和三款规定的前提下，可为合格的投资就因以下一种或几种风险而产生的损失作担保：

（一）货币汇兑

东道国政府采取新的措施，限制其货币兑换成可自由使用货币或被保险人可接受的另一种货币，及汇出东道国境外，包括东道国政府未能在合理的时间内对该被保险人提出的此类汇兑申请作出行动；

（二）征收和类似的措施

东道国政府采取立法或行政措施，或懈怠行为，实际上剥夺了被保险人对其投资的所有权或控制权，或其应从该投资中得到的大量收益。但政府为管理其境内的经济活动而通常采取的普遍适用的非歧视性措施不在此列；

（三）违约

东道国政府不履行或违反与被保险人签订的合同，并且 1. 被保险人无法求助于司法或仲裁机关对其提出的有关诉讼作出裁决，或 2. 该司法或仲裁机关未能在担保合同根据机构的条例规定的合理期限内作出裁决，或 3. 虽有这样的裁决但未能执行；以及

（四）战争和内乱

依照第六十六条本公约适用的东道国境内任何地区的任何军事行动或内乱。

二、应投资者与东道国的联合申请，董事会经特别多数票通过，可将本公约的担保范围扩大到上述第一款中提及的风险以外的其他的非商业性风险。但在任何情况下都不包括货币的贬值或降值。

三、下列原因造成的损失，不在担保范围之列：

（一）被保险人认可或负有责任的东道国政府的任何行为或疏忽；以及

（二）发生在担保合同缔结之前的东道国政府的任何行为疏忽或其他任何事件。

2. 合格的投资者

依照公约的规定，投资者必须符合下列条件：

（1）自然人必须是东道国以外的成员国国民；

（2）法人必须是在东道国以外的一成员国注册并在该成员国设有主要营业点，或其多数资本为东道国以外的一个或几个成员国或其国民所有；法人无论是否为私人所有，均须在商业基础上经营。

另外，经投资者和东道国联合申请并经董事会特别多数票通过，可以将合格投资者扩大到作为东道国国民的自然人以及在东道国境内成立或多数资本为东道国国民所有的法人，条件是用于投资的资本来自东道国境外。

【法规阅读】

《多边投资担保机构公约》

第十三条 合格的投资者

一、在下列条件，任何自然人和法人都有资格取得机构的担保：

（一）该自然人是东道国以外一会员国民；

（二）该法人在一会员国注册并在该会员国设有主要业务点，或其多数资本为会员国或几个会员国或这些会员国民所有，在上述任何情况下，该会员国必须不是东道国；

（三）该法人无论是否是私营，均按商业规范经营。

二、如果投资者有一个以上的国籍，就上述第一款而言，会员国籍应先优于非会员国国籍，东道国国籍应优先于任何其他会员国国籍。

三、根据投资者和东道国的联合申请，董事会经特别多数票通过，可将合格的投资者扩大到东道国的自然人，或在东道国注册的法人，或其多数资本为东道国国所有的法人。但是，所投资产应来自东道国境外。

3. 合格的东道国

依据公约的宗旨，鼓励资本向发展中国家成员国流动，因此，只有向发展中国家会员国的跨国投资才有资格向机构申请投保。为了尽可能避免承保的投资遭遇政治风险，公约要求担保的投资在东道国能享有"公平平等的待遇和法律保护"（在实际评估操作的时候，如果发现东道国和投资者母国之间已经订有双边投资保护条约，就认为已经构成充分的法律保护）。

【法规阅读】

《多边投资担保机构公约》

第十四条 合格的东道国

根据本章，只对在发展中国家会员国境内所作的投资予以担保。

第十五条 东道国的认可

在东道国政府同意机构就指定的承保风险予以担保之前，机构不得缔结任何担保合同。

4. 合格的投资

合格投资包括股权投资，其中包括股权持有者为有关企业发放或担保的中、长期贷款和董事会确定的其他形式的直接投资。直接投资的范围由董事会决定。董事会根据国际货币基金组织制定的《外国直接投资的标准定义》对直接投资作出判断。

【法规阅读】

《多边投资担保机构公约》

第十二条 合格的投资

一、合格的投资应包括股权投资，其中包括股权持有者为有关企业发放或担保的中长期贷款，和董事会确定的其他形式的直接投资。

二、董事会经特别多数票通过，可将合格的投资扩大到其他任何中长期形式的投资。但是，除上述第一款中提及的贷款外，其他贷款只有当它们同机构担保或将担保的具体投资有关时，才算合格。

三、担保限于要求机构给以担保的申请收到之后才开始执行的那些投资。这类投资包括：

（一）为更新、扩大或发展现有投资所汇入的外汇；以及

（二）现有投资产生的、本可汇出东道国的收益。

四、机构在担保第一项投资前，应弄清下列情况：

（一）该投资的经济合理性及其对东道国发展所作的贡献；

（二）该投资符合东道国的法律条令；

（三）该投资与东道国宣布的发展目标和重点相一致；以及

（四）东道国的投资条件下，包括该投资将受到有公平、平等的待遇和法律保护。

（三）代位求偿

MIGA 一经向投保人支付或同意支付赔偿，即代位取得投保人对东道国其他债务人所拥有的有关承保投资的各种权利或索赔权。投资者在向机构索赔之前需要履行的义务：寻求当地行政救济，不包括司法救济。遵循东道国的法律和法令，对其投资项目加以控制，以避免或减少可能的损失。妥善保存求偿的文档记录，以备机构查阅。

【法规阅读】

《多边投资担保机构公约》

第三条 定义

就本公约而言：

一、"会员国"指按第六十一条本公约对之生效的国家。

二、"东道国"或"东道国政府"，指会员国、其政府、或其任何政府机构按第六十六条规定在其领土内将要作的投资，机构已予以担保或再保或已考虑予以担保或再保。

三、"发展中国家会员国"指本公约附表一中所列的第二类会员国。第三十条中提到的理事会可以随时修改该附表。

四、"特别多数票"指代表机构认缴股份55%以上，不少于总投票权2/3的赞成票。

五、"可自由使用货币"指：（一）国际货币基金组织指定可自由使用的任何货币；（二）第三十条中提到的董事会经与国际货币基金组织协商，并取得有关国家同意，为本公约的目的而指定的其他任何可自由获取和有效使用的货币。

第二十三条　投资的促进

一、机构应为促进投资流动进行研究和开展活动，并传播有关发展中国家会员国投资机会信息，旨在改善投资环境，促进外资流向这些发展中国家。机构应会员国请求可提供技术咨询和援助以改善该会员国领土内的投资条件。在进行这些活动时，机构应：

（一）以会员国间有关的投资协定为指导；

（二）努力消除在发达国家和发展中国家会员国中存在的影响投资流向发展中国家会员国的障碍；并且

（三）与其他促进外国投资的有关机构，尤其是与国际金融公司进行协调。

二、机构还应：

（一）促成投资者和东道国之间争端的和解；

（二）努力同发展中国家会员国，尤其是同未来的东道国缔结协议，以确保机构在其担保的投资方面，所受到的待遇不应低于有关会员国在投资协议中向享有最优惠待遇的投资担保机构或国家提供的待遇，这类协议须由董事会特别多数票批准通过；并且

（三）推动和促进会员国之间缔结有关促进和保护投资的协定。

三、机构在发挥其促进投资的作用时，应特别注意发展中国家会员国之间增加投资融通的重要性。

二、国际投资争议解决的法律制度

（一）国际投资争议的概述

1. 国际投资争议的含义

国际投资争议或称外国投资争议，是指外国私人直接投资关系中的争议，具体说就是外国私人投资者（个人或公司）同东道国政府（或其机构）或企业、个人因外国私人直接投资问题而发生的争议。

2. 国际投资争议的类型

投资争议可从主体和起因两个角度分类：

（1）从主体看，投资争议可分为外国私人投资者同东道国政府之间和私人投资者之间的争议。

①外国私人投资者同东道国政府之间的争议的特点是：双方法律地位不平等，一方是私人，一方是主权国家，争议涉及的可能是投资契约问题，也可能是非契约问题。

②私人投资者之间的争议是指外国私人投资者同东道国的企业在举办合营企业或进行合作开发自然资源方面发生的争议。其特点是：双方法律地位平等，都是国内法上的主体，争议所涉及的一般都是投资契约的问题。

（2）从起因看，投资争议可分为基于契约所引起的争议和非直接基于契约所引起的争议。

①基于契约所引起的争议是指投资契约双方当事人因对契约的解释、执行、修改或废除所产生的争议。其特点是：争议直接涉及的是当事人的契约权利义务问题，可以是内外国私人投资者之间的争议，也可以是外国投资者同东道国政府之间的争议，即所谓的国家契约或特许协议争议。

②非直接基于契约所引起的争议是指东道国政府在同外国私人投资者无投资契约关系的情况下，或在投资契约关系之外所发生的争议，实践中多是由于东道国行使国家权力或发生其他政治事件致使投资者遭受损失而发生争议，主要包括：国有化引起的争议；东道国行政管理行为引起的争议，如外汇管制、增加税收、干预企业经营活动等引起的争议；东道国国内政治动乱、战争等事件引起的争议。这类争议的特点在于它涉及的不是契约权利义务问题，而主要是国家责任问题。

（二）解决国际投资争议的方法

从实践中看，私人投资者之间的争议解决主要通过东道国国内法来解决。涉及东道国和投资者之间的争议，解决的方法主要有以下几种：

（1）协商或谈判解决。

（2）东道国当地救济。指外国投资者在东道国依其国内法设立的司法机构（即法院）、行政机构或仲裁机构中，依照东道国的程序法和实体法寻求救济，解决争议。该方法被简称为当地救济。

（3）外国法院诉讼。指由外国投资者投资的东道国以外国家的法院对东道国提起诉讼，以求获得对己有利的解决方案。

（4）外交保护。由投资者本国政府代表投资者通过外交途径向东道国提起请求，两国政府之间或是通过外交谈判或是通过仲裁甚或通过国际司法（即通过国际法院）解决。

（5）国际仲裁。包括利用一般的国际商事仲裁和专门的投资仲裁机构仲裁。

（三）《解决国家与他国国民之间投资争议公约》

长期以来，由于欠缺能为东道国和投资者共同接受的解决国际投资争议的方法，从而在一定程度上给国际投资环境带来了不利的影响。为解决这一难题，一些国家包括发达国家和发展中国家在世界银行的倡导下，于 1965 年 3 月 18 日在世界银行总部所在地华盛顿签订了《解决国家与他国国民之间投资争议公约》 （Convention on the Settlement of Investment Disputes Between States and Nationals of Other States）（又称《华盛顿公约》，以下简称《公约》）。公约于次年 10 月 14 日荷兰作为第 20 个国家完成了批准手续，满足了关于《公约》缔约国数目的最低要求，自此《公约》开始生效。同时依照公约设立了"解决投资争议国际中心（International Center Settlement of Investment Disputes）"（ICSID，以下简称"中心"），作为实施公约的常设性机构。中心设有行政理事会和秘书处，行政理事会主席由世界银行总裁担任，成员由各缔约国代表组成。

订立《公约》和创设中心的宗旨是要为解决一缔约国与他缔约国国民的投资争议提供调解和仲裁的便利，以此增进相互信任的气氛，促进私人投资的国际流动。尤其是要排除投资者本国政府的介入，使投资争议的解决非政治化。1978 年，中心行政理事会还制定了一套增设便利规则，授权中心秘书处处理某些不属于《公约》管辖范围的争议。

中国于 1990 年 2 月 9 日签署《公约》，1992 年 7 月 1 日批准加入《公约》，1993 年 1 月 7 日向中心交存批准加入书，1993 年 2 月 6 日《公约》对我国生效。

1. 中心的组织机构和法律地位

中心设有行政理事会和一个秘书处。行政理事会由每一个缔约国各派代表一人组成，银行行长应为行政理事会的当然主席（以下称为"主席"），但无表决权。

秘书处由秘书长一人、副秘书长一人或数人以及工作人员组成。秘书长是中心的法定代表和主要官员，并依照《公约》的规定和行政理事会通过的规则负责其行政事务，包括任命工作人员。

中心设有调解员小组和仲裁员小组，小组成员的任期为六年，可以连任。中心备有"调解员名册"和"仲裁员名册"，以备投资争端当事人选择。

【法规阅读】

《解决国家与他国国民之间投资争议公约》

第三条

中心应设有一个行政理事会和一个秘书处，并应有一个调解员小组和一个仲裁员小组。

第四条

一、行政理事会由每一个缔约国各派代表一人组成，在首席代表未能出席会议或不能执行任务时，可以由副代表担任代表。

二、如无相反的任命，缔约国所指派的银行的理事和副理事应当然地成为各该国的代表和副代表。

第五条

银行行长应为行政理事会的当然主席（以下称为"主席"），但无表决权。在他缺席或不能执行任务时和在银行行长职位空缺时，应由暂时代理行长的人担任行政理事会主席。

第六条

一、行政理事会在不损害本公约其他条款赋予它的权力和职能的情况下，应：

（一）通过中心的行政和财政条例；

（二）通过交付调解和仲裁的程序规则；

（三）通过调解和仲裁的程序规则（以下称为"调解规则和仲裁规则"）；

（四）批准同银行达成的关于使用其行政设施和服务的协议；

（五）确定秘书长和任何副秘书长的服务条件；

（六）通过中心的年度收支预算；

（七）批准关于中心的活动的年度报告。

上述（一）、（二）、（三）和（六）项中的决定，应由行政理事会成员的三分之二多数票通过。

二、行政理事会可以设立它认为必要的委员会。

三、行政理事会还应行使它所确定的为履行本公约规定所必需的其他权力和职能。

第七条

一、行政理事会应每年举行一次年会，以及理事会可能决定的，或经理事会至少五个成员的请求由主席或由秘书长召开的其他会议。

二、行政理事会每个成员享有一个投票权，除本公约另有规定外，理事会所有的事项应以多数票作出决定。

三、行政理事会任何会议的法定人数应为其成员的多数。

四、行政理事会可由其成员的三分之二多数决定建立一种程序，根据该程序的主席可以不召开理事会议而进行理事会表决，该项表决只有理事会的多数成员在上述程序规定的期限内投票，才能认为有效。

第八条

中心对行政理事会成员和主席的工作，不付给报酬。

第九条

秘书处由秘书长一人、副秘书长一人或数人以及工作人员组成。

第十条

一、秘书长和任何副秘书长由主席提名，经行政理事会根据其成员的三分之二多数票选举产生，任期不超过六年，可以连任。主席在同行政理事会成员磋商后，对上述每一职位得提出一个或几个候选人。

二、秘书长和副秘书长的职责不得与执行任何政治任务相联系。秘书长或任何副秘书长除经行政理事会批准外，不得担任其他任何职务，或从事其他任何职业。

三、在秘书长缺席或不能履行职责时，或在秘书长职位空缺时，由副秘书长担任秘书长。如果有一个以上的副秘书长，应由行政理事会在事前决定他们担任秘书长的次序。

第十一条

秘书长是中心的法定代表和主要官员，并依照本公约的规定和行政理事会通过的规则负责其行政事务，包括任命工作人员。他应履行书记官的职务，并有权认证根据本公约作出的仲裁裁决和核证其副本。

2. 中心管辖权

管辖权是受理案件的基本依据和前提条件。所谓中心管辖权，指《公约》各项规定的适用范围以及为调解和仲裁程序提供便利的范围。

中心管辖权主要体现在中心管辖的调解和中心管辖的排他性两方面，规定在《公约》第 25 至 27 条。

（1）中心管辖的条件。《公约》第 25 条第 1 款规定：中心的管辖适用缔约国（或其指派到中心的该国任何组成部分或机构）和另一缔约国国民之间因投资而产生的任何法律争议，而该争议经双方书面同意提交给中心。当双方表示同意后，任何一方不得单方面撤销其同意。因此中心管辖的条件包括：

①主体要件——当事人资格。主体要件是双方当事人参加中心调解或仲裁必备的资格。《公约》规定，必须一方是缔约国（或其指派到中心的该国任何组成部分或机构），另一方是其他缔约国国民。其中，缔约国必须是在其与投资者约定提交中心管辖时，或在程序被提起时已正式加入《公约》。

"组成部分或机构"必须：一是要有缔约国指派到（即通知给）中心；二是被指派的公共实体所作的接受中心管辖的同意。

关于投资者的资格，根据《公约》规定，有资格接受中心管辖的投资者必须是另一缔约国国民，包括自然人和法人。其中，就自然人资格而言，自然人必须是在双方同意将争议交付调解或仲裁之日和请求予以登记之日，具有作为争议一方的国家以外的某一缔约国国籍；就法人资格而言，必须是"在争议双方同意将争议交付调解或仲裁之日，具有作为争议一方的国家以外的某一缔约国籍的任何法人，以及在上述日期具有作为争议一方的缔约国国籍的任何法人，而该法人因受外国控制，双方同意为了公约的目的，应看作是另一缔约国国民"。

②客体要件——争议的性质。根据《公约》的规定：提交中心管辖的争议必须符合两个条件：一是争议必须是直接因投资而产生；二是争议必须是法律争议。《公约》强调，所谓法律争议必须是关于法律权利或义务的存在与否及其范围，或者是因违反法律义务而引起的赔偿的性质。关于什么是投资，《公约》没有明确界定。在中心行使管辖权的实践中，无论是传统类型的投资，还是现代类型的投资，无论是直接投资，还是间接投资，包括一些特定的交易如交钥匙契约、工程契约、管理契约及技术契约等都纳入到了中心的管辖范围，因此，中心在实践中对投资作了广义的解释。

③主观要件——当事人书面同意

根据《公约》第 25 条规定，争议必须由争端各方提交书面同意协议，一旦提交，单方不能撤回。除非另有规定，双方同意根据本公约交付仲裁，应视为同意排除任何其他救济方法而交付上述仲裁。缔约国可以要求以用尽该国行政或司法救济作为其同意根据本公约交付仲裁的条件。缔约国对于其国民和另一缔约国根据本公约已同意交付或已交付仲裁的争端，不得给予外交保护或提出国际要求，除非该另一缔约国未能遵守和履行对此项争端所作出的裁决。因此，按照《公约》的规定，首先，需要争端各方书面同意；其次，同意具有不可撤回性；最后，同意具有排他性。一方面排除了投资者母国的外交保护权，另一方面也排除了缔约国要求用尽当地救济手段的使用。

【法规阅读】

《解决国家与他国国民之间投资争议公约》

第二十五条

一、中心的管辖适用于缔约国（或缔约国向中心指定的该国的任何组成部分或机构）和另一缔约国国民之间直接因投资而产生并经双方书面同意提交给中心的任何法律争端。当双方表示同意后，任何一方不得单方面撤销其同意。

二、"另一缔约国国民"系指：

（一）在双方同意将争端交付调解或仲裁之日以及根据第二十八条第三款或第三十六条第三款登记请求之日，具有作为争端一方的国家以外的某一缔约国国籍的任何自然人，但不包括在上述任一日期也具有作为争端一方的缔约国国籍的任何人；

（二）在争端双方同意将争端交付调解或仲裁之日，具有作为争端一方的国家以外的某一缔约国国籍的任何法人，以及在上述日期具有作为争端一方缔约国国籍的任何法人，而该法人因受外国控制，双方同意为了本公约的目的，应看作是另一缔约国国民。

三、某一缔约国的组成部分或机构表示的同意，须经该缔约国批准，除非该缔约国通知中心不需要予以批准。

四、任何缔约国可以在批准、接受或核准本公约时，或在此后任何时候，把它将考虑或不考虑提交给中心管辖的一类或几类争端通知中心。秘书长应立即将此项通知转送给所有缔约国。此项通知不构成第一款所要求的同意。

第二十六条

除非另有规定，双方同意根据本公约交付仲裁，应视为同意排除任何其他救济方法而交付上述仲裁。缔约国可以要求以用尽该国行政或司法救济作为其同意根据本公约交付仲裁的条件。

第二十七条

一、缔约国对于其国民和另一缔约国根据本公约已同意交付或已交付仲裁的争端，不得给予外交保护或提出国际要求，除非该另一缔约国未能遵守和履行对此项争端所作出的裁决。

二、在第一款中，外交保护不应包括纯粹为了促进争端的解决而进行的非正式的外交上的交往。

（四）《公约》提供的解决方法及其程序

1. 争议的解决方法

《公约》提供的解决国际投资争议的方法包括调解和仲裁两种，均在中心的管理下，依照中心制定的调解规则或仲裁规则进行。

（1）调解。中心的调解独立于其仲裁程序之外，当事人可以只要求调解，也可以要求先行调解，调解不成再进行仲裁，但须另行组成仲裁庭。调解由双方当事人依照《公约》规定任命的调解委员会进行，中心调解的特点是它达成的协定无拘束力。

（2）仲裁。仲裁由双方当事人依照公约规定任命的仲裁庭进行，仲裁裁决具有拘束力。它是《公约》提供的最重要的也是实践中最常被采用的解决方法。

2. 争议解决的程序

中心调解或仲裁的具体程序基本上与一般国际商事仲裁机构的做法相同。但其有一些特殊规定：

（1）适用的程序法。根据学者的观点，"公约，因其是条约，构成了仲裁程序法。因而除了公约本身所提到的外，公约排除了任何国家的法庭地法的可适用性"。换言之，中心仲裁程序完全受《公约》支配，公约关于仲裁的规定构成了一个"自立的体制"。调解程序当然也完全受《公约》支配。

（2）提起请求。请求向中心秘书长书面提出，经审查认为符合中心管辖范围后，予以登记。提出和登记请求的程序及有关事项由行政理事会依《公约》规定进行。该规定为强行规则，当事人不得改变，它适用于向秘书长递交请求到秘书长登记请求之间这一段时间。请求经登记后，调解或仲裁程序便告成立，开始适用调解程序规则或仲裁程序规则，秘书长应立即将登记事项通知另一方当事人。

（3）组成调解委员会或仲裁庭。根据《公约》，除某些限制外，双方当事人可自由约定设立委员会或仲裁庭。这些限制主要包括：调解人数或仲裁人数必须为奇数；仲裁庭的大多数人不得为当事人任何一方所属国国民。

（4）调解规则和仲裁规则。调解或仲裁进行的程序和有关事项（包括组成调解委员会或仲裁庭）分别受行政理事会通过的《调解程序规则》和《仲裁程序规则》支配。此外，当事人可以约定适用其他规则。

（5）调解或仲裁地。《公约》对此有三种规定：一是若双方无特别规定，为中心所在地即美国的华盛顿。二是双方可以自由约定为常设仲裁法院所在地即荷兰的海牙，或任何其他已经与中心定有协定的公私机构所在地；目前中心已经与亚非法律咨询委员会订有合作协定，因此当事人可以约定在吉隆坡地区或开罗地区中心进行调解或仲裁。三是调解委员会或法庭在同秘书长磋商后所批准的任何其他地点。

（6）仲裁裁决。仲裁裁决应当以全体成员的多数票做出，并应采用书面形式，由赞成此裁决的成员签名。裁决应当处理提交仲裁庭解决的所有问题，并说明裁决所依据的理由。

（五）仲裁裁决的撤销、承认和执行

中心的裁决对争端各方具有拘束力，但任何当事一方在发现有对裁决有决定性影响的事由时，可以向秘书长提出撤销仲裁裁决的申请：（1）仲裁庭的组成不适当；（2）仲裁庭显然超越其权力；（3）仲裁庭的成员有受贿行为；（4）有严重的背离基本程序规则的情况；（5）裁决未陈述其所依据的理由。申请应在作出裁决之日后 120 天内提出，但以受贿为理由而要求撤销者除外，该申请应在发现受贿行为后 120 天内，并且无论如何在作出裁决之日后 3 年内提出。是否撤销裁决，由主席在仲裁员小组中任命一个由组成的专门委员会来决定。

中心的裁决相当于缔约国法院的最终判决，各个缔约国必须承认和执行，不得对仲裁裁决拒绝承认和执行。

【法规阅读】

《解决国家与他国国民之间投资争议公约》

第五十三条

一、裁决对双方具有约束力。不得进行任何上诉或采取除本公约规定外的任何其他补救办法。除依照本公约有关规定予以停止执行的情况外，每一方应遵守和履行裁决的规定。

二、在本节中，"裁决"应包括依照第五十条、第五十一条或第五十二条对裁决作出解释、修改或撤销的任何决定。

第五十四条

一、每一缔约国应承认依照本公约作出的裁决具有约束力，并在其领土内履行该裁决所加的财政义务，正如该裁决是该国法院的最后判决一样。具有联邦宪法的缔约国可以在联邦法院或通过该法院执行裁决，并可规定联邦法院应把该裁决视为组成联邦的某一邦的法院作出的最后判决。

二、要求在一缔约国领土内予以承认或执行的一方，应向该缔约国为此目的而指定的主管法院或其他机构提供经秘书长核证无误的该裁决的副本一份。每一缔约国应将为此目的而指定的主管法院或其他机构以及随后关于此项指定的任何变动通知秘书长。

三、裁决的执行应受要求在其领土内执行的国家关于执行判决的现行法律的管辖。

第五十五条

第五十四条的规定不得解释为背离任何缔约国现行的关于该国或任何外国执行豁免的法律。

（六）中心仲裁的法律适用

根据《公约》第 42 条的规定，中心在裁决案件时依据法律的基本原则是：（1）当事人意思自治原则，即争端各方享有选择准据法的权利，仲裁庭必须尊重当事人的这种选择；（2）辅助和补充原则，即在当事人未选择准据法的情况下，中心有权直接适用东道国的法律和可能适用的国际法原则；（3）禁止拒绝裁判原则，即仲裁庭对于提交审理的争端，即使适用的法律欠缺相应的规范，或在有关规定模糊不清的情况下，也必须作出实质性的裁决；（4）公平正义原则，即仲裁庭经双方当事人同意，可以不依据法律规定，而根据其他公平合理的标准作出拘束力的判决。

【法规阅读】

《解决国家和他国国民之间投资争端公约》

第四十二条

一、仲裁庭应依照双方可能同意的法律规则对争端作出裁决。如无此种协议，仲裁庭应适用作为争端一方的缔约国的法律（包括其冲突法规则）以及可能适用的国际法规则。

二、仲裁庭不得借口法律无明文规定或含义不清而暂不作出裁决。

三、第一款和第二款的规定不得损害仲裁庭在双方同意时按公允及善良原则对争端作出裁决的权力。

第五节　中国的外商投资法律制度

中国的外商投资法律是中国调整外商投资企业的设立、变更和终止以及其生产和运营的主要的依据，中国外商投资法律体系包含了宪法、法律、行政法规、部门规章等不同效力层级的法律规范。其中，《中华人民共和国外商投资法》《中华人民共和国外商投资法实施条例》是本节的重点内容。

一、《中华人民共和国外商投资法》的概述

《中华人民共和国外商投资法》（以下简称《外商投资法》）在出台前，我国的外资立法主要是《中华人民共和国中外合资经营企业法》《中华人民共和国中外合作经营企业法》以及《中华人民共和国外资企业法》，俗称三资企业法。随着我国外商投资环境的持续优化，我国进一步推进外资领域的"放管服"改革，大力推进改革开放的力度，为了建立一个更加公平、更加透明、更可预期的投资环境，2015年10月28日发布了《商务部关于修改部分规章和规范性文件的决定》，取消外商投资领域对于注册资本、出资期限、首次出资比例和货币出资比例的限制或要求。2016年9月3日发布了《全国人民代表大会常务委员会关于修改〈中华人民共和国外资企业法〉等四部法律的决定》，2019年3月15日第十三届全国人民代表大会第二次会议通过了《中华人民共和国外商投资法》，2020年1月1日施行，同时《中华人民共和国中外合资经营企业法》《中华人民共和国中外合作经营企业法》以及《中华人民共和国外资企业法》于2020年1月1日废止。《中华人民共和国外商投资法实施条例》于2019年12月12日国务院第74次常务会议通过，自2020年1月1日起施行。

【课程思政】

我国对"一带一路"沿线国家投资持续增长①

商务部网站消息，在18日召开的例行新闻发布会上，商务部新闻发言人高峰在介绍2021年1—2月我国对外投资合作情况时表示，我国对"一带一路"沿线国家投资持续增长，承包工程稳步推进。其中非金融类直接投资30.5亿美元，同比增长12.1%。

高峰介绍，2021年1—2月，我国对外非金融类直接投资993.8亿元人民币（折合153.6亿美元），同比下降7.9%。对外承包工程完成营业额1180.1亿元人民币（折合182.4亿美元），同比增长9.3%；新签合同额1981.7亿元人民币（折合306.3亿美元），同比下降7.8%。对外劳务合作派出各类劳务人员4.6万人，2月末在外各类劳务人员59.3万人。主要呈现以下特点：

一是对"一带一路"沿线国家投资持续增长，承包工程稳步推进。1—2月，我对"一带一路"沿线国家非金融类直接投资30.5亿美元，同比增长12.1%，占同期总额的19.9%，较上年提升2.4个百分点。在沿线国家完成营业额104.9亿美元，同比增长14.8%，占同期总额的57.5%。

二是部分领域投资增幅较大，地方企业对外投资保持增长。1—2月，流向制造业的对外投资25.9亿美元，同比增长48%；流向信息传输业的对外投资11.5亿美元，同比增长36.9%。地方企业对外非金融类直接投资118.6亿美元，同比增长3.2%，占同期对外直接投资总额的77.2%。

三是对外承包工程集中于基础设施领域，转型升级步伐加快。1—2月，我企业承揽的境外基础设施类工程新签合同额超过250亿美元，完成营业额超过150亿美元，分别占总额的82.6%和82.7%。从新签项目承揽方式看，以EPC总承包模式和项目融资方式承揽的项目合同额分别为213.1亿美元和21.6亿美元，同比增长20%以上。

二、设立外商投资法的意义

（一）制定《外商投资法》是扩大对外开放、促进外商投资决策部署的重要举措

随着我国对外开放力度的加大，促进外商投资，保护外商投资合法权益，规范外商投资管理，推动形成全面开放新格局，促进社会主义市场经济的健康发展，是我国经济发展的重要部署。

---

① 《我国对"一带一路"沿线国家投资持续增长》，载人民网，https://baijiahao.baidu.com/s?id=1694558371851775120&wfr=spider&for=pc，访问时间：2021年6月20日。

（二）制定《外商投资法》是对我国外商投资法律制度的完善和创新

积极吸引和利用外商投资，是我国扩大对外开放和构建开放型经济新体制的重要内容，必须有健全的法治保障。总结改革开放40年我国外商投资法律制度的实践经验，适应新形势新要求，《外商投资法》确立了我国新型外商投资法律制度的基本框架，确定了我国对外开放、促进外商投资的基本国策和大政方针，对外商投资的准入、促进、保护、管理等作出了统一规定，是我国外商投资领域新的基础性法律，是对我国外商投资法律制度的完善和创新。通过制定和实施外商投资法，坚定实行高水平投资自由化便利化政策，保护外商投资合法权益，营造法治化、国际化、便利化营商环境，以高水平对外开放推动经济高质量发展，充分彰显了新时代我国进一步扩大对外开放、积极促进外商投资的决心和信心。

（三）制定《外商投资法》是外商投资领域的基础性法律，是涉外法律法规体系的重要组成部分

在外商投资领域，《外商投资法》是基础性的法律，要依托我国法律法规和规章制度。首先是宪法，宪法是我国的根本大法，宪法第18条规定：中华人民共和国允许外国的企业和其他经济组织或者个人依照中华人民共和国法律的规定在中国投资，同中国的企业或者其他经济组织进行各种形式的经济合作。在中国境内的外国企业和其他外国经济组织以及中外合资经营的企业，都必须遵守中华人民共和国的法律。它们的合法的权利和利益受中华人民共和国法律的保护。其次是专门性法律和行政法规，比如《公司法》《合伙企业法》《中华人民共和国外商投资法实施条例》等。第三是地方性法规和地方政府规章，《外商投资法》第18条规定：县级以上地方人民政府可以根据法律、行政法规、地方性法规的规定，在法定权限内制定外商投资促进和便利化政策措施。最后是司法解释，比如《最高人民法院关于审理外商投资企业纠纷案件若干问题的规定（一）》。

三、《外商投资法》的内容

《外商投资法》分为总则、投资促进、投资保护、投资管理、法律责任、附则六个部分。

（一）总则

总则中首先阐述了制定外商投资法的背景，同时明确了两个问题。

1. 明确了外商投资和外商投资企业

《外商投资法》第2条规定，外商投资，是指外国的自然人、企业或者其他组织（以下称外国投资者）直接或者间接在中国境内进行的投资活动，包括：（1）外国投资者单独或者与其他投资者共同在中国境内设立外商投资企业；（2）外国投资者取得中国境内企业的股份、股权、财产份额或者其他类似权益；（3）外国投资者单独或者与其他投资者共同在中国境内投资新建项目；（4）法律、行政法规或者国务院规定的其他方式的投资。

外商投资企业，是指全部或者部分由外国投资者投资，依照中国法律在中国境内经登记注册设立的企业。

2. 明确了对外商投资的管理

《外商投资法》明确规定，国家对外商投资实行准入前国民待遇加负面清单管理制度。所谓准入前国民待遇，是指在投资准入阶段给予外国投资者及其投资不低于本国投资者及其投资的待遇；所谓负面清单，是指国家规定在特定领域对外商投资实施的准入特别管理措施。国家对负面清单之外的外商投资，给予国民待遇。负面清单由国务院发布或者批准发布。同时，对中华人民共和国缔结或者参加的国际条约、协定对外国投资者准入待遇有更优惠规定的，可以按照相关规定执行。

【法规阅读】

《中华人民共和国外商投资法》

第二条　在中华人民共和国境内（以下简称中国境内）的外商投资，适用本法。

本法所称外商投资，是指外国的自然人、企业或者其他组织（以下称外国投资者）直接或者间接在中国境内进行的投资活动，包括下列情形：

（一）外国投资者单独或者与其他投资者共同在中国境内设立外商投资企业；

（二）外国投资者取得中国境内企业的股份、股权、财产份额或者其他类似权益；

（三）外国投资者单独或者与其他投资者共同在中国境内投资新建项目；

（四）法律、行政法规或者国务院规定的其他方式的投资。

本法所称外商投资企业，是指全部或者部分由外国投资者投资，依照中国法律在中国境内经登记注册设立的企业。

第三条　国家坚持对外开放的基本国策，鼓励外国投资者依法在中国境内投资。

国家实行高水平投资自由化便利化政策，建立和完善外商投资促进机制，营造稳定、透明、可预期和公平竞争的市场环境。

第四条　国家对外商投资实行准入前国民待遇加负面清单管理制度。

前款所称准入前国民待遇，是指在投资准入阶段给予外国投资者及其投资不低于本国投资者及其投资的待遇；所称负面清单，是指国家规定在特定领域对外商投资实施的准入特别管理措施。国家对负面清单之外的外商投资，给予国民待遇。

负面清单由国务院发布或者批准发布。

中华人民共和国缔结或者参加的国际条约、协定对外国投资者准入待遇有更优惠规定的，可以按照相关规定执行。

第五条　国家依法保护外国投资者在中国境内的投资、收益和其他合法权益。

第六条　在中国境内进行投资活动的外国投资者、外商投资企业，应当遵守中国法律法规，不得危害中国国家安全、损害社会公共利益。

第七条　国务院商务主管部门、投资主管部门按照职责分工，开展外商投资促进、保护和管理工作；国务院其他有关部门在各自职责范围内，负责外商投资促进、保护和管理的相关工作。

县级以上地方人民政府有关部门依照法律法规和本级人民政府确定的职责分工，开展外商投资促进、保护和管理工作。

第八条 外商投资企业职工依法建立工会组织，开展工会活动，维护职工的合法权益。外商投资企业应当为本企业工会提供必要的活动条件。

（二）投资促进

一个国家能否吸引外商投资，主要看这个国家的营商环境，良好的营商环境离不开法制的促进，《外商投资法》第3条规定：国家坚持对外开放的基本国策，鼓励外国投资者依法在中国境内投资。国家实行高水平投资自由化便利化政策，建立和完善外商投资促进机制，营造稳定、透明、可预期和公平竞争的市场环境。这为外商投资促进提供了原则性的规定，同时，《外商投资法》专门设立了"投资促进"一章，首先是规定了外商投资政策的透明度（《外商投资法》第10条）；其次规定了保障外商投资企业平等参与市场竞争（《外商投资法》第9、15、16条）；第三规定了要加强外商投资服务（《外商投资法》第11、19条）；最后规定了要依法依规鼓励和引导外商投资。

【法规阅读】

《中华人民共和国外商投资法》

第九条 外商投资企业依法平等适用国家支持企业发展的各项政策。

第十条 制定与外商投资有关的法律、法规、规章，应当采取适当方式征求外商投资企业的意见和建议。

与外商投资有关的规范性文件、裁判文书等，应当依法及时公布。

第十一条 国家建立健全外商投资服务体系，为外国投资者和外商投资企业提供法律法规、政策措施、投资项目信息等方面的咨询和服务。

第十二条 国家与其他国家和地区、国际组织建立多边、双边投资促进合作机制，加强投资领域的国际交流与合作。

第十三条 国家根据需要，设立特殊经济区域，或者在部分地区实行外商投资试验性政策措施，促进外商投资，扩大对外开放。

第十四条 国家根据国民经济和社会发展需要，鼓励和引导外国投资者在特定行业、领域、地区投资。外国投资者、外商投资企业可以依照法律、行政法规或者国务院的规定享受优惠待遇。

第十五条 国家保障外商投资企业依法平等参与标准制定工作，强化标准制定的信息公开和社会监督。

国家制定的强制性标准平等适用于外商投资企业。

第十六条 国家保障外商投资企业依法通过公平竞争参与政府采购活动。政府采购依法对外商投资企业在中国境内生产的产品、提供的服务平等对待。

第十七条 外商投资企业可以依法通过公开发行股票、公司债券等证券和其他方式进行融资。

第十八条 县级以上地方人民政府可以根据法律、行政法规、地方性法规的规定，在法定权限内制定外商投资促进和便利化政策措施。

第十九条 各级人民政府及其有关部门应当按照便利、高效、透明的原则，简化办事程序，提高办事效率，优化政务服务，进一步提高外商投资服务水平。

有关主管部门应当编制和公布外商投资指引，为外国投资者和外商投资企业提供服务和便利。

（三）投资保护

投资保护主要是指对外国投资者（包括外国公司、企业或者其他经济组织以及个人）在中国进行投资活动所提供的法律保障。对外国投资者的法律保护是外商最为关注的问题。《外商投资法》总则中规定，国家依法保护外国投资者在中国境内的投资、收益和其他合法权益。同时专门设立了"投资保护"一章。

（1）规定了原则上不征收、征用外国投资者的投资，除非在特殊情况下，国家为了公共利益的需要，可以依照法律规定对外国投资者的投资实行征收或者征用。征收和征用应当依照法定程序进行，并给予及时、公平、合理的补偿。在补偿时，依据以下原则：应当及时予以补偿；补偿支付的货币应当是可自由兑换和转移的货币；补偿的金额应当符合宣布征收时被征收企业的投资的价值。规定了外国投资者合法利益汇入汇出自由。规定了对外商投资知识产权的保护。

（2）强化对制定涉及外商投资规范性文件的约束。《外商投资法》规定，各级人民政府及其有关部门制定涉及外商投资的规范性文件，应当符合法律法规的规定。没有法律、行政法规依据的，不得减损外商投资企业的合法权益或者增加其义务，不得设置市场准入和退出条件，不得干预外商投资企业的正常生产经营活动。

（3）促使地方政府守信用，重承诺。《外商投资法》规定，地方各级人民政府及其有关部门应当履行向外国投资者、外商投资企业依法作出的政策承诺以及依法订立的各类合同。因国家利益、社会公共利益需要改变政策承诺、合同约定的，应当依照法定权限和程序进行，并依法对外国投资者、外商投资企业因此受到的损失予以补偿。

（4）建立外商投资企业投诉工作机制。国家建立外商投资企业投诉工作机制，及时处理外商投资企业或者其投资者反映的问题，协调完善相关政策措施。外商投资企业或者其投资者认为行政机关及其工作人员的行政行为侵犯其合法权益的，可以通过外商投资企业投诉工作机制申请协调解决。外商投资企业或者其投资者认为行政机关及其工作人员的行政行为侵犯其合法权益的，除依照前款规定通过外商投资企业投诉工作机制申请协调解决外，还可以依法申请行政复议、提起行政诉讼。

（5）保障外商依法成立和参与商会的权利。中国目前的外商商会有中国外商投资企业协议，中国欧盟商会、中国美国商会等。外商投资企业可以依法成立和自愿参加商会。

【法规阅读】

《中华人民共和国外商投资法》

第二十条　国家对外国投资者的投资不实行征收。

在特殊情况下，国家为了公共利益的需要，可以依照法律规定对外国投资者的投资实行征收或者征用。征收、征用应当依照法定程序进行，并及时给予公平、合理的补偿。

第二十一条　外国投资者在中国境内的出资、利润、资本收益、资产处置所得、知识产权许可使用费、依法获得的补偿或者赔偿、清算所得等，可以依法以人民币或者外汇自由汇入、汇出。

第二十二条　国家保护外国投资者和外商投资企业的知识产权，保护知识产权权利人和相关权利人的合法权益；对知识产权侵权行为，严格依法追究法律责任。

国家鼓励在外商投资过程中基于自愿原则和商业规则开展技术合作。技术合作的条件由投资各方遵循公平原则平等协商确定。行政机关及其工作人员不得利用行政手段强制转让技术。

第二十三条　行政机关及其工作人员对于履行职责过程中知悉的外国投资者、外商投资企业的商业秘密，应当依法予以保密，不得泄露或者非法向他人提供。

第二十四条　各级人民政府及其有关部门制定涉及外商投资的规范性文件，应当符合法律法规的规定；没有法律、行政法规依据的，不得减损外商投资企业的合法权益或者增加其义务，不得设置市场准入和退出条件，不得干预外商投资企业的正常生产经营活动。

第二十五条　地方各级人民政府及其有关部门应当履行向外国投资者、外商投资企业依法作出的政策承诺以及依法订立的各类合同。

因国家利益、社会公共利益需要改变政策承诺、合同约定的，应当依照法定权限和程序进行，并依法对外国投资者、外商投资企业因此受到的损失予以补偿。

第二十六条　国家建立外商投资企业投诉工作机制，及时处理外商投资企业或者其投资者反映的问题，协调完善相关政策措施。

外商投资企业或者其投资者认为行政机关及其工作人员的行政行为侵犯其合法权益的，可以通过外商投资企业投诉工作机制申请协调解决。

外商投资企业或者其投资者认为行政机关及其工作人员的行政行为侵犯其合法权益的，除依照前款规定通过外商投资企业投诉工作机制申请协调解决外，还可以依法申请行政复议、提起行政诉讼。

第二十七条　外商投资企业可以依法成立和自愿参加商会、协会。商会、协会依照法律法规和章程的规定开展相关活动，维护会员的合法权益。

（四）投资管理

发挥外资的积极作用，限制外资的消极作用，对外商投资进行管理是一个国家的经济主权，我国的外商投资法对外商投资的准入前国民待遇和负面清单制度，企业的组织形式与机构设置、税收、会计、外汇、经营者集中、信息报告和安全审查等各个方面外商投资管理制度进行了规定。

【法规阅读】

《中华人民共和国外商投资法》

第二十八条　外商投资准入负面清单规定禁止投资的领域，外国投资者不得投资。

外商投资准入负面清单规定限制投资的领域，外国投资者进行投资应当符合负面清单规定的条件。

外商投资准入负面清单以外的领域，按照内外资一致的原则实施管理。

第二十九条　外商投资需要办理投资项目核准、备案的，按照国家有关规定执行。

第三十条　外国投资者在依法需要取得许可的行业、领域进行投资的，应当依法办理相关许可手续。

有关主管部门应当按照与内资一致的条件和程序，审核外国投资者的许可申请，法律、行政法规另有规定的除外。

第三十一条　外商投资企业的组织形式、组织机构及其活动准则，适用《中华人民共和国公司法》《中华人民共和国合伙企业法》等法律的规定。

第三十二条　外商投资企业开展生产经营活动，应当遵守法律、行政法规有关劳动保护、社会保险的规定，依照法律、行政法规和国家有关规定办理税收、会计、外汇等事宜，并接受相关主管部门依法实施的监督检查。

第三十三条　外国投资者并购中国境内企业或者以其他方式参与经营者集中的，应当依照《中华人民共和国反垄断法》的规定接受经营者集中审查。

第三十四条　国家建立外商投资信息报告制度。外国投资者或者外商投资企业应当通过企业登记系统以及企业信用信息公示系统向商务主管部门报送投资信息。

外商投资信息报告的内容和范围按照确有必要的原则确定；通过部门信息共享能够获得的投资信息，不得再行要求报送。

第三十五条　国家建立外商投资安全审查制度，对影响或者可能影响国家安全的外商投资进行安全审查。

依法作出的安全审查决定为最终决定。

（五）法律责任

外国投资者投资外商投资准入负面清单规定禁止投资的领域的，由有关主管部门责令停止投资活动，限期处分股份、资产或者采取其他必要措施，恢复到实施投资前的状态；有违法所得的，没收违法所得。外国投资者的投资活动违反外商投资准入负面清单规定的限制性准入特别管理措施的，由有关主管部门责令限期改正，采取必要措施满足准入特别管理措施的要求；逾期不改正的，依照前款规定处理。外国投资者的投资活动违反外商投资准入负面清单规定的，除依照前两款规定处理外，还应当依法承担相应的法律责任。

【法规阅读】

《中华人民共和国外商投资法》

第三十六条　外国投资者投资外商投资准入负面清单规定禁止投资的领域的，由有关主管部门责令停止投资活动，限期处分股份、资产或者采取其他必要措施，恢复到实施投资前的状态；有违法所得的，没收违法所得。

外国投资者的投资活动违反外商投资准入负面清单规定的限制性准入特别管理措施的，由有关主管部门责令限期改正，采取必要措施满足准入特别管理措施的要求；逾期不改正的，依照前款规定处理。

外国投资者的投资活动违反外商投资准入负面清单规定的，除依照前两款规定处理外，还应当依法承担相应的法律责任。

第三十七条　外国投资者、外商投资企业违反本法规定，未按照外商投资信息报告制度的要求报送投资信息的，由商务主管部门责令限期改正；逾期不改正的，处十万元以上五十万元以下的罚款。

第三十八条　对外国投资者、外商投资企业违反法律、法规的行为，由有关部门依法查处，并按照国家有关规定纳入信用信息系统。

第三十九条　行政机关工作人员在外商投资促进、保护和管理工作中滥用职权、玩忽职守、徇私舞弊的，或者泄露、非法向他人提供履行职责过程中知悉的商业秘密的，依法给予处分；构成犯罪的，依法追究刑事责任。

【自我检测】

一、单选题

1.（法律职业资格考试真题）海外投资保证制度是资本输出国对本国的私人海外投资依据国内法所实施的一种对该投资可能产生的政治风险进行保险的制度。下列关于海外投资保证制度的哪一项表述不正确？

  A. 海外投资保证只承保政治风险

  B. 任何保险公司均可参与海外投资保险业务

  C. 海外投资保证机构具有国家特设机构的性质

  D. 海外投资保证机构在向投资者支付赔偿后将取得代位求偿权

2.（法律职业资格考试真题）根据《建立多边投资担保机构公约》，关于多边投资担保机构（MIGA）的下列哪一说法是正确的？

  A. MIGA 承保的险别包括征收和类似措施险、战争和内乱险、货币汇兑险和投资方违约险

  B. 作为 MIGA 合格投资者（投保人）的法人，只能是具有东道国以外任何一个缔

约国国籍的法人

  C. 不管是发展中国家的投资者，还是发达国家的投资者，都可向 MIGA 申请投保

  D. MIGA 承保的前提条件是投资者母国和东道国之间有双边投资保护协定

  3. （法律职业资格考试真题）《建立多边投资担保机构公约》承保的"违约险"中的"约"是指下列选项中的哪一种？

  A. 东道国公司与外国投资者签订的契约

  B. 东道国公司与外国投资者所属国政府签订的契约

  C. 东道国政府与外国投资者签订的契约

  D. 东道国政府与 MIGA 签订的契约

  4. （法律职业资格考试真题）MIGA 是依据 1988 年生效的《建立多边投资担保机构公约》设立的国际金融机构。关于该机构，下列哪一选项是正确的？

  A. 该机构只承保货币汇兑险、征收险、战争内乱险和政府违约险

  B. 任何投资均可列入该机构的投保范围，但间接投资除外

  C. 该机构具有完全法律人格，有权缔结契约，取得并处理不动产和动产

  D. 在任何情况下，该机构都不得接受东道国自然人、法人的投保

  5. 《外商投资法》规定，国家坚持( )的基本国策，鼓励外国投资者在中国境内投资。

  A. 自力更生   B. 对外开放   C. 合作共赢   D. 健康发展

  6. 《外商投资法》规定，国家对外商投资实行( )管理制度。

  A. 准入前国民待遇加负面清单   B. 逐项审批

  C. 备案   D. 自由准入

  7. 《外商投资法》规定，外商投资企业依法( )国家支持企业发展的各项政策。

  A. 平等享用   B. 适用   C. 平等适用   D. 优先适用

二、多选题

  8. （法律职业资格考试真题）甲、乙两国均为《建立多边投资担保机构公约》缔约国，甲国公民帕克在乙国投资时向 MIGA 进行了投资保险。对此，下列说法正确的是 ( )。

  A. 乙国并未拒绝帕克的汇兑申请，而只是消极拖延，这不属于货币汇兑险的范围

  B. 乙国应当是发展中国家

  C. 如发生在乙国邻国的战争影响了帕克在乙国投资的正常营运，这也属于战争内乱险承保的范畴

  D. 乙国政府对帕克的违约属于政府违约险承保的范畴

  9. （法律职业资格考试真题）关于《解决国家和他国国民间投资争端公约》和依其设立的解决国际投资争端中心，下列哪些说法是正确的？

  A. 中心管辖直接因投资引起的法律争端

  B. 中心管辖的争端必须是关于法律权利或义务的存在或其范围，或是关于因违反法律义务而实行赔偿的性质或限度的

  C. 批准或加入公约本身并不等于缔约国承担了将某一特定投资争端提交中心调解或仲裁的义务

D. 中心的裁决对争端各方均具有约束力

10. 外商投资法所称外商投资，是指外国的自然人、企业或者其他组织（以下称外国投资者）直接或者间接在中国境内进行的投资活动，包括下列情形（　　）。

A. 外国投资者单独或者与其他投资者共同在中国境内设立外商投资企业

B. 外国投资者取得中国境内企业的股份、股权、财产份额或者其他类似权益

C. 外国投资者单独或者与其他投资者共同在中国境内投资新建项目

D. 法律、行政法规或者国务院规定的其他方式的投资

11. 国家建立健全外商投资服务体系，为外国投资者和外商投资企业提供(　　)等方面的咨询和服务。

A. 法律法规　　　　B. 政策措施　　　　C. 投资项目信息　　　　D. 政策倾斜

【参考答案】

第十一章 国际金融法

第一节 国际金融法概述

一、国际金融法的含义

国际金融法（international financial law）是调整国际间货币、资金融通活动而产生的各种法律关系的总和，是国际经济法的重要组成部分。

国际金融是随着国际贸易和金融业务的不断扩大，国际金融市场的不断开拓，金融工具的不断创新而发展成为独立的体系，与之相伴而生的就是调整国际金融关系的国际金融法。

国际金融法包括国际货币法律制度和国际资金融通法律制度以及国际金融监管法律制度。国际货币法律制度是指调整国家之间因国际货币管理活动而产生的国际货币关系的国际规范和国内规范的总称，它规定的是关于国际货币的兑换、流动和汇率方面的法律规则，构成一国国际货币金融制度的基础，具有典型的公法性质。国际资金融通法律制度是指调整不同国家民事主体之间因跨国金融交易活动而产生的国际金融关系的国际规范和国内规范的总称，它规定的是关于国际贸易融资、国际贷款融资、国际债券融资、国际股票融资、国际融资租赁等金融交易的法律规则。尽管在不同国家的法律中，此类法律制度往往也可能含有一定的管制法内容，但它在本质上具有私法性质。国际金融监管法律制度是指维护国际金融秩序，对金融秩序的监管，特别是跨国银行的监管的法律制度。国际金融秩序的稳定，离不开金融监管，无论是东道国监管还是母国监管，都只是单一地从国内法的角度对跨国金融机构和跨国融资行为实施的法律管制，这很容易造成监管权力的冲突和监管标准的不统一，因此，加强国际的多边法律安排和协调是非常必要的。

二、国际金融法律关系

（一）国际金融法律关系的主体

国际金融关系的主体既可以是国家和国际经济组织，也可以是从事国际金融交往和国际金融活动的自然人、法人和其他经济组织。因此，国际金融关系不仅包括国家之间、国际经济组织之间、国家与国际经济组织之间所发生的金融关系，而且包括了分居于不同国家的自然人、法人之间以及他们与国家、国际经济组织之间发生的金融关系。这是国际金融关系区别于国内金融关系的一个显著特征，即国际金融法律关系的主体具有国际性和跨国性。

（二）国际金融法律关系的客体

国际金融法律关系的客体是指国际金融法律关系主体的权利义务所共同指向的对象，包括货币、货币资产和行为三类。

作为国际金融法律关系客体的货币包括本国货币、外国货币、有关国际组织依据国际条约创立的计算单位如特别提款权、欧元等。

货币资产是指以货币形式表现或确定的各项财产或财产权益，包括：政府公债、国库券、企业债券、股票、息票等有价证券，各种形式的存款，货币支付凭证和其他货币资产。货币资产成为国际金融法律关系客体须具备一定的条件，即跨境流通或以非本国货币表现。

行为是指国际金融法律关系的主体为了实现一定的经济目的而进行的各种金融活动，主要包括国际金融交易行为和国际金融管理行为。前者又分为缔约行为和履约行为，缔约行为如缔结国际贸易支付合同等行为，履约行为如金融机构提供金融服务、债务人偿还借款等行为；后者分为一国的涉外金融管理行为和国际组织的金融管理行为。一国的涉外金融管理行为如外汇管理、货币管理等，国际组织的金融管理行为如世界银行对成员国贷款的管理，欧盟对欧元发行、流通、汇价的管理等。

（三）国际金融法律关系的内容

国际金融法律关系的内容是指国际金融法律关系主体所享有的国际金融权利和所承担的国际金融义务。

国际金融权利有三个方面：（1）权利主体有权按自己的意志在法律范围进行各种国际金融活动，包括从事国际金融交易活动、国际金融管理活动；（2）权利主体为保证其国际金融利益的实现，有权依法要求义务主体为某种行为或不为某种行为；（3）义务主体不履行其义务而使权利主体的权利不能实现时，权利主体有权依法要求国内有关机关予以强制保护，要求有关国际组织做出处理。

国际金融义务与国际金融权利相适应，也有三个方面：（1）义务主体应当根据法律做出或不做出某种行为，保证权利主体的权利能够实现；（2）义务主体应当在法律范围内履行义务，不得超出法律范围；（3）义务主体应当按法律规定或约定自觉履行义务，否则应当承担法律责任，其法律责任可以是行政责任、民事责任、国际责任。

三、国际金融法的渊源

（一）国内立法

各国为调整涉外货币金融关系而制定的有关法律法规是国际金融法的重要渊源。国内立法的层次虽因各国国情不同而多种多样，但是，各国调整涉外金融关系的法律、法令、命令、条例、规定、办法等都是国际金融法的国内渊源。

比如我国的《中华人民共和国人民银行法》《中华人民共和国商业银行法》《中华人

民共和国证券法》《中华人民共和国银行业监督管理法》等。

在英美法系国家，判例是法律的主要表现形式。即使这些国家存在大量的有关金融法的制定法，判例法仍然是主要法律渊源，制定法仍须通过判例来实施。在大陆法系国家，虽然判例所起的法律规范作用不及英美法系国家强烈和重要，但仍然是其法律的重要渊源。在法国、德国等典型的大陆法系国家，权威法院的判决所形成的法律规则对下级法院具有约束力，为下级法院和同级法院的法官在审理类似案件时所援引。

在我国，判例作为法律渊源的地位尚未得到立法确认，但在司法实践中起着一定的作用，但是判例作为我国涉外金融法的渊源还需要得到法律的确认。

（二）国际惯例

国际金融惯例是反复实践所确立的在国际金融领域有效通行的行为规范，能够调整人们在国际金融活动中所产生的国际金融关系，是国际金融法中的国际渊源的重要组成部分。

国际金融惯例的内容丰富，广泛涉及国际商业贷款、国际支付结算、国际证券融资、国际融资担保等诸多领域。在各国利益冲突尚存、国际竞争日趋激烈而相关国际金融统一立法难以形成的情况下，国际金融惯例在规范国际金融交易活动方面起着不可或缺的作用。目前，在世界范围内具有重要影响的国际金融惯例文件主要有：国际商会的《托收统一规则》《跟单信用证统一惯例》《合同担保统一规则》等，世界银行的《贷款协定和担保协定通则》，以及欧洲清算组织共同拟定的《ACE 惯例规则》。

（三）国际条约

国际条约是国际金融法最重要的渊源之一，是国际金融法律制度重要的表现形式。在国际金融关系中起重要作用的国际条约有全球性国际金融公约和区域性国际金融条约。前者如《国际货币基金协定》《国际复兴开发银行协定》《巴塞尔协议》等。这类条约的缔约方较多，同时又允许其他国家以加入的方式承认并加入该条约，从而成为受该条约约束的当事方，因此，其发挥作用的范围较为广泛；后者如《亚洲开发银行协定》《泛美开发银行协定》《亚洲基础设施投资银行协定》等，这类条约对区域内缔约各方发挥作用。当然，双边条约对于缔约双方来说，也具有约束双方的作用。

（四）国际组织的重要决议

按照国际法的基本准则，国际组织无立法权，不创设其成员遵守的法律义务，其通过的决议通常对其成员不具有强制力，只具有建议的效力，但是国际组织通过的符合国际法准则且具有重要意义的规范性决议，具有法律效力，构成国际金融法的渊源。例如 1974年联合国大会通过的《建立新的国际经济秩序宣言》及《建立新的国际经济秩序行动纲领》《各国经济权利与义务宪章》所确立的有关国际货币金融方面的基本原则，已经被国际社会所公认，具有国际法上的效力，是国际金融法中国际渊源的一个不可分割的组成部分。

【课程思政】

引导金融活水更好地浇灌实体经济——落实习近平总书记金融安全重要讲话精神①

习近平总书记就维护金融安全提出 6 项任务，任务之一便是为实体经济发展创造良好金融环境，疏通金融进入实体经济的渠道。

金融是现代经济的核心，是资源配置和宏观调控的重要工具，更是推动经济社会发展的重要力量，必须充分认识金融在经济发展和社会生活中的重要地位和作用。

金融因顺应实体经济需要而产生。金融业的发展历史，就是不断改进和提升服务实体经济能力的过程。

近几年中国金融业改革开放不断深化，积极稳妥推进金融创新，金融对实体经济的支持力度加大，资金结构流向更趋合理，成为提升中国经济"新气质"的有力支撑。但需要看到的是，金融业在一定程度上出现"脱实向虚"倾向，服务实体经济的质效有待进一步提升。

金融的使命是服务好实体经济，我国处在经济转型升级、新旧动能转换的关键时期，实体经济的发展，迫切需要一个良好的金融环境。

金融把钱用在"刀刃"上，企业才能有获得感，实体经济才能获得更多源头活水。这就需要疏通金融进入实体经济的渠道，通过加强信贷政策指引，鼓励金融机构加大对先进制造业、小微企业等重点领域和环节的资金支持，提高资金的可获得性，降低融资成本。

要服务好实体经济，需积极规范发展多层次资本市场，扩大直接融资。目前中国总体金融结构仍以银行间接融资为主，资本市场制度尚不完善，直接融资占比仍然偏低。要完善主板市场基础性制度，积极发展创业板、新三板，规范发展区域性股权市场，以合格机构投资者和场外市场为主发展债券市场，形成包括场外、场内市场的分层有序、品种齐全、功能互补、规则统一的多层次资本市场体系，为扩大直接融资创造更好条件。

要服务好实体经济，金融机构要突出主业、下沉重心，发挥其固有的价格发现、风险管理、资金配置等优势，坚决防止"脱实向虚"。其中，大中型商业银行要设立普惠金融事业部，丰富金融产品供给，为实体经济"解渴"；保险机构则应发挥保险资金规模大、期限长、来源较为稳定的优势，做实体经济的稳定器和助推器。

让金融活水更多、更好地流入实体经济，在促进经济茁壮成长的同时，也会促进金融回归本源，有效防控风险，确保行业平稳健康发展。二者相得益彰，互促共生。

金融活，经济活；金融稳，经济稳。服务实体经济是金融业发展和改革的出发点和落脚点，金融各行各业要积极把社会资金引导到实体经济上去，持续向振兴实体经济发力、聚力，提升金融业服务实体经济的质量和效率。

---

① 《引导金融活水更好地浇灌实体经济——落实习近平总书记金融安全重要讲话精神》，载新华网，http://www.xinhuanet.com/2017-05/09/c_1120944712.htm，访问时间：2021 年 8 月 13 日。

第二节　国际货币法律制度

国际货币法律制度是调整货币资金跨国流动所产生的各种法律关系的总和。主要涉及国际货币的确定，各国货币之间的兑换关系，国际收支的调节及国际结算方面的规则。最早出现的国际货币制度是国际金本位制，后经历了布雷顿森林体制、牙买加体制等几个阶段。

一、国际金本位制

金本位制是以黄金作为货币金属进行流通的货币制度。1816 年英国率先颁布了《金本位条例》，限制银币流通，只铸金币，实行单一的金本位制。19 世纪后期，随着资本主义经济的发展，西方各国普遍自发实行金本位制，因而这种货币制度具有了国际性。

（一）国际金本位制的特点

国际金本位制的主要特点是：（1）黄金是本位货币。用黄金规定货币的价值量，即每一单位的货币都有其法定的含金量，各国货币按其含金量确定彼此的比价。（2）金币可以自由铸造。任何人都可按法定的含金量，自由地将金块交给国家造币厂铸造成金币，或以金币在造币厂换回相当的金块。（3）自由兑换。在市面上流通的其他金属辅币和银行券可以自由地兑换成金币或者等量的黄金。（4）自由输出入。由于各国的货币储备是黄金，国际间结算也使用黄金，黄金可以自由输出或输入。因此，自由铸造、自由兑换和自由输出入是金本位制的三个特点。

由于金本位制是各国自发实行的，是以国内立法为基础的，由各国确定本国货币的含金量和对外国货币的比价，因此要让国际金本位制发挥作用，各国必须遵守三项规则：一是确定本币的含金量，并随时可以兑换黄金；二是保证黄金的自由输入和输出；三是中央银行或货币当局必须有一定的黄金准备。这些规则是各国自愿遵守的，并没有国际条约来制约，在特殊情况出现时，就有国家从本国利益出发，不遵守这些规则，因此国际金本位制具有自发性、共同性和松散性的特征。由于黄金可在各国之间自由转移，这就保证了外汇行市的相对稳定与国际金融市场的统一，因而金币本位制是一种比较健全和稳定的货币制度。

（二）国际金本位制的瓦解

1914 年第一次世界大战爆发后，各国为了筹集庞大的军费，卷入战争的国家用大量黄金换取军火，因此，战时各国相继实行严格的外汇管制和限制黄金自由兑换与自由输出入的措施，纷纷发行不兑现的纸币，金本位制随之告终。"一战"之后，由于各国之间黄金分配不匀，战后黄金的流失也无力恢复金本位制，因此，各国大量发行无充分黄金保障的银行券，并限制银行券兑换黄金。后来在世界经济危机的冲击下，绝大多数国家相继放弃了金本位制，实行纸币本位制，国际金本位制宣告瓦解。

二、布雷顿森林体制

（一）布雷顿森林体制建立及内容

布雷顿森林体制，是指根据《国际货币基金协定》而建立的以美元为中心的国际货币体制。第二次世界大战行将结束的时候，由于受到战争和全球经济危机的影响，国际金本位制的瓦解，国际货币体系分裂成几个相互竞争的货币集团，各国货币竞相贬值，动荡不定。以美国和英国为首的政府，分别提出了"怀特计划"和"凯恩斯计划"。"怀特计划"和"凯恩斯计划"同是以设立国际金融机构、稳定汇率、扩大国际贸易、促进世界经济发展为目的，但运营方式不同。1944年7月1日至22日，美国、英国、法国、苏联和中国等44国代表在美国新罕布什尔州布雷顿森林会议上通过了以"怀特计划"为基础的《国际货币基金协定》和《国际复兴开发银行协定》，合成"布雷顿森林协定"。按照协定，确立的国际货币制度称为"布雷顿森林体制"，它是以美元为中心的金汇兑制度。

其具体内容如下：

（1）建立了一个永久性的国际金融机构——国际货币基金组织（IMF），旨在通过设立一常设机构，便于国际货币问题的商讨与协作，以促进国际货币合作。

（2）实行以美元为中心的国际金汇兑本位制。布雷顿森林体制以黄金储备为基础，以美元为主要国际货币，并实行"双挂钩"制度，即美元与黄金挂钩，各国确认美国规定的35美元一盎司的黄金官价，每一美元的含金量为0.888671克黄金。各国政府或中央银行可按官价用美元向美国兑换黄金。为使黄金官价不受自由市场金价冲击，各国政府需协同美国政府在国际金融市场上维持这一黄金官价。其次，其他成员国货币与美元挂钩，其他国家政府规定各自货币的含金量，通过含金量的比例确定同美元的汇率。

（3）建立可调整的固定汇率制。各国货币根据黄金确定其汇价，并维持在平价上下1%的幅度内。未经基金组织同意，不得随意改变。若市场汇率超过法定汇率1%的波动幅度，各成员国政府有义务在外汇市场上进行干预。

（4）提供资金调节国际收支。当会员国出现国际收支不平衡时，基金组织可向成员国提供贷款，贷款的额度与该成员国缴纳的份额成正比。此举意在避免成员国采取有害于本国或国际繁荣的措施。基金组织为成员国提供贷款的基本做法是：成员国用本国货币向基金组织换购他们所需要的外汇，称为购买或提取；成员国还款时，用黄金或外汇买回货币，称为购回。

（5）力图取消经常项目的外汇管制。根据《国际货币基金协定》第8条规定，除非本协定允许的例外，各成员国不得限制经常项目的支付，不得采取歧视性的货币措施，并应实行多边支付制度等。

这一体系确定了以美元为主要国际储备货币的地位。但同时这一体系又具有内在不稳定性：①美元危机对各国货币有重要的反馈作用；②由于成员国承担义务稳定汇率，则必须对外汇活动进行干预，若美元汇率下跌就需买入美元，但因此会导致本国货币通货膨胀。

（二）《国际货币基金协定》的第一次修订

20世纪60年代初爆发的美元第一次危机，暴露出以美元为中心的布雷顿森林货币体系的重大缺陷，以一国货币为支柱的国际货币体系是不可能保持长期稳定的。为了阻止美国黄金的大量外流，同时为了解决国际清偿力不足难以满足世界贸易增长的需要等问题，国际货币基金组织于1969年9月第二十四届年会上通过了设立"特别提款权"的决议。这也是基金组织自成立以来，第一次修订《国际货币基金协定》，也称为《特别提款权协定》。

1. 特别提款权的概念及定值

特别提款权（special drawing right，SDR）是国际货币基金组织为补充成员国国际储备不足而创设的，成员国在普通提款权之外的一种使用资金的特别权利。它是基金组织分配给各成员国的一种账面资产。1970年1月正式发行特别提款权，至1981年底，每单位含金量为0.888671克黄金，由于美元不断贬值，自1974年7月起，特别提款权改由在世界商品和劳务输出中所占比重居于世界前列的成员国的货币加权平均计算。从1981年按世界商品和劳务出口比重最大的5个成员国的货币定值，最初由美、英、德、法、日五国货币加权平均计算，被称为特别提款权货币篮子，每5年调整一次。随着2002年欧元的诞生，特别提款权货币篮子内的货币由美元、英镑、欧元和日元组成。随着我国经济实力的不断增强，2015年11月30日，国际货币基金组织正式宣布人民币于2016年10月1日纳入特别提款权货币篮子。2016年10月1日，特别提款权的价值是由美元、欧元、人民币、日元、英镑这五种货币所构成的一篮子货币的当期汇率确定，所占权重分别为41.73%、30.93%、10.92%、8.33%和8.09%。

2. 特别提款权的作用

特别提款权主要起到了国际支付工具和货币定值单位的作用，具体体现在：（1）各成员国可以凭SDR向基金组织提供资金，因此，SDR可与黄金一起作为国际储备，被称为"纸黄金"。（2）当会员国发生国际收支逆差时，可以动用SDR，把它转让给另一会员国换取外汇，偿付逆差。（3）SDR还可以偿还基金组织的贷款，或用于援助捐赠，或作为偿还债务的担保。（4）SDR只能在各成员国的金融当局和基金组织，国际清算银行等官方机构使用，不能用作现实的货币直接适用于贸易或非贸易支付，也不能兑换成黄金或支取现金。

三、牙买加体制——《国际货币基金协定》第二次修订

特别提款权的创设和运行，并没有解决美元和黄金危机，美元与黄金挂钩，各国货币与美元挂钩的布雷顿森林体系彻底瓦解，美国单方面宣布停止美元兑换黄金，其他成员国货币也不再维持与美元的固定汇率。国际货币体系进入多元化浮动时代。于是，国际货币基金临时委员会于1976年1月在牙买加首都讨论修订《国际货币基金协定》，达成《牙买加协定》。同年4月，国际货币基金组织理事会通过了《国际货币基金组织协定第二修正案》，从而形成了新的国际货币体系。

该协定的主要内容包括：

（1）确认浮动汇率制的合法化。牙买加协议正式确认了浮动汇率制的合法化，承认固定汇率制与浮动汇率制并存的局面，成员国可自由选择汇率制度。同时各国货币汇率政策应受到国际货币基金组织的严格监督，基金组织要协调成员国的经济政策，促进金融稳定，缩小汇率波动范围。

（2）黄金非货币化。协议作出了逐步使黄金退出国际货币的决定。并规定：废除黄金条款，取消黄金官价，成员国中央银行可按市价自由进行黄金交易；黄金不在作为各国货币定值的标准，改由特别提款权表示；取消成员国相互之间以及成员国与基金组织之间须用黄金清算债权债务的规定，基金组织持有的黄金将以市价出售其1/6，另1/6归还成员国，剩余部分依成员国决议处理。

（3）提高特别提款权的国际储备地位。确认将以特别提款权作为主要的国际储备资产，扩大其在基金组织一般业务中的使用范围，并适时修订特别提款权的有关条款。规定参加特别提款权账户的国家可以来偿还国际货币基金组织的贷款，使用特别提款权作为偿还债务的担保，各参加国也可用特别提款权进行借贷，并且成员国之间的特别提款权的交易和转移无须取得基金组织的同意。

（4）增加成员国基金份额。成员国的基金份额从原来的292亿特别提款权增加至390亿特别提款权，增幅达33.6%。

（5）扩大对发展中国家的资金融通，放宽对成员国贷款的比例和数额。

第三节 国际贷款融资法律制度

国际经济交往过程中，经常需要资金融通，国际贷款融资应运而生。国际贷款、国际银团贷款、国际项目贷款是本节的重点内容。

一、国际贷款

国际贷款是指借款人通过签订贷款协议向其他国家或地区的贷款人借贷资金的国际融资方式。国际贷款实际上是一种合同性融资行为，是不同国家或地区的借款人与贷款人以贷款协议为基础形成的特定债权债务关系，其中借款人是债务人，贷款人是债权人。

（一）国际贷款的类型

按照不同的标准，国际贷款可以划分为不同种类。如按贷款人的不同类型，国际贷款可分为政府贷款、国际金融机构贷款和国际商业银行贷款；按贷款期限的长短，国际贷款可分为长期贷款、中期贷款和短期贷款；按贷款的组织方式，国际贷款可分为独家银行贷款、联合贷款和银团贷款等。从实践来看，商业银行贷款是国际贷款的主要形式，而政府贷款和国际金融机构贷款往往有特定的依据和贷款政策；商业银行贷款中以银团贷款最为典型，它体现了现代国际融资的基本特点和发展趋势。以下分别就政府贷款、国际金融机构贷款和国际商业银行贷款作一简单介绍。

1. 政府贷款

政府贷款是指一国政府利用财政资金向另一国政府提供的优惠贷款。一般是在两国政治外交关系良好的情况下进行的。政府贷款具有以下特点：

（1）政府贷款利率低、附加费少。政府贷款是具有双边经济援助性质的优惠性贷款。政府贷款的利率一般为1%至3%，有的甚至是无息贷款。而且，贷款国政府往往规定借款国只需要支付很低的手续费。

（2）政府贷款的期限比较长，通常为10~30年，有的甚至达到50年。

（3）政府贷款往往带有一定的附加条件。贷款国一般根据其自身经济实力、经济政策及优势行业等确定贷款投向范围和贷款项目。发放贷款时，有的国家要求贷款必须用以购买贷款国家的技术、劳务和设备等，有的规定贷款只能用于特定的项目。从而使提供信贷的国家既能够输出国家资本，又能够带动并扩大其产品出口，还可以为民间资本寻找出路。

（4）政府贷款的申请程序复杂。许多国家设有专门机构负责对外贷款，如中国的贷款管理部门是商务部会同外交部财政部负责制定政策和计划，中国进出口银行负责贷款协议的签订、项目评估审查等工作。

2. 国际金融机构贷款

国际金融机构贷款是指国际金融机构作为贷款人向借款人提供的优惠国际贷款。国际金融机构可分为全球性国际金融机构和地区性金融机构。全球性金融机构如国际货币基金组织、世界银行集团（由国际复兴开发银行、国际金融公司、国际开发协会三个金融机构和多边投资担保机构及解决投资争端国际中心两个附属机构组成）等；地区性国际金融机构主要有亚洲开发银行、亚洲基础设施投资银行（亚投行），非洲开发银行等。

国际金融机构贷款具有以下特点：

（1）国际金融机构贷款的借款人资格受到限制。如国际货币基金组织的发放贷款的对象仅限于成员国政府机构，世界银行的借款人仅限于成员国政府、政府机构或得到其政府机构担保的公私企业，亚洲开发银行贷款的借款人限于其成员国的开发本地区项目的投资人。亚投行可以向任何成员或其机构、单位或行政部门，或在成员的领土上经营的任何实体或企业，以及参与本区域经济发展的国际或区域性机构或实体提供融资。在符合银行宗旨与职能及银行成员利益的情况下，经理事会超级多数投票同意，也可向非成员提供援助。

（2）国际金融机构贷款期限较长，一般为10~30年，最长可达50年之久，宽限期为5年左右。

（3）国际金融机构贷款的利率较低，对贷款收取的杂费很少。其贷款的优惠程度类似于政府贷款。

（4）国际金融机构贷款大多为项目贷款，主要用于经济复兴或开发性项目，非项目性贷款通常为配套性使用。

（5）国际金融机构贷款的目的和使用范围受到严格限制，贷款人的资金使用进行严格的监督和检查。

3. 国际商业银行贷款

国际商业银行贷款是指国际商业银行作为贷款人以贷款协议方式向借款人提供的商业贷款。它是最常用的一种国际贷款方式，具有以下特点：

（1）国际商业银行贷款是非限制性贷款。其资金使用并不附带商业条款以外的限制条件或附加条件，借款人可以自由支配所借资金。贷款可用于任何一种用途，借款人在使用贷款方面有很大的主动性和自由性。

（2）贷款成本较高。国际商业银行贷款利率以国际金融市场的利率为基础，一般由伦敦银行间同业拆放利率再加上利差所构成。与政府贷款和国际金融机构贷款相比，贷款利率较高。

（3）商业银行贷款主要是定期贷款和中短期贷款，贷款期限为 1~10 年。

（4）贷款手续较简便。国际商业银行贷款不像政府贷款和国际金融机构贷款那样程序繁杂，手续比较简便，贷款较容易获得，这对于那些经济效益好，又迫切需要资金的企业来说，是一个良好的资金来源。

二、国际银团贷款

（一）国际银团贷款的概念

国际银团贷款是指由数家各国银行联合组成一个银行团体，按统一的贷款条件向同一借款人提供的贷款。又称为国际辛迪加贷款。在"二战"后，一些国家为了迅速发展，需要巨额资金的支持，而传统的独家国际商业银行贷款，银行受到财力的制约，无法提供金额巨大、期限较长的贷款。同时，一家银行也无法独自承担贷款的风险。为了满足这类贷款需求，从事国际贷款业务的银行往往组成一个银行集团，由集团的每一个成员分别承担贷款总金额的一部分，按照该集团与借款人订立的单一的借款协议所规定的条件，由集团的代表统一向借款人提供贷款。这种贷款方式既可满足借款人的需要，又分散了贷款银行的经营风险，同时避免了同业竞争，增强了银行的业务合作，已成为国际商业贷款中经常使用的一种贷款方式。

（二）提供贷款的方式

银团贷款有两种提供方式：
1. 直接贷款方式
由各银行直接向借款人贷款，贷款工作由各银行在贷款协议上指定的代理行统一管理，无论贷款还是还款，均通过它办理。
2. 间接贷款方式
由一家牵头银行向借款人提供贷款总额，然后由牵头银行将贷款权出售给各参与银行，各参与银行将款项交给牵头银行。

（三）国际银团贷款的程序

（1）借款人先物色一家或几家牵头经理银行作为贷款银团组织者，并交给牵头银行一份委托书，委托它组织银团贷款，此委托书是授权的依据。

（2）牵头银行根据对借款人各方面情况的调查了解，向借款人出具一份义务承担书，承诺为其组成一个银行集团。

（3）由借款人与牵头银行共同拟订一份关于借款人财务状况等内容的信息备忘录，由牵头银行分发给对此项贷款感兴趣的银行，作为它们考虑是否参加贷款的依据。

（4）由牵头银行代表贷款银行与借款人进行谈判，商定贷款协议和相关协议文件的各项条款。

（5）银行集团与借款人签订一项单一的贷款协议。

（6）提供贷款。

（四）国际银团贷款的当事人与关系人

1. 借款人

国际银团贷款的借款人可以是一国的政府组织、金融机构，也可以是商业机构或企业组织。

2. 贷款银团

参加贷款的银团成员一般包括牵头银行、经理银行和参与银行。经理银行是安排银团贷款的组织者，往往由几家银行组成，其中有一家或几家是牵头经理银行。牵头银行一般由信誉良好、资金雄厚、具有国际贷款推销能力和经验的大型跨国银行担任。其主要任务是：（1）组成贷款银团；（2）审查借款人各方面情况；（3）与借款人商定贷款协议和其他法律文件；（4）贷款期间负责安排借款人的提款和还款事项；（5）与其他参与银行签订合同，将"参与贷款权"出售给其他参与银行。

经理银行虽然在形式上也有参与组织贷款银团、参与贷款协商、参与贷款推销的职责，但根据国际惯例，经理银行在推销阶段才参与贷款项目，其承担的贷款份额应高于一般参与银行。

参与银行通过签订合同获得"参与贷款权"，其承担的贷款额低于经理银行。参与银行必须把它所承诺的贷款金额直接交给牵头银行向借款人发放，但它并不能据此取得对借款人的任何直接权利，向借款人要求偿还贷款的权利。而贷款的管理权则完全属于牵头银行。

3. 担保人

国际银团贷款中的担保人要求具备良好的信誉和足够的外汇支付能力，既可以是国际性商业银行，也可以是借款人所在国的政府、政府组织、金融机构和商业组织等。

4. 专业顾问

在国际银团贷款中常需要一些专业顾问参加，如借款人和贷款银团的法律顾问就起着十分重要的作用。此外，在项目性贷款中，财务顾问和工程专业人员的咨询服务也是不可缺少的。

（五）银团贷款的法律文件

国际银团贷款主要涉及四个法律文件：贷款协议、委托书、义务承担书以及信息备忘录。其中，委托书是借款人授权牵头经理银行为其安排银团贷款的法律文件，是牵头银行组织银团贷款的授权依据。委托书除说明委托组织银团外，一般还说明贷款金额、利率、还款期以及适用法律和法院管辖权等内容，并写明借款人愿承担的义务。根据当事人的约定，委托书可以具有一定的法律约束力，也可以仅具有意向书的信誉约束力；义务承担书是牵头经理银行与借款人初步接触之后交给借款人的一项具有要约性质的文件，其内容主要是列举贷款的各项条件，并表明牵头经理银行应作怎样的努力争取做成借贷交易；信息备忘录是由牵头经理银行分发给可能参加银团贷款的银行，邀请其参加银团贷款的一份法律文件。信息备忘录须载明借款人的法律地位、财务状况以及贷款的主要条件等内容。信息备忘录由牵头经理银行与借款人共同签署，是供贷款银行考虑决定是否参与银团贷款的重要依据。因此，借款人和牵头经理银行对于信息备忘录内容的真实性、准确性和完整性应承担法律责任。

【课程思政】

亚洲基础设施投资银行①

　　亚洲基础设施投资银行（Asian Infrastructure Investment Bank，简称亚投行，AIIB）于2016年1月投入运营。宗旨是通过在基础设施及其他生产性领域的投资，促进亚洲经济可持续发展、创造财富并改善基础设施互联互通；与其他多边和双边开发机构紧密合作，推进区域合作和伙伴关系，应对发展挑战。

　　截至2020年12月共有103个成员国，行长金立群（中国籍）。总部位于中国北京。组织机构包括：理事会是该行的最高决策机构；董事会；行长和5位副行长组成管理层；国际顾问委员会。

　　资金来源为银行同业拆借和成员国发行主权债券将是主要融资方式。在运营初期，亚投行将主要向主权国家的基础设施项目提供主权贷款，针对不能提供主权信用担保的项目，引入公私合作伙伴关系模式。亚投行也会通过成立一些专门的基金进行投融资进而保证资金规模。通过亚投行和所在国政府出资，与私营部门合理分担风险和回报，动员主权财富基金、养老金以及私营部门等更多社会资本投入亚洲发展中国家的基础设施建设。

　　作为由中国提出创建的区域性金融机构，亚洲基础设施投资银行主要业务是援助亚太地区国家的基础设施建设。在全面投入运营后，亚洲基础设施投资银行将运用一系列支持方式为亚洲各国的基础设施项目提供融资支持——包括贷款、股权投资以及提供担保等，以振兴包括交通、能源、电信、农业和城市发展在内的各个行业投资。

三、国际项目贷款

（一）国际项目贷款的概念

项目贷款是指贷款人向某个特定的工程项目提供贷款，以该项目所产生的收益作为还款的资金来源，并在该项目资产上设定附属担保的一种融资方式。国际项目贷款是指项目所在国与至少项目所用资本的一部分来源地分处不同国家。国际项目贷款适合于大型工程

---

① 来源："学习强国"学习平台。

项目，比如石油、天然气等自然资源开发以及交通运输、电力等需要巨额资金的项目。

（二）项目贷款的主要类型

项目贷款可以分为无追索权项目贷款和有限追索权项目贷款两种类型：

（1）无追索权项目贷款，也称纯粹项目贷款，是指贷款人对项目主办人没有任何追索权，即由贷款人将资金提供给主办人专为该项目而成立的公司，以项目建成后所产生的收益作为还本付息的来源。贷款人可以在该项目的资产上设定担保权益，但无权再要求主办人提供任何信用担保，如果项目中途停建或经营失败，其资产或收益不足以清偿全部贷款，贷款人亦无权向项目主办人追索。由于无追索权项目贷款对贷款人的风险太大，因此贷款人一般很少采用这种方式。

（2）有限追索权项目贷款。在这种项目贷款方式下，贷款人为了减少贷款的风险，除要求以贷款项目的收益作为偿还债务来源，并在该项目资产上设定担保物权以外，还要求与项目有利害关系的第三人提供各种担保，当项目不能完工致使经营失败，项目本身的资产或收益不足以清偿债务时，贷款人就有权向项目主办人和这些担保人追索。项目主办人和担保人对项目债务所负的责任，仅以贷款合同和担保合同所规定的金额为限。

（三）项目贷款的主要风险

项目贷款的主要风险为：

1. 政治风险

政治风险一般指项目东道国因政变、政权更迭、领导人变更、暴乱及其政策多变等行为而给项目造成的不利影响或经费超支等风险。这是国际项目贷款中最重要的风险，因为它会对所有其他项目风险产生重要的影响。

2. 法律风险

法律风险是由于项目建设、营运周期长，在此期间，东道国与项目有关的法律、法规及条例发生变化影响到项目的经营与开发的风险。发展中国家的法律发展迅速，若在这些国家进行项目融资，法律风险便成为评估项目必不可少的因素。另外，发展中国家制定和公布法律还缺乏透明度，这进一步加大了该风险。

3. 经济风险

（1）外汇风险。包括东道国货币自由兑换风险、经营收入的自由汇出风险以及汇率波动所引起的货币贬值风险。

（2）市场风险。是指由于市场经济条件下的价格变动风险、竞争风险、需求风险以及这三风险之间直接联系相互影响的综合风险带来的项目收益状况变化的风险。

（3）利率风险。在项目的经营过程中，由于利率的变动直接或间接造成项目价值降低或收益减少的风险。它主要表现在资本的筹集和运营过程中，如投资方在进行长期筹资借款时利率较高，而后利率下降造成的机会损失。

4. 完工风险

完工风险是指工程项目能否如期完成，并在借贷双方估算的建设成本范围内达到设计要求。造成完工风险的原因主要有成本超支、不能按期完工和中途停建等。

5. 经营风险

经营风险是指在经营项目工程中，由于经营者的过错或疏忽，使项目无法按照预定标准运行，从而影响项目获利能力的风险。即项目建成投产后的实际经营中，由于经营者业务素质或管理水平的问题，使项目应有的效益不能正常发挥，出现低于设计能力的经营风险。

6. 环境风险

环境风险是指项目融资中由于可能发生的环境污染或保护环境的开支而给项目和贷款人造成损失的风险。

第四节　国际融资担保法律制度

国际融资的过程也是一个担保的过程，国际融资担保的形式有很多种，但总结起来为两大类——信用担保和物权担保。

一、国际融资信用担保

国际融资中的信用担保又被称为人的担保，是指借款人以外的第三人以自己的资信向贷款人做出的，在债务人违约或无法履行债务的情况下，代债务人清偿债务的承诺。信用担保常见的保证、见索即付担保、备用信用证和安慰信等。

（一）保证

国际融资中的保证，是指保证人与贷款人约定，在借款人不履行债务或不完全履行债务时，由其履行债务或承担责任的一种信用担保形式。保证是国际融资中最常见、最普遍使用的一种信用担保形式，其名称各异，如担保、保证、保证书、保函、赔偿担保书等。特征如下：

1. 保证协议的从属性

保证协议的从属性是依附于国际贷款协议而存在的，国际贷款协议是主合同，为国际贷款协议提供担保的是从合同。即贷款协议无效或消灭，保证合同也随之无效或消灭。同时，保证人仅以贷款协议规定的借款人的责任范围为限向贷款人承担清偿责任。

2. 保证人责任的次位性

相对于贷款协议的主债务人，保证人是从债务人。其对贷款协议的清偿责任是第二位的，只有在借款人到期无力偿还或拒不偿还时，贷款人才有权要求保证人履行代偿义务。

3. 保证责任的或然性

如果主债务人能够依约履行贷款协议的还款义务，则保证人即可免除代为履行义务的责任；如果主债务人未能履行义务，保证人才应依约承担保证责任。因此，保证责任具有或然性，保证人不是必定要承担代为履行的保证责任。

（二）见索即付担保

见索即付担保（on demand guarantee），又称见索即付保函，或凭要求即付担保，是担保人（通常是银行）应申请人（债务人）的要求或指示，对受益人（贷款人）允诺在其要求付款时，向其支付约定金额的一种信用担保方式。

见索即付担保是国际融资担保中使用最为普遍的一种担保方式，是在银行业和商业实践中发展起来的一种新型信用担保。和传统的从属性担保相比，其法律特征主要为：

1. 见索即付担保的独立性

保证的最大特征是其从属性。见索即付担保是非从属性的独立的担保，虽然担保合同的产生是以借贷合同为依据，但它一经订立并生效即脱离基础合同而独立存在，不受基础合同存在和履行情况的影响。担保人承担的付款义务独立于基础合同，贷款人放弃对借款人的某些权利（如抵押权）或解除某些责任人的责任均不影响保函的效力和履行。

2. 担保人承担第一位的付款责任

传统保证中，担保人承担的是第二位的付款责任，即担保人享有先诉抗辩权。而见索即付保函则要求作为担保人的银行承担第一位的付款责任，当申请人（债务人）不履行付款责任时，受益人（债权人）即可立即直接向担保银行要求索赔，其实质是担保人放弃先诉抗辩权。

3. 见索即付担保的无条件性

在受益人按照担保合同的规定索赔时，保证人必须无条件承担赔付责任。这里的无条件是指受益人索赔只需符合担保合同规定的手续即可（提交一定的单证）。担保合同对受益人索赔提供证明文件只是具有书面形式的要求，保证人无须核实借款人是否违约，是否确实未偿还到期贷款，也不核定受益人实际所受损失的多少。因此，见索即付担保也被称之为"自动担保"或"自杀保函"。

（三）备用信用证

备用信用证（Stand-by letter of credit）是开证行（保证人）应申请人（债务人）要求，向受益人（债权人）开出的，凭受益人提交的与信用证条款相符的单据（债务人的违约证明书及其他单据）付款的一种独立的书面承诺。

1. 备用信用证与见索即付担保的比较

备用信用证与见索即付担保都是担保人（多为银行）以自身的信用向受益人做出的付款承诺。从备用信用证的产生和定义来看，其法律性质几乎等同于见索即付保函，开证行承担独立的、第一位的、无条件的付款责任。两者的性质和地位，所起的作用、适用的范围及付款的条件等方面几乎完全一样。但二者之间区别显著：

（1）适用的法律规范不同。见索即付担保通常可以适用有关国家的担保法，而备用信用证一般只能适用于惯例。尤其在国际惯例方面，备用信用证可以适用于国际商会制定的《国际备用信用证惯例》及《跟单信用证统一惯例》和《见索即付保函统一规则》，而见索即付担保则只能适用于《合同担保统一规则》和《见索即付保函统一规则》。

（2）二者生效的条件不同。英美法系国家对商业合同都有对价要求，对见索即付保函的开具同样也有对价要求，而备用信用证即使无对价也可成立。各国普遍接受的《跟单信用证统一惯例》也未对信用证作对价要求。

2. 备用信用证与商业跟单信用证的比较

（1）适用范围不同。商业跟单信用证是一种国际支付方式，通常适用于国际贸易领域；而备用信用证则可广泛适用于各种形式的国际经济交易担保，包括国际借贷、国际融资租赁。

（2）对单证的要求不同。虽然两者都规定以权利人提交一定的单据作为开证行承担付款责任的根据，但其要求的具体单据种类截然不同。跟单信用证要求卖方提交的是能证明卖方适当履行基础合同的单证。备用信用证通常只要求提交能证明借款人未适当履行基础合同的文件，如借款人违约证明、借款人签发的到期拒绝付款的本票等。

（3）付款责任不同。尽管开证行在两种信用证项下承担的都是"第一付款人"的责任，但具体履行是不一样的。跟单信用证开证行的付款行为是基础合同正常履行的自然延伸，只要卖方所提交的单证与信用证条款的规定表面相符，开证行即应付款。而备用信用证的作用则在于担保，如果借款人能依贷款协议履行还款义务，贷款人的到期债权完全得到实现，备用信用证的开证行并不承担直接付款责任。只有当借款人未履行还款义务，并由贷款人提交信用证规定的单证以资证明后，开证行才实际承担付款责任。

（4）开证行的权利保障不同。在商业跟单信用证项下，在申请人赎单之前，开证行持有的由受益人提交的一系列单据成为自然的质押物，是开证行实现债权的重要保障；而在备用信用证项下，除非另有反担保，开证行对借款人的追偿权只能是无担保债权。因此，银行一般只给信誉良好的客户开立备用信用证。

（四）安慰信

安慰信（comfort letter），又称为"意愿书""支持函"等，通常是指一国政府为其下属机构或母公司为其子公司而向贷款人出具的，表示支持并愿意为该下属机构或子公司的还款提供适当帮助的书面文件。安慰信并不是严格意义上的担保文书，安慰信最大的特点是往往不具有法律效力，对担保人一般只具有道义上的约束，虽然出具人违反意愿书无须承担法律责任，但此举关系到自身声誉和资信，因此重信誉的出书人通常都会履行自己在意愿书中所作的允诺。因此，在当今国际融资担保中，意愿书却以其独特的作用方式受到普遍重视和采用。

安慰信一般没有固定的格式和标准条款，但通常有以下几种主要形式：

1. 知悉函

知悉函是出具人（政府或母公司）表明其已知晓并同意借款人的融资安排。取得这种意愿书的意义在于确认出书人与借款人之间的关系，防止出书人日后以借款人未经其同意为由否认这项融资安排，并采取不利于贷款人的行动或拒绝给予借款人支持。

2. 允诺函

允诺函通常是母公司声明在子公司未还清贷款本息之前，将保持其在子公司一定比例的股权，以示母子公司共担风险，而不会以退股或减资的方式弃子公司于不顾。有的出书人还进一步承诺，如果出书人出于商务上的考虑不得不抽回其在借款人公司中的股权或将其在借款人公司中的股权减少至一定幅度以下时，出书人应向贷款人出具一份具有实质性保证意义的保函。

3. 支持函

支持函通常是母公司向贷款人表示将在各方面对借款人偿还到期贷款予以支持的意愿。如母公司声明将在其权限之内尽力保证按审慎的财务政策使子公司得到适当的管理；在子公司偿清贷款之前，母公司不接受来自子公司的分红或股息；对子公司提供资金或其他方面的支持，以免借款人产生财务危机，等等。

二、国际融资的物权担保

国际融资的物权担保，是指借款人或第三人通过在其特定的财产（特定的物或权利）上设定优先受偿权的方式向贷款人提供还贷的担保形式。物权担保是与信用担保相对而言的另一类担保方式，它的特征是以财物或代表一定财物的权利为标的而设定的担保，债权人通过设定物权担保而形成的权利即为担保物权。

（一）动产担保

动产担保，是指在可移动的有体物财产或无体物权利上设置的物权担保。

（1）动产质押。动产质押是指由债务人或第三人将其动产的占有转移给债权人作为履行债务的担保，如债务人不能清偿其债务，债权人有权依法将该动产出售以得到优先受偿。债务人或第三人为出质人，债权人为质权人，移交的财产或权利为质物。

质押的设定以移转质物的占有为有效要件，未移转占有或已返还占有均不构成质押关系的有效存在。质权的优先顺序是以质押有效设定的时间先后排列，并不受登记的影响。但若以法定特定质物设定抵押，除移转占有外，还需办理质押登记方为有效。以知识产权中的财产权出质，应向知识产权管理机构办理出质登记。

（2）动产抵押。抵押是指债务人或第三人不转移动产或不动产的占有，而将其作为债权的担保。在债务人不履行债务时，债权人有权依法以该财产折价或以拍卖、变卖该财产的价款优先受偿。债务人或第三人是抵押人，债权人是抵押权人，提供担保的财产是抵押物。

抵押物的清偿，可能超过或低于担保的债权金额，超过部分应退还抵押人，不足部分应由债务人清偿。同一抵押物有两个以上抵押权人时，登记的先于未登记的受偿；都登记的，按登记的先后顺序清偿；登记顺序相同，或都未登记的，按债权比例清偿。抵押物灭失的，抵押权随抵押物的灭失而消灭，但因灭失所得的赔偿金应作为抵押财产受偿。

【法规阅读】

《中华人民共和国民法典》

第四百零三条 以动产抵押的，抵押权自抵押合同生效时设立；未经登记，不得对抗善意第三人。

第四百零四条 以动产抵押的，不得对抗正常经营活动中已经支付合理价款并取得抵押财产的买受人。

第四百一十四条 同一财产向两个以上债权人抵押的，拍卖、变卖抵押财产所得的价款依照下列规定清偿：

（一）抵押权已经登记的，按照登记的时间先后确定清偿顺序；

（二）抵押权已经登记的先于未登记的受偿；

（三）抵押权未登记的，按照债权比例清偿。

其他可以登记的担保物权，清偿顺序参照适用前款规定。

第四百二十九条　质权自出质人交付质押财产时设立。

第四百三十条　质权人有权收取质押财产的孳息，但是合同另有约定的除外。

前款规定的孳息应当先充抵收取孳息的费用。

第四百三十一条　质权人在质权存续期间，未经出质人同意，擅自使用、处分质押财产，造成出质人损害的，应当承担赔偿责任。

第四百三十二条　质权人负有妥善保管质押财产的义务；因保管不善致使质押财产毁损、灭失的，应当承担赔偿责任。

质权人的行为可能使质押财产毁损、灭失的，出质人可以请求质权人将质押财产提存，或者请求提前清偿债务并返还质押财产。

第四百三十三条　因不可归责于质权人的事由可能使质押财产毁损或者价值明显减少，足以危害质权人权利的，质权人有权请求出质人提供相应的担保；出质人不提供的，质权人可以拍卖、变卖质押财产，并与出质人协议将拍卖、变卖所得的价款提前清偿债务或者提存。

第四百三十四条　质权人在质权存续期间，未经出质人同意转质，造成质押财产毁损、灭失的，应当承担赔偿责任。

（二）不动产担保

不动产担保，是指在不能移动的财产上设置的物权担保。不动产一般包括房屋及其他建筑物、地产或土地使用权及地上定着物、林木等，不动产担保主要以不动产抵押的方式进行。不动产抵押除了必须以书面为之，各国一般还规定必须进行登记方为有效。在国际融资中，由于贷款人一般难以实现对借款人国境内的不动产的持有，加上各国法律对变卖不动产都有比较严格的限制，因此，在国际融资中使用不动产担保的不多。

（三）浮动担保

浮动担保（floating charge），也称浮动抵押（floating mortgage），是指债务人以其现有的或将来取得的全部或某一类财产，为贷款人的利益而设定的一种物权担保。

浮动担保的法律特征表现为：

（1）担保物的范围是债务人的全部财产。浮动担保是以债务人的全部或某一类财产而设定的担保，它既包括债务人现有的全部财产，也包括将来所有的全部资产。

（2）担保物的价值和形态处于不确定状态。在担保期间，担保物的价值和形态都处于不断的变化和运动之中，其价值可能会时增时减，其形态会不断从货币形态转化为实物形态，从无形财产转化成有形财产，从动产转成不动产等，或正好与之相反。

（3）担保物不移转占有。浮动担保无需移转担保物的占有，借款人对担保物享有占有、使用和处分权。在借款人违约或破产之前，借款人对担保物的处分无需征得贷款人的同意。经借款人处分后的担保物自动退出担保范围，贷款人不再对其拥有担保权；反之，借款人在设定浮动担保后取得的一切财产也自动进入担保物范围。

（4）浮动担保于约定事件发生时转化为固定担保。尽管浮动担保的担保物在担保期间一直处于不确定的浮动状态，但浮动担保一旦出现借款人违约、破产或停业清算等约定事件，则转化为固定担保。这时，贷款人可以对借款人的全部现有财产（包括应收款债权）行使担保物权，借款人的全部财产均成为担保标的物，借款人无权再处分任何担保物。

【法规阅读】

《中华人民共和国民法典》

第三百九十六条　企业、个体工商户、农业生产经营者可以将现有的以及将有的生产设备、原材料、半成品、产品抵押，债务人不履行到期债务或者发生当事人约定的实现抵押权的情形，债权人有权就抵押财产确定时的动产优先受偿。

第四百一十一条　依据本法第三百九十六条规定设定抵押的，抵押财产自下列情形之一发生时确定：

（一）债务履行期限届满，债权未实现；

（二）抵押人被宣告破产或者解散；

（三）当事人约定的实现抵押权的情形；

（四）严重影响债权实现的其他情形。

第五节　国际银行监管

一、国际银行监管体制

银行是各国金融体系中数量最多、分布最广的金融企业，是国民经济活动的中枢，同时又是高风险行业，尤其是在经济全球化、金融竞争日益激烈的今天，各国金融机构紧密联系，新的融资工具层出不穷，融资业务越做越大，一家银行出现问题，往往会引起连锁反应，银行业风险发生的频率空前提高，风险扩散的速度和范围非比从前，对国家经济安全的威胁日益严重。同时，一个国家对银行的严格管理，不能避免其他国家银行出现风险时的连带风险。为了控制国际银行业的风险，1974 年 9 月，由国际经济与发展组织（OECD，俗称"十国集团"，即美国、英国、德国、意大利、日本、加拿大、荷兰、比利时、瑞典）在瑞士巴塞尔举行会议，首次讨论研究对银行的国际监管问题。1975 年 2 月，经英国英格兰银行倡议，在国际清算银行的主持下，十国集团成员以及瑞士卢森堡的银行监管机构在瑞士巴塞尔成立了"银行业规章与监管实践委员会"，以后更名为"巴塞尔银行监管委员会"（简称巴塞尔委员会）。巴塞尔委员会的任务是考虑改进预警系统的方法，研讨银行监管国际合作的模式，以在全球范围内弥补监管网的漏洞，提高银行监管合作的水平和监管质量。

巴塞尔委员会成立以来，制定了若干具有代表性银行监管文件，其中最著名的是《关于统一国际银行资本衡量和资本标准的报告》和《巴塞尔核心原则》。此外，自巴塞尔委员会成立以来，就跨国银行监管问题，制定并发布了诸多"巴塞尔文件"，而各类"巴塞尔文件"被统称为"巴塞尔协议"或"巴塞尔协议体系"。这些文件大体分为两类：一类是最低标准，一类是最佳做法。由这些文件而建立起来的银行监管体制，被称为巴塞尔体制。这些法律文件都不具有国际法拘束力，但是公认的"国际惯例"。巴塞尔协议在国际金融领域的权威性已经得到普遍认同，其所确立的银行业监管基本原则、规则和标准已经被各国接受为对国际银行审慎监管的一种国际准则、规则和标准。

二、巴塞尔体制的主要内容

（一）巴塞尔报告

巴塞尔委员会在 1988 年 7 月发表了《关于统一国际银行资本衡量和资本标准的报告》（简称"《巴塞尔报告》"）。该报告主要有四部分内容：资本的分类；风险权重的计算标准；1992 年资本与资产的标准比例和过渡期的实施安排；各国监管当局自由决定的范围。体现巴塞尔协议核心思想的是前两项。

（1）资本分类。该报告将银行的资本划分为核心资本和附属资本两类，核心资本包括实收股本和公开储备；附属资本包括未公开储备、资产重估储备、普通准备金或普通呆账准备金、混合资本工具、次级长期债券。

（2）风险权重的计算标准。报告根据资产类别、性质以及债务主体的不同，将银行资产负债表的表内和表外项目划分为0%（无风险）、20%、50%和100%（十足风险）四个风险档次。风险权数大，则表示该资产风险大。这使银行的经营因资产种类、业务种类和交易国别而有所差别，以便能更确切和全面地反映银行的风险情况。

（3）资本充足率。资本充足率＝资本/风险资产。报告确定的国际银行的资本充足率不得低于 8%（其中核心资本对风险资产的比重不低于 4%）。巴塞尔委员会的成员国以国内法律的形式接受这个规定，该委员会以外许多国家和地区的法律也纷纷接受了这个规定。

（二）2004 年《新巴塞尔资本协议》

1988 年制定的《巴塞尔报告》随着世界经济一体化、金融国际化的发展，难以解决银行实践中出现的新问题、新情况。因此，巴塞尔委员会对报告进行了长期的修改和补充，2004 年 7 月，《新巴塞尔资本协议》最终定稿，并于 2006 年年底开始实施。《新巴塞尔资本协议》推出了互为补充的三大支柱：最低资本要求；监管当局的监督检查和市场纪律。最低资本要求是三大支柱的首要组成部分，其他两项是对第一支柱的辅助和支持。巴塞尔委员会认为，充足的资本是国际金融体系的安全与稳定的保障，除此之外，在

《新巴塞尔资本协议》中，第一次纳入了监管约束，要求监管机构对银行的风险状况和外部经营环境尽心监管。

同时，要求银行提高信息的透明度，通过市场的力量，外界的监督约束，来促使银行更有效地分配资金和控制风险。

（三）2010年《巴塞尔协议 III》

2010年9月12日，巴塞尔银行监管委员会宣布，各方代表就《巴塞尔协议 III》的内容达成一致。根据这项协议，商业银行的一级资本充足率将由4%上调到6%，同时计提2.5%的防护缓冲资本和不高于2.5%的反周期准备资本，这样核心资本充足率的要求可达到8.5%~11%。总资本充足率要求仍维持8%不变。此外，还将引入杠杆比率、流动杠杆比率和净稳定资金来源比率的要求，以降低银行系统的流动性风险，加强抵御金融风险的能力。

（四）有效银行监管的核心原则

1997年9月，巴塞尔委员会发布了《有效银行监管核心原则》（以下简称《核心原则》），以达到对银行进行全方位、多角度监管的目的。该《核心原则》经过2006年和2012年修订，2012年修订后，由25条变成了29条，主要规定了以下内容：

1. 有效银行监管的先决条件

《核心原则》提出，有效银行监管的先决条件包括：（1）稳健而持续的宏观经济政策。（2）为金融稳健政策实施而设立的有效框架。（3）完善的公共设施。（4）清晰的危机管理、恢复和处置框架。（5）适当的系统保护（公共安全网）。（6）有效的市场约束。

2. 监管的权利、责任和功能

《核心原则》第1~13条中，规定了银行监管机构的权利、责任和功能，其中强调了：（1）国内与国外监管的协同合作；（2）银行从事业务的范围，发照的标准，银行重大变更（所有权变更、重大收购）的监管；（3）并表监管：并表监管是指对一国银行或者银行集团所面临的所有风险，无论其机构注册于何地，应从银行或者银行集团的整体予以综合考虑的一种监管方法。它是银行监管的一项关键内容，是银行监管者对银行集团进行并表监管，并可以根据实际情况，对银行集团全球范围内的业务全面实施审慎标准。当然，这要求母国和东道国对跨境银行集团进行共享信息和合作进行有效的监督，并有效地处理危机的情况下的银行。

3. 持续性银行监管的安排

《核心原则》的第14~29条规定了：（1）公司治理和风险管理流程；（2）审慎法规与要求的制定与实施，包括资本充足率、信用风险、不良资产、拨备与准备金、集中性风险和大额风险暴露限额、国家风险及市场风险、流动性风险、操作风险等；（3）持续性银行监管方法，可以通过内部控制和审计、财务报告和外部审计、信息披露与透明度及防止滥用金融服务从事犯罪活动等。

【自我检测】

一、单选题

1.（自学考试真题）在国际银行监管制度形成和发展中发挥重要作用的机构是（　　　）。

    A. 巴塞尔委员会　　　　　　　　　B. 国际清算银行

    C. 国际货币基金组织　　　　　　　D. 国际证监会组织

2.（自学考试真题）国际货币基金组织创设的储备资产和记账单位是（　　　）。

    A. 信用证　　　B. 特别提款权　　　C. 金法郎　　　　　D. 埃居

3.（自学考试真题）允许固定汇率与浮动汇率并存，各成员国可以自由选择汇率安排的国际协定是（　　　）。

    A.《1944 年国际货币基金协定》　　B.《牙买加协定》

    C.《国际复兴开发银行协定》　　　D.《国际金融公司协定》

4.（自学考试真题）由《国际货币基金协定》诞生的国际货币制度是（　　　）。

    A. 国际金本位制度　　　　　　　　B. 布雷顿森林体系

    C. 牙买加体系　　　　　　　　　　D. 欧洲货币联盟

二、多选题

5.（法律职业资格考试真题）关于特别提款权，下列哪些选项是正确的？

    A. 甲国可以用特别提款权偿还基金组织为其渡过金融危机提供的贷款

    B. 甲、乙两国的贸易公司可将特别提款权用于两公司间国际货物买卖的支付

    C. 甲、乙两国可将特别提款权用于两国政府间结算

    D. 甲国可以将特别提款权用于国际储备

6.（法律职业资格考试真题）实践中，国际融资担保存在多种不同的形式，如银行保函、备用信用证、浮动抵押等，中国法律对其中一些担保形式没有相应的规定。根据国际惯例，关于各类融资担保，下列哪些选项是正确的？

    A. 备用信用证项下的付款义务只有在开证行对借款人的违约事实进行实质审查后才产生

    B. 大公司出具的担保意愿书具有很强的法律效力

    C. 见索即付保函独立于基础合同

    D. 浮动抵押中用于担保的财产的价值是变化的

7. 下列国际贷款担保中属于信用担保的有

    A. 见索即付保函　B. 备用信用证　　　C. 安慰函　　　　D. 浮动担保

【参考答案】

第十二章　国际税法

国际税法调整国际税收法律关系。国际税法主要解决跨国经济活动中关于税收的两个问题：国际重复征税和国际逃税、避税。国家税收管辖权之间的冲突是国际重复征税现象产生的原因，国际税法的目的之一在于通过利用国际税收协定协调有关国家在各种跨国所得和财产价值上的征税权冲突，从而消除国际重复征税；另一个重点问题是国际逃税和国际避税，这需要各国通过国内法律措施和开展国际税务合作来管制。

第一节　国际税法概述

一、国际税法的概念

国际税法（international tax law）是调整国际税收关系的法律规范的总称。但是由于人们对国际税收关系范围的不同理解，形成了关于国际税法的不同认识。

1. 狭义的国际税法

这种观点认为，国际税法所调整的国际税收关系仅限于国家间的税收分配关系。它只能采用国际法规范，通过运用冲突规范划分各国税收管辖权。这种学说严格区分国际法与国内法之间的界限，认为国际税法是国际法的一个组成部分，因此其主体只限于作为国际法主体的国家，其法律渊源只包括国际法规范，不包括国内法规范，即只限于调整国家与国家之间的税收条约、协定。各国的涉外税法不能作为国际税法的内容，它所运用的调整方法是单纯的间接调整方法。

2. 广义的国际税法

这种观点认为，国际税法所调整的国际税收关系除了国家间的税收分配关系以外，还包括国家与跨国纳税人之间的税收征纳关系；其法律渊源既包括国际法规范，又包括各国的涉外税法等国内法规范；在调整方法上，既运用冲突规范进行间接调整，又运用实体规范进行直接调整。

广义的国际税法突破了传统法学分科的严格界限，更加符合实际情况，所以被人们普遍接受。有鉴于此，我们可以给国际税法下这样一个定义：国际税法是调整国家之间的税收分配关系以及国家与跨国纳税人之间的税收征纳关系的国际法规范与国内法规范的总称。

二、国际税法的特点

国际税法作为一个独立的法律部门，具有自身的特点，主要表现在以下三个方面：

1. 国际税法的调整对象

国际税法的调整对象是国际经济交往中主权国家与跨国纳税人之间的税收征纳关系以及由此产生的有关国家之间的税收分配关系。它包含了两层含义：第一，它反映了一个国家的征税权及其征税制度；第二，它反映了国家之间税收利益的分配，两者互为条件，相互依赖。由于在国际税收中存在着两个或两个以上国家对税收的管辖权，而同一纳税义务人在两个或两个以上国家负有双重纳税义务。因此国际税收关系的内容也必然具有双重性，即一方面表现为相关主权国家之间就纳税人的跨国所得上的税收分配关系；二是主权国家与具有跨国所得的纳税人之间的税收征纳关系。国际税法特殊的调整对象决定了它是一个独立的法律部门。

2. 国际税法的主体

国际税法的主体有两个：一是国家，二是跨国纳税人。国家作为国际税法的主体出现在两种法律关系中：在国家之间的税收分配关系中，其既是权利享有者，又是义务承担者；在国家与跨国纳税人之间的税收征纳关系中，它属于征税主体，只享有征税权利，不承担相应的义务。跨国纳税人作为国际税法的主体属于纳税主体，只承担纳税义务，并不相应地享有权利。

3. 国际税法的客体

国际税法的客体主要是跨国纳税人的跨国所得。跨国纳税人的跨国所得主要有两类：一是居民纳税人来源于居住国境外的所得；二是非居民纳税人来源于非居住国境内的所得。如果没有这两类跨国所得，就不会形成不同国家对跨国纳税人的征税问题，也就没有所谓国家间的税收分配关系。因此，跨国纳税人的跨国所得是国际税法的客体，也是国际税法赖以存在的基础。

三、国际税法的渊源

国际税法的渊源是指调整国际税收关系的法律规范的表现形式。由于国际税收关系是以纳税人的跨国所得为基础所形成的一种特殊的经济分配关系，它既涉及跨国纳税人的利益，又涉及相关国家的权益分配，因而调整国际税收的法律规范呈现出多样性的特点，其法律渊源既包括国际法规范又有国内法规范。

1. 国际法规范

国际税法的国际法渊源首先表现为国际税收条约或协定。一般认为，最早的税收协定是 1843 年法国和比利时缔结的双边税收协定。第二次世界大战以后，各国政府为消除国际重复征税、防止国际逃避税对国际经济合作产生的不利影响，深深体会到必须缔结国际税收协定并逐步使之向规范化方向演进。1977 年 24 个发达国家组成的经济合作与发展组织公布了《关于对所得和财产避免双重征税协定范本》（以下简称《经合范本》），这一范本的公布标志着国际税收协定进入了规范化阶段。该范本强调对居民的税收管辖权，对收入来源地税收管辖权有所限制，对资本输出国较为有利，因此多为发达国家采用。1979

年联合国为解决发展中国家与发达国家之间的税收权益分配问题通过了《发达国家与发展中国家间双重征税的协定范本》（以下简称《联合范本》）。该范本侧重于强调来源地税收管辖权，对资本输入国较为有利，因而多为发展中国家所采用。

国际税法的国际法渊源还表现为国际税收惯例。国际税收惯例是指在国际经济交往中，处理国家间税收权益关系，反复出现并被各国接受，因而具有法律约束力的税收通例，是国际税收关系的行为准则。因为国际税法本身的历史较短，而国际惯例一般都需要较长的形成过程，再加上国际惯例很容易被国际条约或各国法律所肯定从而失去其作为惯例的特性，所以作为国际税法渊源的国际税收惯例并不很多。尽管如此，各国都应充分尊重和遵循国际税收惯例，只有这样才能有利促进国际经济合作和发展。如果各国无视国际税收惯例，不履行应尽的国际义务，势必影响自身的国际信誉，最终损害自身的经济权益。

2. 国内法规范

国内法规范主要表现为各国的涉外税法，尤其是各国的涉外所得税法。

调整国际税法的国际法和国内法互相配合、互相补充。因此国际税法是包括国际法和国内法在内的综合性法律部门。

四、国际税法的调整方法

调整国际税收关系的法律规范，既包括国际法和国内法中的实体法规范，又包括国际法和国内法中的冲突规范。因此国际税法的调整方法有两种：直接调整方法和间接调整方法。国际税法的直接调整方法是指通过实体法规范调整国际税收关系，它直接规定了国际税收关系中当事人的实体权利和义务。国际税法的间接调整方法是指通过冲突规范调整国际税收关系。国际税法所包括的冲突规范不同于国际私法中的冲突规范。它不是为了解决私法性涉外民商事关系的法律冲突，以便为其确定准据法，而是在两国对某一征税对象的税收管辖权发生冲突时，将税收管辖权划归某一国或由两国共享，由各国依其本国实体法决定是否征税和如何征税。

五、国际税法的发展

国际税法是调整国际税收关系的一个新的法律部门，是国际经济交往发展到一定阶段、国家的税收管辖权扩大到跨国征税对象的结果。

19 世纪末，世界资本主义经济的发展由自由竞争过渡到垄断阶段。垄断时期资本主义经济的主要特征是资本输出。随着资本输出的不断扩大，货物、资金、技术和劳动力等经济要素的跨国流动日趋频繁，从而促使从事跨国投资和其他经济活动的企业与个人的收入和财产日益国际化。企业与个人收入和财产国际化的普遍存在和不断发展，为国际税收关系和国际税法的产生奠定了客观经济基础。由于纳税人收入的国际化，当主权国家采取不同的征税原则时，势必将出现对跨国纳税人的同一征税对象重复征税的情况。此外，由于各国存在税负水平和税收稽征水平的差异，这也很容易被跨国纳税人利用，实现国际逃税和避税。而这些必然会引起相关国家如何对纳税人的跨国所得进行税收协调与分配的问题，可以说国际经济交往的发展以及纳税人收入的国际化直接孕育了国际税法的形成。在国际税收实践中，由于任何一个国家都不可能简单地强调独立行使管辖权，而不顾同其他国家发生税收权益的利害冲突，就必须和有关国家进行税收上的合作协调和调整，或通过国内法上的单边调整，或通过国际上的双边或多边调整，并将二者有机结合起来。因此，调整现代国际税收关系的国际税法便应运而生。

第二节 税收管辖权

一、税收管辖权概述

税收管辖权（tax jurisdiction）是指一国在征税方面所享有的权利。它决定了纳税人和征税对象的地域范围，具体表现为税收立法权和税收管理权。

税收管辖权是国家主权在税收领域的体现，是国家主权的重要内容。因此，税收管辖权具有如下特征：

（1）从单一征税国的角度看，税收管辖权由各国自主确定，具有独立性和排他性的特点，不受他国的支配和干涉。

（2）从国家间的关系看，各国的税收管辖权应当处于相互平等的地位，一国税收管辖权的确定要受到国家权力所及范围的限制；一国不得拒绝对国际组织及外国的外交代表机构和使领馆人员给予豁免；一国的税务机关也不得在另一国境内实施其税务行政行为。

国际税法的税收管辖权是国际公法领域属人原则和属地原则的体现。所谓属人原则是指国家对在国内和在国外的一切本国人，有权行使管辖；所谓属地原则是指国家对其领域内一切人和物以及所发生的事件有权行使管辖权。在国际税收领域，按照属人原则和属地原则可以将税收管辖权分为居民税收管辖权和收入来源地税收管辖权两类。

二、居民税收管辖权

居民税收管辖权又称居住国税收管辖权，是指在国际税收中国家根据纳税人在本国境内存在着税收居所这样的连结因素行使征税权力。它是属人原则在国际税法上的体现。它的确立是以纳税人与征税国之间存在着某种属人的联系为前提。这种根据纳税人的居民身份行使税收管辖权的原则又称为从人征税。

由于居民税收管辖权的行使是以纳税人与征税国之间存在着税收居所这一事实为前提条件的，而且根据国际税收实践，一国税法上的居民纳税人应就来源于该国境内外全部所得向该国纳税，即承担无限的纳税义务；而一国税法上的非居民纳税人仅就来源于该国境内所得向该国纳税，即承担有限的纳税义务。因此，对跨国纳税人居民身份的确定，直接影响到国家居民税收管辖权的行使。

（一）自然人居民身份的确定

国际税法上判断自然人居民身份，主要采用以下标准：

1. 住所标准

住所标准是以自然人在征税国境内是否拥有住所这一法律事实，决定其居民或非居民纳税人身份。所谓住所，是指一个自然人的具有永久性、固定性的居住场所，通常与个人的家庭和主要财产利益关系所在地相联系。当前采用此标准的国家主要有中国、日本、法国、德国等国。

2. 居所标准

居所一般是指一个人在某个时期内不具有永久性但经常居住的场所。现在越来越多的国家采用居住时间标准来确定自然人的居民纳税人身份，即以一个人在征税国境内居留是否达到和超过一定期限，作为划分其居民或非居民的标准。在居留时间上，各国税法规定不一，有的为半年，有的为一年。

3. 国籍标准

国籍是一个人同某一特定国家的固定的法律联系。据此标准行使的税收管辖权，又可称为公民税收管辖权。当前，只有美国、墨西哥等少数国家采用。

（二）法人居民身份的确定

在法人居民身份确认方面，各国税法实践中通常采用的标准主要有以下几种：

1. 法人注册地标准

按照这一标准，法人的居民身份依法人在哪国依法注册成立而定。凡在本国境内依法登记注册成立的公司企业，即为本国的居民纳税人。美国、瑞典、墨西哥等国采用此标准。

2. 法人实际管理和控制中心所在地标准

按照此标准，法人的实际管理和控制中心处在哪一国，便为该国的居民纳税人。所谓法人的实际管理和控制中心所在地，是指作出和形成法人的经营管理重要决定和决策的地点。英国、印度等国采用此标准。

3. 法人总机构所在地标准

按此标准，法人的居民身份取决于它的总机构所在地，即总机构设在哪一国，便认定为是该国的居民纳税人。所谓法人的总机构，一般是指负责管理和控制法人的日常经营业务活动的中心机构，如总公司、总部等。中国和日本采用此标准。

上述确认自然人和法人居民身份的各种标准，各国国内法认定并不一致，而且并非仅限于采用其中的一种标准。许多国家往往同时兼采两种以上标准，以尽可能地扩大自己的居民税收管辖权范围。

以我国为例。根据我国税法，中国税收居民个人是指在中国境内有住所，或者无住所而在境内居住满 183 天的个人（在中国境内有住所是指因户籍、家庭、经济利益关系而在中国境内习惯性居住）；中国税收居民企业是指依法在中国境内成立，或者依照外国（地区）法律成立，但实际管理机构在中国境内的企业（包括其他组织）。

【法规阅读】

《中华人民共和国个人所得税法》

第一条　在中国境内有住所，或者无住所而一个纳税年度内在中国境内居住累计满一百八十三天的个人，为居民个人。居民个人从中国境内和境外取得的所得，依照本法规定缴纳个人所得税。

在中国境内无住所又不居住，或者无住所而一个纳税年度内在中国境内居住累计不满一百八十三天的个人，为非居民个人。非居民个人从中国境内取得的所得，依照本法规定缴纳个人所得税。

纳税年度，自公历一月一日起至十二月三十一日止。

《中华人民共和国企业所得税法》

第一条　在中华人民共和国境内，企业和其他取得收入的组织（以下统称企业）为企业所得税的纳税人，依照本法的规定缴纳企业所得税。

个人独资企业、合伙企业不适用本法。

第二条　企业分为居民企业和非居民企业。

本法所称居民企业，是指依法在中国境内成立，或者依照外国（地区）法律成立但实际管理机构在中国境内的企业。

本法所称非居民企业，是指依照外国（地区）法律成立且实际管理机构不在中国境内，但在中国境内设立机构、场所的，或者在中国境内未设立机构、场所，但有来源于中国境内所得的企业。

第三条　居民企业应当就其来源于中国境内、境外的所得缴纳企业所得税。

非居民企业在中国境内设立机构、场所的，应当就其所设机构、场所取得的来源于中国境内的所得，以及发生在中国境外但与其所设机构、场所有实际联系的所得，缴纳企业所得税。

非居民企业在中国境内未设立机构、场所的，或者虽设立机构、场所但取得的所得与其所设机构、场所没有实际联系的，应当就其来源于中国境内的所得缴纳企业所得税。

根据属人原则行使征税权的前提条件，是纳税人与征税国之间存在着以人身隶属关系为特征的法律事实。这些属人连结因素，就自然人来说，主要有住所、居所、居留时间、国籍等；就法人来说，主要有公司的注册登记所在地、公司的实际管理和控制中心所在地以及公司的总机构所在地等。确定这类属人性质的连结因素在国际税法上一般称作税收居所。凡是与征税国存在着这种税收居所联系的纳税人，便是该国税法上的居民纳税人，而这个征税国亦相应地被称为该纳税人的居住国。主权国家根据纳税人在本国境内存在着税收居所这一法律事实来行使征税的权力。这种根据税收居所联系对纳税人进行征税的原则，被称为居住原则或居民税收管辖权原则。在此种税收管辖权中，纳税人应就其来自居住国境内外的全部财产和收入即全球所得纳税，因此居民纳税人承担的是无限纳税义务。

三、收入来源地税收管辖权

收入来源地税收管辖权是指一国对跨国纳税人在该国领域范围内的所得课征税收的权力。它是属地原则在国际税法的体现。它的确立是以课征对象与征税国领土之间存在着某种经济利益的联系为依据的。这种根据来源地行使税收管辖权的原则亦称从源征税。

根据属地原则行使税收管辖权的前提条件是作为征税对象的纳税人的各种所得与征税国之间存在着经济上的源泉关系。这些表示所得与征税国存在着某种渊源联系的地域连结标志，如不动产所在地，常设机构所在地，股息、利息、特许权使用费、租金等所得的发生地，债务人或支付人所在地等，在国际税法上称为所得来源地或所得来源地国。对那些在来源地国没有税收居所，但却因取得上述所得而负有纳税义务的人，一般称为来源地国的非居民纳税人。而在国际税法上，一国根据所得来源地这一连结因素对非居民纳税人征税的原则，称为来源地原则或来源地税收管辖权原则。在此种税收管辖权中，纳税人仅就其来自来源国境内的财产和收入纳税，因此纳税人承担的是有限纳税义务。

（一）收入来源地的确定

确认收入来源地，就是要认定收入的地域标志，根据这一地域标志，来源国有权对非居民纳税人在本国境内取得的所得进行征税。各国对各种收入采取的来源地认定标准主要有以下几种：

1. 营业所得来源地标准

营业所得是指纳税人从事工业生产、交通运输、农林牧业、金融、商业和服务性行业等生产性或非生产性企业经营活动取得的纯收益，又称经营所得或营业利润。关于营业所得来源地的认定，各国税法一般都采用营业活动发生地原则。只是对营业活动发生地，各国税法上有不同的解释，主要有营业机构所在地、合同签订地、商品使用地等解释。

2. 劳务所得来源地标准

劳务所得一般是指纳税人因对他人提供劳动服务而获得的报酬。个人所获得的劳动报酬可分为独立劳务所得和非独立劳务所得两类。前者是指个人以自己的名义独立从事某种专业性劳务和其他独立性活动而取得的收入。如以个人名义从事的律师、会计师的业务收入以及个人独立从事科学、文艺或教育活动所获得的报酬。非独立劳务所得则指个人由于任职受雇于他人从事劳动工作而取得的工资、薪金、各种劳动津贴和奖金等。在各国税法上，确认个人劳务所得的来源地标准主要有劳务履行地、劳务所得的支付地和劳务报酬支付人居住地等标准。

3. 投资所得来源地标准

投资所得主要包括纳税人从事各种间接性投资活动而取得的股息、红利、利息、特许权使用费和租金收益。各国确认这类投资所得的来源地，主要采用以下两种原则：一是投资权利发生地原则，即以这类权利的提供人的居住地为所得的来源地；二是投资权利使用地原则，即以权利或资产的使用或实际负担投资所得的债务人居住地为所得来源地。

4. 财产收益来源地标准

财产收益，又称财产转让所得或资本所得，是指纳税人因转让其财产的所有权取得的所得，即转让有关财产取得的收入扣除财产的购置成本和有关的转让费用后的所得。对转让不动产所得的来源地认定，各国税法一般都以不动产所在地为所得来源地。但在转让不动产以外的其他财产所得的来源地认定上，各国做法不尽一致。有的以转让人居住地为其所得来源地，有的以转让行为发生地为其所得来源地。

（二）对征税权的划分

各国国内税法在纳税人跨国所得来源地确定标准上存在着分歧，为此《经合范本》和《联合范本》两个税收协定和各国缔结的双边税收协定对纳税人各类跨国所得的征税权划分问题，制定了相应的协调性原则。

营业所得征税权的划分。居民纳税人来自居住国境内的营业所得，由该居住国独占地行使征税权。一国居民来自另一国境内的营业所得，由另一国（即收入来源国）优先行使征税权。收入来源国对非居民的营业所得行使征税权时，通常采用常设机构原则，即征税国只能对非居民设在本国境内的常设机构来源于本国的营业所得征税。按照常设机构原则征税时，收入来源国必须将非居民法人设在该国的常设机构视为独立企业，当作一个独立的纳税实体看待。国际税收协定确定常设机构通常采用的原则是实际联系原则和引力原则。作为常设机构原则的例外，国际运输企业的营业所得，因其来源地难以确定，通常由居住国独占行使征税权。

劳务所得征税权的划分。个人劳务所得包括独立个人劳务所得和非独立个人劳务所得两类。独立个人劳务所得，是指个人独立地从事某种专业性劳务和其他独立性活动所取得的收入。非独立个人劳务所得，是指个人由于受雇于他人从事劳动工作所得的报酬，包括工资、薪金和各种劳动津贴等。对非居民独立劳务所得的征税一般遵循"固定基地原则"和"183天规则"。所谓"固定基地"，是指个人进行专业性劳务的场所，其意义相当于常设机构。"183天规则"是指来源国对非居民纳税人的独立个人劳务所得征税，应以提供劳务的非居民个人某一会计年度在来源国境内连续或累计停留达183天或在境内设有经营从事这类独立劳务活动的固定基地为前提条件。对非居民非独立个人劳务所得征税总的原则是由作为收入来源国的一方从源征税。但是，依《经合范本》和《联合范本》的规定，同时具备下述三个要件的，应当由居住国征税：（1）收款人在某一会计年度内在缔约国另一方境内停留累计不超过183天；（2）有关劳务报酬并非由缔约国另一方居住的雇主支付或代表该雇主支付的；（3）该项劳务报酬不是由雇主设在缔约国另一方境内的常设机构或固定基地所负担。

投资所得和财产所得征税权的划分。各国一般采用从源预提的方式征税。但为了避免重复征税，各国一般会通过双边税收协定进行征税权划分，分享税收。

第三节　国际重复征税与国际重叠征税

一、概念

（一）国际重复征税

国际重复征税是指两个或两个以上的国家对同一纳税人就同一征税对象在同一时期内课征相同或类似的税收。

从国际重复征税的含义中可以看出，国际重复征税具有以下几个特点：

（1）存在着两个或两个以上的征税主体。两个征税主体分别代表两个国家政府。

（2）只有一个纳税主体。即同一纳税人对两个或两个以上国家的税务机关负有纳税义务。这里所称的同一个纳税人包括同一个自然人或属于同一个法人的总机构与分支机构。

（3）课税对象的同一性。即两个征税主体是就同一所得或财产价值对同一纳税人进行征税的，才构成国际重复征税。

（4）同一征税期间。这是指两个征税主体均是在同一个纳税期间对纳税人进行征税，即对纳税人在同一个纳税期间内取得的所得或拥有的财产价值征税，并不是指两个征税主体对纳税人具体征缴税款的时间是同时进行的。

（5）课征相同或类似性质的税收。这是指两个国家对同一纳税人分别课征的税收，必须是属于同种性质或类似性质的税收，否则不构成国际重复征税。

国际重复征税的产生，是有关国家所主张的税收管辖权在纳税人的跨国所得或财产价值上发生重叠冲突的结果。这种税收管辖权的冲突，主要有以下三种：

（1）居民税收管辖权之间的冲突。引起居民税收管辖权之间冲突的原因，在于各国税法上采用的确认纳税人居民身份的标准差异。这样，可能使某一自然人或法人同时成为两国税法上的居民，引起居民税收管辖权的冲突。

（2）收入来源地税收管辖权之间的冲突。同一纳税人来自居住国境外的某一所得，如果同时被两个非居住国认定为来自本国，即引发收入来源地国税收管辖权之间的冲突。

（3）居民税收管辖权与收入来源地税收管辖权之间的冲突。除极少数国家和地区以外，目前绝大多数国家在所得税和一般财产税方面，既对本国居民纳税人来自居住国境内和境外的一切所得和财产价值行使居民税收管辖权，同时对非居民纳税人来源于本国境内的各种所得行使收入来源地税收管辖权。因此，在一国居民所取得的来源于居住国境外的跨国所得上，势必会发生一国的居民税收管辖权与另一国的收入来源地税收管辖权之间的冲突。这一冲突，是造成当前大量的国际重复征税的最普遍的原因。

（二）国际重叠征税

国际重叠征税是指两个或两个以上的国家对不同的纳税人就同一征税对象在同一期间内课征相同或类似性质的税收。与国际重复征税相比，国际重叠征税不具备同一纳税主体这一特征。国际重叠征税主要发生在公司和公司股东之间，具体表现为两个国家分别同时对在各自境内的公司的利润和股东从公司获得的股息进行征税。

在国际重叠征税这个概念上目前还存在着一些分歧意见，有些学者把国际重复征税称为法律上的重复征税，而将国际重叠征税称为经济上的重复征税。国际重复征税与国际重叠征税各有自己的内涵，各有自己的解决方法。

（三）国际重复征税与国际重叠征税的消极影响

国际重复征税与国际重叠征税，严重制约了国际经济正常交往的顺利进行，是当前国际税法实践中需要解决的主要问题。其消极影响体现在以下两个方面：

（1）从法律角度看，使从事跨国投资和其他各种经济活动的纳税人相对于从事国内投资和其他各种经济活动的纳税人，背负了沉重的双重税收负担，违背了税收中立和税负公平的税法原则。

（2）从经济角度看，造成了税负不公，使跨国纳税人处于不利的竞争地位，势必挫伤其从事跨国经济活动的积极性，从而阻碍国际间资金、技术和人员的正常流动和交往。

正是由于国际重复征税与重叠征税有着各种消极影响，特别是它所造成的税负过重不利于国际投资，所以成为需要解决的问题。

二、国际重复征税的解决办法

避免国际重复征税可以由一国单方面采取措施，也可由双方或多方共同采取措施。

（一）双边措施

双边措施，主要是指两国（在个别情况下也可能是多国）按照平等互利的原则，通过协商来避免国际重复征税，其法律形式就是国际税收协定。

双边措施和单方措施相比，具有一定的优势：能更好地照顾两国的税收利益。双方协商针对性较强，任何一方都能根据彼此的具体情况作出适当的协调，从而使双方都可以减少在单边措施时所作的不必要的牺牲；能更好地保护跨国纳税人的利益，因为国际税收协定系国际法，单方不能任意解除，使国际投资者感到更有保障。

（二）单边措施

单边措施是指一国的立法机关通过国内立法，从单方面解决跨国纳税人所承受的双重税负问题。单边措施不需要其他国家的配合，因此在制订这些措施时，程序相对简单，见效也快。可以采取单边措施的方法很多，如免税法、抵免法、扣除法等。从目前的情况看，采取单边措施避免国际重复征税的主要是跨国纳税人的居住国。当然，各国在税收管辖权上所作的单方面自我限制是有一定限度的，并非放弃本国的一切税收权益。

1. 免税法

免税法是指居住国一方对本国居民纳税人来源于来源地国的已在来源地国纳税的跨国所得，在一定条件下放弃居民税收管辖权。由于居住国放弃了对其居民纳税人来源于境外的那部分所得的征税权，从而避免了在这部分跨国所得上居住国与来源地国税收管辖权的冲突。

采用免税法有两种不同的计算方法：

（1）全额免税法。全额免税法是指居住国在对居民纳税人来源于居住国境内的所得计算征税时，其适用的税率，完全以境内这部分应税所得额为准，不考虑其来源于境外的所得数额。

（2）累进免税法。累进免税法是指居住国虽然对居民纳税人来源于境外的所得免于征税，但在确定应适用的累进税率时，将其境外所得额考虑在内，这样对纳税人来源于境内的所得确定适用的税率，比在采用全额免税法条件下适用的税率要高，也比适用全额免税法计征的税额要多。

从维护居住国征税权益的角度，免税法不是避免国际重复征税的最佳方法，许多国家国内法和税收协定规定的免税是有条件或进行一定限制的。

2. 抵免法

抵免法是目前世界上大多数国家所采用的避免国际重复征税的方法。所谓抵免法是指纳税人可将已在收入来源国实际缴纳的所得税税款在应当向居住国缴纳的所得税额内扣除的方法。其基本公式是：

居住国应征所得税税额＝纳税人境内外总所得×居住国税率－允许抵免的已缴来源国税款

按照抵免数额的不同，可以分为全额抵免和限额抵免。全额抵免是指居住国允许纳税人已缴的来源国税额可以全部用来冲抵其居住国应纳税额，没有限额的限制；限额抵免是指纳税人可以从居住国应纳税额中抵扣的已缴来源地国税额，有一定限额的限制。

目前，国际上普遍实行的是限额抵免，其计算公式为：

抵免限额＝纳税人境内外总所得×居住国税率×（来源于居住国境外应税所得÷纳税人境内外总所得）

在居住国采用比例税率情况下，上述抵免限额的计算公式可以简化为：

抵免限额＝来源于居住国境外应税所得×居住国税率

居住国如果是累进税率制，则不能采用上述简化公式。

【法规阅读】

《个人所得税法》

第七条 居民个人从中国境外取得的所得，可以从其应纳税额中抵免已在境外缴纳的个人所得税税额，但抵免额不得超过该纳税人境外所得依照本法规定计算的应纳税额。

3. 扣除法

扣除法是指居住国允许本国居民就其境外所得而向来源国缴纳的税款，从其境内外的应税所得总额中扣除，就其余额适用相应的税率计算应纳税额的方法。其基本计算公式为：

居住国应征税额＝（纳税人境内外总所得－已缴来源国税款）×居住国税率

扣除法不同于免税法，在免税法中，居住国在计算本国居民的应税所得时不考虑其境外所得；但在扣除法中，本国居民的应税总所得包括其境内和境外的全部所得。扣除法也不同于抵免法，其区别在于扣除法是从应税总额中扣除境外已纳税款，抵免法则是从应纳税款中扣除境外已纳税款。

（三）税收饶让

税收饶让，又称为税收饶让抵免，是指居住国政府对跨国纳税人在收入来源国得到减免的那一部分所得税，视同在外国已缴纳而准予抵免，不再按居住国税法规定的一般抵免办法征税。

许多国家为了吸引外资实行了很多税收优惠政策，如低税率、税收减免等。但是在一般税收抵免的情况下，跨国纳税人在收入来源国缴纳低税率的所得税后，在居住国还是要按照居住国的所得税税率向居住国纳税，差额部分要向居住国补齐。这样，收入来源国所实行的各项税收优惠政策的受益人不是投资者，而是投资者的居住国政府，实行税收优惠政策就背离了其本来的意义。为了解决这一重大问题，收入来源国通常要求居住国实行一种不同于抵免法的特殊制度——税收饶让制。

居住国对本国居民来自境外一定范围的所得给予饶让，一般要通过双方国家签订税收协定加以明确规定。许多作为海外投资国的发达国家已经采用了税收饶让制，如英国、日本、德国等。但并不是所有的海外投资国都实行饶让制，如美国。

三、国际重叠征税的解决

国际重叠征税可以从两个方面来解决，一方面是由股息收入国采取措施，另一方面是由付出股息公司所在国采取措施。

（一）股息收入国所采取的措施

在收取股息公司的所在国方面，解决国际重叠征税的主要方法有三种：

1. 对来自境外的股息减免所得税

对境外来源的股息减免所得税，是不少国家的共同做法，但是具体方法又有所不同。对母公司的股息实行减免税的方法主要有三种：一是无条件地免征公司所得税；二是有条件地免征公司所得税；三是对一定比例的股息收入免征税，即减征公司所得税。

2. 准许国内母公司和国外子公司合并报税

准许国内母公司和国外子公司合并报税，事实上就是对子公司支付给母公司的股息免征所得税，这就实际上避免了国际重叠征税。但是，有些国家对此规定了一定的条件：如持股比例的要求或在手续上要求经过财政部部长的批准。

3. 对外国所征收的公司所得税实行间接抵免

实行间接抵免是收取股息公司的所在国为解决国际重叠征税的一项重要措施。所谓间接抵免，就是母公司所在国对子公司向东道国缴纳的公司所得税所给予的税收抵免。

股息收入国允许母公司享受间接抵免的条件包括：母公司必须是直接投资者，而不能是消极的证券投资者；母公司在子公司中享有的股份必须达到一定比例。有些发达国家还允许母公司享有多层间接抵免。

间接抵免常在各国国内税法中加以规定，这主要是一些发达国家。有些国家的国内税法未对此作出规定，而是在国际税收协定中规定采用间接抵免的措施。

（二）股息付出国所采取的措施

1. 双税率制

双税率制是指用于分配股息的利润和不用于分配股息的利润分别按不同的税率征收公司所得税，对分配利润的股息适用的税率较低。

双税率制通过子公司用于分配股息的利润减轻税负的方式，缓和了国际重叠征税的矛盾。目前，德国、日本是采用双税率制的国家。

2. 折算制

折算制，又称冲抵制。在折算制下，股息付出国对本国子公司的利润依法征收公司所得税，税后利润以股息形式分配给外国股东，国库按其所收到的股息额的一定比例退还母公司已交税款，然后以股息与所退税款之和为基数按适用税率对外国股东征税，纳税余额即净股息所得。法国是采用折算制的国家。

折算制不同于双税率制。双税率制是用减轻公司税负的方式解决国际重叠征税，股东分配到的股息仍应适用税率征税；而折算制则用减轻股东税负的方式解决国际重叠征税，公司应缴所得税额并未减轻。

第四节　国际逃税与国际避税

一、国际逃税与国际避税概述

（一）国际逃税与国际避税的含义

国际逃税是指跨国纳税人违反国际税法或国际税收协定的规定，采取非法手段，以谋求逃避或减少纳税义务的行为。国际避税是指跨国纳税人利用各国税法规定的差异或国际税收协定的漏洞，采取某种不违法的手段，以谋求减轻国际纳税义务的行为。

（二）国际逃税与国际避税的区别

国际逃税与国际避税是两个不同的概念，主要区别有以下几点：

1. 性质不同

国际逃税是非法行为，具有欺诈的性质；而国际避税是以合法的手段来达到减轻税负的目的。

2. 采取的手段不同

国际逃税是采取各种隐蔽的非法手段，不愿让征税国税务机关察觉；国际避税则通过形式上合法的手段而进行，因而往往是公开的。

3. 处理方法不同

国际逃税行为由于其是非法的，因而一旦为有关当局查明属实，纳税人就要为此承担法律责任，可能是行政的、民事的，甚至可能是刑事责任；而对于国际避税，征税国一般不能追究纳税人的法律责任，只能对国内税法或税收协定中的不完善之处进行修改或作出相应的补充规定，从根本上杜绝税法漏洞，防止避税行为的发生。

国际逃税与国际避税的产生主要有主观和客观两个方面的原因：在主观上，少纳税、多获利是每一个纳税人所共同追求的目标，对一个从事国际投资的跨国纳税人来说更是如此。因此，跨国纳税人从主观上总是通过各种方式，运用各种手段，逃避税收。在客观上，由于跨国纳税人的活动具有国际性，故各国税法上的差异为跨国纳税人进行逃避税收活动提供了可乘之机，比如各国主张税收管辖权的不同、征税范围的不同、税基的差异、税率的差异等。

（三）国际逃税与国际避税的危害

国际逃税与国际避税在实践中给各国所造成的危害是显而易见的。

首先，国际逃税与国际避税严重损害了有关国家的税收利益。纳税人应向政府缴纳税款而未缴，使国家税收收入减少，而税收收入在国家财政收入中占有重要比重，从而严重影响了国家的经济利益。

其次，国际逃税与国际避税使税收公平原则难以实现。奉公守法者处于不利的竞争地位，而逃避税收的人则获得了不当的利益，严重地破坏了国际经济领域内的正常竞争秩序。

最后，国际逃税与国际避税会引起国际资本的不正常流动，对国际经济交往活动产生不利影响。为了实现逃避税收的目的，跨国纳税人经常利用转移定价等方法转移资金和利润，造成国际资本流通秩序的极大混乱。

随着国际经济活动的扩大与发展，国际逃税与国际避税的危害日益引起越来越多的国家和有关国际组织的关注，成为国际上迫切需要解决的国际税法问题之一。

二、国际逃税和国际避税的手段

（一）国际逃税的手段

跨国纳税人进行国际逃税手法多种多样，比较常见的有以下几种：

1. 匿报或谎报应税所得

跨国纳税人不向税务机关报送纳税资料，采用这种手段主要是匿报应税所得和财产。匿报应税所得和财产，经常发生在纳税人在国外拥有的财产或获得的股息、利息以及薪金和报酬等项收入上。在这方面，银行为顾客保密的义务往往为纳税人转移和隐匿应税所得提供了便利条件；谎报应税所得是指纳税人将应税财产和所得以多报少，或者为了取得税收上的好处将一种财产和所得谎称为另一财产和所得。

2. 虚构成本费用等扣除项目

虚构成本费用等扣除项目是跨国纳税人最经常采用的一类逃税方法。各国税法计算纳税人在纳税年度内的应税所得额时，应从总所得中扣除必要的成本、费用和损失等项目。纳税人往往采取以少报多、无中生有的做法，虚构有关佣金、使用费等开支，以减少应税所得额。目前，许多国家没有严格的开支标准和统一的支付凭证，这就使得国际交易的成本费用很难控制。

3. 伪造账册和收支凭证

在伪造账册和收支凭证方面，纳税人往往采用各种会计上的方法实现逃税目的。如设置两套账簿，一套登记虚假的经营项目，以应付税务机关的审查；另一套则反映真实的经营状况，从而使税务机关无法了解其实际利润水平。再如伪造收支凭证，主要是在购入上多开发票，在售出上少开发票，甚至用销售货物不开发票等办法达到逃税的目的。

（二）国际避税的手段

纳税人在国际避税方面同样是花样繁多，主要有两类：

1. 通过纳税主体的跨国移动进行国际避税

这类避税方式，经常发生在自然人。在对自然人征税方面，各国一般以个人在境内存在着住所、居所或居住达一定天数等法律事实，作为行使居民税收管辖权的依据。因此，纳税人也往往采取移居国外或压缩在某一国的居住时间等方式变更其税收居所，达到规避在某一国承担居民纳税人的义务的目的。法人也可能通过选择或改变税收居所的方式进行避税，如改变董事会的地点而转移经营管理中心。

2. 通过征税对象的跨国移动进行国际避税

这是纳税人最经常使用的方法，具体有以下三种：

（1）跨国联属企业通过转移定价和不合理分摊成本费用进行避税。在同一集团利益的支配下，联属企业之间的经济交易就完全可能背离市场竞争原则，采用人为地抬高或压低交易价格的办法实现把利润从高税率国转移到低税率国的目的。不合理的分摊成本费用，主要发生在联属企业的总机构与国外分支机构之间。应税所得是收入减除有关的成本和费用的结果。成本和费用的增减，直接影响到应税所得额的多少。因此总机构和国外分支机构之间利用分摊成本费用的办法，同样可以实现利润的跨国转移。

（2）跨国纳税人利用避税港避税。一般来说，避税港是指那些对财产和所得不征税或按很低的税率征税的国家或地区。如巴拿马、巴哈马群岛、维尔京群岛等。跨国纳税人利用避税港实现国际避税的主要形式，就是通过在避税港设立基地公司，将在避税港境外的财产和所得汇集在基地公司的账户下，从而达到躲避国际税收的目的。基地公司是那些在避税港设立而实际受外国股东控制的公司，这类公司的全部或主要的经营业务活动是在避税港境外进行的。

（3）跨国投资人有意弱化股份投资进行国际避税。公司所需要的资金主要来自股东的投资和贷款，由于跨国股息和利息所得的实际国际税负可能存在着较大的差别，以致跨国纳税人经常利用这种国际税负的差别，有意弱化股份投资而增加贷款融资比例，从中达到避税的目的。

三、防止国际逃税与国际避税的措施

（一）防止国际逃税和国际避税的国内法律措施

1. 一般国内法措施

不是针对某种具体的国际逃税与国际避税行为，而是针对一般的国际逃税与国际避税采取的国内法措施主要有下列几种：

（1）加强国际税务申报制度。了解纳税人的国际经济活动情况和在国外的财产状况，对于防止纳税人进行逃税和避税，具有十分重要的意义。许多国家在税法上特别对跨国纳税人规定了申报国外税务的义务。除了在实体法上直接规定纳税人有申报国外税务义务外，有的国家还在司法程序上要求纳税人在税收案件中应就有关国外事实负举证责任。

（2）强化会计审查制度。实行会计审查制度，是加强对跨国纳税人的经营活动的税务监督的一种重要手段。通过法律规定，公司企业的税务报表必须经过会计师的审核。

（3）实行评估所得征税制度。许多国家对于那些由于不能提供准确的成本费用凭证，因而无法正确计算应税所得的纳税人，以及那些每年所得数额较小的纳税人，按照同行业纳税人的正常或平均利润水平，核定其应税所得，采取评估所得征税制度。这种办法对于防止那些为数众多但又难以实行有效的税务监督和管理的小型企业进行逃避税，具有一定的作用。

2. 特别国内法措施

主要针对跨国纳税人的某种具体的逃税和避税行为而采取的特别法律措施，该措施包括：

（1）限制居民身份的转移。为了防止跨国纳税人出于避税目的而改变其税收居所，大多数国家的国内法要求本国居民移居国外前必须缴清所有的应缴税款。

（2）正常交易原则。这是防止跨国纳税人利用转移定价和不合理分摊成本费用逃避税的措施。所谓正常交易原则，是指关联企业之间的关系，当作独立竞争的企业之间的关系来处理。各个经济实体之间的营业往来，都应按公平的市场交易价格计算。如违反此规定，税务机关可按公平市场价格，重新调整其应得收入和应承担的费用。

（3）取消延期纳税待遇。为了防止跨国纳税人通过在避税港设立基地公司进行避税，美国、加拿大、法国等国取消了设有基地公司的跨国纳税人的延期纳税待遇。按美国税法的规定，当国内股东拥有基地公司50%以上的股权时，尽管基地公司未按股息形式向其分配利润，也应将其计入股东有关纳税年度的应税所得额中，不准像某些未从国外收到股息的股东那样享受延期纳税待遇。

（二）防止国际逃税和国际避税的国际法律措施

目前，各国之间通过有关条约或协定达成的防止国际逃避税的措施，主要有两个方面：

（1）建立有关情报交换制度。在国际税收实践中，各国往往根据国际税收协定的规

定，确立彼此间的税收情报交换制度。关于交换情报的种类和范围，由缔约国通过谈判在协定中具体确定。根据有关情报资料的不同，缔约国之间交换情报的方法一般分为例行的交换、经特别请求的交换和一方主动提供三种。

（2）在税款的征收方面提供协助。在征税方面的相互协助，主要内容包括缔约国一方代表另一方执行某些征税行为。如代为送达纳税通知书、在纳税责任未确定前对有关纳税人及其财产代为实施管理保全措施等。在这种情况下，由有关国家提供这方面的协助就能有效地制止这类逃避税收的行为。

第五节 国际税收协定

一、国际税收协定概述

国际税收协定（international tax convention），又称国际税收条约，是指两个或两个以上的主权国家，依照对等原则，通过政府间谈判所缔结的确定其在国际税收方面的权利义务关系的书面协定。它是目前国际法上调整国际税收分配关系的主要法律表现形式，也是国家相互协调税制差异和利益冲突，进行国际税收调整，实现国际税务合作的有效形式。

（一）国际税收协定的种类

国际税收协定可以划分不同的类型，比较常见的有：

（1）按缔约方的数目，国际税收协定可以分为双边税收协定和多边税收协定两种类型。

双边税收协定是指两个国家缔结的协调相互之间税收关系的条约。目前它仍然是所得税方面国际协调与合作的主要形式；多边税收协定是指两个以上国家参加缔结的协调相互间税收关系的协定。在所得税方面，目前达成的多边税收协定并不多，但由双边向多边发展，将是一个发展趋势。

（2）按协定所涉及的内容范围，国际税收协定可以分为综合性的所得税协定和单项所得税协定两种类型。

综合性的所得税协定旨在全面解决有关国家对跨国所得课税过程中所出现的各种矛盾与冲突；单项的所得税协定是为了协调某一特定所得或有关国家对跨国所得课税过程中的某一特定税收问题而缔结的书面协议。

（二）国际税收协定的意义

国际税收协定的产生，适应了国际税收协调与合作的发展需要，对国际经济的合作与交流也有重要意义。

首先，协调了各国税收管辖权的冲突，避免和消除了国际重复征税现象，减轻了跨国纳税人不合理的税收负担。国际税收协定明确规定了各国税收管辖权的行使原则，要求彼此接受约束，这对于解决国际重复征税和国际重叠征税现象是很有意义的，同时也合理地协调了缔约国之间的税收利益分配关系。

其次，加强了国家之间的税务合作，互通税收情报，防止国际逃税和避税。通过缔结国际税收协定，缔约各方自愿承担税收情报交换义务，有助于协同打击纳税人的逃税和避税行为。

再次，签订国际税收协定，实行税收饶让制度，保证发展中国家鼓励外来投资政策的顺利实施。发展中国家作为东道国为了吸引外资，引进先进的技术和管理经验，一般都采取了各种税收优惠政策。但这些税收优惠政策在缺乏税收条约安排的情况下，往往使投资者不能真正的获得利益，反而引起东道国的税款流失。通过国际税收协定，使投资者在东道国未实际缴纳的税款，视同已经缴纳，使东道国的税收优惠政策真正落到实处。

最后，消除税收的国际歧视，保护纳税人的税收利益。一国政府对外国人实行歧视性的税收差别待遇，直接违背了税负公平原则，也不利于吸引外国资金与技术。通过签订国际税收协定，避免税收歧视，有助于改善征税国的投资环境，也有利于保护纳税人的合法权益。

国际税收协定的发展呈现出如下特点：

（1）国际税收协定数量迅速增加。随着国家之间的交往进一步扩大。各国所得税制进一步普及化，国际双重征税问题也日益尖锐，因此国际税收协定在数量上也有长足的发展。

（2）国际税收协定内容不断扩展。早期缔结的税收协定多数条款较少，内容也比较狭窄。而近年来所缔结的税收协定，内容日益广泛，条款日益严谨。由单一税种扩展到多项税种，由对少数所得征税扩展到对几乎全部所得征税。

【课程思政】

"一带一路"税收征管合作机制①

"一带一路"税收征管合作机制高级别视频会议 15 日晚召开。各方围绕税收信息化发展规划等主题进行交流并发布联合声明，会议取得 15 项最新成果。

中国国家税务总局 16 日发布的新闻稿说，哈萨克斯坦、印度尼西亚、尼日利亚、塔吉克斯坦、安哥拉、匈牙利、伊朗、马来西亚、俄罗斯等国税务局负责人和美洲税收管理组织执行秘书长、国际税收与投资中心主席等在会上依次发言，为后疫情时代的经济社会发展和税收治理献计献策；国际货币基金组织、世界银行、经济合作与发展组织、国际商会等国际组织有关负责人围绕税收信息化服务国家治理等主题进行了深入交流。

"一带一路"税收征管合作机制理事会主席、中国国家税务总局局长王军出席会议并致辞。王军提出三点倡议：

①《"一带一路"税收征管合作机制会议达成 15 项成果》，载中国新闻网，https：//baijiahao. baidu. com/s？id=1686216679037506481&wfr=spider&for=pc，访问时间：2021 年 4 月 20 日。

——进一步发挥多边税收平台作用。充分认识团结互助和多边合作的重要意义和积极作用，遵循合作机制框架下的共商共建共享原则，坚持互利合作、与时俱进，集税收之众力为数字经济营造有利发展环境，聚税收之众智破解数字经济带来的征收管理难题。

——进一步深化信息化技术重要应用。高度重视并大力发展信息化技术在税收领域的重要应用，全面推进税收信息化建设，促进形成信息化、智能化的税收治理体系和纳税服务生态，并坚持经验分享与信息共享，共同加快税收征管现代化进程。

——进一步推进合作机制规划建设。不断健全完善合作机制组织架构，聚焦"税收信息化"主题，发挥联盟、工作组等功能作用，深化网站、期刊等载体建设，打造多位一体的长效工作机制，以合作机制的高效运转助力各国（地区）税收信息化水平提升。

合作机制理事会全体成员协商一致并共同发布《"一带一路"税收征管合作机制信息化线上高级别会议联合声明》，达成三方面15项重要成果。与会各方一致同意：持续加强多边税收合作，深入推进税收信息化发展，不断完善合作机制建设。

"一带一路"税收征管合作机制是非营利性的官方合作机制，于2019年4月在中国举办的第一届"一带一路"税收征管合作论坛期间建立。

二、国际税收协定的主要内容

目前，世界各国签订的双边税收协定已达数百个之多，但其内容基本上一致，主要包括以下几方面的内容：

（一）协定的适用范围

税收协定的适用范围主要包括主体范围、客体范围、空间范围和时间范围。

1. 主体范围

协定适用于为缔约国一方或者同时为缔约国双方居民的人，包括自然人和法人。因为任何人只在其为居民的国家，才对该国家负有无限纳税义务。但国际税收协定不影响按照国际法一般原则或特别协定规定的外交代表或领事官员所享有的财政和税收的特权。

2. 客体范围

客体范围即协定适用于哪些税种。一般认为，所得税以及利润汇出税等都是双边税收协定的客体。税收协定的客体主要是所得，但也不限于所得，对一些特定财产的占有行为课征的财产税也可列入协定的适用范围。总之，协定的客体适用范围所确定税种的多少，主要取决于缔约国国内税制的特殊要求。

3. 空间范围

国际双边税收协定所限定的空间范围，一般都是各缔约国的领土，即协定生效的地点为缔约国双方境内。也有些国家签订的双边税收协定规定，其适用的空间范围可以延伸到领土之外的其他区域。

4. 时间范围

一般国际税收协定以交换批准书为生效要件。缔约国双方经过谈判、协商，达成协议文本草案，然后由双方主管部门草签，最后经缔约国各方的权力机关批准，双方互换批准书后方可生效。国际税收协定生效后，一般应长期有效，除非条约本身规定了明确期限或缔约一方对通知期限的权利作出保留，协定可以终止。

（二）国际税收协定中税收管辖权的划分

税收管辖权的划分是国际税收协定的核心条款，即对征税所得涉及他国或多国的情况下，确定应由哪一国行使优先征税权，由哪一国行使最终征税权以及哪一些可由一国行使独占征税权。在国际税收协定中一般涉及的所得有四种，即营业所得、劳务所得、投资所得和财产及其他所得，对上述几种国际所得的税收管辖权的划分方式如下：

1. 对营业所得的税收管辖规定

在国际税收协定中所涉及的营业所得主要有缔约国一方企业的营业所得、常设机构的营业所得和跨国联属企业的营业所得。对于缔约国一方企业的营业所得，双边税收协定奉行居住国独占征税的原则。对于常设机构的营业利润，税收协定一般规定适用来源地国优先征税的原则。《联合范本》中明确规定，缔约国一方企业的利润应仅在该缔约国征税，但该企业通过常设机构进行营业的除外。企业通过常设机构进行营业的利润，可以在缔约国另一方征税，其数额应仅属于：第一，该常设机构；第二，在缔约国另一方销售与通过常设机构进行相同或同类货物或商品的收入；第三，在缔约国另一方进行与通过常设机构进行相同或同类的其他营业活动的收入。对于联属企业的利润，国际税收协定一般倾向于适用独立竞争原则，要求联属企业应按彼此完全独立，如同不受任何共同控制的企业一样以公开市场价格为标准处理它们之间的收入分配，根据具体情况决定由居住国或收入来源国管辖。

2. 对投资所得的税收管辖规定

对于投资所得，国际税收协定一般适用来源国与居住国分享收入的原则，即在承认来源地国对非居民纳税人的投资所得拥有优先征税权的基础上，同时又对来源地国的征税加以某种限制。

3. 对劳务所得的税收管辖规定

其内容有独立个人劳务，即自由职业者所从事的专业性劳动；非独立个人劳务，即受雇的职员或雇员的劳务；董事的报酬所得；表演家或运动员的报酬所得；退休金；政府职员所得；学生和实习人员所得；教师和研究人员所得。对劳务所得的征税及限定条件，政策性和原则性很强，并且情况复杂。如何解决好这些问题，对国家间人才交流、提供劳务和跨国经营具有重要的意义。

4. 对财产所得的税收管辖规定

一是对不动产，缔约双方都有征税权，其基本原则是对不动产及其所得和利益，以不动产所在地为准征税；二是财产收益所得，指在所有权转移的情况下处理或转让财产的所得，也称为资本所得。对财产所得税收管辖权的协调，是以缔约国征收财产税，并对其居民的境外财产征税为前提的；三是对其他所得的税收管辖权的协调。

（三）关于消除国际重复征税的方法

国际重复征税，是由于有关国家对跨国所得同时行使不同的税收管辖权导致冲突所产生的，所以要解决国家间对跨国纳税人的重复征税问题，就必须在有关国家之间就下述两项内容达成一致性的协议：一是避免重复征税，即缔约国之间需要明确属地管辖权行使的范围，对哪一些所得可由非居住国优先行使属地管辖权，哪些所得要限制非居住国行使属地管辖权；二是消除重复征税，即缔约国之间需要协商确定对行使居民税收管辖权的居住国应该如何采取有效的措施，最终消除重复征税。

（四）国际税收协定的特别规定

在各国签订的双边税收协定中，还就缔约国之间的税务行政协助等方面作出某些特别的规定，如"无差别待遇""相互协商程序""税收情报交换"等。

三、金融账户涉税信息自动交换标准

随着经济全球化进程的不断加快，纳税人通过境外金融机构持有和管理资产，并将收益隐匿在境外金融账户以逃避居民国纳税义务的现象日趋严重，各国对进一步加强国际税收信息交换、维护本国税收权益的意愿愈显迫切。

受二十国集团①委托，2014 年 7 月经济合作与发展组织发布了《金融账户涉税信息自动交换标准》（以下简称《标准》），其中包含了"共同申报准则"（Common Reporting Standard，简称 CRS），又称"统一报告标准"，获得当年 G20 布里斯班峰会的核准，为各国加强国际税收合作、打击跨境逃避税提供了强有力的工具。在 G20 的大力推动下，截至 2019 年 7 月已有 106 个国家（地区）签署实施《标准》。

2014 年 9 月经国务院批准，我国在 G20 财政部部长和央行行长会议上承诺将实施《标准》，首次对外交换信息的时间为 2018 年 9 月。2015 年 7 月《多边税收征管互助公约》由全国人大常委会批准，于 2016 年 2 月对我国生效，为实施《标准》奠定了多边法律基础。2015 年 12 月经国务院批准，国家税务总局签署了《金融账户涉税信息自动交换多边主管当局间协议》，为我国与其他国家间相互交换金融账户涉税信息提供了操作层面的多边法律工具。2017 年 5 月 9 日《非居民金融账户涉税信息尽职调查管理办法》正式发布。2017 年 7 月 1 日金融机构开始对新开立的个人和机构账户开展尽职调查。2017 年 12 月 31 日前金融机构完成对存量个人高净值账户的尽职调查。2018 年 9 月国家税务总局与其他国家税务主管当局第一次交换信息。2018 年 12 月 31 日前金融机构完成对存量个人低净值账户和全部存量机构账户的尽职调查。

---

① 由七国集团财长会议于 1999 年倡议成立，由阿根廷、澳大利亚、巴西、加拿大、中国、法国、德国、印度、印度尼西亚、意大利、日本、韩国、墨西哥、俄罗斯、沙特阿拉伯、南非、土耳其、英国、美国以及欧盟 20 方组成。

《标准》由主管当局间协议范本和统一报告标准两部分内容组成。主管当局间协议范本是规范各国税务主管当局之间如何开展金融账户涉税信息自动交换的操作性文件，以互惠型模式为基础，分为双边和多边两个版本。统一报告标准规定了金融机构收集和报送外国税收居民个人和企业账户信息的相关要求和程序。

根据《标准》开展金融账户涉税信息自动交换，首先由一国金融机构通过尽职调查程序识别另一国税收居民个人和企业在该金融机构开立的账户，按年向金融机构所在国主管部门报送账户持有人名称、纳税人识别号、地址、账号、账户余额或价值、利息、股息以及出售金融资产（不包括实物资产）的收入等信息，再由该国税务主管当局与账户持有人的居民国税务主管当局开展信息交换，最终为各国进行跨境税源监管提供信息支持。

通过 CRS 进行的金融账户信息交换具有以下特点：

1. 每年自动完成一次信息交换

目前世界上有大约 3000 多个避免双重征税的协定，其中大多数都包含情报交换条款。但是，这些情报交换是根据申请进行，而非自动完成，申请时需要提供涉税的证明材料，所以实践中作用非常有限。而 CRS 是自动的、无须提供理由的信息交接。

2. 以税收居民作为识别依据

确定金融账户信息是否需要通过 CRS 交换取决于账户持有人是哪国的税收居民而非国籍。

3. 交换的信息仅限于金融账户信息

CRS 所称金融账户是指广义的金融账户。CRS 覆盖几乎所有的海外金融机构，包括银行、信托、券商、提供各种金融投资产品的投资实体、特定的保险机构等。在 CRS 体系下，需要申报并交换的只有产生现金流的资产和有现金价值的金融资产，包括存款账户、托管账户、现金值保险合约、年金合约、持有金融机构的股权（债权）权益等；不产生现金流的资产，包括投资海外房产，购买珠宝、艺术品、贵金属等，均不需要申报。

【自我检测】

一、单选题

1. （自学考试真题）国际税收协定中的经合范本是（　　）。

　　A. 是要求各国签订税收协定时遵循的国际法

　　B. 偏重保护国际投资者居住国利益

　　C. 由联合国经社理事会的税收专家小组推出

　　D. 更注重保护发展中国家的利益

2. （自学考试真题）假定甲国一居民公司在某纳税年度共有所得 100 万元，其中来源于甲国的有 80 万元，来源于乙国的有 20 万元，甲乙两国的所得税税率分别为 20%、10%，在抵免法下，甲国应就该笔所得征收所得税（　　）。

　　A. 20 万元　　　　　B. 18 万元　　　　　C. 16 万元　　　　　D. 10 万元

3. （自学考试真题）税收管辖权理论中的"税收居所"（　　）。

　　A. 是指用以确定纳税居民的属地性质的连结因素

    B. 是目前所有国家用以确定纳税居民的连结因素

    C. 仅适用于自然人，是指自然人在征税国境内的住所或居所

    D. 是指纳税人与征税国之间存在着的以人身隶属关系为特征的法律事实

  4. （自学考试真题）假定 A 国居民公司在某纳税年度中总所得为 10 万元，其中来自 A 国的所得为 6 万元，来自 B 国的所得为 4 万元，A、B 两国的所得税税率分别为 30%、25%，若 A 国采取全额免税法，则该公司向 A 国的应纳税额为（　　）。

    A. 3 万元　　　　　B. 2.5 万元　　　　　C. 2 万元　　　　　D. 1.8 万元

  5. （法律职业资格考试真题）甲国人李某长期居住在乙国，并在乙国经营一家公司，在甲国则只有房屋出租。在确定纳税居民的身份上，甲国以国籍为标准，乙国以住所和居留时间为标准。根据相关规则，下列哪一选项是正确的？

    A. 甲国只能对李某在甲国的房租收入行使征税权，而不能对其在乙国的收入行使征税权

    B. 甲乙两国可通过双边税收协定协调居民税收管辖权的冲突

    C. 如甲国和乙国对李某在乙国的收入同时征税，属于国际重叠征税

    D. 甲国对李某在乙国经营公司的收入行使的是所得来源地税收管辖权

  二、多选题

  6. （自学考试真题）关于"居住国原则"和"来源国原则"，下列说法正确的有（　　）。

    A. "居住国原则"来源于"属人原则"　　B. "来源国原则"来源于"属人原则"

    C. "居住国原则"来源于"属地原则"　　D. "来源国原则"来源于"属地原则"

    E. 目前世界上大多数国家普遍兼采这两种原则

  7. （自学考试真题）常见的国际逃税方式主要有（　　）。

    A. 跨国纳税人不报纳税资料

    B. 跨国纳税人谎报所得及虚构扣除

    C. 跨国纳税人伪造账目和伪造收付凭证

    D. 跨国纳税人缩短居住时间和短期离境

  8. （法律职业资格考试真题）甲乙两国均为 WTO 成员，甲国纳税居民马克是甲国保险公司的大股东，马克从该保险公司在乙国的分支机构获利 35 万美元。依《服务贸易总协定》及相关税法规则，下列哪些选项是正确的？

    A. 甲国保险公司在乙国设立分支机构，属于商业存在的服务方式

    B. 马克对甲国承担无限纳税义务

    C. 两国均对马克的 35 万美元获利征税属于重叠征税

    D. 35 万美元获利属于甲国人马克的所得，乙国无权对其征税

【参考答案】

第十三章　国际商事仲裁法

第一节　国际经济争端处理概述

　　国际经济争端是国际经济交往中不可避免的现象，而如何处理这些国际经济争端对于一个国家和当事人而言具有重要的意义。国际经济争端是指国际经济法主体（包括不同国家的自然人、法人、国家和国际经济组织）之间在国际经济交往中产生的法律争端。由于国际经济法的主体范围广泛，既包括自然人、法人等私权利主体，也包括国家和国际经济组织，相应的国际经济争端就包括了不同国家的自然人、法人之间、国家、国际组织之间、国家、国际组织和和他国私权利主体之间在经济交往中产生的各种法律争端。国际经济争端处理法是处理国际经济争端的国际法和国内法规范的总称。

【资料阅读】

国际商事争端预防与解决组织

　　2020年10月15日，国际商事争端预防与解决组织在中国北京成立。国际商事争端预防与解决组织是中国贸促会、中国国际商会按照"共商、共建、共享"理念，联合亚洲、欧洲、非洲、北美洲和南美洲20多个国家和地区的45家商协会、法律服务机构、高校智库等共同发起设立的非政府间、非营利性国际组织。该组织由40多个国家和地区的工商、法律服务机构发起，旨在为国际商事主体提供从争端预防到解决的多元化服务。

　　当今世界经济社会发展联系日益密切，但不稳定不确定因素依然很多，各国工商界对法律风险预防和争端解决提出更高要求。争端解决组织落地后将独立运营，致力于提供从争端预防到争端解决的多元化、一站式、全链条商事法律服务。国务院总理李克强向国际商事争端预防与解决组织致贺信表示，规则和法治是贸易投资主体应对不确定性和风险挑战的"防护网"，也是妥善化解商事争端的"公平秤"。中国政府近年持续推进市场化、法治化、国际化营商环境建设，以公正监管维护公平竞争。中国将继续深化改革扩大开放，对内外资企业一视同仁，为各类市场主体投资兴业、创新创业提供更好环境。李克强希望各方用好国际商事争端预防与解决组织平台，共商共建共享，携手共同努力，平等保护当事方合法权益，促进贸易投资自由化便利化。

　　从各国处理国际经济争端的实践来看，国际经济争端的解决方法主要有调解、仲裁以及诉讼三种方式。

一、调解

调解是争端当事人在中立的第三方即调解人协助下解决争端的方式。调解的优点在于能较快地解决争端，有利于保持当事人的友好关系，给双方当事人带来相互信任感和节省费用。但调解人的作用只是协助解决争端，无权作出具有法律拘束力的裁决。如果一方当事人因某种理由在调解过程中不予合作，调解即告失败。调解工作通常在常设仲裁机构的主持或协助下进行，一些国际性常设仲裁机构都制定了相应的调解规则。

1978 年的《联合国国际贸易法委员会调解规则》是第一部国际性的调解规则。2019 年 8 月 7 日，包括中国、美国、印度、韩国以及多个东盟国家在内的 46 个国家在新加坡出席会议并签署了《联合国关于调解所产生的国际和解协议公约》（以下简称《新加坡调解公约》）。《新加坡调解公约》由联合国国际贸易法委员会历时四年研究拟订，并经联合国大会会议于 2018 年 12 月审议通过。

二、仲裁

仲裁是指当事人双方自愿将争端提交第三方进行审理，并遵守其裁决。仲裁员以裁判者的身份居中对争端进行裁判并作出裁决，裁决一般是终局性的，对双方当事人均有约束力。仲裁具有效率高、成本低的优点。它是非诉讼解决争端的各种方式中最重要、最为制度化的方式。

【法规阅读】

《中华人民共和国仲裁法》

第六条　仲裁委员会应当由当事人协议选定。仲裁不实行级别管辖和地域管辖。

第七条　仲裁应当根据事实，符合法律规定，公平合理地解决纠纷。

第八条　仲裁依法独立进行，不受行政机关，社会团体和个人的干涉。

第九条　仲裁实行一裁终局的制度。裁决作出后，当事人就同一纠纷再申请仲裁或者向人民法院起诉的，仲裁委员会或者人民法院不予受理。裁决被人民法院依法裁定撤销或者不予执行的，当事人就该纠纷可以根据双方重新达成的仲裁协议申请仲裁，也可以向人民法院起诉。

三、诉讼

诉讼解决方式也称为司法解决方式，包括国际诉讼和国内诉讼。

（一）国际诉讼

国际诉讼是指将国际经济争端提交国际法院解决的方式。国际法院是联合国的法定组织，其在处理国际经济争端方面存在很大的局限性。首先，国际法院的诉讼当事人限于国家，因此国家以外的国际经济法主体就无法通过这一途径来解决争端；其次，由于国际法院不是凌驾于国家之上的司法机关，其管辖需以争端当事人的自愿为前提。

（二）　国内诉讼

国内诉讼是指将国际经济争端提交各国国内法院解决的方式。各国法院一般仅有权处理私权利主体之间的争端，其管辖权同样存在不足：首先，由于主权国家以及国际经济组织在国际法上通常享有豁免权，因此一国法院不能对它们实施管辖权，除非该国或国际组织主动放弃其豁免权，但到目前为止，尚没有哪个国家或国际组织这样做；其次，这种方式有时还会牵扯到管辖权冲突，不同国家的当事人会尽量选择本国的法院来解决争端。正是基于上述原因，就会产生因平行诉讼而引起的管辖权冲突问题，这是涉外民商事诉讼中常见的情形。

所谓平行诉讼，指相同当事人就同一争议基于相同事实以及相同目的同时在两个或两个以上国家的法院进行诉讼的现象。我国关于这个问题在司法实践中主要是根据《最高人民法院关于适用〈中华人民共和国民事诉讼法〉的解释》的规定。

【法规阅读】

《最高人民法院关于适用〈中华人民共和国民事诉讼法〉的解释》

第五百三十一条　涉外合同或者其他财产权益纠纷的当事人，可以书面协议选择被告住所地、合同履行地、合同签订地、原告住所地、标的物所在地、侵权行为地等与争议有实际联系地点的外国法院管辖。

根据民事诉讼法第三十三条和第二百六十六条规定，属于中华人民共和国法院专属管辖的案件，当事人不得协议选择外国法院管辖，但协议选择仲裁的除外。

第五百三十二条　涉外民事案件同时符合下列情形的，人民法院可以裁定驳回原告的起诉，告知其向更方便的外国法院提起诉讼：

（一）被告提出案件应由更方便外国法院管辖的请求，或者提出管辖异议；

（二）当事人之间不存在选择中华人民共和国法院管辖的协议；

（三）案件不属于中华人民共和国法院专属管辖；

（四）案件不涉及中华人民共和国国家、公民、法人或者其他组织的利益；

（五）案件争议的主要事实不是发生在中华人民共和国境内，且案件不适用中华人民共和国法律，人民法院审理案件在认定事实和适用法律方面存在重大困难；

（六）外国法院对案件享有管辖权，且审理该案件更加方便。

第五百三十三条　中华人民共和国法院和外国法院都有管辖权的案件，一方当事人向外国法院起诉，而另一方当事人向中华人民共和国法院起诉的，人民法院可予受理。判决后，外国法院申请或者当事人请求人民法院承认和执行外国法院对本案作出的判决、裁定的，不予准许；但双方共同缔结或者参加的国际条约另有规定的除外。

外国法院判决、裁定已经被人民法院承认，当事人就同一争议向人民法院起诉的，人民法院不予受理。

　　在调解、仲裁和诉讼三种处理国际经济争端的方式之中，仲裁以其灵活、高效和费用低廉等优点而成为最广泛运用的方式。

【课程思政】

"一带一路"律师联盟①

　　近年来，随着"一带一路"建设的深入推进，共建国家和地区间司法合作日益密切。"一带一路"共建国家和地区多数属于新兴经济体和发展中国家，这些国家的市场规模和资源禀赋优势明显，普遍处于经济发展上升期。同时"一带一路"国家和地区法治水平差异大，法治环境较为复杂，国际经贸合作、跨国投资经营存在着法律风险，容易发生矛盾纠纷，对涉外法律服务的需求日益增多。在推进"一带一路"建设中，各方对加强法治，加快建立专门的涉外法律服务机制，为"一带一路"建设保驾护航的呼声越来越高。经过两年多的努力筹备，"一带一路"律师联盟于2019年12月8日在广州正式宣布成立，联盟总部（秘书处）设在中国北京。

　　联盟章程规定的主要业务范围有五个方面：第一，搭建以"一带一路"有关国家和地区律师为主的交流合作平台，组织国际会议、开展考察、培训、项目等多种活动。第二，建立"一带一路"共建国家和地区律师、律师组织等与联盟的日常沟通协调机制。第三，研究探讨重点、热点法律问题，为"一带一路"建设相关部门提供法律咨询、意见建议。第四，为"一带一路"共建国家和地区的国际经贸活动提供法律服务支持。第五，推动"一带一路"区域经贸规则不断完善。联盟的成立为律师服务"一带一路"搭建了新平台，标志着律师国际交流合作跨入新的阶段。联盟的成立有利于深化中国律师与"一带一路"共建国家律师间的务实合作；有利于加强"一带一路"共建国家法律服务资源有效整合；有利于推动"一带一路"区域经贸规则不断完善。

　　"一带一路"涉及的国家和地区众多而且各国的法律制度各不相同，中国企业遇到的贸易摩擦和投资纠纷通常集中在境外投资过程中面临投资市场准入、国家安全审查、投资者保护、公司治理、建设工程和贸易纠纷、劳工、环保、知识产权等合规经营以及涉及外汇管理制度、争议管辖等方面的法律风险。

　　第一，市场准入法律风险。"一带一路"国家大多数都属于新兴经济体和发展中国家，这些国家的基础设施和互联互通水平存在较大缺口，中国企业现阶段投资主要集中于能源矿产和基础设施，一部分"一带一路"国家出于保护其本国经济利益的考虑，通过立法对能源行业设置了严格的准入壁垒或政策限制，由此引发的法律风险也日益增加。

　　第二，劳务法律风险。"一带一路"国家在劳动用工的环境和法律的成熟度方面参差不齐，中国企业在"一带一路"国家中直接投资过程中，往往需要雇佣所在国当地的员工，因此也会面临不同的劳务法律风险。目前已经产生的、较为突出的劳务

---

① 资料节选自中国一带一路网对律师联盟秘书长康煜的专访。

法律问题主要包含涉嫌违反东道国劳动法律政策，忽视待遇和福利保障，人员裁减或调整所带来的行政处罚、诉讼等纠纷。

第三，环境保护法律问题。"一带一路"沿线地区的生态环境相对复杂且十分脆弱，因此环境保护是诸多"一带一路"参与国家尤为重视的问题，同时也是中国企业在初期投资过程中容易忽视的问题。中国企业若不能严格遵守东道国的环境保护标准及法律制度，将会面临这方面的法律风险。

第四，知识产权法律风险。"一带一路"参与国的创新能力总体偏弱，知识产权发展指数偏低，整体知识产权保护状况还不发达，而各参与国具有的知识产权法律制度各不相同，对知识产权的保护水平和层次也各有高低。中国企业在向"一带一路"国家开展投资时，若不熟悉知识产权国际保护规则和方法，不熟悉知识产权战略的运用，将很容易遭受知识产权资源的流失，甚至引发知识产权纠纷。

第五，金融交易法律风险。随着中国企业参与"一带一路"建设的日益深入，对"资金融通"的需求逐渐增加，然而，各参与国的金融交易法和金融监管法的差异较大，跨境金融交易与监管的具体情况相当复杂，且金融交易本身具有较难控制、影响范围大、扩张性强等特点，加上大多数"一带一路"国家的金融体系不够发达，金融机构有待完善，动员金融资源和配置资源的能力相对不足，导致诸多中国企业在进行跨境金融投资过程中面临不同程度的法律风险。

"一带一路"律师联盟认真学习领会习近平法治思想的核心要义，务实做好法律服务领域国际交流合作工作。习近平法治思想是习近平新时代中国特色社会主义思想的重要组成部分，是全面依法治国的指导思想和根本遵循。习近平法治思想的一个重要方面是"坚持统筹推进国内法治和涉外法治"。"一带一路"律师联盟是中方发起成立的国际性律师组织，是"一带一路"各国律师间交流合作的重要平台，联盟所有工作都要紧紧围绕提高涉外法律服务能力和水平这一重要目标，努力推动建设公平公正透明的国际贸易规则体系，为"一带一路"建设提供优质高效的法律服务支持，为构建人类命运共同体做出应有贡献。

第二节　仲裁机构与仲裁员

国际商事仲裁，是指在国际经济活动中，当事人双方依事先或事后达成的仲裁协议，将有关争端提交给仲裁机构依据仲裁程序进行审理，并作出具有约束力的仲裁裁决的争议解决方式。

一、仲裁机构

仲裁机构包括特设仲裁机构和常设仲裁机构两种形式。特设仲裁机构是根据当事人合意并按照一定程序建立，专门裁决某一项争议，争议审理完毕后自动解散的仲裁庭，又称临时仲裁机构。常设仲裁机构是依照国际条约或一国国内法而设立，并有固定名称、地址、人员、办事机构、组织章程、行政管理制度以及仲裁规则、仲裁员名册，以解决国际民商事争端的仲裁组织。

常设仲裁机构的特点在于其规范性和便利性，在仲裁规则、仲裁员的选择方面更为系统、规范，并能获得更为全面完善的管理服务，所以利用国际常设仲裁机构来解决国际经济争端往往是当事人的首选。同时，除了当事人另有约定，一旦其同意将案件提交至某个常设仲裁机构，即意味着采用该机构的仲裁规则，并可在该机构的仲裁员名册中选定仲裁员，无需当事人另行约定。我国《仲裁法》仅就常设仲裁机构作出了规定，未涉及临时仲裁机构。

【法规阅读】

《中华人民共和国仲裁法》

第十条　仲裁委员会可以在直辖市和省、自治区人民政府所在地的市设立，也可以根据需要在其他设区的市设立，不按行政区划层层设立。仲裁委员会由前款规定的市的人民政府组织有关部门和商会统一组建。设立仲裁委员会，应当经省、自治区、直辖市的司法行政部门登记。

第十一条　仲裁委员会应当具备下列条件：

（一）有自己的名称、住所和章程；

（二）有必要的财产；

（三）有该委员会的组成人员；

（四）有聘任的仲裁员。

仲裁委员会的章程应当依照本法制定。

第十二条　仲裁委员会由主任一人、副主任二至四人和委员会七至十一人组成。仲裁委员会的主任、副主任和委员由法律、经济贸易专家和有实际工作经验的人员担任。仲裁委员会的组成人员中，法律，经济贸易专家不得少于三分之二。

第十四条　仲裁委员会独立于行政机关，与行政机关没有隶属关系，仲裁委员会之间也没有隶属关系。

以下为我国及国际上较为有影响力的国际仲裁机构。

（一）中国国际经济贸易仲裁委员会

中国国际经济贸易仲裁委员会（China International Economic and Trade Arbitration Commission，英文简称 CIETAC，中文简称贸仲委）是世界上主要的常设商事仲裁机构之一。由中国国际贸易促进委员会于1956年设立，是专门受理国际经济贸易争端的常设性仲裁机构，当时名称为对外贸易仲裁委员会，1980年改名为对外经济贸易仲裁委员会，1988年改名为中国国际经济贸易仲裁委员会，2000年中国国际经济贸易仲裁委员会同时启用中国国际商会仲裁院的名称。

贸仲委设在北京，并在深圳、上海、天津、重庆、杭州、武汉、福州、西安、南京、成都、济南、海口分别设有华南分会、上海分会、天津国际经济金融仲裁中心（天津分会）、西南分会、浙江分会、湖北分会、福建分会、丝绸之路仲裁中心、江苏仲裁中心、四川分会、山东分会和海南仲裁中心。贸仲委在香港特别行政区设立香港仲裁中心，在加拿大温哥华设立北美仲裁中心，在奥地利维也纳设立欧洲仲裁中心。贸仲委及其分会（或仲裁中心）是一个统一的仲裁委员会，适用相同的仲裁规则和仲裁员名册。贸仲委章程规定，分会（或仲裁中心）是贸仲委的派出机构，根据贸仲委的授权接受并管理仲裁案件。贸仲委设名誉主任一人、顾问若干人。贸仲委设秘书局，主要负责贸仲委行政管理事务，并负责贸仲委应参与、组织及协调的公共法律服务事务。

（二）中国海事仲裁委员会

中国海事仲裁委员会（China Maritime Arbitration Commission，英文简称CMAC，中文简称中国海仲）于1959年1月22日在中国国际贸易促进委员会（中国国际商会）内设立的，唯一以解决海事海商、交通物流争议为特色并涵盖其他所有商事争议的全国性、国际化仲裁机构。

中国海仲位于北京，在上海设有上海总部，在天津、重庆、深圳、福州、舟山、海口设有分会（或仲裁中心），在香港特别行政区设有香港仲裁中心，在大连、青岛、宁波、广州、南宁等国内主要港口城市设有办事处。为满足行业仲裁和多元化服务需要，中国海仲下设航空争议仲裁中心、计量争议仲裁中心、建设工程争议仲裁中心、海事调解中心、航空争议调解中心、救助打捞争议调解中心、物流争议解决中心、渔业争议解决中心等业务中心。

上海总部和分会（或仲裁中心）可以就近管理仲裁案件，与中国海仲适用统一的《仲裁规则》和《仲裁员名册》，提供统一的仲裁服务。香港仲裁中心依据香港特区法律成立，其所管理的案件，除非当事人另有约定，仲裁程序法为香港法，所作裁决为香港裁决。

（三）香港国际仲裁中心

香港国际仲裁中心（Hong Kong International Arbitration Centre，英文简称HKIAC）成立于1985年9月，是一个民间非营利性中立机构。香港国际仲裁中心满足东南亚地区的商务仲裁的需要，同时也为中国内地当事人和外国当事人之间的经济争端提供"第三地"的仲裁服务。香港国际仲裁中心由理事会领导，理事会由来自不同国家的商人和其他具备不同专长和经验的专业人士组成，仲裁中心的业务活动由理事会管理委员会通过秘书长进行管理，而秘书长则是仲裁中心的行政首长和登记官。

（四）国际商会国际仲裁院

国际商会是（International Chamber of Commerce，英文简称ICC）1919年由比利时、法国、意大利、英国和美国等工商界领导人建立的世界各国工商业者的国际团体，旨在通过民间企业的交往促进国际经济合作和发展，总部设在巴黎。1923年，国际商会设立了仲裁院，作为处理国际商事争端的国际性常设调解与仲裁机构。

使用国际商会仲裁院主持的调解或仲裁程序必须符合下列两个条件：争端必须属于国

际商务争端，具体包括国际贸易、国际投资和其他形式的国际经济合作中所发生的争端，但当事人不一定要具有不同国籍或在不同国家有住所或活动，只要含有涉外因素，仲裁院就有权进行管辖；争端当事人的书面同意。

（五）瑞典斯德哥尔摩商会仲裁院

瑞典斯德哥尔摩商会仲裁院（The Arbitration Institute of the Stockholm Chamber of Commerce，英文简称SCC）成立于1917年，隶属于斯德哥尔摩商会但独立于斯德哥尔摩商会，是瑞典最重要的常设仲裁机构。由于瑞典的仲裁历史悠久、体制完善，再加上瑞典为中立国，20世纪70年代为美国和苏联所承认，成为中立的东西方贸易争端解决中心。中国也于同一时期承认SCC为解决国际争端的机构。此后，SCC不断扩展其在国际商事仲裁领域的服务，从而成为国际上最重要的、经常被选用的仲裁院之一。

SCC下设理事会和秘书处。理事会由一名主席、二至三名副主席以及最多十二名其他成员组成，他们来自瑞典国内外，并且均为国际商事争议解决领域声望卓著和专业水平高超的专家。理事会的职能是根据SCC仲裁规则做出决定，这些决定的范围涵盖了初步管辖权、仲裁员任命、仲裁员资格异议和仲裁费用等各方面。SCC秘书处的职责包括日常案件管理、活动组织和出版物制作等。秘书处由秘书长领导，办公地点位于斯德哥尔摩。

二、仲裁员

各国立法对仲裁员资格的规定不尽一致。有些国家或地区对仲裁员的资格作了比较严格的规定，有的国家规定得较为宽松，还有少数国家对仲裁员的资格未作明确规定，没有法定条件的限制。但通常情况下，多数国家均要求仲裁员要具备下列资格：具备完全民事行为能力；具有一定的专业能力、资历和学历等；品格高尚，公正无私。我国仲裁法对仲裁员的资格除了有公道正派的要求之外，还有专业资历的要求。

【法规阅读】

《中华人民共和国仲裁法》

第十三条　仲裁委员会应当从公道正派的人员中聘任仲裁员。仲裁员应当符合下列条件之一：

（一）从事仲裁工作满八年的；

（二）从事律师工作满八年的；

（三）曾任审判员满八年的；

（四）从事法律研究、教学工作并具有高级职称的；

（五）具有法律知识、从事经济贸易等专业工作并具有高级职称或者具有同等专业水平的。仲裁委员会按照不同专业设仲裁员名册。

第三节　国际商事仲裁协议

国际商事仲裁协议是指双方当事人合意将他们之间已经发生或将来可能发生的国际商事争端交付仲裁解决的书面协议。

一、仲裁协议的种类

国际商事仲裁协议既可以在争议发生之前也可以在争议发生之后达成。仲裁协议必须采用书面形式。争议发生前达成的仲裁协议通常为当事人合同中的一个条款，即仲裁条款，为合同的组成部分，并非独立的文件。争议发生后达成的仲裁协议通常为独立的契约，即仲裁协议书。

1. 仲裁条款

仲裁条款指双方当事人在签订合同时在该合同中订立的约定把将来可能发生的争端提交仲裁解决的条款。

【阅读】

CIETAC 示范仲裁条款

示范仲裁条款（一）

凡因本合同引起的或与本合同有关的任何争议，均应提交中国国际经济贸易仲裁委员会，按照申请仲裁时该会现行有效的仲裁规则进行仲裁。仲裁裁决是终局的，对双方均有约束力。

Any dispute arising from or in connection with this Contract shall be submitted to China International Economic and Trade Arbitration Commission（CIETAC）for arbitration which shall be conducted in accordance with the CIETAC's arbitration rules in effect at the time of applying for arbitration. The arbitral award is final and binding upon both parties.

示范仲裁条款（二）

凡因本合同引起的或与本合同有关的任何争议，均应提交中国国际经济贸易仲裁委员会_____分会（仲裁中心），按照仲裁申请时中国国际经济贸易仲裁委员会现行有效的仲裁规则进行仲裁。仲裁裁决是终局的，对双方均有约束力。

Any dispute arising from or in connection with this Contract shall be submitted to China International Economic and Trade Arbitration Commission（CIETAC）_____ Sub - Commission（Arbitration Center）for arbitration which shall be conducted in accordance with the CIETAC's arbitration rules in effect at the time of applying for arbitration. The arbitral award is final and binding upon both parties.

2. 仲裁协议书

仲裁协议书指在争端发生前或争端发生后双方当事人经过平等协商，共同签署的把争端提交仲裁解决的专门性文件。

仲裁条款和仲裁协议书统称为仲裁协议是国际商事仲裁的根本依据，是仲裁庭对案件行使管辖权及法院承认和执行仲裁裁决的基本依据。

二、仲裁协议的效力

（1）仲裁协议的效力对双方当事人具有严格的约束力。仲裁协议是当事人同意将他们之间的特定法律关系中已经发生或者可能发生的争议提交仲裁的意思表示，这对双方当事人具有约束力，双方所产生的纠纷应通过仲裁解决。

（2）仲裁协议可以排除有关国家法院的管辖权。有效的仲裁协议排除了法院的管辖权，如选择了仲裁即排除了法院管辖。关于仲裁协议可排除法院管辖权的效力为多数国家所承认，在我国也是如此。但在我国仲裁裁决被撤销或被拒绝执行，当事人如不能重新达成仲裁协议，是可以向法院起诉。

【法规阅读】

《中华人民共和国仲裁法》

第四条　当事人采用仲裁方式解决纠纷，应当双方自愿，达成仲裁协议。没有仲裁协议，一方申请仲裁的，仲裁委员会不予受理。

第五条　当事人达成仲裁协议，一方向人民法院起诉的，人民法院不予受理，但仲裁协议无效的除外。

《中华人民共和国民事诉讼法》

第二百七十八条　涉外经济贸易、运输和海事中发生的纠纷，当事人在合同中订有仲裁条款或者事后达成书面仲裁协议，提交中华人民共和国涉外仲裁机构或者其他仲裁机构仲裁的，当事人不得向人民法院起诉。

当事人在合同中没有订有仲裁条款或者事后没有达成书面仲裁协议的，可以向人民法院起诉。

第二百八十条　经中华人民共和国涉外仲裁机构裁决的，当事人不得向人民法院起诉。一方当事人不履行仲裁裁决的，对方当事人可以向被申请人住所地或者财产所在地的中级人民法院申请执行。

（3）仲裁协议是有关仲裁机构行使仲裁管辖权的依据。有效的仲裁协议是仲裁机构行使仲裁管辖权，受理案件的唯一依据。没有仲裁协议的案件，即使一方当事人提出仲裁申请，仲裁机构也无权受理。仲裁管辖权属于协议管辖权，此不同于民事诉讼管辖权，后者的管辖权起于国家的司法主权，具有强制性，不以当事人之间的协议作为管辖的前提条件。

（4）仲裁协议是强制执行仲裁裁决的依据。有效的仲裁协议是申请执行仲裁裁决时必须提供的文件。根据联合国《关于承认和执行外国裁裁决公约》的规定，为了使裁决能在另一国得到承认和执行，胜诉的一方应在申请执行时提交仲裁协议。在执行外国仲裁裁决时，仲裁协议是否有效是法院审查的重要内容。

三、仲裁协议的生效条件

各国立法对国际商事仲裁协议有效性的规定不尽相同，但作为一种合同，有效的国际商事仲裁协议首先要符合合同生效的一般要件。一般条件包括：第一，当事人具有完全民事行为能力，否则签订的仲裁协议无效；第二，意思表示真实。当事人双方合意签订仲裁协议，其通过仲裁解决争议的意思表示必须是自愿、真实的。第三，形式合法。即必须符合应当适用的法律对仲裁协议形式上的要求，大部分国家的国内法均要求仲裁协议需采用书面形式。第四，内容合法。仲裁协议的内容不能违反相关国家的强制性法律规定和公共政策，同时提交仲裁的事项应当具有可仲裁性，例如在我国，涉及婚姻、家庭、继承方面的事项不属于国际商事仲裁的范畴。

【法规阅读】

《中华人民共和国仲裁法》

第二条 平等主体的公民、法人和其他组织之间发生的合同纠纷和其他财产权益纠纷，可以仲裁。

第三条 下列纠纷不能仲裁：

（一）婚姻、收养、监护、扶养、继承纠纷；

（二）依法应当由行政机关处理的行政争议。

第十七条 有下列情形之一的，仲裁协议无效：

（一）约定的仲裁事项超出法律规定的仲裁范围的；

（二）无民事行为能力人或者限制民事行为能力人订立的仲裁协议；

（三）一方采取胁迫手段，迫使对方订立仲裁协议的。

除了要符合一般条件外，国际商事仲裁协议对其内容也有规定。要求其应包括以下内容：第一，提交仲裁的意思表示。当事人合意通过仲裁来解决争议的意思表示；第二，仲裁事项。提交仲裁解决的国际商事争议的事项范围，仲裁机构管辖权仅限于当事人在仲裁协议中确定的仲裁事项；第三，仲裁机构。国际商事争议当事人选择的解决争议的临时或常设仲裁机构。

【法规阅读】

《中华人民共和国仲裁法》

第十六条 仲裁协议包括合同中订立的仲裁条款和以其他书面方式在纠纷发生前

或者纠纷发生后达成的请求仲裁的协议。

仲裁协议应当具有下列内容：

（一）请求仲裁的意思表示；

（二）仲裁事项；

（三）选定的仲裁委员会。

关于仲裁事项和选定的仲裁委员会，我国《仲裁法》规定，如果仲裁协议对仲裁事项或仲裁委员会没有约定或约定不明确的，当事人可以补充协议；达不成补充协议的，仲裁协议无效。这一规定意味着当事人即使明确表示通过仲裁解决争议的意思，但由于没有明确约定仲裁事项或仲裁机构，则依据我国法律该仲裁协议无效。这在实践中可能会造成事实上减少了当事人申请仲裁解决争议的机会，这不符合目前国际商事仲裁"尽量使仲裁协议有效原则"的发展趋势。随着经济全球化，目前"尽量使仲裁协议有效原则"日益成为国际商事仲裁领域的发展趋势。该原则意味着仲裁机构或法院在判定国际商事仲裁协议是否有效时，即使仲裁协议存在某些缺陷，只要当事人明确表达同意通过仲裁解决纠纷，则应尽量满足当事人的意愿，认定仲裁协议有效。

【法规阅读】

《中华人民共和国仲裁法》

第十八条　仲裁协议对仲裁事项或者仲裁委员会没有约定或者约定不明确的，当事人可以补充协议；达不成补充协议的，仲裁协议无效。

仲裁协议的效力问题直接关系到仲裁机构的管辖权、仲裁裁决的有效性及其能否得到承认和执行的问题。在仲裁机构的管辖权方面，当事人可以在仲裁程序开始阶段，以仲裁协议无效为由，向仲裁机构提出管辖权的异议，或者直接将争议事项提交法院进行诉讼。无论是仲裁机构还是受理案件的法院都要首先解决仲裁协议的效力问题。如果仲裁机构根据"仲裁庭自裁管辖原则"（competent-competent doctrine）自行裁决，并且作出了拥有管辖权的决定，而一方当事人对此裁决不服，则仍然有权就仲裁协议效力问题向法院提出异议，请求法院对此作出裁决。在仲裁裁决的有效性及其能否得到承认和执行方面，当事人可以在仲裁裁决作出后，以裁决所依据的仲裁协议无效为由，请求裁决地法院撤销该仲裁裁决，或者请求执行地国法院拒绝承认和执行该仲裁裁决。

【法规阅读】

《中华人民共和国仲裁法》

第十九条　仲裁协议独立存在，合同的变更、解除、终止或者无效，不影响仲裁协议的效力。仲裁庭有权确认合同的效力。

第二十条　当事人对仲裁协议的效力有异议的，可以请求仲裁委员会作出决定或者请求人民法院作出裁定。一方请求仲裁委员会作出决定，另一方请求人民法院作出裁定的，由人民法院裁定。当事人对仲裁协议的效力有异议，应当在仲裁庭首次开庭前提出。

《中国国际经济贸易仲裁委员会仲裁规则（2015 版）》

第五条 仲裁协议

（一）仲裁协议指当事人在合同中订明的仲裁条款或以其他方式达成的提交仲裁的书面协议。

（二）仲裁协议应当采取书面形式。书面形式包括合同书、信件、电报、电传、传真、电子数据交换和电子邮件等可以有形地表现所载内容的形式。在仲裁申请书和仲裁答辩书的交换中，一方当事人声称有仲裁协议而另一方当事人不做否认表示的，视为存在书面仲裁协议。

（三）仲裁协议的适用法对仲裁协议的形式及效力另有规定的，从其规定。

（四）合同中的仲裁条款应视为与合同其他条款分离的、独立存在的条款，附属于合同的仲裁协议也应视为与合同其他条款分离的、独立存在的一个部分；合同的变更、解除、终止、转让、失效、无效、未生效、被撤销以及成立与否，均不影响仲裁条款或仲裁协议的效力。

第六条 对仲裁协议及/或管辖权的异议

（一）仲裁委员会有权对仲裁协议的存在、效力以及仲裁案件的管辖权作出决定。如有必要，仲裁委员会也可以授权仲裁庭作出管辖权决定。

（二）仲裁委员会依表面证据认为存在有效仲裁协议的，可根据表面证据作出仲裁委员会有管辖权的决定，仲裁程序继续进行。仲裁委员会依表面证据作出的管辖权决定并不妨碍其根据仲裁庭在审理过程中发现的与表面证据不一致的事实及/或证据重新作出管辖权决定。

（三）仲裁庭依据仲裁委员会的授权作出管辖权决定时，可以在仲裁程序进行中单独作出，也可以在裁决书中一并作出。

（四）当事人对仲裁协议及/或仲裁案件管辖权的异议，应当在仲裁庭首次开庭前书面提出；书面审理的案件，应当在第一次实体答辩前提出。

（五）对仲裁协议及/或仲裁案件管辖权提出异议不影响仲裁程序的继续进行。

（六）上述管辖权异议及/或决定包括仲裁案件主体资格异议及/或决定。

（七）仲裁委员会或经仲裁委员会授权的仲裁庭作出无管辖权决定的，应当作出撤销案件的决定。撤案决定在仲裁庭组成前由仲裁委员会仲裁院院长作出，在仲裁庭组成后，由仲裁庭作出。

第四节 国际商事仲裁程序

国际商事仲裁程序是指当事人一方提请仲裁到仲裁机构作出终局性裁决的过程中，处理仲裁机构、仲裁员、申请人、被申请人和其他关系人参与仲裁活动所必须遵循的步骤、方法和规则。主要包括仲裁的申请和受理、仲裁规则及仲裁地的选择、仲裁庭的组成、仲裁审理、法律适用、仲裁裁决等几个方面。

一、仲裁的申请和受理

仲裁程序是从仲裁的申请开始的。仲裁的申请是指仲裁协议约定的争端发生以后，当事人一方根据仲裁协议向仲裁机关提交仲裁书面请求的程序。这种书面请求被称为仲裁申请书，提请仲裁的一方为申请人，被申请的一方为被申请人。

仲裁机构收到仲裁申请书以及所附的仲裁协议（或仲裁条款）、合同、证据等其他材料后，应该立即进行初步审查以决定是否受理案件。申请人可以放弃或变更仲裁申请。被申请人有权对仲裁机构的管辖权提出异议，也有权提出反请求。

【法规阅读】

《中华人民共和国仲裁法》

第二十三条　仲裁申请书应当载明下列事项：

（一）当事人的姓名、性别、年龄、职业、工作单位和住所，法人或者其他组织的名称、住所和法定代表人或者主要负责人的姓名、职务；

（二）仲裁请求和所根据的事实、理由；

（三）证据和证据来源、证人姓名和住所。

第二十四条　仲裁委员会收到仲裁申请书之日起五日内，认为符合受理条件的，应当受理，并通知当事人；认为不符合受理条件的，应当书面通知当事人不予受理，并说明理由。

第二十五条　仲裁委员会受理仲裁申请后，应当在仲裁规则规定的期限内将仲裁规则和仲裁员名册送达申请人，并将仲裁申请书副本和仲裁规则、仲裁员名册送达被申请人。被申请人收到仲裁申请书副本后，应当在仲裁规则规定的期限内向仲裁委员会提交答辩书。仲裁委员会收到答辩书后，应当在仲裁规则规定的期限内将答辩书副本送达申请人。被申请人未提交答辩书的，不影响仲裁程序的进行。

第二十六条　当事人达成仲裁协议，一方向人民法院起诉未声明有仲裁协议，人民法院受理后，另一方在首次开庭前提交仲裁协议的，人民法院应当驳回起诉，但仲裁协议无效的除外，另一方在首次开庭前未对人民法院受理该案提出异议的，视为放弃仲裁协议，人民法院应当继续审理。

第二十七条　申请人可以放弃或者变更仲裁要求。被申请人可以承认或者反驳仲裁请求，有权提出反请求。

第二十八条　一方当事人因另一方当事人的行为或者其他原因，可能使裁决不能执行或者难以执行的，可以申请财产保全。

当事人申请财产保全的，仲裁委员会应当将当事人的申请依照民事诉讼法的有关规定提交人民法院。

申请有错误的，申请人应当赔偿被申请人因财产保全所遭受的损失。

第二十九条　当事人、法定代理人可以委托律师或其他代理人进行仲裁活动，委托律师和其他代理人进行仲裁活动的，应当向仲裁委员会提交授权委托书。

《中国国际经济贸易仲裁委员会仲裁规则（2015 版）》

第十一条　仲裁程序的开始

仲裁程序自仲裁委员会仲裁院收到仲裁申请书之日起开始。

第十二条　申请仲裁

当事人依据本规则申请仲裁时应：

（一）提交由申请人或申请人授权的代理人签名及/或盖章的仲裁申请书。仲裁申请书应写明：

1. 申请人和被申请人的名称和住所，包括邮政编码、电话、传真、电子邮箱或其他电子通讯方式；

2. 申请仲裁所依据的仲裁协议；

3. 案情和争议要点；

4. 申请人的仲裁请求；

5. 仲裁请求所依据的事实和理由。

（二）在提交仲裁申请书时，附具申请人请求所依据的证据材料以及其他证明文件。

（三）按照仲裁委员会制定的仲裁费用表的规定预缴仲裁费。

第十三条　案件的受理

（一）仲裁委员会根据当事人在争议发生之前或在争议发生之后达成的将争议提交仲裁委员会仲裁的仲裁协议和一方当事人的书面申请，受理案件。

（二）仲裁委员会仲裁院收到申请人的仲裁申请书及其附件后，经审查，认为申请仲裁的手续完备的，应将仲裁通知、仲裁委员会仲裁规则和仲裁员名册各一份发送给双方当事人；申请人的仲裁申请书及其附件也应同时发送给被申请人。

（三）仲裁委员会仲裁院经审查认为申请仲裁的手续不完备的，可以要求申请人在一定的期限内予以完备。申请人未能在规定期限内完备申请仲裁手续的，视同申请人未提出仲裁申请；申请人的仲裁申请书及其附件，仲裁委员会仲裁院不予留存。

（四）仲裁委员会受理案件后，仲裁委员会仲裁院应指定一名案件秘书协助仲裁案件的程序管理。

二、仲裁庭的组成

仲裁庭是指由当事人或仲裁委员会主任指定的仲裁员组成的，对当事人申请仲裁的案件依照仲裁程序进行审理并作出裁决的组织形式。仲裁庭的组成人数，一般允许当事人在仲裁协议中约定。如无约定，则按照仲裁地国的仲裁法及仲裁机构的仲裁规则办理。当事人如果选择独任仲裁员时，该仲裁员一般需要双方当事人共同商定，或者委托仲裁机构代为指定。当事人选择合议仲裁的，仲裁庭一般由单数的仲裁员组成，通常由三名仲裁员组成，其中当事人双方各指定一名仲裁员，然后共同推选第三名仲裁员作为首席仲裁员。该第三名仲裁员也可以由仲裁机构来指定。如果当事人约定五名或七名甚至更多仲裁员组成仲裁庭，仲裁员的指定方法同上。

【法规阅读】

《中华人民共和国仲裁法》

第二节　仲裁庭的组成

第三十条　仲裁庭可以由三名仲裁员或者一名仲裁员组成，由三名仲裁员组成的，设首席仲裁员。

第三十一条　当事人约定由三名仲裁员组成仲裁庭的，应当各自选定或者各自委托仲裁委员会主任指定一名仲裁员，第三名仲裁员由当事人共同选定或者共同委托仲裁委员会主任指定，第三名仲裁员是首席仲裁员。

当事人约定由一名仲裁员成立仲裁庭的，应当由当事人共同选定或者共同委托仲裁委员会主任指定仲裁员。

第三十二条　当事人没有在仲裁规则规定的期限内约定仲裁庭的组成方式或者选定仲裁员的，由仲裁委员会主任指定。

第三十三条　仲裁庭组成后，仲裁委员会应当将仲裁庭的组成情况书面通知当事人。

第三十四条　仲裁员有下列情形之一的，必须回避，当事人也有权提出回避申请：

（一）是本案当事人或者当事人、代理人的近亲属。

（二）与本案有利害关系；

（三）与本案当事人、代理人有其他关系，可能影响公正仲裁的；

（四）私自会见当事人、代理人，或者接受当事人、代理的请客送礼的。

第三十五条　当事人提出回避申请，应当说明理由，在首次开庭前提出，回避事由在首次开庭后知道的，可以在最后一次开庭终结前提出。

第三十六条　仲裁员是否回避，由仲裁委员会主任决定，仲裁委员会主任担任仲裁员时，由仲裁委员会集体决定。

第三十七条　仲裁员因回避或者其他原因不能履行职责的，应当依照本法规定重新选定或者指定仲裁员。

因回避而重新选定或者指定仲裁员后，当事人可以请求已进行的仲裁程序重新进行，是否准许，由仲裁庭决定；仲裁庭也可以自行决定已进行的仲裁程序是否重新进行。

第三十八条　仲裁员有本法第三十四条第四项规定的情形，情节严重的，或者有本法第五十八条第六项规定的情形的，应当依法承担法律责任，仲裁委员会应当将其除名。

三、仲裁审理

仲裁庭组成以后，争端进入审理阶段：

（一）审理方式

按照各国的实践，主要有两种方式：口头审理和书面审理。

口头审理由有仲裁机构通知当事人双方和代理人按规定的日期出庭，以口头方式陈述案由、相互辩论并接受仲裁员的询问，如果一方当事人拒不出庭，仲裁员有权作出缺席裁决。

书面审理是指仲裁庭按照申请人的仲裁申请书、被申请人提供的答辩书以及双方当事人、证人和专家提供的书面证据等材料对案件进行审理，作出裁决。

无论是口头审理还是书面审理，除非经双方当事人同意，仲裁案件一般应保密审理，仲裁裁决也不得公开，以保护双方的商业秘密。

（二）仲裁中的调解

在仲裁过程中，双方还可以进行调解。仲裁中的调解是指在仲裁过程中，双方当事人同意，在仲裁机构或仲裁庭的主持下通过协商达成调解协议。调解不是仲裁必经的程序，而且必须在双方当事人自愿的情况下进行。就我国的实际情况而言，仲裁和调解相结合，以及调解书具有法律约束力，是我国仲裁法的一大特色。依据《仲裁法》的规定，仲裁庭在作出裁决前，可以先行调解；双方当事人自愿调解的，应当进行调解。调解达成协议的，仲裁庭应该制作调解书或依据双方协议的结果制作仲裁决议书；调解不成的，应及时作出裁决。调解书与裁决书具有同等的法律效力。

【法规阅读】

《中华人民共和国仲裁法》

第三十九条　仲裁应当开庭进行。当事人协议不开庭的，仲裁庭可以根据仲裁申请书、答辩书以及其他材料作出裁决。

第四十条　仲裁不公开进行，当事人协议公开的，可以公开进行，但涉及国家秘密的除外。

第四十一条　仲裁委员会应当在仲裁规则规定的期限内将开庭日期通知双方当事人。当事人有正当事由的，可以在仲裁规则规定的期限内请求延期开庭。是否延期，由仲裁庭决定。

第四十二条　申请人经书面通知，无正当理由不到庭或者未经仲裁庭许可中途退庭的，可以缺席裁决。

第四十三条　当事人应当对自己的主张提供证据。仲裁庭认为有必要收集的证据，可以自行收集。

第四十四条　仲裁庭对专门性问题认为需要鉴定的，可以交由当事人约定的鉴定部门鉴定，也可以由仲裁庭指定的鉴定部门鉴定。根据当事人的请求或者仲裁庭的要求，鉴定部门应当派鉴定人参加开庭。当事人经仲裁庭许可，可以向鉴定人提问。

第四十五条　证据应当在开庭时出示，当事人可以质证。

第四十六条　在证据可能灭失或者以后难以取得的情况下，当事人可以申请证据保全。当事人申请证据保全的，仲裁委员会应当将当事人的申请提交证据所在地的基层人民法院。

第四十七条　当事人在仲裁过程中有权进行辩论。辩论终结时，首席仲裁员或者独任仲裁员应当征询当事人的最后意见。

第四十八条　仲裁庭应当将开庭情况记入笔录，当事人和其他仲裁参与人认为对自己陈述的记录有遗漏或者差错的，有权申请补正。如果不予补正，应当记录该申请。笔录由仲裁员、记录人员、当事人和其他仲裁参与人签名或者盖章。

四、法律适用

1. 仲裁程序的法律适用

各国立法和实践对于当事人选择仲裁规则表现出了灵活的态度，普遍允许当事人选择适用于解决其争端的仲裁规则或共同约定对所适用的仲裁规则进行修改。如无此合意则适用仲裁机构自身的仲裁规则或仲裁地的仲裁规则。

【法规阅读】

《中国国际经济贸易仲裁委员会仲裁规则（2015版）》

第四条　规则的适用

（一）本规则统一适用于仲裁委员会及其分会/仲裁中心。

（二）当事人约定将争议提交仲裁委员会仲裁的，视为同意按照本规则进行仲裁。

（三）当事人约定将争议提交仲裁委员会仲裁但对本规则有关内容进行变更或约定适用其他仲裁规则的，从其约定，但其约定无法实施或与仲裁程序适用法强制性规定相抵触者除外。当事人约定适用其他仲裁规则的，由仲裁委员会履行相应的管理职责。

（四）当事人约定按照本规则进行仲裁但未约定仲裁机构的，视为同意将争议提交仲裁委员会仲裁。

（五）当事人约定适用仲裁委员会专业仲裁规则的，从其约定，但其争议不属于该专业仲裁规则适用范围的，适用本规则。

2. 实体问题的法律适用

针对实体法，各国一般都承认当事人意思自治，允许合同当事人自由选择他们之间的法律关系所应适用的实体法律。只要当事人在合同中作出了有效的选择，仲裁庭一般将尊重当事人的选择。如果当事人未选择，则根据仲裁地所属国的冲突规范确定合同的准据法。当然对于某些特殊类别的国际经济争端，有些国家在其立法中明确规定必须由本国法院管辖或只允许适用本国法律。

【法规阅读】

《中华人民共和国涉外民事关系法律适用法》

第四十一条　当事人可以协议选择合同适用的法律。当事人没有选择的，适用履行义务最能体现该合同特征的一方当事人经常居所地法律或者其他与该合同有最密切联系的法律。

五、仲裁裁决

仲裁裁决是仲裁庭对当事人提交的争端事项进行审理后作出的裁断，仲裁裁决作出后，仲裁庭审程序结束。仲裁裁决一般按照仲裁庭的多数意见作出，并经仲裁员签名。我国仲裁法规定，仲裁裁决应按照多数仲裁员的意见作出，仲裁庭不能达成多数意见的，则按照首席仲裁员的意见作出裁决。仲裁裁决必须以书面形式作出。至于裁决是否需要说明理由，各国规定不同，多数国家要求仲裁裁决应附带说明裁决的理由。我国仲裁法规定，裁决书应写明裁决理由，当事人协议不愿写明的，可以不写。

最终仲裁裁决作出前可以有部分裁决和中间裁决。部分裁决是指仲裁庭在审理过程中，鉴于争端部分事项业已查清且有必要先予确认，对该部分事项先行作出的终局性裁决，部分裁决作出后即有法律效力。中间裁决又称临时裁决，指在仲裁审理过程中，仲裁庭认为有必要或当事人提出申请并经仲裁庭同意，由仲裁庭对某个或某些问题作出的暂时性裁决。中间裁决一般是在案件的一些重要问题必须及时予以澄清或作出结论且不能等到最终裁决的情况下，由仲裁庭作出的。在实践中仲裁庭一般以中间裁决的形式决定采取临时保全措施。

仲裁裁决具有终局性的效力，一经作出，即对当事人产生法律上的拘束力，不得再向法院起诉。

【法规阅读】

《中华人民共和国仲裁法》

第四十九条　当事人申请仲裁后，可以自行和解。达成和解协议的，可以要求仲裁庭根据和解协议作出裁决书，也可以撤回仲裁申请。

第五十条　当事人达成和解协议，撤回仲裁申请后反悔的，可以根据仲裁协议申请仲裁。

第五十一条　仲裁庭在作出裁决前，可以先行调解。当事人自愿调解的，仲裁庭应当调解。调解不成的，应当及时作出裁决。调解达成协议的，仲裁庭应当制作调解书或者根据协议的结果制作裁决书。调解书与裁决书具有同等法律效力。

第五十二条　调解书应当写明仲裁请求和当事人协议的结果。调解书由仲裁员签名，加盖仲裁委员会印章，送达双方当事人。调解书经双方当事人签收后，即发生法律效力。在调解书签收前当事人返回的，仲裁庭应当及时作出裁决。

第五十三条　裁决应当按照多数仲裁员的意见作出，少数仲裁员的不同意见可以记入笔录，仲裁庭不能形成多数意见时，裁决应当按照首席仲裁员的意见作出。

第五十四条　裁决书应当写明仲裁请求、争议事实、裁决理由、裁决结果、仲裁费用的负担和裁决日期。当事人协议不愿写明争议事实和裁决理由的，可以不写，裁决书由仲裁员签名，加盖仲裁委员会印章。对裁决持不同意见书的仲裁员，可以签名，也可以不签名。

第五十五条　仲裁庭仲裁纠纷时，其中一部分事实已经清楚，可以就该部分先行裁决。

第五十六条　对裁决书中的文字、计算错误或者仲裁庭已经裁决但在裁决书中遗漏的事项，仲裁庭应当补正，当事人自收到裁决书之日起三十日内，可以请求仲裁庭补正。

第五十七条　裁决书自作出之日起发生法律效力。

六、仲裁裁决的撤销

仲裁裁决作出后，当事人可以依法定事由向法院提出撤销仲裁裁决。撤销裁决是指对于符合法律规定的应予撤销的仲裁裁决，经由当事人提出申请，法院经过审查后，确认存在法定的应予撤销的事实，从而裁定撤销该仲裁裁决。有权撤销仲裁裁决的法院通常为仲裁地法院。

仲裁地法院一般对仲裁裁决所涉及的实体问题不予审查，所以申请撤销仲裁裁决的事由往往是一些严重违反程序的情形。

【法规阅读】

《中华人民共和国仲裁法》

第五章　申请撤销裁决

第五十八条　当事人提出证据证明裁决有下列情形之一的，可以向仲裁委员会所在地的中级人民法院申请撤销裁决：

（一）没有仲裁协议的；

（二）裁决的事项不属于仲裁协议的范围或者仲裁委员会无权仲裁的；

（三）仲裁庭的组成或者仲裁的程序违反法定程序的；

（四）裁决所根据的证据是伪造的；

（五）对方当事人隐瞒了足以影响公正裁决的证据的；

（六）仲裁员在仲裁该案时有索赔受贿，徇私舞弊，枉法裁决行为的。人民法院经组成合议庭审查核实裁决有前款规定情形之一的，应当裁定撤销。人民法院认定该裁决违背社会公共利益的，应当裁定撤销。

第五十九条 当事人申请撤销裁决的，应当自收到裁决书之日起六个月内提出。

第六十条 人民法院应当在受理撤销裁决申请之日起两个月内作出撤销裁决或者驳回申请的裁定。

第六十一条 人民法院受理撤销裁决的申请后，认为可以由仲裁庭重新仲裁的，通知仲裁庭在一定期限内重新仲裁，并裁定中止撤销程序，仲裁庭拒绝重新仲裁的，人民法院应当裁定恢复撤销程序。

第五节　国际商事仲裁裁决的承认和执行

仲裁裁决生效后，双方当事人都应该自觉履行裁决。如果当事人一方拒不履行裁决的，另一方可以向内国或外国法院提出申请，要求法院承认该仲裁裁决的效力，并予以强制执行。

一、仲裁裁决在内国的承认和执行

当事人一方不履行裁决的，另一方可以请求内国法院（仲裁地国法院）予以承认和强制执行。依据我国《仲裁法》和《民事诉讼法》的规定，一方当事人不履行裁决的，另一方可以向被申请人住所地或其财产所在地的中级人民法院申请执行。

【法规阅读】

《中华人民共和国仲裁法》

第六章 执行

第六十二条 当事人应当履行裁决。一方当事人不履行的，另一方当事人可以依照民事诉讼法的有关规定向人民法院申请执行。受申请的人民法院应当执行。

第六十三条 被申请人提出证据证明裁决有民事诉讼法第二百一十七条第二款规定的情形之一的，经人民法院组成合议庭审查核实，裁定不予执行。

第六十四条 一方当事人申请执行裁决，另一方当事人申请撤销裁决的，人民法院应当裁定中止执行。人民法院裁定撤销裁决的，应当裁定终结执行。撤销裁决的申请被裁定驳回的，人民法院应当裁定恢复执行。

二、仲裁裁决在外国的承认和执行

仲裁裁决在外国的承认和执行涉及一个非常重要的国际公约。1958 年 6 月 10 日在纽约召开的联合国国际商业仲裁会议上签署了《承认及执行外国仲裁裁决公约》（the New York Convention on the Recognition and Enforcement of Foreign Arbitral Awards，简称《纽约公约》）。该公约标志着承认及执行外国仲裁裁决国际制度的形成。中国于 1987 年 1 月加入该公约，公约于 1987 年 4 月 22 日对我国生效。需要注意的是，我国加入时作出了两项保留声明：一是互惠保留的声明，即仅对公约其他缔约国领土内作出的仲裁裁决适用该公约；二是商事保留，即我国仅对按照我国法律属于契约性和非契约性的商事法律关系所引起的争议适用公约，但不包括外国投资者与东道国政府之间的争端。

关于仲裁裁决在外国的承认和执行，有两种情况：

第一，如果该内国（仲裁地国）和外国（被请求承认和执行地所在国）同为《纽约公约》的缔约国，则当事人可以依照公约的规定向被请求国的有管辖权的法院提出申请，要求该国对裁决予以承认和执行。纽约公约规定各缔约国应当承认当事人订立的书面仲裁协议的法律效力，并应相互承认和执行在另一缔约国境内作出的仲裁裁决。

第二，如果该内国与外国有一方不是纽约公约的缔约国，若两国之间签订了相关的双边协定，则按照双边协定的规定办理；若两国之间没有双边协定，则按照被请求国的有关国内法办理。

【法规阅读】

《中华人民共和国仲裁法》

第七十二条 涉外仲裁委员会作出的发生法律效力的仲裁裁决，当事人请求执行的，如果被执行人或者其财产不在中华人民共和国领域内，应当由当事人直接向有管辖权的外国法院申请承认和执行。

三、《纽约公约》关于仲裁裁决承认及执行的主要内容

申请人在申请时应提交经正式认证的裁决正本或经正式证明的副本、仲裁协议正本或经正式证明的副本，且上述文件应附经证明过的被申请国语言的译文。

各国应承认裁决具有拘束力，并且在承认和执行对方的仲裁裁决时，不应该在实质上比承认和执行本国的裁决提出更麻烦的条件或征收更高的费用。

被请求国对有关下列情况可以根据该当事人的要求，拒绝承认和执行该裁决：第一，当事人签订仲裁协议时处于无行为能力的情况或仲裁协议是无效的。第二，作为裁决执行对象的当事人，没有被给予指定仲裁员或者进行仲裁程序的适当通知，或者由于其他情况而不能对案件提出意见。第三，裁决超出仲裁协议范围。第四，仲裁庭的组成或仲裁程序同当事人间的协议不符，或者当事人间没有这种协议时，同进行仲裁的国家的法律不符。

另外，裁决对当事人还没有约束力，或者裁决已经由作出裁决的国家或据其法律作出

裁决的国家的管辖当局撤销或停止执行，也可以拒绝承认和执行。

此外，被请求国家的管辖当局如果查明有下列情况，也可以拒绝承认和执行：争执的事项，依照这个国家的法律，不可以用仲裁方式解决；承认或执行该项裁决将和这个国家的公共秩序相抵触。

【法规阅读】

《中华人民共和国民事诉讼法》

第二百八十条　经中华人民共和国涉外仲裁机构裁决的，当事人不得向人民法院起诉。一方当事人不履行仲裁裁决的，对方当事人可以向被申请人住所地或者财产所在地的中级人民法院申请执行。

第二百八十一条　对中华人民共和国涉外仲裁机构作出的裁决，被申请人提出证据证明仲裁裁决有下列情形之一的，经人民法院组成合议庭审查核实，裁定不予执行：

（一）当事人在合同中没有订有仲裁条款或者事后没有达成书面仲裁协议的；

（二）被申请人没有得到指定仲裁员或者进行仲裁程序的通知，或者由于其他不属于被申请人负责的原因未能陈述意见的；

（三）仲裁庭的组成或者仲裁的程序与仲裁规则不符的；

（四）裁决的事项不属于仲裁协议的范围或者仲裁机构无权仲裁的。

人民法院认定执行该裁决违背社会公共利益的，裁定不予执行。

第二百八十二条　仲裁裁决被人民法院裁定不予执行的，当事人可以根据双方达成的书面仲裁协议重新申请仲裁，也可以向人民法院起诉。

第二百九十条　国外仲裁机构的裁决，需要中华人民共和国人民法院承认和执行的，应当由当事人直接向被执行人住所地或者其财产所在地的中级人民法院申请，人民法院应当依照中华人民共和国缔结或者参加的国际条约，或者按照互惠原则办理。

【总结】

仲裁（与诉讼相比）的特点：

【自我检测】

一、单选题

1. 国际商事仲裁的当事方选择仲裁方式是（　　　）。

　　A. 法律规定的　　　B. 条约规定的　　　C. 国际惯例　　　　D. 自愿的

2. 仲裁一般是(　　　)。

  A. 公开的   B. 不公开的

  C. 当事人约定公开与否   D. 只要一方当事人申请就应公开

3. 担任国际商事仲裁的仲裁员一般是(　　　)。

  A. 法官   B. 律师

  C. 相关领域的专家   D. 检察官

4. 临时仲裁机构在争议裁决后(　　　)。

  A. 自行解散   B. 强制解散

  C. 继续保留   D. 变为常设仲裁机构

5. 当事人对国际商事仲裁的裁决可以向(　　　)提出撤销仲裁裁决。

  A. 仲裁委员会   B. 仲裁庭   C. 法院   D. 联合国

6. (自学考试真题) 1987 年我国加入《纽约公约》时，声明作出互惠保留和(　　　)。

  A. 时效保留   B. 商事保留   C. 地域保留   D. 裁决程序保留

7. (自学考试真题) 在国际商事仲裁裁决的承认与执行领域，覆盖范围最广、影响最大的国际条约是(　　　)。

  A.《承认与执行外国仲裁裁决公约》

  B.《海牙和平解决国际争端公约》

  C.《关于执行外国仲裁裁决的日内瓦议定书》

  D.《国际法院规约》

8. 关于国际商事仲裁裁决在外国承认与执行问题，最重要的国际公约是《承认与执行外国仲裁裁决公约》，简称(　　　)。

  A.《华盛顿公约》   B.《海牙公约》

  C.《纽约公约》   D.《汉堡公约》

二、多项选择题

9. 国际商事仲裁协议的内容包括(　　　)。

  A. 提交仲裁的意思表示   B. 仲裁事项

  C. 仲裁机构   D. 仲裁员

  E. 仲裁庭秘书

10. 根据《纽约公约》拒绝承认和执行仲裁裁决的理由有(　　　)。

  A. 仲裁协议无效   B. 违反正当程序

  C. 仲裁庭越权   D. 仲裁庭组成不当

  E. 违反公共秩序

【参考答案】

主要参考书目

[1] 国际经济法学编写组．国际经济法学（第二版）［M］．北京：高等教育出版社，2019.

[2] 陈安．国际经济法学（第八版）［M］．北京：北京大学出版社，2020.

[3] 余劲松、吴志攀．国际经济法（第四版）［M］．北京：北京大学出版社、高等教育出版社，2014.

[4] 余劲松．国际经济法概论［M］．北京：北京大学出版社，2015.

[5] 郭寿康、赵秀文．国际经济法（第五版）［M］．北京：中国人民大学出版社，2021.

[6] 王传丽．国际经济法（第六版）［M］．北京：中国政法大学出版社，2018.

[7] 杨帆．国际经济法［M］．北京：中国政法大学出版社，2017.

[8] 杨帆．国际经济法（第二版）［M］．北京：中国人民大学出版社，2015.

[9] 吴百福、徐小薇、聂清．进出口贸易实务教程（第八版）［M］．上海：格致出版社，2020.